거버넌스
리스크 관리
컴플라이언스

거버넌스 리스크 관리 컴플라이언스

리처드 M. 스타인버그 지음 | 한국내부통제평가원 감수 | 노동래 옮김

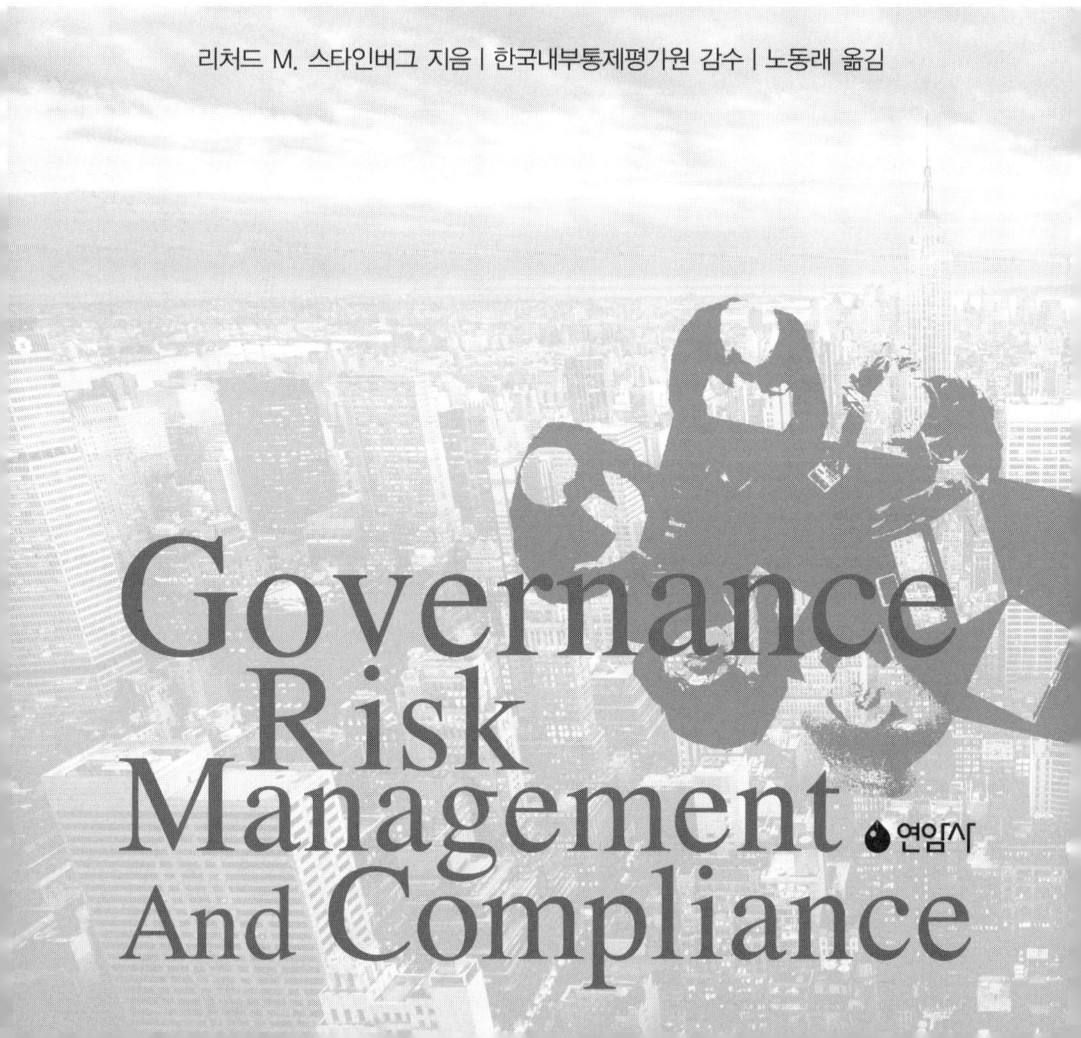

Governance Risk Management And Compliance

연암사

거버넌스
리스크 관리 컴플라이언스

초판 인쇄 2013년 6월 15일
초판 발행 2013년 6월 25일

지은이 리처드 M. 스타인버그
옮긴이 노동래
감수 한국내부통제평가원
발행인 권윤삼
발행처 도서출판 연암사

등록번호 제10-2339호
주소 121-826 서울시 마포구 망원동 472-19
전화 02-3142-7594
팩스 02-3142-9784

ISBN 978-89-86938-21-0 03320

값은 뒤표지에 있습니다. 잘못된 책은 바꿔드립니다.

연암사의 책은 독자가 만듭니다.
독자 여러분들의 소중한 의견을 기다립니다.
트위터 @yeonamsa
이메일 yeonamsa@gmail.com

이 도서의 국립중앙도서관 출판시도서목록(CIP)은 e-CIP 홈페이지(http://www.nl.go.kr/cip.php)와
국가자료공동목록시스템(http://www.nl.go.kr/kolisnet)에서 이용하실 수 있습니다.
(CIP제어번호: CIP2013007789)

추천사

선진국의 문턱에 서 있는 우리나라는 경제적 발전 수준에 부응하는 국민의식 수준의 향상을 위하여, 조직의 최고경영자의 사회윤리, 도덕적인 의사 결정 프로세스의 품격 가치를 향상하는 범국민적인 혁신운동을 전개해야 할 것이다.

최근 이러한 시대적 요청에 부응하여 정부 부문과 민간 부문에서 새로운 내부통제 환경 문화를 창조하고자 내부통제 평가사들이 여러 곳에서 활동하고 있다.

내부통제 이론에 의하면 "통제는 사실에 의한 경영Control is management by fact"이고, 자율 통제Self-control이며, 거버넌스Governance를 포괄하는 휴먼 리스크 평가에 의한 조직문화 혁신활동으로 영역이 확대되고 있다.

특히 선진국의 거버넌스 프레임워크를 우리의 조직문화에 접목하면서 다양한 시행착오를 경험하는 상황에서, 새로 번역 출간되는 이 책은 우리의 내부통제 평가 문화의 품격을 향상하는 거버넌스의 혁신 지침으로 실용화될 것이다.

우리 모두는 "다른 사람의 실패로부터 배우라Learn from the mistakes from others"는 메시지를 의사 결정 프로세스의 혁신을 위한 교훈으로 삼아야 한다. 우리나라는 조직원들의 성공과 실패의 사례연구를 공유하면서 우리의 전통적 선비문화의 장점을 국가경쟁력으로 키우는, 새로운 조직의 리스크 관리 및 컴플라이언스 프로세스에 대한 투명한 의사 결정 문화를 창조하여야 한다.

좋은 거버넌스는 조직원의 인성평가에 의한 상호 정보공유 확대와 하의상달Bottom-up의 효과적 의사소통으로, 조직의 최고 의사 결정자들이 연대책임원칙Four-eyes principle에 의한 진실성과 책무성으로 사회윤리 경영철학을 자율적으로 실천하는 조직의 정보공유 프로세스의 모델이 되는 것이다.

미국과 EU에서는 사람, 자연, 이익People, planet and profit의 순서로 조직의 목적이 이익추구보다는 사람과 자연을 우선적으로 배려하는 창의적 지속가능 경영철학을 실천한다. 내부통제는 좋은 거버넌스를 만드는 핵심 요소이다.

꼭 필요한 시기에 이 책이 번역되고, 본 내부통제평가원이 이 책의 감수 작업에 참여하게 된 것을 매우 기쁘게 생각한다. 이 번역서가 공공 부문 및 민간 부문의 최고 의사 결정자, 학술연구 단체의 연구전문가, 내부통제 평가사의 정기 포럼이나 프로그램의 토론용 교재로 활용되면 조직 의사 결정 프로세스의 품격 가치를 높일 것으로 믿기에, 이 책을 적극 추천하는 바이다.

변중석
한국내부통제평가원 원장

추천사

지난 수십 년래의 미국에서 일어난 최악의 경제 위기 및 금융 위기의 여파로, 정책 입안자, 저널리스트, 투자자 등은 누가 이에 책임이 있는지 가려내기 위해 애써 왔다. 위원회들이 열리고, 연구들이 수행된 결과, 이에 대한 결론에 도달하기 시작했다. 그러나 어느 한 부류만이 이 위기에 책임이 있는 것이 아니다. 기업, 입법부 및 규제 당국 차원의 거버넌스, 감독 및 리스크 관리 실패로부터 심각하고 체계적인 문제들이 발생했다.

실패 가능성을 상상하고, 파악하며, 감소시킬 위치에 있는 사람들이 할 일을 하지 않았다. 저자인 리처드 스타인버그Richard Steinberg가 이 책에서 명확히 밝히는 바와 같이, 경영진, 규제 당국, 그리고 이사회 위원들의 부주의 및 부작위不作爲의 대가는 수억 달러 정도가 아니라 수천억 달러에 달한다. 그는 개인들과 기관들이 시장에 대해 그들이 취하고 있던 가정assumption과 리스크를 취하는 문화에 대한 견제와 시정 수단을 지니고 있지 않아서 불과 몇 주 또는 몇 달 만에 평판 및 기업 자체가 무너졌음을 설명한다. 간단히 말하자면, "무엇이 잘못될 수 있는가?"라는 질문을 한 사람의 수가 충분하지 않았다.

거버넌스 실패에 대해 참으로 마음이 아프다. 이는 주로 내가 1990년대에 규제기관에서 일하면서 미국의 기업과 규제 인프라에서 전에도 이와 동일한 많은 실패들이 발생하는 것을 볼 수 있었기 때문이다. 기업 거버넌스 분야에서 가장 큰 변화들 중 많은 부분은 엔론, 월드콤, 그리고 2000년대 초의 다른 주요 기업 스캔들이 발생한 이후에야 시작되었다. 그리고 이에 따른 개혁, 특히 사베인-옥슬리법은 크고도 지속적인 영향을 주었다.

이러한 스캔들의 충격을 겪은 직후에, 거버넌스에 대한 사고에 혁명적 변화가 일어났다. 현재 대부분의 이사회는 과반수가 독립적인 이사로 구성되어 있으며, 핵심적인 위원회들은 모기업의 동세를 받는 일부 회사들을 제외하면 독립적인 이사들로만 구성되어 있다. 대부분의 회사들은 선임 사외 이사lead independent director 및/또는 별도의 의장을 두고 있다. 이사회는 자주 회합하며이사회 전체 및 CEO를 배제한 임원들만의 모임 모두, 주주들로부터 엄격한 조사를 받는다. 게다가 SEC 규칙들은 주주들이 보다 자주 상호작용할 수 있도록 했으며, 다수의 상장 기업에서 교차 임기제 이사회 위원 중 임기가 만료된 이사classified board의 해임 또는 기타 인수 방어 사안에서 주주의 제안이 채택되는 경우가 많아졌다. 현재 대부분의 상장 기업 이사 선출은 다수결이 표준이기 때문에 주주들은 주저함 없이 의결권 싸움에 관여하기도 하고, 대리권 싸움에 유보적 입장을 취하기도 한다.

이사회가 자신의 책임을 심각하게 받아들이지 않는 명백한 예도 많지만, 다수의 이사회들은 이전보다는 자신의 일을 더 잘하고 있는 것으로 보이고, 실제로도 더 잘하고 있다. 이러한 조치들이 중요하고 필요하기는 하지만, 그것만으로는 충분하지 않다는 점은 분명하다. 빠르게 움직이는 금융 시장의 특성에 어울리는 규제 제도를 개발하는 도전 과제와 마찬가지로, 거버넌스 기준도 회사의 운영 방식에 주의하기 위해 계속적으로 업데이트되어야 한다.

나는 두 가지 분야에서 중요한 노력을 제안하고자 한다. 첫째는 이사회 위원들에 대한 요건, 회사 정관, 보상 구조, 그리고 주주들의 제안이 다루어지는 방식 등 회사 구조 자체 안에 있고, 두 번째는 규제 구조 안에 있다.

회사의 영역 안에서는 항상 투명성과 책임성을 강화하는 방향으로 운영되어야 한다. 투자자들에게 더 많은 투표권을 부여하는 것과 같은 기본적인 개선이 이뤄지면, 이사회가 투자자들의 관심사항에 대해 보다 선제적이고 민감하게 대응할 것이다. 그러나 올바른 전문성이 있으면 보다 책임감 있게 일하는 것이 쉬워지겠지만, 독립적인 이사들이 필요한 지식을 갖지 못하는 경우가 흔하다. 상근 임원이 이사회에 정보 및 분석 결과를 제출할 때에는, 항상 임원들이 아는 것과 이사회가 아는 것 사이에 괴리가 존재할 것이다. 이러한 괴리가 존재하기는 하겠지만, 영구적일 필요는 없다.

이사회 위원들은 회사의 재무 및 운영 상황을 이해하기 위해 모든 질문을 하고, 가능한 모든 방법으로 개입할 의무가 있다. 그러나 대부분의 경우에 이사회 위원들은 이 일을 잘할 수 있는 전문성이 결여되어 있는 바, 회사가 재무적으로 복잡한 거래에 관여하는 경우에 특히 그러하다. 이러한 거래들은 숨겨진 리스크의 중요한 원천이 될 수 있으며, 이러한 리스크는 우리가 보아온 바와 같이 거의 누구도 예기치 않은 방식으로 드러날 수 있다. 나는 이사회에 금융 시장에 대한 경험, 특히 리스크에 대한 이해, 가격 결정 및 관리에 대해 전문성이 있는 사람들이 참여하기를 원한다. 정규적으로 도전적인 질문과 이슈들을 제기하는 이사가 한 명만 있어도, 이사회는 경영진들이 거래 상대방 리스크, 운영 리스크 등과 같은 이슈를 보다 창의적으로 생각하도록 압박할 수 있게 된다. 회사의 이사들은 주주들에게 자신들이 과거에 이러한 분야에서 일한 경험이 있음을 언급하며 그러한 사안을 다룰 능력이 있음을 보여 주어야 한다. 대형 기관 투자자들은 이사회의 그러한 전문성을 요구해야 한다. 그렇지 않을 경우, 회사들이 무너지더라도, 기관 투자자들이 불평할 근거가 없다.

나는 또한 이사회가 보상에 대해 보다 공격적인 자세를 취하는 것을 선호한다. 어떻게 보상에 관한 투표를 시행할 것인가와, 이사회가 보다 더 효과적인 성과 보상이 이루어지게 하고, 이익에 대한 엄격한 상한을 설정할 것인가에 관한 제안들이 있다. 이들은 모두 적절한 아이디어들이다. 나는 이사회 위원들이 자신들도 동일한 기준 및 보상 규칙을 따르라고 촉구하고 싶다. 불행하게도, 이사회 위원 중에는 상당한 수준의 급여를 즐기면서, 질문은 거의 하지 않으며, 그저 이사회에 출석만 하면 이 돈을 벌 수 있다고 생각하는 사람이 있다. 그러나 이사회의 이사직은 은퇴한 임원, 정치가 등의 자리마련을 위해 존재하는 것이 아니다. 이 직무에는 책임이 따르며, 보상은 이 책임을 완수한 대가로 받는 것이어야 한다. 이사회 위원들은 보상을 받기 위해 보다 더 열심히 일하도록 기대되어야 하는 데, 그들이 장기적 관점에서 생각할 이유를 주기 위해서는 현금 및 주식 보상이 균형을 이뤄야 한다. 그리고 임원들에게 환수 규정이 적용된다면, 이 규정이 이사회에도 적용되어야 한다. 나아가, 이사회 자리가 어렵고 시간이 소요되는 일이라고 생각한다면이사의 역할을 잘하려면, 사실이 그렇다, 이사회 위원들에게 이에 상응하게 지급해야 한다. 이는 이사회 위원들이 그들의 재무적 운이 회사의 장기적인 건강에 연계되어 있는 것으로 생각하도록 하기 위해, 성과에 대한 기대에 부합하는 보상을 지급함을 의미한다.

물론, 연방 정부입법부 및 행정부 포함에 의해 개선된 기업 거버넌스가 명확하게 의무화되지 않는 한, 개개의 이사회에서 행해진 어떤 조치도 널리 영향을 주지 않을 것이다. 보상에 관해 여러 논의들이 있지만, 진정한 문제는 의미 있는 공시 및 투명성의 결여이다. 이사회가 단편적으로 경영진을 다그쳐서 비즈니스 상황에 대해 의미 있는 상세한 내용을 알아 낼 수는 있다. 그러나 연방 정부만이 공시와 투명성에 관한 보다 강력한 기준을 설정함으로써 미국의 기업들에 지속적이고 광범한 영향을 줄 수 있다. 투자자들은 경쟁사에 부적절한 이익을 주지 않는 범위 내에서, 공장 가동률, 단위 면적당 점포 매출액, 신상품으로부터의 매출액, 종업원 1인당 매출액뿐 아니라 회사가 리스크를 어떻게 관리하고, 레버리지를 어떻게 이용하며, 대출 상환 상태를 어떻게 모니터하는가 등을 해독하고 이해할 필요가 있다. 실제로는 어느 회사도 이러한 정보를 자발적으로 제공하지 않을 것이다. 따라서 의회가 그런 조치를 취할 필요가 있다. 어떤 이들은 SEC가 이사회에게 리스크 관리에 관한 규칙을 보충하기 위해 회사의 전략 및 임원 승계에 대한 감독 등 주주에 대한 청지기 직무를 어떻게 수행하는지 설명하도록 요구하는, 보다 강력한 공시 규칙을 제정해야 한다고 제안한다. 그러한 공시는 이사회의 에너지를 그러한 이슈들에 집중하도록 하고, 투자자들에게 거버넌스 상의 잠재적 약점을 알려 주게 될 것이다.

이러한 제안들 이면에 놓여 있는 지도 원리는 다음과 같다. 경영진이 이사회에 아무리 많은 정보를 제공해도 지나치지 않으며, 기업들은 투자자들에게 보다 더 많은 내용을 알려 줘야 한다. 공개가 중대한 경쟁상의 이점을 훼손하는 경우를 제외하고, 이사회는 경영진에게 시장에 더 많은 정보를 제공하도록 압박하고, 그럼으로써 회사의 운영에 대한 투명성을 높여 시장이 가치를 적절하게 부여할 수 있게 해야 한다.

그러나 연방 정부가 보다 많은 공시를 요구하고 투명성에 대해 더 높은 기준을 세워야만 거버넌스를 개선할 수 있는 것은 아니다. 의회 및 행정부 모두에서 체계적 리스크, 대마불사大馬不死, 그리고 기타 거시적인 이슈들에 대해 에너지를 집중할 필요가 있다. 금융 규제 개혁이 이러한 이슈들을 다루고 있기는 하지만, 나는 중요한 일들이 방치되고 있어서 우리의 금융 시스템이 여전히 도덕적 해이와 체계적 리스크라는 질병에 노출될까 두렵다. 최근의 금융 위기 기간 중의 모든 기업 거버넌스 실패 중에서도, 핵심적인 실패 중 하나는 우리가 현재 다루고 있는 문제들을 초래한 규제기관의 감독 실패였다. 개별 기업의 거버넌스 실패에 정부의 거버넌스 실패가 가세했다.

예를 들어, 우리는 패니 매Fannie Mae와 프레디 맥Freddie Mac의 감독 기관들이 자신의 일을 하지 않았다고 말하는 것을 봐 왔다. 이에 대해 아무도 놀라지 않는다. 하지만 그들이 왜 자신의 일을 하지 않았는지를 밝힐 필요가 있다. 예를 들어, 의회 및 백악관에 의해 규제기관에 인위적인 제한이 가해져 있었다. 규제기관이 해야 할 일을 수행하지 못하면, 규제기관을 감독하고, 그들이 일을 잘하도록 권한을 부여한 곳도 비난을 받아야 한다.

규제기관을 감독하는 기관들이 로비와 압력에 굴복했다. 그들은 일부 저명한 사례에서 규제기관들을 후퇴시켰다. 예를 들어, 파생상품에 대한 합리적인 규제가 보류되었다. 은행들이 과도한 리스크를 취하지 못하게 하려는 규제기관의 노력은 가로막혔다. 규제기관에는 자신의 일을 하려는 좋은 사람들이 있지만, 그들은 그렇게 하도록 허용되지 않는다. 회계 분야의 기준 설정자들은 시가 평가 규칙이 은행의 손익 계산서에 영향을 주는 방식을 변화시키라는 위협을 받았다. SEC의 전문 조사역들은 정치적으로 임명된 감독자들이 승인하지 않는 한 기업에 벌금 및 과징금을 부과하도록 허용되지 않았는데, 이로 인해 기업들이 의미 있는 처벌을 피할 수 있는 길이 열리게 되었다. 은행 감독 당국은 단지 추가적인 신용 공황을 피하기 위해, 자신들이 근본적으로 건전하지 않은 것으로 알고 있는 은행들에 관해 시장을 안심시키는 언급을 했다. 규제 시스템의 근본적인 구조가 크게 훼손되었고, 우리는 이에 대해 비싼 대가를 치렀다.

이 책과, 그 배후의 사고는 미국 회사들의 이사회 및 최고 경영진이 지난 십 년 동안의 실수를 반복하지 않도록 도움을 줄 것이다. 이 책은 거버넌스 프로세스를 다루고 있으며, 자아 성찰, 가치에 의해 견인되는 비즈니스 관행 및 행로 수정에 대한 개방적 태도를 환영하는 기업 문화 조성이라는 일상적인 도전 과제에도 중점을 둔다. 리처드 스타인버그의 책은 스캔들과 위기를 피했던 모든 기업들을 괴롭히는 무사안일에 대한 각성제이다. 거버넌스 실패는 어느 곳에서나 일어날 수 있다. 다행스럽게 이를 피했던 기업들은 이를 위해 노력했거나 단지 매우 운이 좋았을 뿐인데, 실상은 운이 좋았던 기업들이 많다.

나는 운이 좋았던 이들에게 이 책의 교훈을 마음에 새기고 자신의 이사회에 거버넌스 개혁을 시작하라고 당부하고 싶다. 당신이 경영자이건, 이사회 위원이건, 아니면 투자자이건, 더 많은 투명성을 추구할 필요가 있다. 이사회에 금융 시장에 대한 전문성, 특히 리스크 평가 능력의 중요성을 제기할 필요가 있다. 잠재적인 위기에 대한 인식에 있어서 틈새가 있는지 살펴볼 필요가 있다. 현재 및 미래의 기업들이 직면하고 있는 심각한 이슈들을 이처럼 강력하고 명석하게 처리해야 한다는 데에는 의문의 여지가 없다.

아서 레빗Arthur Levitt

전직 증권 거래 위원회 의장

역자 서문

저는 오랫동안 리스크 관리 및 컴플라이언스 업무를 수행하면서 이 업무들이 기업의 생존과 지속 가능한 성장에 필수적인 요소임을 점점 더 절실히 느끼고 있습니다. 그리고 조카와 큰아들에게도 이 분야의 일을 적극 권하며 이를 위해 준비시키고 있을 정도로 제가 이 일을 하고 있다는 사실에 큰 보람과 자긍심을 느끼고 있습니다. 독자들도 아마 '리스크 관리가 중요하다, 컴플라이언스를 강화해야 한다'라는 얘기를 많이 들어 보았을 것입니다. 그러나 현실은 감독 당국의 요구로 마지못해 리스크 관리 부서나 컴플라이언스 부서를 두고 있는 건 아닌가 하는 의심을 갖게 하는 일들이 여러 곳에서 목격되고 있습니다. 우수 인력은 이 분야를 기피하며, 회사에서도 이를 개선하려는 대책을 마련하지 않는 듯합니다. 이는 어쩌면 CEO와 고위 경영진이 단기 실적에 큰 부담을 느낄 수

밖에 없는 상황에서 당연한 일일지도 모릅니다. 그러나 현실적으로 경영진은 2~3년 앞의 자기 운명도 내다보기 힘들기 때문에 비용이 수반되는 일에 관심을 기울일 이유가 적다고 하더라도, 해당 기업에 투자한 주주들과 그 기업의 직원들, 그리고 거래 업체 등 많은 이해관계자들에게는 기업의 존속과 장기적인 성장이 큰 위험을 수반한 단기 실적보다 훨씬 더 중요할 수도 있습니다. 그래서인지, 감독 당국이나 학자들을 포함한 많은 사람들이 이 업무들이 중요한데, CEO는 이에 관심을 기울이지 않을 테니 CRO나 컴플라이언스 오피서가 CEO를 견제해야 한다고 생각하는 것 같습니다. 하지만, 이들은 역사적으로도 CEO를 견제하려고 등장한 것이 아니었고, 기능적으로도 CEO에게 직접 보고하기 때문에 견제자라고 할 수도 없습니다. 오히려 CEO의 참모, 또는 보좌역을 수행할 뿐입니다.

그렇다면, CEO가 리스크나 컴플라이언스 이슈는 상대적으로 소홀히 한 채 눈앞의 이익만 추구할 경우, 이에 대해 누가 견제할 수 있을까요? 저는 제 실무 경험을 토대로 회사 외부에서는 정부와 규제 당국, 그리고 내부에서는 이사회만이 이 역할을 제대로 할 수 있다고 말씀드리고 싶습니다. 이들의 요구나 법규 위반에 대한 강력한 처벌이 아니면, 경영진은 당장 돈이 되지 않는 곳에 신경을 쓰지 않게 되어 있습니다. 그러니, 기업 내부에서 강력하고 효과적인 이사회의 필요성이 절실하다 하지 않을 수 없습니다.

이 책은 리스크 관리와 컴플라이언스 실패 사례들과 이로부터 배울 수 있는 교훈들, 거버넌스 실패 사례와 성공 사례 등을 흥미진진하게 설명하며, 어떻게 효과적인 이사회를 만들 수 있는지를 설득력 있게 제시해 줍니다. 고위 경영자와 사외 이사, GRC에 관심이 있는 법조인 및 정부 관련 부처 공무원, 학생, 기업의 리스크 관리/컴플라이언스 담당자, 기자, 일반 투자자 모두에게 이 책을 읽어 보라고 권하고 싶습니다. 또한 이 책을 그냥 읽는 데 그치지 말고 적용할 수 있는 부분을 찾아서 꼭 실천해 보라고 권하고 싶습니다.

이 책을 꼼꼼하게 읽어 보고 감수해 주신 한국내부통제평가원 변중석 원장님과 직원들께 감사드립니다. 그리고 이 책을 출판해 주신 도서출판 연암사 대표님과 편집부 직원들께도 깊이 감사드립니다. 그리고 늘 곁에서 힘이 되어 주는 아내와 두 아들에게 감사를 전합니다.

노동래

저자 서문

당신은 한때 훌륭했던 당신의 회사가 무너진 것을 지켜보고 있는 CEO, 고위 경영진, 또는 이사회 위원이라고 가정해 보라. 아니면 자신이 침몰해 가는 타이타닉 호의 선상에서 세상의 끝이 오고 있는 것을 지켜보고 있다고 상상해 보라. 또는 한때는 자신만만했던 당신이 동료, 경쟁자, 친구, 가족 그리고 당신이 출세 가도를 달리며 존중을 받았던 바로 그 공동체 앞에서 당혹해 하고 있다고 가정해 보라.

당신은 이전에 우상과 같은 존재들이 최근에 실패했던 사례를 안다. 투자 은행 베어 스턴스Bear Sterns와 메릴 린치Merrill Lynch들은 헐값에 팔렸고, 모기지 대출을 하던 워싱턴 뮤추얼Washington Mutual과 컨트리와이드Countrywide, 그리고 리먼 브라더스Lehman Brothers는 더 이상 존재하지 않는다. AIG는 정부 소유가 되었고 자산을 매각하고 있으며, 파산 상태에서 일어선 제너럴 모터스General Motors와 크라이슬러Chrysler는 자신들의 입지를 회복하기 위해 노력하고 있다. 도요타Toyota의 안전과 품질에 대한 명성은 크게 손상되었으며, BP는 회사의 주요 자산 매각이 필요하게 되었다.

이들이 속한 산업과 처한 상황은 다르지만, 왜 한때는 위대했던 기업들과 다른 기업들은 운이 다한 반면, 어떤 기업들은 경제적 혼란과 위험을 견디고 계속 성장하며 성공의 과실을 거두고 있는지에 대하여 그 이유를 살펴볼 필요가 있다. 성공적인 기업들에게는 뛰어난 리더, 전략, 사람, 자원, 조직, 그리고 그 이상의 것들이 있다. 그러나 이 책은 최소한 직접적으로는 이러한 것들에 관한 책이 아니다. 또한 전적으로 어떻게 재앙을 피하는가에 관한 책도 아니다. 이 책은 조직의 긍정적인 특질들이 성공으로 이어지도록 보장하기 위한 올바른 인프라스트럭쳐를 갖추는 것에 관한 책이다. 이에는 어떤 조직에게도 닥칠 수 있는 재앙들을 피하는 데 필요한 것들 뿐 아니라, 경쟁 우위를 위해 기회를 파악하고 이를 포착하는 데 필수적인 것들도 포함된다.

우리는 경쟁자들이 몰락하는 것을 지켜본 성공적인 비즈니스 리더들이 "이곳에서는 그런 일이 일어날 수 없다"고 생각하는 것을 여러 번 봐왔다. 이들 CEO, 고위 경영진, 그리고 이사들은 현재 위치에 이르기까지 오랫동안의 성공을 경험해 왔고, 이러한 결론을 정당화할 수 있을 만한 내적 확신을 얻었다. 의식적으로든 아니든, 대부분이 자신들은 망한 기업들보다 더 똑똑하거나 최소한 경험이 풍부하며, 따라서 그들은 전에도 항상 그래 왔던 것처럼 어떠한 문제도 해결하고 앞으로 나아갈 수 있다고 믿는다.

이와 관련된 상층부의 특징 중 하나는 낙관주의이다. 성공적인 CEO

는 대개 비즈니스 성장과 투자 수익률 개선에 초점을 맞추는 훌륭한 전략을 개발한다. 그러나 비즈니스 성장에 대한 그들의 열정으로 인해, 무엇이 잘못될 수 있는지를 바라보는 데 방해가 되는 경우가 너무도 많다.

나는 다수의 주요 회사 CEO들과 고위 경영진 및 이사회 위원들에게 컨설팅을 제공했는데, 그중에는 성공적인 이들도 많았고, 일부는 큰 실패를 겪은 이들도 있었다. 내가 잠시 만난 한 최고위급 임원어느 거버넌스 컨퍼런스에서 함께 연사로 참석했다은 회계 및 컨설팅 회사 아서 앤더슨Arthur Andersen을 이끌었었다. 그의 회사가 사라진지 불과 몇 주도 지나지 않았기 때문에, 나는 그가 심리적으로 큰 충격을 받았을 텐데 어떻게 이 컨퍼런스에 그러한 열정을 보여 줄 수 있는지 놀랍기도 하고 이에 깊은 인상을 받았다. 점심 식사를 함께 하면서, 그는 무엇이 이 회사를 와해시켰는지에 대한 배경을 설명하면서 자신이 극도의 어려움을 겪던 시기에 대해 상당히 솔직하게 얘기했다. 회사의 몰락이 그의 영혼을 짓누르고 있었다는 점에는 의문의 여지가 없었는데, 나는 아서 앤더슨과 다른 회사들에 대해또한 왜 어떤 회사들은 성공하는 반면 다른 회사들은 실패하는지에 대해 생각하다가, 다른 사람들이 유사한 상황에 처하는 것을 피하고 계속해서 성공을 성취하도록 도와주기 위해 이 책을 써야겠다는 생각을 하게 되었다.

침몰하고 있고, 빛이 희미해지며, 음악 소리가 사라져 가고 있는 배의 최고 경영자는 이런 질문을 하게 될 것이다. "어떻게 이런 일이 일어났는가? 내가 어떻게 나 자신과 이 회사가 이렇게 끝나게 했단 말인가?" 한때는 위대한 회사의 이사들도 비슷한 질문을 하고 있는 자신을 발견하게 된다. "나와 동료 이사들은 우리의 감독 책임을 수행하기 위해 필요한 것들을 하였던가?" "위기가 오는 것을 보고 회사의 항로를 바꾸는 데 필요한 정보를 얻을 수 있었던가?"

이 책은 이러한 질문들에 대해 미리 답하기, 또는 아예 이런 질문들을 할 필요가 없도록 재앙을 피하기에 관한 책이다. 이 책을 읽으면 모든 조직들의 인프라스트럭쳐를 구성하는 요인들과, 재앙을 피하기 위해 이러한 요인들이 어떻게 잘 갖춰지도록 할 수 있는지에 대해 더 잘 이해하게 될 것이다. 인프라스트럭쳐를 바르게 하면, 당신과 당신 회사의 직원들이 계속적인 성공을 위한 기회도 쉽게 포착할 수 있게 된다.

이 책을 읽다 보면, 다른 책들과는 달리 순전히 고위 경영진들만을 겨냥하거나, 이사회 위원들만을 겨냥한 것이 아니라는 점을 인식하게 될 것이다. 이 책은 양자 모두를 겨냥하였으며, 이에 더하여 양자의 상호 작용에 대한 통찰력을 제공하는 것도 목표로 하였다. 실제로는 CEO와 고위 경영진과의 관계, 그리고 CEO와 이사회와의 관계는 회사마다 매우 다르다. 경험에 의하면 회사의 성공을 위해 이 관계들을 강화할 수 있는 기법들이 있다. 참으로, 이를 올바르게 하는 것은 회사의 정해진 목표를 향해 효과적으로 실행해 갈 프로세스, 조직 및 테크놀로지를 확립하기 위한 올바른 전략과 이에 필요한 환경 조성에 절대적으로 중요하다. 이 책을 읽으면, 당신의 회사에서는 주주 가치를 증진시키기 위해 어느 부분에서 이 관계를 더 강화할 수 있는지 알게 되리라 믿는다.

감사의 글

뛰어난 사람들로부터 많은 것들을 배웠으니, 그 모든 분들에게 감사드리고 싶습니다. 하지만 이 자리에서 모든 분들에게 일일이 감사를 전할 수 없기 때문에 이 책에 이름이 나오는 분들과 그 외의 몇 분을 선택할 필요가 있다고 생각합니다. 교류가 많았던 분들도 있고, 제한된 교류밖에 없었던 분들도 있지만, 이 분들 모두 제가 거버넌스, 리스크 관리 및 컴플라이언스의 일부 요소에 대하여 이해를 높이는 데 도움을 주셨습니다.

이곳에서 감사드릴 분들을 알파벳순으로 나열합니다. NYU 법률 및 비즈니스 센터 이사이자 전직 델라웨어 대법원 대법관 윌리엄 알렌William Allen, 벤처 캐피탈리스트이자 회사 이사 벳시 앳킨스Betsy Atkins, 델라웨어 대법원 대법관 윌리엄 샨들러William Chandler, 컨설턴트이자 전직 월드콤 감사 담당 부사장 신시아 쿠퍼Cynthia Cooper, 교수, 저자 그리고 컨설턴트인 피터 드러커Peter Drucker, 델라웨어 대학교 존 L. 와인버그John L. Weinburg, 기업 거버넌스 센터의 에드가 S. 울라드 Jr.Edgar S. Woolard Jr., 기업 거버넌스 의장 겸 이사인 찰스 엘손Charles Elson, 푸르덴셜 최고 거버넌스 책임자 겸 비서이자 이사 마가렛 페기 포란 Margaret (Peggy) Foran, 웨일, 곳샬 앤 매인지스Weil, Gotshal & Manges의 파트너 홀리 그레고리Holly Gregory, 전직 금융 회계 위원회 위원장 로버트 허츠Robert Herz, 전직 칼퍼스CalPERS 차석 최고 책임자 겸 최고 법무 책임자였고, NAPPA 설립자이며, NASD 위원회 위원이자 회사 이사인 리처드 코피스Richard Koppes, 이사와 이사회Directors & Boards 편집인 제임스 크리스티James Kristie, 하버드 경영대학원 루이스 E. 스타인Louis E. Kirstein, 인간관계 교수, 저자, 회사 이사 제이 로쉬Jay Lorsch, 인터내셔널 새어홀더 서비시스International Shareholder Services 집행 이사 패트릭 맥건Patrick McGurn, 웨일, 곳샬 앤 매인지스Weil, Gotshal & Manges의 시니어 파트너이자 예일 대학교의 밀스타인Millstein 기업 거버넌스 및 성과 센터 집행 이사 아이라 밀스타인Ira Millstein, 코퍼레이트 라이브러리Corporate Library 편집인 넬 미노우Nell Minow, 칼로라마 파트너스Kalorama Partners의 CEO이자 전직 SEC 위원장 하비 피트Harvey Pitt, 스미스오브리엔SmithOBrien의 CEO 네일 스미스Neil Smith, 델라웨어 대법원 부대법관 레오 스트라인Leo Strine 등입니다.

PwC의 많은 파트너들에게도 감사드립니다. 그 중 일부만 알파벳순으로 나열하겠습니다. 파트너로서 귀한 동료 이상인 스코트 에스톤Scott Eston, 그의 경력 초기에 제가 멘토 역할을 했고, 지금은 회사의 뛰어난 컨설턴트이자 GRC 리더가 되었으며, 이 책의 원고를 검토하고 귀중한 의견을 제공해 준 마일즈 에버슨Miles Everson, 과거에 신뢰할 수 있는 법률 및 비즈니스 자문 및 상담의 원천이었고, 지금도 그러한 마이클 가렛Michael Garret, 제게 이사회 차원의 기업 거버넌스 업무를 시작하고 이를 운영할 수 있도록 기회와 격려를 제공해 준 봅 허즈Bob Herz, 전에 제게 중요한 자문 고객에 대한 중요한 역할을 맡도록 귀중한 조언을 준 짐 호건Jim Hogan, 제게 회사의 파트너 위원회에 대한 컨설팅 프로젝트를 맡아 달라고 요청하는 신뢰를 보여 준 데네스 넬리Dennis Nally, COSO 내부통제 보고서 개발 시 제게 리더 역할을 맡기는 신뢰를 보여 준 빈 오라일리Vin O' Reilly, 후에 스타인버그 거버넌스 자문사가 고객들에게 컨설팅을 제공할 때 동참함으로써 최고의 호의를 보여 주었던 파트너를 포함하여, 제가 PwC에 근무하는 동안과 그 이후에도 지식과 영감과 우정을 보여 주었던 다른 파트너들입니다.

제가 PwC에 재직할 당시와 자문 회사를 운영할 때 자사의 거버넌스, 리스크 관리 및 컴플라이언스 프로젝트에서 일할 기회를 주신 많은 고객들에게 감사드립니다. 이름을 공개하는 데 동의를 받지 않은 고객은 이름을 밝히지 않는 관행을 따르고 있습니다만, 고객들을 얼마나 고맙게 생각하는지 알아주면 좋겠습니다.

와일리 앤 선스Wiley & Sons의 임직원들, 특히 프러덕션 편집인 로라 처카스Laura Cherkas, 현상 편집인 스타시 리베라Stacey Rivera, 집행 편집인 세크 초Sheck Cho, 그리고 부사장 겸 일반 관리자 제프 브라운Jeff Brown에게 이 책의 출판에 대한 노고와 지원에 감사드립니다.

이 책을 집필하는 데 컴플라이언스 위크 지에 썼던 칼럼 내용을 사용할 수 있도록 허락해 준 발행인 스코트 코헨Scott Cohen에게 특별히 감사드립니다. 여러 해 동안 귀하와 편집장 매트 캘리Matt Kelly가 제공해 준 지원에 감사드립니다. 또한 IBM 사의 일원인 오픈 페이지스Open Pages CEO 마이크 더피Mike Duffy, 마케팅 부사장 고돈 번즈Gordon Burnes, 그리고 제품 마케팅 이사 존 켈리John Kelly에게 우리의 업무 관계와 이 회사를 위해 개발되었던 내용을 사용하도록 허락한 것에 감사드립니다. 그리고 이 책의 머리말을 써 준 전직 SEC 위원장 아서 레빗에게 감사드립니다.

위의 모든 분들이 직간접적으로 이 작업에 기여하셨습니다. 이들의 기여에 감사드리며, 오류나 누락된 부분, 때로 제가 잘못 말한 부분이 있다면 그것은 제 책임임을 밝힙니다.

차례

Governance
Risk
Management
And Compliance

Chapter 1

GRC란 무엇이며, GRC가 왜 중요한가?

What Is GRS, and Why Does It Matter?

Chapter 1

What Is GRS, and Why Does It Matter?

잭 니콜슨Jack Nicholson, 톰 크루즈Tom Cruise, 데미 무어Demi Moore, 그리고 케빈 베이컨Kevin Bacon이 주연한 「어 퓨 굿 맨 A Few Good Man」이라는 영화를 본 사람은 베이컨이 어느 증인에게 군사 매뉴얼에 "코드 레드code red, 특수기합의 일종인 가혹 행위-역자 주"라는 용어가 포함되어 있는지 묻는 법정 장면을 기억할 것이다. 그는 어느 군인에게 사용되었다는 처벌이 존재하지 않음을 시사하는 "아니오"라는 자신이 원하는 대답을 듣는다. 그러나 크루즈가 그 매뉴얼이 식당의 위치나 군 생활에 관련된 다른 정보를 제공하는지 질문하고, "카피Kaffee 중위님, 매뉴얼에는 그런 내용이 없습니다"라는 자신이 원하는 대답을 얻어냄으로써 이에 응수한다. 크루즈는 코드 레드가 매뉴얼에 명시적으로 나와 있지 않다 해서, 그것이 존재하지 않는 것이 아니라는 점을 성공적으로 납득시킨다.

왜 이처럼 할리우드라는 곁길로 새고 있는가? 거버넌스, 리스크 관리 및 컴플라이언스라는 용어에도 동일한 상황이 적용된다. 아마 거버넌스, 리스크 관리 및 컴플라이언스 또는 줄여서 GRC라고 부르는 부서를 둔 회사를 본 적은 없을 것이다. 하지만 그렇다고 해서 GRC가 존재하지 않음을 의미하는 것은 아니라는 점은 확실하다.

GRC는 존재하며 회사의 성공 여부에 큰 영향을 준다. 이 말은 조직의 구석진 곳에 있는 하찮은 배관을 떠올리게 하는, 극히 따분한 말로 들릴 수도 있다. 그러나 실상은 그렇지 않다. 실상 GRC는 모든 회사의 전략 수립 및 실행에서부터 모든 종류의 운영에 관한 의사 결정에 이르기까지 거의 모든 것에 영향을 주는 매우 중요한 요소이다.

GRC란 무엇인가?

용어의 기술적인 정의definition를 다룰 인내력을 가진 사람은 매우 적기 때문에, 원한다면 다음 섹션으로 건너뛰더라도 문제는 없다. 그러나 GRC[1)]에 대해 들어 본 적이 있고, 그 기원과 그것이 무엇인지에 대해 더 알고 싶다면 계속 읽어 보라.

나는 몇 개월 전에 어느 컨퍼런스에서 강연을 했는데, 사회자가 이렇게 물었다. "GRC는 많은 사람들에게 사용되는 약어略語인데, 서로 다른 많은 의미들이 있습니다. 선생님에게는 GRC가 무엇을 의미합니까?" 이에 대한 답은 다음과 같다.

GRC는 몇 년 전에 경영 컨설팅 업계에서 처음으로 사용하였다. 정보기술 회사 등은 재빨리 이 용어를 꺼내 들고, 이용할 수 있는 서비스와 소프트웨어 솔루션을 묘사하는 데 이 용어를 사용했다. 때로는 이 용어가 컴플라이언스 책임자, 리스크 관리 책임자, 내부 감사인들에 의해 사용되기도 하지만, 비즈니스 라인 담당 임원이나 이사회 위원들은 거의 이 용어를 사용하지 않는다.

이 말의 의미에 관해 설명하자면, GRC는 관련은 있지만 다소 다른 개념들의 결합체이다. 거버넌스Governance라는 용어는 전통적으로 회사의 이사회와 관련하여 사용되었다. 내가 특히 좋아하는 거버넌스의 정의는 이사회, 경영진, 그리고 주주 사이의 권한의 할당allocation of power이다. 그러나 오늘날 이 용어는 고위 경영진으로부터 보다 하위의 경영진에 이르기까지, 회사 경영에 있어서 경영진에 의해 취해진 일련의 조치들을 포함하기 위해서도 사용된다.

R은 리스크 관리Risk management를 나타낸다. 이 용어는 간단한 리스크 평가에서부터 충분히 발달한 전사 리스크 관리 프로세스에 이르기까지, 다양하게 사용된다. C는 컴플라이언스Compliance를 나타내는데, 원래 이 말은 관련 법규 준수를 의미했으나, 현재는 많은 사람들이 이 용어를 회사 내부 정책 준수까지 포함하는 것으로 사용한다.

나는 이 각각의 요소들을 "다르다"고 했는데, 그 이유는 회사들이 GRC를 서로 연결된end-to-end 프로세스로 채택하지 않기 때문이다. GRC의 요소들이 회사의 전략적 목표 및 기타 비즈니스 목표들과 관련이 있기는 하지만, 이들은 조직의 서로 다른 수준에서의 활동 및 프로세스들과도 관련이 있다. 실상은 리스크 관리는 회사의 다른 범주의 목표뿐만 아니라 컴플라이언스도 다루도록 디자인될 수 있고, 또 그래야 한다는 면에서 상당 부분이 중복된다.

이제, 용어는 이 정도만 설명하고 GRC가 왜 중요한지를 살펴보기로 하자.

GRC가 왜 중요한가?

이 책의 뒤에 나오는 장들을 읽어 보면 GRC가 왜 모든 조직에서 중요한지에 대해 이해할 수 있을 것이다. 따라서 여기에서는 몇 가지 요점만을 강조하겠다.

GRC의 중요한 요소 중 하나는, 흔히 사용되는 용어인 상부의 기조tone at the top를 포함하는 회사의 문화이다. 문화에 고유한 요소 중 하나는 회사 및 그 임직원들이 고결성integrity과 윤리적 가치를 어느 정도로 기꺼이 받아들이느냐이다. 기업 문화가 특히 오늘날의 환경에서 왜 그리 중요한가? 이는 고결성과 윤리의 기반에서 운영되는 회사들은 어려움에서 벗어날 뿐 아니라, 그 기반 위에 성공을 견인할 기초를 세우기 때문이다. 그런 회사들은 가장 바람직한 고객, 공급자, 자본가, 그리고 비즈니스 파트너뿐만 아니라, 가장 좋은 직원들을 끌어들인다. 고결성과 윤리가 취약한 기업은 그 반대이다.

학문적 연구에서 이에 대한 경험적 증거가 제시되지는 않았지만, 일화적인anecdotal 증거는 있다. 존슨 앤 존슨Johnson & Johnson; J&J을 예로 들어 보자. 1980년대에 타이레놀 스캔들이 발생했을 때, 존슨 앤 존슨은 고결성과 윤리의 문화 덕분에 신속하게 약국의 선반에 있던 타이레놀 제품을 전량 수거하기로 결정했다. 이 조치로 막대한 비용이 들었지만, 이 회사는 시장 지위가 매우 확고해져서 그 이후 수십 년 동안 가시적인 이익을 누렸다. 그러나 최근의 존슨 앤 존슨은 앞의 사례와 다른 진통을 겪고 있다. 이 그룹의 맥네일 소비자 헬스캐어 프러덕츠McNeil Consumer Healthcare Products 부문이 만든 타이레놀, 모트린, 그리고 기타 제품들이 병을 유발한다는 사실이 알려졌을 때는, 회사가 이 사안을 보고 및 조사하지 않았다는 비난을 받았고, 이로 인해 회사의 명성에 타격을 입었다.

올바르게 처신하지 못했다는 비난을 받고 있는 또 다른 회사로 도요타를 들 수 있는데, 이 회사는 차량 안전 이슈들로 많은 리콜을 했으며, 규제 당국에 이를 알리지 않았다는 혐의를 받고 있다. 도요타는 경쟁사들에게 시장 점유를 상실했는데, 일부 고객은 단순히 안전에만 관심이 있었지만, 다른 고객들은 이 회사가 위험을 정직하게 알리지 않은 데 대한 분노로 제품을 구매하지 않았다고 우리는 가정할 수 있다.

나는 이 책의 서문에서 아서 앤더슨을 언급했다. 이 회사는 고결성과 윤리적 가치가 시장에서 어떻게 인식되는지에 관한 또 하나의 좋은 사례이다. 앤더슨은 엔론의 감사를 잘못해서 망한 것이 아니다. 이 혐의는 법원에서 입증되지 않았다. 이 회사는 불법적인 증거 파괴자사의 엔론 감사와 관련된 문서 파괴 혐의에 대한 법무부의 고소로 몰락했다. 법무부의 조치 이후, 앤더슨 사의 고객들은 더 이상 이 회사와 관련 맺기를 원하지 않았다. 또한 이 회사가 중요한 감사를 마무리할 수 있을지에 대한 우려가 있었고, 핵심 인력들은 이 조짐을 알아차리고 다른 회사로 옮겨 갔다. 그러나 문제는미국의 대법원이 최종적으로 판단한 바와 같이 불법적이지는 않지만 비윤리적인 판단 착오에서 시작되었다.

이후의 장章들에서는 어떻게, 그리고 왜 이 회사들은 고통을 겪은 데 반해, 다른 회사들은 계속적인 성공을 거뒀는지에 대해 자세히 살펴볼 것이다. GRC에 친숙하지 않은 사람도친숙하다면, 아마도 이 책을 고르지 않았을 것이다, GRC의 핵심적인 요소는 이해할 수 있을 것이다. 물론, GRC는 로켓 과학이 아니다. 나는 이후의 장들에서 다룰 내용들이 적절할 뿐 아니라, 쉽게 이해되고 쉽게 실행할 수 있음을 의심하지 않는다.

Governance
Risk
Management
And Compliance

Chapter 2

문화, 결정적 동인動因

Culture, the Critical Driver

Culture, the Critical Driver

우리는 모든 조직마다 독특한 문화가 있으며, 노련한 임원들은 회사와 직원들을 바람직한 문화로 이끄는 것이 조직의 운영 방식과 성공 정도에 중요한 역할을 한다는 점을 인식하고 있다는 것을 안다. 이번 장에서는 문화의 관련성, 기업의 행동에 대한 문화의 영향, 그리고 조직 내에서 문화의 형성과 강화에 있어서 무엇이 효과가 있는지에 대해 살펴본다.

문화란 무엇인가?

사전에서는 문화를 회사의 업무 분위기professional atmosphere와 가치, 관습 및 전통이라고 말한다. 어느 저명한 리스크 관리 보고서는 이의 내용과 맥락을 덧붙여 준다.

한 실체entity의 전략과 목표, 그리고 이들이 실행되는 방식은 선호, 가치 판단, 그리고 경영 스타일에 기초를 둔다. 경영진의 고결성 및 윤리적 가치에 대한 전심전력commitment은 선호 및 판단에 영향을 주며, 이는 행동 기준으로 전환된다. 한 실체의 좋은 평판은 매우 귀중하기 때문에, 행동 기준은 단순한 법률 준수 이상이어야 한다. 잘 운영되는 기업의 경영자들은 윤리는 이익이 되며 윤리적 행동은 회사 실적에 도움이 된다는 견해를 점점 더 받아들이고 있다…

윤리적 행동 및 경영진의 고결성은 기업 문화의 부산물이기 때문에, 기업 문화는 윤리 및 행동 기준과 이들이 어떻게 소통되고 강화되는지를 포함한다. 공식적인 정책은 이사회와 경영진이 무엇이 발생하기 원하는지를 명시한다. 기업 문화는 무엇이 실제로 발생하는지, 그리고 어떤 규칙들이 준수, 왜곡, 또는 무시되는지를 결정한다. CEO로부터 시작하여 최고 경영진은 기업 문화를 결정하는 데 핵심적인 역할을 한다. 조직에서 가장 중요한 지위에 있는 사람으로서, CEO가 윤리적 기조를 형성하는 경우가 흔하나.[2]

문화의 영향은 어느 회사에서나 볼 수 있는데, 독일의 엔지니어링 회사 지멘스Siemens는 살펴볼 가치가 있다. 보고서에 의하면, 이 회사에서는 직원들에게 뇌물이 받아들여질 뿐 아니라 묵시적으로 장려된다고 믿는 문화로 인해 부패가 만연하였다. 국제투명성기구Transparency International의 설립자 중 한 사람은 뇌물 스캔들에 대한 지멘스의 반응을 회고하면서 이렇게 말했다. "새로운 프로세스, 새로운 사람, 새로운 절차를 들여와도 문화가 변하지 않는 한, 아무런 변화도 일어나지 않는다." 제너럴 일렉트릭General Electric 사로부터 회사의 신규 반부패 담당자로 영입된 한 임원은 자신의 역할에 내재된 도전 과제를 이해하고서 이렇게 말했다. "건강한 컴플라이언스 문화는 사람들이 규정집을 찾을 필요가 없고, 무엇이 바른 일인지를 직관적으로 아는, 보다 가치에 기초한 리더십에 의존합니다."

1장에서 보았던 존슨 앤 존슨 사례는 여전히 적절한데, 그 회사는 1982년에 타이레놀 패키지에 독극물이 주입된 스캔들이 발생했을 때 무엇이 올바른지를 알았었다. 이 회사의 문화가 이익에 대한 단기적인 압박에도 불구하고 고객을 최우선에 두었기 때문에, 경영진은 타이레놀을 수거할 수 있었고, 이로 인해 시장의 평판을 유지하고 강화시켰다. 조직 내의 공유된 가치로 인해 그 결정은 아주 쉬운 일이었다. 고객을 위해 올바른 일을 하는 것 외에는 다른 대안이 없었다. 앞에서 본 바와 같이 오늘날의 존슨 앤 존슨의 문화는, 최소한 맥네일McNeil 부문에서는, 과거와는 다른 것 같다.

문화적 실패 사례들

문화적 결함으로 인하여 재앙을 겪은 회사의 명단은 책 한 권에 다 포함시킬 수 없을 정도로 많지만, 최근의 금융 시스템 붕괴에서 드러난 실패 사례 몇 가지를 살펴보기로 하자.

- **모기지 대출업자**mortgage generator 많은 은행, 모기지 브로커 및 기타 주택 저당 대출업자들이 "나는 지금 돈을 벌 테니, 저주는 고객에게 돌려라"는 문화를 발전시켰음이 너무도 분명해졌다. 애초에 또는 변동 금리가 너무 상승했

을 때 주택을 구입할 능력이 없는 사람들에게 주택 구입 자금을 빌려 준 것은, 확실히 단기적으로는 이 회사들의 단기 순이익에 도움이 되었지만, 회사와 주택 구입자 모두에게 재앙이 되고 말았다.

- **신용 카드 회사들** 모기지가 주도한 경기 침체에 다음으로 발을 담근 것은 신용 카드 업계였는데, 이들은 숨만 붙어 있으면 누구에게나 미리 승인된 신청서를 보냈다. 추가 부채를 감당할 능력이 없는 사람들에 대한 신용 공여와, 단 하루의 연체에도 과도한 이자율을 부과하며 신규로 신용으로 구매하는 잔액에 대해 금리를 인상하는 정책은 분명히 고객을 최우선에 둔 것이 아니며, 현재 부실 대출이 이들 조직을 엄습하고 있다. 도드-프랭크법Dodd-Frank Act과 부수 규정들은 이러한 관행을 다룰 의도로 제정되었다.
- **투자 은행들** 우리는 투자 은행들 및 다른 금융기관들이 담보부 채무증서collateralized debt obligation를 잘게 쪼개 이를 금박을 입힌 증권으로 판매한 것을 볼 수 있다. 또 하나 물어봐야 할 것은 신용 평가 기관들이 이 증권들에 부여한 AAA 등급을 받을 자격이 없었다는 것을 그들이 어느 정도나 알고 있었느냐는 것이다. 연기금, 지방 정부 및 기타 투자자들이 데었을 뿐 아니라, 자신의 파이프라인에 독이 있는 증권을 남겨 두고 있고, 레버리지를 과도하게 일으킨 이 금융기관들이 무너지게 되었으며, 전체 금융 시스템이 위협받았다. 금융 시스템이 거의 붕괴될 뻔했던 이 사태의 원인에 대해 관심이 있을 경우, 곧바로 5장으로 건너뛰어도 무방하다.

1장에서 가볍게 언급했던 몇 년 전의 대형 파산 사건을 이곳에서 논의하는 것이 적절하다고 생각한다. 이 사건은 당시 관련 업계 및 시장에서 존중을 받고 있었고, 5대 회계법인 중 하나였던 아서 앤더슨의 몰락이다. 앤더슨에서 무엇이 잘못되었는지에 대해서는 견해가 갈린다. 나는 이 실패의 주된 이유가 회사가 절박하게 비즈니스 증대를 추구한 데 있다고 생각하는데, 그들이 이렇게 한 이유는 부분적으로는 세간의 이목을 끄는 소송에서 겨우 1달러의 보상만을 받고, 매우 성공적이고 수익성이 좋은 컨설팅 부문을 잃게 된 데 기인했다. 앤더슨은 이후 모든 업무상의 결정에서 본사의 회계 및 감사 전문가가 아니라 현장 파트너engagement partner에게 최종 결정권을 주는 정책을 시행했다. 이렇게 한 묵시적인 목표 중 하나는 현장 파트너를 고객에게 더 가까이 가게 하려는 것이었는데, 그 이유는 분명히 현장 파트너가 새로운 컨설팅 비즈니스를 성장시키기에 더 좋은 위치에 있게 하려는 것이었다. 그래서 이 정책을 시행한 뒤에나는 그런 정책을 시행한 대형 회계 법인은 앤더슨이 유일했다고 믿는다, 본사 파트너가 엔론 감사 실무를 이끄는 현장 파트너와 의견이 일치하지 않았을 때, 누가 이겼을 것 같은가? 그리고 우리는 그 이후 무슨 일이 일어났는지 알고 있다. 이 멋진 회사는 최고의 고결성과 직업 및 윤리 기준을 지닌 문화에서, 결정적인 감사 의견 결정이 한 사람의 현장 책임자에게 부여되는 문화로 옮겨가게 했다.

바른 기업 문화를 가진 회사들

바른 기업 문화를 개발하는 간편 조리법이나 묘책은 없다. 그러나 그들의 행동이 조직에 극적이고 오래가는 긍정적 영향을 주고 향후의 기업 문화를 형성하게 했던 최고 경영자들과의 몇 가지 경험을 나누고자 한다.

- **보험회사** 부적절한 판매 관행과 관련된 스캔들에 휘말린 이 대형 보험사는 향후의 실패를 방지하는 데 도움을 주는 내부통제 시스템을 강화하려는 노력을 기울이고 있었다. 이 회사는 특정 그룹의 고객 서비스 콜 센터 직원들이 급여가 아니라 계속 수수료 기준으로 보수를 받기 위해서는 필수 자격증을 취득할 필요가 있음을 알게 되었다. 올바른 일을 하기 위해 이 회사의 CEO는 이 그룹의 모든 직원들이 즉시 등록과 면허 시험을 치르는 데 필요한 조치를 취해야 하며, 이 직원들에게 공정을 기하기 위해, 과도기 중에 수수료 기반 보수 지급이 계속될 것이라고 발표했다. CEO의 의도는 좋았지만, 토론을 거친 뒤에 이 회사의 직원들이 받은 메시지는 규칙 준수 계획만 세워 두면 계속 규칙을 위반해도 괜찮다는 것이었다. 최초의 결정이 어떻게 해석되고 있는지를 깨닫게 되자, 그는 즉시 방침을 바꾸어, 면허를 취득할 때까지 이 그룹에 대해 순수한 급여salary를 지급하는 것으로 바꿨다. 이 회사의 문화는 올바른 방향으로 일을 하는 것뿐 아니라, 항상 옳은 일을 하기 위해서는 인기 없는 행동도 취하는 것이 필요하다는 메시지를 반영하게 되었다.
- **전문 서비스 회사** 이 회사의 수익성이 매우 높은 한 사업 부문에서 파트너가 되지 못한 어느 관리자가 지역 차원에서 이뤄진 이 결정을 재고再考해 주도록 요청했다. 서류를 철저히 검토하고, 이 관리자와 이 부문의 파트너들과 인터뷰를 해 보니, 이 여성 관리자는 모든 면에서 파트너가 될 자격을 충분히 갖추고 있었다. 문제는 이 부문의 관리 파트너

managing partner였음이 드러났는데, 그는 회사에서 여성의 승진을 차별한 전력이 있었다. CEO는 회사의 리더들과 만나서 이 사안을 어떻게 처리해야 할지 의견을 물었다. 그러고 나서 전직 해병대원이자 넌센스를 참지 못하는 원칙주의자인 CEO는 이렇게 물었다. "무엇이 옳은 일입니까?" 잠시 침묵이 흐른 뒤에 최고 법무 책임자는 그 관리자가 파트너로 받아들여져야 할 뿐 아니라 관리 파트너는 쫓아내야 한다고 대답했다. 이 조치는 즉시 시행되었고 조직 전체에 잘 알려지게 되었으며, 옳은 일을 한다는 결정이 회사의 문화로 자리 잡게 되었다.

- **소비자 제품 회사** 이 회사의 CEO와 리더십 팀은 전사 리스크 관리enterprise risk management; ERM 프로세스를 설계 및 실행할 계획을 진행하기로 결정했다. 조직의 현재 리스크 관리 상태에 대해 진단해 보니, 소수의 제한된 부문의 사소한 리스크에만 중점을 두고 있는 반면, 조직의 대부분에서는 "터프 가이tough guy" 문화로 사람들이 리스크에 대해 말을 꺼내지도 못한다는 것이 명백해졌다. 리스크에 대해 얘기를 꺼내는 사람은 할 수 있다는 회사의 철학 및 스타일에 반하며, 부정적이고, 나약하며, 리더십이 결여된 것으로 여겨졌다. 효과적인 ERM 프로세스의 중요성을 인식한 CEO는 회사의 문화가 바뀔 필요가 있음을 깨달았다. 이 CEO는 다음번의 전략 계획 및 예산 수립 회의에서 깊이 있는 리스크 분석을 시작함으로써, 자신에게 직접 보고하는 임원들direct reports에게 회사의 리스크에 대해 토론하는 것이 용인될 뿐 아니라 이것이 요구된다는 점을 명백히 했다. 그는 그 다음 직급의 경영진과의 회의 및 전체 조직을 대상으로 한 비디오에서 이를 계속 이어갔다. 그러자 몇 개월 안에 이 회사의 문화는, 영리한 터프 가이들은 회사를 앞으로 나아가도록 하

기 위한 행동 지향적인 의사 결정을 내림에 있어서 리스크에 초점을 맞춘다는 개념을 수용하게 되었다.

CEO가 하는 일은 신속하게 주목을 받으며, 그의 행동이 모방된다는 데는 의문의 여지가 없다. 델타Delta의 CEO 리처드 앤더슨Richard Anderson이 이를 잘 말해 주었다. "여러분이 하는 모든 일은 하나의 본보기입니다. 사람들은 여러분이 하는 모든 일을 보고 그것으로부터 신호를 받습니다."

경험에 의하면, 문화는 긍정적으로든 또는 부정적으로든 회사에 강력하고 광범위한 영향을 준다. 최고 경영진은 대개 조직의 문화에 대한 정확한 그림을 가지고 있지만, 실제로는 대부분의 CEO들은 자신들이 지독하게 잘못 알고 있었다는 것을 너무 늦게 알게 된다. CEO와 고위 임원진의 가장 중요한 역할 중 하나는 회사의 문화에 대해 깊이 있고 정확하게 이해하고, 어떤 변화가 필요한지 결정하며, 회사의 성공적인 미래를 가져오는데 필요한 문화를 만들기 위해 신속하고 단호한 조치를 취하는 것이다.

그러나 문화를 바꾸는 것은 스타벅스의 CEO 하워드 슐츠Howard Schultz가 다음과 같이 말하듯이 쉽지 않다. "문화의 방향을 바꾸는 것은 매우 어려운데, 문화는 대부분의 의사 결정에 기초하고 있으며, 조직은 이러한 결정들에 의해 형성되기 때문입니다… 모든 것이 중요합니다. 여러분은 의사 결정, 가치 및 기억들을 조직에 각인하고 있습니다. 어떤 의미에서는 집을 짓고 있는 셈인데, 이 건물을 지탱할 수 있는 기초를 세우기 전에는 층을 쌓아 올릴 수 없습니다."

합법, 정직, 솔직, 그리고…

조직 안의 사람들이 상호간 및 외부 당사자와 어떻게 소통하는지가 고결성 및 윤리적 가치에 기초한 기업 문화에 중요한 요소이다. 우리 모두는 기술적으로 정확한 정보를 제공하는 것과 실제로 문제가 되는 사안에 대한 진정한 그림을 제공하는 방식으로 소통하는 것의 차이를 안다.

몇 년 전에 어느 비즈니스 칼럼니스트는 정직이, 사실을 똑바로 직시하여 어두운 방에 빛의 특질을 보여 주는 것과 같은 솔직함이 아니라, 너무도 쉽게 충족될 수 있는 요구인, 단순히 계약과 법률을 준수하는 것으로 격하되었다고 했는데, 나도 이 말에 동의한다. 솔직하다candid의 사전적 정의는 "사람들이 상쾌하거나 불쾌하다고 느낄 수 있는 방식으로, 그리고 편견이나 편향이 없이 정직하다 또는 직접적이다"는 의미이다.

확실히 우리는 우리 회사 사람들 및 그 밖의 사람들과 토론할 때, 솔직하게 소통하기를 바란다. 하지만 불행하게도, 그렇게 되지 않는 경우가 너무도 흔하다. 다음과 같은 상호 작용을 생각해 볼 수 있을 것이다.

- **상사에 대한 소통** 우리는 경험이 없는 직원이 자기가 좋은 아이디어라고 생각한 것을 조직의 상부에 설득하기 위해 애쓰는 것을 얼마나 자주 보아 왔던가? 설명 자료에서 사실 관계는 정확하고, 노골적으로 부정직한 면은 없다. 그러나 누락된 부분이 있거나 강조점과 초점이 한쪽으로 치우쳐 있다는 면에서 편향偏向된 부분이 있다. 잠시 개인적인 얘기를 하자면, 내가 보조 직원으로 입사했던 초기에 여러 번 그렇게 한 적이 있다.
- **외부 당사자와의 소통** 우리는 얼마나 자주 공급자, 잠재 고객, 채용 대상

자 등과 얘기할 때 진실을 가리려는 욕망에 굴복했던가? 그것은 이슈의 가장 밝은 면을 보여 준다거나, 가능한 좋은 인상을 주려는 것으로 간주될 수도 있지만, 우리의 마음속에서는 상대방에게 적절하고 중요한 정보를 유보하고 있음을 알고 있었다.

- **주주와의 소통** 우리가 언제나 주주들 및 투자자들과의 소통에서 전적으로 솔직했었던가? 확실히, 적절한 규제상 또는 경쟁상 이유로 비밀이 유지되어야 하는 정보를 공개하지 않는 것은 적절하다. 그러나 우리는 대개 워런 버핏Warren Buffet이 해마다 버크셔 해서웨이Berkshire Hathaway의 주주들에게 쓰는 편지에서와 같은 솔직함을 보지 못한다.
- **이사회에 대한 CEO의 소통** 최고 경영자가 과거 또는 미래의 성적이나 새로운 전략 또는 조치를, 이사회가 승인하거나 또는 최소한 불승인하지 않도록 모양을 꾸며서 부의하는 사례를 본 적이 있는가? 나 개인적으로는 그런 사례를 본 적이 있으며, 이사회 위원으로 참여했거나 이사회 준비 자료를 작성해 본 적이 있는 사람도 그러리라고 생각한다.

이러한 행동의 효과는 최종적으로 정보를 받는 사람 또는 그룹에 따라 크게 달라진다. 그러나 몇 가지 공통점이 있다. 그 중 하나는 그러한 행동의 본질은 시간이 지나면 거의 언제나 알려진다는 것이다. 정보 수령자가 관리자, 고객, 채용 대상자, 주주, 애널리스트, 또는 이사회 위원이건 간에, 그들은 특정인 또는 회사가 참으로 솔직한지에 대해 잘 알게 된다. 그리고 소통 내용이 사실과 다르다는 것을 알게 되면, 그 효과는 극적일 수 있고, 실제로도 극적인 경우가 흔하다.

이를 염두에 두고, 솔직함candor이라는 개념을 훨씬 더 높은 차원으로

끌어올리는 단어를 하나 살펴보기로 하자. 그 단어는 기꺼이 말하는 forthcoming이라는 말이다. 나는 이 단어를 통해, 위에서 설명한 바와 같이 정직하고 솔직할 뿐 아니라, 기꺼이 얘기하거나 정보를 주려고 하는 것을 의미한다.

우리는 이야기의 전체를 말하기를 주저하는 듯한 사람들을 대한 경험이 있을 것이다. 그리고 당신은 이에 대해 어떻게 반응했는지 기억할 것이다. 보다 능숙하게 정보를 유보하는 사람들이 있는데, 우리가 이를 즉시 알아차리지 못할 때도 있다. 그러나 나는 우리가 소통하려 했던 사람이 우리를 헛발질하게 했음을 조만간 알게 될 것이고, 우리는 의사 결정을 하기 위해 필요로 했고 기대했던 정보를 입수한 것이 아니었음을 알게 되리라고 믿는다.

우리는 성한 이teeth를 뽑기를 원하지 않는다. 우리는 그가 알고 있고, 우리가 알 필요가 있는 정보를 말해 주기를 원한다. 우리는 그들이 무엇이 사실이고 무엇이 의견인지, 그리고 의견에 대한 찬반贊反의 근거를 명확히 밝히기를 원한다. 우리는 적절할 정도로 완전하고, 정직하며, 편향되지 않은 정보를 기꺼이 제공하는 사람과 소통할 때에는 해당 정보뿐 아니라, 미래에 정보가 필요해질 경우, 그 사람 또는 기관에 대해 즉각적으로 신뢰하게 된다.

우리가 대하는 사람들이 법률을 준수하고, 윤리적이고, 정직하며, 솔직한 것을 넘어서서 기꺼이 말하기를 원하고 그렇게 되기를 기대한다. 그런 사람들이 의미 있고, 오래 지속되며, 지지와 협력을 만들어 내는 신뢰와 존중을 얻게 된다.

CEO와 이사회의 소통에 관해서 조금 더 살펴보기 위해, CEO가 새로운 전략을 제시한다고 가정하자. 자료에 제시된 사실 관계는 정확하다. 즉, 시장 및 경쟁 상황은 정확히 묘사되어 있고, 이익 및 수익률에 대한 긍정적인 영향은 적절하게 계산되었으며, 이를 지지하는 근거도 깊이 있고 세밀하게 설명되어 있다.

이 자료가 표면상으로는 훌륭해 보일 수 있지만, 노련한 이사들은 이 자료에 나와 있지 않은 결정적인 정보를 이끌어 내기 위해 적절한 질문을 던지기 시작한다. 이 새로운 전략의 잠재적인 결점은 무엇인가? 좋지 않은 면은 무엇인가? 관련된 위험은 무엇인가? 이 전략이 성공하기 위한 조건은 무엇인가?

그 다음에 참으로 통찰력이 있는 이사회 위원들은 다음과 같이 질문할 것이다. CEO의 바로 아래 직급 임원은 제안된 전략에 대해 전력을 기울이는가? 충분히 개발된 실행 계획은 어디에 있는가? 이 전략이 효과를 발휘하도록 하는 관련 프로세스, 조직, 자원 및 투자가 갖춰졌는가? 그리고, 이와 동등하게 중요한 요소로서, 어떤 전략적 대안이 고려되고 폐기되었는가? 그 이유는 무엇인가?

확실히, 이러한 질문을 할 필요가 있는 이사회는 CEO를 당초의 전략 계획에 관련된 정보만을 제공해 주는 사람으로 보지 않을 것이다. 솔직해짐으로써 얻게 되는 신뢰는 특히 어려운 시기에 이사회의 지지를 얻고 이를 유지하는 데 중요한 요소가 된다.

이는 외부 당사자에게 제공되는 정보가 이사회에 제공되는 정보만큼 포괄적이어야 한다고 제안하려는 것이 아니다. 그러나 적절하게 소통된 정보에 관해 솔직해진다는 개념은 두 경우 모두 유사하다. 최고의 직원, 고객 및 비즈니스 파트너를 끌어들이기 원한다면, 정직그리고 이에 솔직함과 기꺼이 말함을 더할 수 있다이 원하는 결과를 가져올 가능성이 가장 높다.

이사회는 CEO가 자신의 의무 수행 능력에 영향을 줄 수도 있는 개인적인 사안에 대해서까지도 기꺼이 말하기를 기대할 권리가 있다. 호라스 맨 에듀케이터스Horace Mann Educators의 10년차 CEO의 최근 사례를 예로 들어 보자. 경찰 조서調書에 따르면, 그는 2010년 현충일에 음주 운전을 하다 다른 차량을 들이받았다. 그는 7월에 회사의 누군가에게 자신이 체포된 사실을 말했다는 데, 9월에 60일 형을 시작하게 된 후에야 이사회에 이를 알렸다. 휴가 처리를 한 뒤에 이 CEO는 사직했고, 그 자리는 다른 사람으로 교체되었다. 어느 기자가 내게 이 CEO가 이사회에 이를 알렸어야 했냐고 물었을 때 나는 "확실히 그렇다"고 대답하면서, 이사회는 혐의의 세세한 부분과 그가 근무할 수 없게 될 가능성에 대해 즉시 통보받을 필요가 있으며, 이 사실이 공표될 경우에 대처할 필요가 있다고 덧붙였다. 코퍼레이트 라이브러리Corporate Library의 저명한 거버넌스 거장 폴 호지슨Paul Hodgson은 이 사건에 대해 다음과 같이 말했다. "이사회는 이에 대해 즉시 보고를 받았어야 했는데, 보고가 그처럼 지연되도록 허용되었다는 것은 전혀 용납할 수 없다… 그러한 지연은 이사회가 어리석고 임원들이 불성실한 것으로 보이게 한다." 또한 저명한 하버드 거버넌스 교수 제이 로쉬Jay Lorsch는 이렇게 말했다. "이것은 CEO의 판단과 그의 안정성에 관한 문제로 연결되기 때문에 중요한 정보이다."

그렇다. 중요성이라는 개념과 관련하여, 건강 문제 등 CEO의 생활에 관해 어느 정도가 대중에게 공개될 필요가 있는지에 대해서는 이론異論이 있지만, 이사회에 통보하는 것은 간단한 일이다.

기꺼이 말하는 것에 미치지 못한 어느 임원의 사례를 하나 더 살펴볼 가치가 있다. 당신은 버크셔 해서웨이에서 발생한 사건에 대한 기사를 보았을 것이다. 이 기사에 따르면 시니어 임원 중 한 사람으로서 워런 버핏의 후계자가 될 수도 있는 데이비드 소콜David Sokol이 버크셔 해서웨이에 루브리졸Lubrizol을 매수하도록 추천하기 전에 자신이 이 회사 주식을 매입함으로써 버핏을 오도誤導했다고 한다. 이후 버크셔의 감사위원회는 다음과 같은 보고서를 발표했다 "이러한 주식 매수와 관련하여 CEO인 버핏에게 착오를 불러일으키게 할 수 있는 소콜의 불완전한 공시는 회사에 대한 그의 솔직성 의무를 위반한 것이다." 이 보고서는 또한 소콜이 법률을 위반했을 수도 있으며, 버크셔는 손해를 회복하기 위해 법적 조치를 고려 중이라고 밝혔다. 또한 버핏은 SEC의 집행 부문에 전화로 통보했으며, SEC는 내부자 거래 규정 위반 여부를 조사할 예정이다. 이 사례는 임원이 솔직성을 보이지 못함으로써 야기된 회사와 자신의 문제들을 잘 보여 준다.

고결성 대 여론 호도(糊塗)

얼마나 많은 회사들이 문화적 이슈 및 정직성 결여와 관련된 심각한 문제들을 겪었는지 살펴보면 흥미진진하다. 우리는 빙산의 일각 격으로 이에 대해 다뤘다. 2009년 말의 어떤 날 하루에 실린, 3개의 잘 알려진 회사에 관한 기사만 봐도 이러한 문제가 얼마나 만연되어 있는지 어느 정도의 감을 잡을 수 있다. 그리고 이러한 회사에서 무슨 일이 일어났는지 생각하게 되면, 그들이 대중에게 어떻게 설명했는지도 알고 싶어질 것이다.

제너럴 일렉트릭

이날 GE가 "숫자를 만들어 내는" 데 혈안이 되어 반복적으로 부적절한 회계 처리를 한 혐의를 5천만 달러에 해결하기로 미국 증권 거래 위원회와 합의했다는 뉴스가 보도되었다.

이 이야기는 여러 해 전에 펜실베이니아 대학교 와튼 경영 대학원에서 학위를 취득한 후에 GE에서 일했던 한 성직자를 언급한다. 해외의 손실로 인해 실적이 신통치 않다고 GE의 어느 임원에게 보고한 이 직원은 자기가 맡은 부문이 목표를 달성하지 못하면 본사에서 못마땅해 할 테니 "장부 기장journal entry을 뒤집어라"는 지시를 받았다. 한술 더 떠서 이 상사는 부하 직원에게 "회계 과정을 너무 심각하게 여기고 있다"며, 나중에 수입이 좋지 않을 때 사용하기 위해 "과도한 수입을 떼어서 가공의 명의로 관리하라"고 지시했다.

그런데 흔히 그렇듯 역사는 반복된다. GE의 회계사는 궁극적으로 "허위 표시 및 비밀 거래, 그리고 보다 고위 임원들이 부하 직원들에게 어찌됐든 장부에 서명하도록 지시했음"을 발견했다. 또한, SEC는 GE의 임원들이 감사인에게 관련 정보를 제공해 주지 않았다고 했다회사는 나중에 제출했다고 말했다. 흥미롭게도, 엔론에서 발생했던 허위 매출로 수익을 부풀리는 기법으로 회계 규정을 위반한 일이 이곳에서도 발생했다. 그러나 그보다 더 흥미로운 것은 SEC는 KPMG의 현지 GE 회계 감사인이 본사와 상의하고 있는 동안, 현지의 회계 감사 수검자가 "무슨 일이 일어나고 있는지 본사에 얘기하지도 않고" 재무제표에 서명했다고 말한다. 이 일은 엔론-아서 앤더슨의 붕괴에 대해 내막이 잘 알려진 뒤인 2003년에 발생했다! 아무도 이 일을 알지 못했단 말인가?

이 회사는 다음과 같이 여론을 호도하는 보도 자료를 냈다. "문제가 되는 실수들은 우리의 기준을 준수하지 못했습니다. 우리는 그러한 실수가 재발하지 않도록 많은 시정 조치들과 내부통제 강화 방안을 시행했습니다."

회사는 계속해서 어느 기자에게 이렇게 말했다. 이를 "GE의 전반적인 문화, 재무 기능, 또는 컴플라이언스 관행에 문제가 있음을 암시하는 것으로 보는 것은 잘못입니다. GE는 최고의 회계 기준과 양호한 기업 거버넌스에 전력을 기울입니다. 우리는 이제 막 완성한 프로세스를 통해 보다 더 강해진 우리의 통제와 문화를 신뢰합니다."

아메리칸 인터내셔널 그룹American International Group

2009년의 같은 날에, 전직 AIG 수장 모리스 그린버그Moris Greenberg가 회사의 회계 사기 감독 책임에 대해 SEC와 합의했다는 기사가 보도되었다. 그린버그는 1,500만 달러를 지불하기로 했는데, 이 회계 사기로 2십억 달러의 재무제표 수정이 요구됐다. 피고의 공개적인 부정이나 고소가 근거 없다는 진술이 금지됨에도 불구하고, 그린버그는 즉시 이 사기에 "책임이 없으며", 대부분의 재무제표 수정은 "불필요하다"고 선언했다.

언론 기관들은 계속해서 AIG는 결코 보험 인수 손실을 입은 적이 없었다는 그린버그의 빈번한 진술에도 불구하고, SEC는 AIG가 실제로는 이러한 손실을 입었으나 그린버그가 이를 비밀에 부치기로 결심했다고 주장한다고 보도했다. 그린버그 및 1,500만 달러에 SEC와 합의한 CFO 하워드 스미스Howard Smith는 역외 유령 회사shell company를 사용하여 인수 손실을 투자 손실로 위장하고, 관련 대출을 숨기기 위해 투자자들에게 돈을 빌려주는 수법을 고안했다고 알려졌다. AIG는 사실은 그렇지 않은데, 채권을 이익을 보고 매도한 척 했으며, 헤지 펀드로부터 배당금을 받은 것처럼 꾸몄다.

홍보 및 법무부서 직원들은 시간외 근무를 하고 있는 듯했는데, 그린버그의 변호사는 자기 고객이 "그가 개인적으로 어떠한 사기 혐의도 받지 않아야 한다는 SEC의 인식을 고맙게 생각하며', "이 합의는" AIG의 부적정한 회계의 "대부분의 사안에 대해 통제 면에서도 그가 책임이 없음을 인정한 것"이라고 말했다.

우리는 AIG가 궁극적으로 어떻게 되었는지 알지만, 이에는 다른 이유들도 있기 때문에 이에 대해서는 다른 장에서 다루기로 한다.

소시에테 제네랄

이 날의 마감 뉴스는 장 피에르 뮈스티에Jean Pierre Musier가 어려움에 빠진 소시에테 제네랄Soc Gen에서 떠난다는 소식이었다. 집행 임원 위원회의 일원이었고 이전의 투자 은행 부문 수장이었던 그리고, 언젠가는 이사회 의장이 될 수 있는 사람으로 여겨졌던 뮈스티에는 회사 주식 내부 거래에 관해 프랑스 규제당국으로부터 유감 서한grievance letter을 받은 것으로 알려졌다. Soc Gen의 사외 이사 로버트 데이Robert Day도 마찬가지였다.

로버트는 사기꾼 직원 제롬 케르비엘Jerome Kerviel의 승인받지 않은 트레이드와 관련된 72억 달러의 악명 높은 손실 소식이 전해진지 1주일도 되기 전에 Soc Gen주식을 팔았다. Soc Gen은 뮈스티에그는 이보다 더 전에 팔았다와 데이가 모든 혐의를 부인한다고 말했다.

케르비엘의 재앙 처리 과정은 Soc Gen의 기업 문화에 대해 훨씬 많은 것을 말해 준다. 이 회사에서는 의장 겸 CEO가 그를 "정신적으로 허약"한 "테러 분자"라고 부르며 그에게 모든 비난을 전가하면서, 은행의 문화, 경영진, 또는 통제에 대해서는 한 마디도 하지 않았다. 이 은행은 그 메시지를 전하면서 본질적으로 케르비엘이 나쁜 사람이었으며, 은행은 그의 행동에 대해 아무런 책임이 없고, 확실히 이러한 일이 벌어지리라고 상상할 수도 없었다고 말한 셈이다. 그리고 오랜 논쟁 끝에, 두 명의 이사들은 내부자 거래를 했다는 의심을 받으며 회사를 떠났다.

문화와 호도

이 뉴스로부터 세 회사에 관하여 몇 가지를 추측할 수 있다. 첫째, 모든 회사에 고위 임원들의 행동으로 상부의 부패 기조가 자리 잡는 등 문화에 결함이 있었다. 이런 일이 저명한 기관에서 일어났다는 점이 놀라울 수도 있다. 확실히, 이런 일이 그곳에서 일어날 수 있다면그리고 그랬던 것처럼 보인다 어느 곳에서나 일어날 수 있다.

둘째, 경험에 의하면, 조직이 여론 호도로 대응하는 방식이 실제로 문화 문제를 악화시킬 수도 있다. 미디어 담당자들PR 및 법률 전문가들이 좋은 의도로 자기 회사의 이름이 더 이상 더럽혀지지 못하게 하려는 것을 이해할 수 있다. 그러나 회사 내부나 외부에서 그러한 진술을 믿는 사람은 별로 없다. 아마도 가장 해로운 것은 사람들의 반응일 텐데, "경영진이 이건 그리 나쁘지 않았다고 말하고 있고, 지금은 사정이 괜찮으니, 평상시대로 하면 된다"라고 생각하는 사람이 있을 수도 있다는 점이다.

몇 년 전에 나는 중대한 스캔들에 빠진 금융 서비스 회사에 컨설팅을 제공한 적이 있다. 최고 경영자의 첫 번째 반응은 이를 "PR" 문제로 분류하고 최고의 법률 및 PR 인력을 불러 문제를 해결하라고 지시한 것이었다. 이 고객과 심도 있는 토론 끝에 CEO는 이 회사에 무언가 심각하게 잘못되어 있으며, 이를 바로잡기 위해서는 상당한 조치가 필요하다는 현실을 받아들였다. 이 회사는 머지않아 회사를 회사와 고객들이 필요로 하고, 기대하는 모습으로 만들기 위해서는 상당한 작업이 필요하다고 인정하는 발표를 했다.

이러한 방향과 태도의 변화는 궁극적으로 규제기관의 조치, 판결, 합의 및 시정 조치와 관련된 비용을 크게 절감시켰다. 무엇보다도, 이 조직의 문화가 변혁되어, 강력한 통제 구조가 갖춰지고 고결성과 윤리적 가치를 중시하게 되었다. 그 이후 그리고 현재에도, 이 회사의 브랜드는 소비자들과 금융 시장에서 빛을 발하고 있다.

여기서 전하려는 메시지는 두 가지이다. 첫째, 최고 경영자는 말뿐만 아니라, 행동과위기가 닥치기 전에, 그리고 위기가 닥쳤을 때에도 건전한 조직 및 경영 프로세스로 올바른 기조를 설정해야 한다. 둘째, 여론 호도는 그 정체가 드러난다. 그것은 아무도 속이지 못하고, 그릇된 메시지를 보내며, 조직의 내부 및 외부 모두에 대해 역효과를 낳는다.

같은 언어로 말하기

정직, 고결성, 그럴듯한 의견제시라는 문화적 이슈를 떠나기에 앞서, 효과적인 소통에 매우 중요한 또 다른 이슈, 즉 그 의미가 조직의 모든 사람들이 이해되는 용어 사용에 대해 살펴보기로 하자. 우리는 메시지를 의도한 대로 이해시키기 위해서는 공식적인 자리에서건 비공식적인 자리에서건 효과적인 소통이 중요함을 알고 있다. 그러나 우리는 자신이 오해되거나, 다른 사람이 전달하려 했던 생각을 오해한 적이 얼마나 많았던가? 우리가 뭔가를 말하면 동료, 이사, 변호사, 감사인, 규제기관 등은 뭔가 아주 다른 내용으로 듣는다. 소통이 원활하지 못하면 단지 명확성을 기하기 위해 대화가 길어지는 데 그칠 수도 있지만, 심하면 종잡을 수 없는 말로 인해 잘못된 비즈니스 상의 결정에 이르게 될 수도 있다. 물론, 올바른 메시지를 보내는 데 억양과 몸짓 언어도 중요하지만, 올바른 단어 사용이 더 중요하다.

거버넌스, 리스크, 그리고 컴플라이언스 분야도 형편없는 소통으로부터 면제되지 않으며, 이 분야들이 실로 회사 내부 및 외부적으로 오해에 빠질 때가 있다. 이는 의미하는 바를 말하고, 말한 바를 의미하기에 관한 것이다. 보기 2.1은 잘못된 소통의 몇 가지 예를 보여 준다. 사소한 일로 흠을 잡는 것으로 비쳐질 수도 있음에 대해 미리 양해를 구한다. 다음 장으로 건너뛰고 싶으면 그렇게 해도 좋다. 그러나 정확한 GRC 용어 사용이 어떻게 의미가 있는지에 대해 관심이 있으면, 이를 읽어 보기 바란다.

- **그것이 정말로 통제 환경인가?** 소통의 가장 흔한 오류 중 하나는 통제 환경이라는 용어의 오용과 관련이 있다. 우리 모두 이 말을 셀 수 없을 만큼 많이 사용했다고 추측하지만, 나는 이 말을 하는 사람들이 흔히 다른 것들을 의미했다고 자신할 수 있다. 누군가가 통제 환경에 대해 말할 때, 그 사람이 실제로는 내부통제 시스템을 의미하는 경우가 너무도 많다. 통제 환경은 실제로는 내부통제의 다섯 가지 구성 요소 중 하나를 말한

다 내부통제는 내부통제 시스템의 약어로 받아들여질 수 있다. 통제 환경은 효과적인 내부통제에 매우 중요한 요소로서, 고결성, 윤리적 가치 및 조직 구성원들의 역량; 경영진의 철학 및 운영 스타일; 경영진의 권한 및 책임 할당, 사람들의 조직 및 개발 방식; 이사회에 의해 제공되는 주의 및 방향과 같은 것들을 다룬다. 이는 상부의 기조를 포함하며, 다른 내부통제 구성 요소들의 토대 역할을 한다. 이 정의들은 사베인-옥슬리법 섹션 404와 관련하여 회사들과 감사인들이 사용하는 COSO의 내부통제-통합 프레임워크에서 따온 것이다.

이것이 왜 의미가 있는가? 말하는 사람이 내부통제 시스템 전체에 주의를 집중시키려고 하지만, 이 메시지를 듣는 사람은 단지 하나의 구성 요소만을 의미하는 것으로 생각하는 경우가 너무도 많다. 또는, 내부통제의 다른 구성 요소에 문제가 있는데, 통제 환경이라는 구성 요소에서 문제가 발생한 것으로 잘못 나타날 수도 있다. 이러한 잘못된 표시는 심각한 결과를 낳을 수 있고, 실제로 그런 경우도 있다.

- **거버넌스에 대해** 거버넌스 및 기업 거버넌스라는 말은 너무도 많이 사용되어서, 그런 용법이 오해에 기여한다는 점을 제외하면 거의 우습기까지 하다. 이 용어들은 마음에 떠오르는 거의 모든 것에 적용되는 듯하며, 때로는 자기 잇속만 차릴 목적으로 사용된다. 즉, 거버넌스는 좋은 것으로 여겨지므로, 이제 이 단어는 특정 이해관계나 의제agenda를 가지고 있는 사람들에 의해 다수의 다른 분야에 적용된다.

  예를 들어, 우리는 IT 거버넌스에 관해 많이 듣는다. 이에 대해 말하는 사람들은 조직에서 IT의 전략적 사용에서부터 보다 일상적인 IT 통제 활동 관리, IT가 어디에 그리고 어떻게 사용되는지에 대한 이사회의 감독에 이르기까지 어느 것에나 이 용어를 사용한다. 우리는 고위 경영진이 어떻게 기업을 운영하며 회사에서 관리 활동을 말단의 하부까지 미치게 하는지 등, 조직 관리에 있어서 경영진의 역할에 대해 듣는다. 특정 프로젝트가 어떻게 조직되고 관리되는지에 대해 프로젝트 거버넌스라는 말이 사용되고 있다. 이 용어가 때로는 조직을 관리하는 데 있어서 주주들의 역할에 대해 사용된다. 이와 같은 경우들은 거버넌스라는 용어의 사용이 어떻게 확산되었는지에 대한 몇 가지 예일 뿐이다.

나는 "거버넌스"라는 말은 이사회, 경영진, 주주 사이의 권한 할당에 가장 적절하게 적용된다고 믿는다. 이 정의는 캐나다의 데이 위원회Dey Commission에 의해 만들어졌다. 이 정의는 이 말이 널리 확산되기 전에 전통적으로 사용되던 의미를 담고 있다. 경영이라는 용어를 경영진이 하는 일을 의미하는 것으로 사용하고, 거버넌스라는 용어를 이사회 차원과 이사회의 인터페이스에서 일어나는 일로 남겨 둘 때 소통이 강화된다. 그러나 이와 다른 의미로 사용될 경우에는 어떤 의미가 의도된 것인지 정확하게 소통하는 것이 중요하다.

- **리스크 관리를 보면** 리스크, 리스크 관리, 전사 리스크 관리라는 용어들은 많은 방식으로 사용되는 데, 때로는 교환 가능하게 사용된다. 이곳에서는 고통스러울 정도로 상세한 정의를 논하지 않고, COSO의 전사 리스크 관리-통합 프레임워크가 아마 가장 권위 있고 일반적으로 받아들여지는 리스크 관련 개념 및 용어의 원천이라고 말해 두는 것으로 충분하다. 이 프레임워크 작성을 이끌었던 나로서는 다소 편향되었을 수도

있지만, 이 보고서는 리스크 관리에 관련된 안내와 공통의 언어를 위해 널리 참조된다이 프레임워크에서는 리스크가 기회까지 포함하는 것으로 설명하는 데, 사실 이는 리스크라는 개념을 오해한 것이다. 경영 의사 결정을 내릴 때에는 기회와 위협(리스크)을 모두 고려해야 하지만, 그렇다고 해서 리스크가 기회까지 포함하는 것은 아니다. 보다 자세한 내용은 더글러스 허버드 저, 졸역 『리스크 관리 펀드멘탈』, 연암사. 1장 및 5장을 참조하기 바란다 – 역자 주.

그러나 이 용어의 오용이 만연하고 있다. 예를 들어, 어느 저자는 이렇게 말했다. “리스크를 사후 대응이 아니라 선제적으로 다루는 것이 중요하다.” 그런데, 이는 의도 면에서는 좋은 충고이지만, 이 말은 이치에 맞지 않는다. 리스크는 불확실성아직 일어나지 않은 사건에 관계되기 때문에, 리스크에 다른 방식으로 반응하는 것은 불가능하다. 다른 한편으로, 리스크 관리는 잠재적인 사건이 일어나기 전에 신중한 조치를 취하는 것과 관련이 있다고 제안하는 것은 아주 적절하다.

누군가가 리스크 평가라고 말하는 것을 들었는데, 나중에 보니 그 사람이 리스크 관리를 의미한 적이 얼마나 많았는가? 리스크 평가는 리스크 관리의 한 부분이지만, 단지 일부일 뿐이다. 리스크 평가는 특정 시점에서 찍은 스냅 샷과 같다. 리스크 관리는 리스크에 대한 파악, 분석 그리고 지속적으로 리스크를 관리하기 위해 조치를 취하기 등 대부분의 통합된 활동들과 관련이 있다.

때로는 리스크 평가는 전사 리스크 관리 프로세스를 가지는 것과 마찬가지라는 말을 듣기도 하는데, 실제로는 ERM 프로세스는 한층 더 높은 차원에서 리스크를 다룬다. 리스크 평가와 ERM을 구분함에 있어서, 리스크에 대해 알 만한 사람이 다음과 같이 말했다. “저는 진정한 ERM을 실제로 수행하는 회사가 많다고 생각하지 않습니다." 그러나 회사는 ERM을 수행하지 않는다. 그보다는 조직 내에 ERM 프로그램 또는 시스템이 디자인되고 심겨진다.

- **핵심 통제들** 이 용어는 사베인-옥슬리법 섹션 404와 연결되어 사용되어 왔는데, 대부분의 경우, 없거나 부정확하게 작동될 경우 재무 보고에 대한 내부통제 상 중대한 결함을 초래하게 될 통제를 지칭했다. 나는 직감에 따라서 SEC의 경영진에 대한 SOX 404 지침과 PCAOB의 AS5를 조사해 봤는데, 거기에서 "핵심 통제들"이라는 용어를 사용하는 곳을 발견하지 못했다. 이 용어는 몇 년 전에 최소한 하나의 대형 회계 법인에서 실증 테스트의 성격, 범위, 그리고 시기를 결정함에 있어서 감사인이 의존하기로 계획된 회사의 통제들을 지칭하기 위해 사용되었다는 점은 흥미롭다. 이 맥락에서 보면, 핵심 통제들의 범위는 내부통제에 중대한 약점을 초래할 수 있는 동세들의 수보다 훨씬 좁다. 이는 감사의 효율성 면에서 관련 통제들을 모두 테스트하기보다 특정 분야즉, 핵심 통제들을 의미함 - 역자 주에 대해 실증 테스트를 수행하기 때문이다.

[보기 2.1 딴소리하기]

올바른 용어 사용은 정확성 자체를 위한 정확성에 관한 것이 아니라, 효과적인 소통에 관한 것이다. 우리가 의도한 대로 전달할 필요가 있기 때문에 단어들은 정말 중요하다.

* * *

모든 조직에게 문화의 영향은 참으로 막대하다. 이에 대해 아직 명백히 납득하지 못하는 사람도, 컴플라이언스, 윤리 및 리스크 관리 프로그램에 관한 장들과 회사들이 관리되고 다스려지는 모든 측면들에 관한 장들에서 문화의 영향을 더 많이 보게 될 것이다. 우리는 또한 원점으로 돌아와서, 경영진과 이사회의 행동이 어떻게 조직의 문화에 직접적으로 그리고 때로는 극적으로 영향을 주게 되는지 보게 될 것이다.

Chapter 3

효율적이고 효과적인 컴플라이언스 프로그램들

Cost-Effective Compliance Programs

Chapter 3

Cost-Effective Compliance Programs

모든 회사는 조직과 활동에 적용되는 법률 및 규정들을 준수하기 위해 노력해야 한다. 이러한 컴플라이언스compliance가 GRC의 C이다. G와 R에 대해서는 뒤에 더 자세히 다룰 것이다. 그러나 여기에서는 컴플라이언스 프로그램을 살펴보기로 하자. 다수의 사람들이 이를 필요악으로 보기도 하지만, 이번 장에서 우리는 컴플라이언스 프로그램이 이익이 될 수 있음을 알게 될 것이다.

확실히 회사의 법률 및 감독 규정 준수 비용은 치솟는 반면 유효성은 떨어져서 종종 수십억 달러에 이르는 막대한 벌금, 범칙금, 배상액 그리고 합의금을 지급하기도 한다. 각각의 새로운 법규에 대한 정책 및 절차들이 만들어지지만, 이들은 따로 놀고, 중복되는 면이 있으며, 효과적인 컴플라이언스 프로그램을 구성하지 못한다.

그러나 어떤 회사들은 컴플라이언스 프로그램을 효과적이고 효율적으로 만들었을 뿐만 아니라, 막대한 비즈니스 상의 이익도 얻었다. 계속 확대되는 법규상 요구들의 논리적 근거를 이해한 그들은 근저의 시장 동인marketplace drivers을 인식하고 시장 점유, 이익 및 수익을 얻기 위한 전략적 이니셔티브를 이에 정렬시킨다. 비즈니스 목표들을 정렬시키고 컴플라이언스 프로그램을 기존의 경영 및 비즈니스 프로세스 안에 내장함으로써, 효과를 가장 잘 발휘할 수 있는 곳에 책임이 부여되어 효과를 높이고 비용을 줄이며 고위 경영진과 이사회에 그들이 필요로 하는 정보를 제공한다.

당신 회사의 컴플라이언스 프로그램의 상태는 어떠한가? 이 프로그램이 진정으로 효과적이며, 당신은 그 비용 및 효용에 만족하는가? 당신 조직의 고위 경영진들이 다음과 같은 말을 하고 있는가?

- “컴플라이언스상의 큰 문제가 생긴 적이 없으니, 우리는 괜찮다.”
- “동업계의 다른 회사들이 겪었던 것과 같은 문제들은 이곳에서는 일어날 수 없다. 우리는 그들보다 더 훌륭하고 더 똑똑하다.”
- “우리는 이미 행동 강령, 내부 고발 채널, 그리고 컴플라이언스에 요구되는 다른 요소들을 가지고 있다.”
- “우리 회사의 최고 법률 책임자가 우리가 모든 법규를 완전히 준수하도록 할 책임이 있으니, 우리는 이 문제에 대해 보호를 받고 있는 셈이다.”

만일 당신이 노련한 컴플라이언스 담당자로서 이러한 말을 듣는다면, 소위 긍정적인 만족감의 표명에 대해 부끄러워할 것이다. 그러나 회사에서 당신이 맡은 일이 무엇이든 간에, 컴플라이언스 프로그램의 비용과 유효성에 관심이 있다면, 이 글을 계속 읽기 바란다.[3]

등골 휘는 비용

컴플라이언스 프로그램의 유효성에 대해서는 잠시 뒤로 미뤄 두고, 컴플라이언스를 다루는 데 소요되는 막대한 비용을 살펴보기로 하자. 이는 마치 오래 전의 다음과 같은 자동차 엔진 오일 광고와 유사하다고 볼 수 있다. "당신은 내게 지금 지불할 수도 있고, 나중에 지불할 수도 있다." 지금 엔진 오일에 몇 달러를 지출하지 않으면 나중에 수천 달러를 지급해야 한다. 그런데 컴플라이언스에서는 나중에 지급해야 할 금액이 훨씬 더 많아진다.

비용 정보에 관한 조사 결과들의 추정치는 각각 다르지만, 이 조사들은 최소한 방향성에 관한 통찰력을 제공해 준다. 몇 년 전의 어느 조사에 의하면 매출 10억 달러 당 컴플라이언스 프로그램 비용은 6백만 달러에 가까웠다.[4] 또 다른 조사에 의하면, 사베인-옥슬리법 준수 비용만 해도 매출액 5십억 달러인 회사는 평균 4백만 달러, 그리고 매출액 100억 달러 이상인 회사는 1천만 달러가 소요된다. 보다 인상적인 점은 매출 10억 달러를 초과하는 회사들의 컴플라이언스 비용은 190명의 풀타임full-time 직원 급여에 맞먹는다는 것이다.[5]

그리고 규제가 심한 산업 중 하나인 미국 증권업을 고려해 보면, 각 회사의 컴플라이언스 비용은 매출액의 13%나 되는 엄청난 규모였다.[6] 그런데, 이는 금융 시스템이 와해될 뻔하고 이로 인해 도드-프랭크법과 규제기관의 대응이 진행되기 전에 조사된 비용이었다.

보다 넓은 관점에서 보면, 2010년의 한 보고서에 의하면, 2008년에 미국 연방 법률 및 규정 준수 비용은 1조 7,500억 달러로 미국 국민 소득의 14%로 추정되었다. 이 가운데 기업의 부담은 9,700억 달러였고, 나머지는 주 및 지방 정부가 지불했다.[7)]

컴플라이언스 실패 비용을 살펴보면, 이 숫자는 훨씬 더 중대한 의미가 있다. 어느 연구에 의하면 매출액 10억 달러인 회사에 단 하나의 컴플라이언스 실패로 8천 1백만 달러의 비용이 발생했는데, 그 내용은 6천 4백만 달러의 합의 비용과 1천 4백만 달러의 비즈니스 상실, 그리고 3백만 달러의 벌금, 시정 및 비즈니스 중단 비용이었다.[8)]

불행하게도, 다수의 회사들이 겪었던 컴플라이언스 실패에 비하면 이 수치들이 무색해진다. 이 회사들의 비용은 각각 수십억 달러에 달했다. 이 회사들 중 일부만 살펴보자. 언론 매체들은 아래와 같은 비용이 발생했다고 보도한다.

- 아메리칸 홈 프로덕츠American Home Products, 다이어트 제품: 37억 5천만 달러
- 뱅크 오브 크레딧 앤드 코머스Bank of Credit and Commerce, 사기: 170억 달러
- 시너지Cinergy, 오염: 14억 달러
- IBM, 나이 차별: 60억 달러
- 존스 맨빌Johns Manville, 석면: 30억 달러
- 필립 모리스Philip Morris, 담배 합의: 90억 달러
- 푸르덴셜 보험Prudential Insurance, 세일즈 관행: 40억 달러

- 텍사코Texaco, 기업 합병 방해: 30억 달러
- 타임 워너Time Warner, 회계 관행: 35억 달러
- 비자Visa, 경쟁 방해 비즈니스 관행: 22억 5천만 달러

막대한 주가 손실이 발생하는 경우가 종종 있는데, 몇 가지 예를 들어 보면, 먹스 바이옥스Merck's Vioxx는 제품 하자 책임으로 시가 총액이 400억 달러가 줄어들었으며, 마쉬Marsh는 입찰 담합으로 100억 달러가 넘는 금액이 날아갔다.[9)]

그러니 컴플라이언스 프로그램 시행 비용이 크다고 생각될 수도 있지만, 효과적인 컴플라이언스 프로그램을 갖추지 않는 대가는 훨씬 더 비싸다는 것은 명백하다.

고위 경영진 및 이사회는 법규 준수에 대한 비용이 이미 높은 수준인데, 이 비용이 점차 증가하고 있다는 현실에 주목하게 되었다. 비용은 계속 증가하지만 그렇다고 반드시 컴플라이언스 프로그램의 유효성이 높아지는 것은 아니며, 오히려 악화될 수도 있다는 현실에 관심이 모아지고 있다. 따라서 다른 비즈니스 상의 압력에 비춰 볼 때, 컴플라이언스 비용이 지속 불가능하게 되어감에 따라 고위 경영진 및 이사회는 보다 효율적이고 보다 효과적인 컴플라이언스 프로그램을 만들 수 있는 방법을 모색하고 있다.

직접 비용 이외의 요소

오늘날 이사회에서는 컴플라이언스를 전략 및 리스크 관리만큼 중요하게 다룬다. 컴플라이언스 프로그램의 막대한 비용만이 아니라, 유효

성에 대해서도 주의를 기울이고 있는데, 이에는 그럴 만한 이유가 있다. 이사들은 자신의 회사가 준수해야 할 법규들이 많음을 잘 알고 있다. 간략하게 예를 들자면, (1) 제품 안전, 고용, 작업장 건강 및 안전, 직원 복리 후생, 연금, 보안 법률 등에 관련된 일반적인 의무, (2) 정보 보호, 자금세탁 방지, 고객에 대한 상품의 적합성 등을 다루는 특정 산업에 해당하는 법규, (3) 정부 계약자, 제약 회사, 의료업, 담배 회사, 통신회사 등 특정 산업에 적용되는 의무들이 이에 포함된다.

법규 미 준수에 대한 규제기관의 단속 및 관련 조치들도 눈길을 끈다. 이에는 미국의 증권거래위원회SEC와 법무부의 지속적인 활동과 신규 활동들이 포함되는데, 두 기관 모두 채찍과 당근 정책을 사용한다고 말한다. 즉, 그들은 컴플라이언스 프로그램이 강력하면 보다 관대한 처분을 하고, 그렇지 않은 경우 엄격한 처분을 한다고 하는데, 이에 대해 일부 변호사들은 그들의 말이 실제로 뒷받침되는지에 대해 의문을 제기하기도 한다.[10] 델라웨어 대법원과 대법원 판례는 이사회가 컴플라이언스 프로그램이 효과적이도록 감독할 책임이 있음을 강조한다. 또한 회사의 범죄 행위와 관련 리스크를 평가 및 감소시키기 위한 회사의 프로그램을 다루는 연방 양형 가이드라인도 주의를 끌고 있다.

노련한 임원들 및 이사들은 주요 컴플라이언스 실패는 수십억 달러의 직접적인 비용을 초래할 뿐 아니라, 회사를 무너뜨릴 수도 있다는 점을 잘 알고 있다. 컴플라이언스 실패는 최소한, 최고 경영진이 회사의 일상 운영 및 비즈니스 성장을 위한 새로운 조치를 취할 시간과 에너지를 빼앗아 간다. 또한 쌓아 올리는 데에는 여러 해가 걸리지만, 하룻밤 사이에 망가질 수도 있는 회사의 평판 손상은 고객, 공급자, 제휴 파트너, 거래

은행, 투자자와의 관계, 그리고 핵심 인력 유지 및 궁극적으로는 장기적 성공에까지 영향을 준다.

초일류 회사들이 저지르는 주요 실수들

우리는 도요타와 존슨 앤 존슨이 세간의 이목을 끄는 컴플라이언스 실패에서 시장뿐 아니라 규제기관들과도 충돌했음을 알고 있다. 무슨 일이 일어났는지 좀 더 자세히 살펴보기로 하자.

도요타

도요타 자동차는 오랫동안 높은 품질과 이로 인한 고객 충성도로 전 세계 자동차 제조회사들의 부러움을 샀었다. 그러나 최근에 도요타는 크게 휘청거렸다. 아마 독자들도 그 이야기를 알 것이다. 한때는 최고의 브랜드를 자랑하던 이 회사는 현재 많은 사람들이 결함이 있는 자동차를 만드는 회사로 인식하고 있다. 설상가상으로, 이 회사는 자동차 소유자들에게 가속장치와 브레이크에 생명을 위협하는 결함이 있음을 공시하지 않은 것으로 알려져 있다.

규제기관과 업계는 이 회사는 새로운 차량의 부품을 교체했는데, 기존 고객들에게는 그들이 현재 운전하고 있는 자동차의 결함을 알려 주지 않음으로써, 위험한 안전 이슈에 대해 너무도 느리게 대응했다고 말한다. 이 위기에 대한 미디어의 보도는 명확하고도 안타까운 패턴을 보여준다. 즉, 도요타는 수년 전에는 문제에 대해 뛰어난 태도를 보여 줬는데, 어느 시점에서부터인지 더 나쁜 쪽으로 태도가 변했다는 것이다. 예를 들어, 1989년에 초기 렉서스Lexus 모델에 처음으로 문제가 생겼을 때, 이 회사는 고객의 집을 방문하여 차를 가져다 수리해 줬었다. 그런데, 그 후에는 어떻게 되었을까? 다음과 같은 문제점들이 보도되었다.

- 1996년에 도요타는 4륜 구동 모델의 스티어링 장치에 문제가 발생했는데, 무슨 이유에서인지 디자인만 변경했다. 이 회사는 2005년이 되어서야 아직도 사용하는 구형 자동차를 리콜하기로 결정했다. 그 당시 일본 정부가 개입하여, 이 회사의 리콜 시스템을 정비하도록 명령했다.
- 2002년에 자동차 엔진이 침전물로 막힌다는 고객 민원이 쇄도했다. 도요타는 즉각 회사에는 아무 잘못이 없고, 고객들이 엔진 오일을 자주 교환하지 않았다고 주장했다. 이 회사는 마침내 무상 수리 보증 기간을 연장하기로 합의했지만, 이때는 이미 고객들이 불만을 제기하기가 너무 어렵다고 생각하게 되었고, 집단 소송이 제기된 뒤였다.
- 2007년에는 잘 알려진 대로 캠리와 렉서스 모델의 가속 장치가 바닥의 매트에 달라붙는 문제가 발생했다. 이는뒤에 훨씬 넓은 범위로 확대된 것에 비해서는 상대적으로 좁은 범위의 리콜로 이어졌다.
- 2008년에 가속 장치 페달이 달라붙은 새로운 문제가 발생했다. 이번에도 도요타는 새로 만든 자동차의 디자인만 변경했다. 도요타는 몇 달 동안 고객, 규제기관, 그리고 정계로부터 강력한 압력을 받고 난 뒤에야 수백만 대의 차량을 리콜하는 데 동의했다.

보다 최근에는 격찬을 받던 도요타의 프리우스Prius 하이브리드 모델에 브레이크 문제가 발생했다. 이에 대해 조사하라는 일본 교통 장관의 명령을 받자, 도요타는 새로 제조한 자동차에서는 문제를 고쳤다고 말했다. 그 후에 미국 국립 고속도로 교통 안전청으로부터 리콜을 실시하라는 압력을 받았다.

이러한 사실들이 공개되고, 구동축 문제로 인한 타코마Tacoma 트럭의 리콜, 방향 전환 장치 기능 불량으로 인한 코롤라Corolla 리콜이 발생하자, 한때는 충성스러웠던 다수의 고객들이 환멸을 느꼈다. 고객들과의 문제에 더하여, 규제기관들은 도요타의 대응에 대해 분개하게 되었다. 언론 보도에 의하면, 미국 규제기관과의 비공개 회의에서 규제기관이 가속 장치가 바닥의 매트에 달라붙는 문제를 추궁하자, 도요타의 임원들은 이 회사가 가스 페달에도 문제가 있음을 안지 1년이 훨씬 지났음을 인정했다고 한다.

그러면 우리는 여기에서 무엇을 볼 수 있는가? 어떤 이들은 도요타는 비밀스러운 문화를 지니고 있고, 독립적으로 행동하며, 규제기관을 무시하는, 매우 중앙 집중적 회사라고 말할 것이다. 일본의 어느 자동차 산업 학자는 최근에 이렇게 말했다. "도요타에서는 모든 정보가 본사로 흘러간다. 이 회사는 그런 회사이다." 그리고 이 회사의 품질 담당 임원은 이렇게 말했다. "우리는 페달이 적절한 위치로 돌아가지 않는 것이 좋지 않다는 것을 인식했지만, 시간을 가지고 시장 조치가 필요한지 고려해 보기로 했다."

현재 이러한 심각한 문제들과 이에 대한 회사의 대응에 스포트라이트가 비춰지고 있다. 도요타 아키오 사장과 다른 임원들은 대부분의 의회 위원회에서 호된 심문을 받았다. 이러한 상황에서 도요타는 전자 시스템이 잘못되지 않았다는 이전의 입장에서 물러나 수리를 해도 갑작스러운 가속 문제를 완전히 해결할 수 없을지도 모르며, 회사는 이에 대해 조사하고 있다고 밝혔다. 문제는 8백만 대의 차량 리콜미국에서는 6백만 대만이 아니라, 도요타 자동차가 얼마나 안전한가와, 이 회사가 진정으로 고객의 복지에 관심이 있는가에 대한 지속적인 의문이 제기된다는 것이다.

수백만 대의 차량을 리콜하고, 최대 1,640만 달러의 벌금을 납부하기로 동의하였으며, 여러 건의 소송 당사자가 된 이 회사는 사태를 호전시키기 위해 노력하는 듯하다. 컨슈머 리포츠Consumer Reports 지에 보도된 바와 같이, 렉서스 GX 460 SUV에 전복 위험이 높다는 사실이 발견되자, 이 회사는 재빨리 이 문제를 확인하고 판매를 중지했으며, 현재 차량 소유자들에게는 대체품을 제공하겠다고 말했다.

곧이어 이 회사는 153만 대의 차량에서 브레이크 및 연료 펌프 결함이 추가로 발견되었다고 발표하면서 흥미롭게도 다음과 같은 말을 덧붙였다. "우리가 리콜을 발표할 때마다 품질 개선을 향해 한걸음 나아가는 것입니다." 회의론자는 이를 여론 호도라고 부를 것이다. 이는 별로 도움이 되지 않았다. 2010년 말에 이 회사는 브레이크 등燈 문제로 십만 대의 시에나Sienna 미니밴을 리콜했다.

이 회사가 2011년 1월에 연료 라인의 결함과 고압 펌프로 인해 170만 대를 추가로 리콜하고, 다음 달에 가속장치가 달라붙는 문제로 2백만 대를 리콜하여, 이 회사가 리콜한 차량 대수는 전 세계적으로 1,100만 대에 이르렀고, 미국의 벌금은 4,880만 달러에 달하게 되었다. 아마도 이보다 더 중요한 것은 도요타가 수십억 달러의 소송에 직면해 있다는 사실인데, 이 회사는 최근에 하나의 소송을 해결하는 데 1천만 달러를 지불했다. 그리고 2010년에 GM의 미국 매출은 6.7% 증가했고, 포드의 매출은 15.2% 증가한 반면, 도요타의 매출은 0.4% 감소했다. 2010년에는 유일한 모든 라인을 생산하는 차량 제조업체의 매출이 감소한 것이다. 도요타는 교훈을 배웠을 수도 있지만, 이에 대한 판단은 당분간 시기상조일 것이다. 품질에 대한 도요타의 명성이 크게 상처를 받고, 이 회사의 고결성에 대한 지속적인 의문이 제기되는 상황에서, 시장에서 어느 정도 위치를 회복할지는 두고 볼 일이다.

존슨 앤 존슨

존슨 앤 존슨은 거의 30년 전에 독극물이 투입된 타이레놀 제품 위기 시에 신속하게 약국의 선반에서 이 제품을 내림으로써 위기관리의 황금기준을 세웠다. 이 교과서적인 사례실제로 J&J의 행동은 경영 대학원의 교과서에서 가르쳐졌다는 이 회사의 사명 선언문과 문화가 어떻게 이러한 결정을 쉽게 내리게 할 수 있는지를 보여 준다. 그것이 고객을 위해 옳은 일이었던 것이다. 고객들은 계속해서 이 회사와 타이레놀 제품에 대해 신뢰했으며, 우리는 오늘날 의약품의 안전한 포장이라는 혜택을 누리고 있다.

그러나 도중에 뭔가가 잘못된 것 같다. 최근에 존슨 앤 존슨의 타이레놀, 모트린Mortrin, 그리고 다른 제품들이 병을 유발한다는 사실이 밝혀졌을 때, 우리는 그러한 문제를 탁월하게 다룬다는 명성을 가진 이 회사가 모든 제품을 즉시 진열대에서 내릴 거라고 예상했다. 그러나 이 회사는 그렇게 하지 않았다.

식품의약청FDA에 의하면, 존슨 앤 존슨의 맥네일 소비자 헬스케어 프러덕츠 부문 임원들은 이 문제를 2008년 초에 알았지만 제한된 조사만을 실시했다. 식품 의약청의 컴플라이언스 국은 "문자적으로, 또는 비유적으로 악취가 날 때 회사들은 적극적으로 조사를 실시하고 문제 해결에 필요한 모든 조치를 취해야 한다"고 말했다. 이 회사는 제조 기준 위반과 이 문제를 적시에 보고 및 조사하지 않은 데 대해 FDA로부터 경고를 받았다.

흥미롭게도, 이 사안이 지면을 장식한 2010년의 같은 날짜에 언론은 존슨 앤 존슨이 대형 양호 시설 약국에 리베이트를 지급하여 연방 리베이트 금지 규정을 위반한 혐의로 기소되었다고도 보도했다. 뒤에 내부 고발자가 J&J와 자회사인 오르토-맥네일-얀센 제약Ortho-McNeil-Janssen Pharmaceuticals과 J&J 헬스캐어 시스템즈J&J Health Care Systems가 수천만 달러의 리베이트를 지급했다고 고소했다. 이 회사는 어떠한 부적절한 행동도 하지 않았다고 부인했다.

병을 유발한 제품 문제로 돌아가 보자. 지금 이 회사는 왜 이 문제를 보고 및 조사하지 않은 것으로 고소되었는가? 이 회사의 기업 문화가 컴플라이언스를 덜 중요하게 여기는 쪽으로 근본적으로 바뀌었는가? 자신의 과거에 대한 기억이 없다는 말인가? 아니면 이 문제는 모회사와는 다른 기업 문화를 지닌 자회사의 사례인가?

그리고 제품 결함의 근본 원인 시정에 관해서는 어떠한가? 2010년 12월에 맥네일 부문은 로레이즈Rolaids 브랜드 제산제制酸劑 제품에서 금속 및 나무 입자가 발견되었다는 소비자의 보고 이후 수백만 패키지의 로레이즈를 리콜했다. 이 회사의 대변인은 이 제품은 제3자인 제조업자가 맥네일 부문에 납품했다고 말했는데, 이는 어떤 이들에게는 어느 정도 책임을 벗으려는 것으로 비쳐졌다. 그러자 FDA의 대변인은 전문가와 소비자들이 모두 잘 알고 있는 다음과 같은 말을 했다. "맥네일이 제3자에게 외주 생산을 위탁했을지라도 그 제품에 대해 책임이 있다." 맥네일 부문의 문제들은 아직 끝나지 않은 것 같다. 2011년 초에 이 회사는 장비 청결유지 문제로 수백만 단위의 베나드릴Benadryl, 시누탭Sinutab, 그리고 수다페드Sudafed를 리콜했다. 그리고 일부 의원들은 이 회사가 2009년에 약국의 소매 재고를 은밀히 구입하려는 계약을 해서 별효과가 없는 모트린의 "유령 리콜"을 시도한 데 대해 계속 질문을 던지고 있다. 최근에 주 최고 법무관은 "그들은 그들의 제품에 결함이 있다고 인정할 때 따라올 부정적 여론, 모든 리콜에 따라 오는 부정적 여론을 원하지 않았다."고 말하며, 제품의 품질을 허위 표시한 혐의로 오리건 주를 대신해서 이 회사에 소송을 제기했다. 그는 이렇게 말했다. 흥미롭게도, 어느 맥네일 대변인은 이 부문의 행동이 "관련 법규에 부합했다"고 말한 것으로 전해진다. 사람들은 법률 준수보다 높은 기준이 있다고 생각할 것이다. 존슨 앤 존슨의 CEO 윌리엄 C. 웰든William C. Weldon은 의회 위원회 앞에서 증언할 때 이보다 훨씬 낫게 말했다. "이 에피소드는 J&J에 제품의 하자 문제가 발생할 때 어떻게 대응하는지에 대해 제가 보고 싶은 모델이 아닙니다."

일단 비가 한번 오면 억수같이 퍼붓는다는 말이 있듯이, J&J의 다른 부문에서 하나는 엉덩이 임플란트 장치에 대해, 그리고 다른 하나는 소프트 콘텍트 렌즈에 대해 리콜을 발표했다. 다양한 J&J 제품 판매가 급감했다는 점은 놀랄 일도 아니다.

또한 이 회사는 최근에 유럽의 의사들에게 뇌물을 주었다고 인정했다. SEC 법규 집행 이사 로버트 쿠자미Robert Khuzami는 이 회사가 오랫동안 "허위 계약, 역외 회사 및 비자금을 사용하여" 불법행위를 숨겨왔다고 말했다. J&J는 이를 자진 보고하고, 조사관들에게 협조한 점이 참작되어, 민사 및 형사 벌금을 겨우 7,000만 달러로 낮출 수 있었다. 같은 날에 J&J는 "영국의 중대사기국Serious Fraud Office에 790만 달러를 지불하고 이 뇌물 사건을 해결하기로 합의했으며… 사기로 가득 찬 것으로 판명난 원유-식량 교환 프로그램 하에서 이라크의 사담 후세인 정권에 리베이트를 지급한 데 대한 미국 정부와의 기소 유예 합의의 일환으로 이를 인정한" 것으로 보도되었다. 뇌물 공여와 관련된 법무부와의 합의에서 J&J는 리스크를 평가하고 컴플라이언스 프로그램에 대한 감사를 수행하도록 요구받은 것으로 전해졌다. CEO 윌리엄 웰든은 이렇게 말했다. "우리는 부적절한 지급에 대해 정부에 보고하고 이에 대해 전적인 책임을 졌습니다." 그리고 이렇게 덧붙였다. "우리는 이러한 위반을 가져온 용납될 수 없는 행동에 대해 크게 실망했습니다."

일군의 주주들은 이 회사의 이사들이 "체계적인 비리에 대한 수년 동안의 적신호 경고"를 받았으나 "체계적이고, 계산되었으며 널리 퍼진 법률 위반이 J&J의 어렵게 얻은 명성을 파괴하도록 허용하는 등 그들의 수임인 의무fiduciary duty"를 무시했다고 주장하며 연방 법원에 제소했다. 주주들이 이러한 소송에서 최종적으로 승소할 수 있을지 의문이 들 수도 있겠지만, 이사회는 소송이 마무리될 때까지 이에 대처해야 한다.

J&J는 이제 CEO인 웰든에게 직접 보고하는 고위 임원이 품질 관리를 책임지는 프로세스를 재구축했다고 한다. 그럼에도 불구하고 J&J의 제조 프로세스에 그 어느 때보다도 스포트라이트가 비춰지고 있다. 맥네일 부문은 최근에 FDA와 합의에 도달했으며, 3곳의 공장을 점검하여 이 공장들이 연방 기준을 충족하는지와 품질 관리 시스템이 표준에 도달했는지 여부를 결정하는 독립적인 전문가 고용에 대해 머지않아 허가를 받을

것으로 기대한다고 보도되었다. 사실 이 공장들 중 한 곳은 전문가가 만족해 하고 규제기관들이 자체 조사에 대해 서명할 때까지 재가동이 금지되었다. 또한 FDA는 공장 가동을 중지시키거나 리콜 조치를 취할 권한을 가지게 되었는데, 어떤 이들은 이를 신탁 통치와 비슷하다고 말한다. 게다가 연방 형사 범죄 조사도 진행 중이다.

배워야 할 교훈들

제품의 품질에 대해 과거에 가장 뛰어난 명성을 누렸던 자랑스러운 두 회사들로부터 무엇을 배울 수 있는가? 여기에는 몇 가지 중요한 교훈이 있다.

- 평판은 쌓는 데는 여러 해가 걸리지만, 이를 손상시키는 데는 단지 며칠또는 몇 시간이면 족하다. 도요타의 경우, 이 손상이 여러 해에 걸쳐 축적되었고, 고객 충성도, 수익 및 시장 점유율에 미친 영향은 막대했다. J&J의 경우, 우리는 장기적인 영향이 있을지 알지 못한다. 어찌 되었건, 제품 또는 서비스에 대한 평판은 세심하게 육성되고 보호되어야 한다. 평판은 달리 취급하기에는 너무도 귀중하다.
- 규제기관과의 관계를 엉망으로 만드는 것은 회사에 도움이 되지 않는다. 회사가 한동안은 규제기관의 문의를 그럭저럭 받아 넘기고, 미리 정해둔 길을 계속 갈 수는 있다. 조사를 방해 하거나, 규제기관에게 힘을 과시하려는 것은 회사 또는 고객의 장기적 이익에 부합하지 않는다. 소송 및 이에 따른 판결, 지시 또는 합의는 장 · 단기적으로 부담이 될 수 있다. 그리고 규제기관의 직원이 자주 바뀔 수는 있지만, 기억은 오

래 남는다. 불필요하게 법관의 반대편에 서게 되는 것은 값비싼 실수일 수 있다.

- 고결성, 윤리적 가치, 고객에 대한 민감성, 그리고 법규 준수에 기초한 바람직한 기업 문화가 조직에 스며들어야 한다. 이는 명령으로 되는 것이 아니라, 컴플라이언스에 우선순위를 두는 올바른 말과 이를 뒤따르는 올바른 행동 및 프로세스로 달성되는 것이다. 이는 조직의 모든 자회사 및 비즈니스 부문뿐 아니라, 해당 회사를 반영할 수 있고 또 반영하게 될 외주 수행자 및 기타 파트너들에게까지 미쳐야 한다.
- 기업 문화는 시간에 따라 변한다. 직원들이 바뀌고, 전략과 사고방식이 다른 새로운 리더가 등장함에 따라, 조직 상부의 기조 및 문화가 변하게 마련이다. 회사의 리더들은 한때 존재했던 긍정적인 요소들을 당연한 것으로 여겨서는 안 된다. 그들은 고결성, 윤리적 가치에 대해 강조하고, 조직의 구조가 강하게 짜이도록 노력해야 한다.
- 일은 외주를 줄 수 있지만, 책임과 평판은 그럴 수 없다. 생산 또는 기타 업무가 맡겨진 제3자는 회사의 비즈니스 프로세스의 일부로 여기고, 적절한 컴플라이언스 및 기타 노력들이 잘 통제되도록 하는 것이 필수적이다.

뛰어난 평판과 시장 및 재무적 성공을 향유했던 위대한 두 회사는 시간이 지나면 실수의 영향을 잘 극복할 수 있을 것이다. 현재로서는 도요타가 갈 길이 더 먼 것 같지만, 두 회사 모두 어떠한 근본적인 변화가 필요할 수도 있는지 고려하기 바란다. 실로, 모든 조직의 리더들은 자기 회사에게 적용될 수 있는 교훈들을 생각해 보고, 회사의 자산과 미래의 전망을 보호하기 위해 필요한 조치를 취해야 한다.

회사들이 어쩌다 이 지경에 이르게 되었는가

최선의 처신이 무엇인지 알아보기 위해서는 대부분의 회사들반드시 앞에서 얘기한 회사일 필요는 없다이 어쩌다 현재 처해 있는 불미스런 상황에 빠지게 되었는지 잠시 살펴볼 가치가 있다.

- 회사들은 대개 윤리 강령, 내부 고발자 채널, 교육 프로그램, 컴플라이언스 의무 인식에 대한 연례 직원 서명 등 법규 준수를 겨냥한 다수의 정책 및 절차들을 보유하고 있다. 일부 대기업에서는 업종에 따라, 최고 컴플라이언스 책임자와 산하 직원들이 있는 회사가 있으며, 최고 법무 책임자나 기타 사내 변호사가 이 역할을 하는 회사도 있다. 그러나 이들은 진정으로 효과적인 컴플라이언스 프로그램으로 기능하지 못하는 이질적 요소인 경우가 너무도 많다.
- 장기간에 걸쳐 각기 법률 및 규제 조항들의 다양한 측면들을 다루는 정책 및 절차들이 겹겹이 쌓이는 것도 일반적 현상이다. 새로운 법률이나 감독 규정들마다, 이 조항들의 세부 사항을 다루는 새로운 내부 절차가 만들어진다. 불행하게도, 새로운 절차들이 이미 새로운 법규의 요건들을 다루고 있는 기존의 프로토콜에 대한 고려 없이 독자적으로 만들어지는 경우가 많다.
- 컴플라이언스에 대한 책임이 한 명의 고위 경영진에게 놓여 있다. 회사의 최고 경영자 입장에서 볼 때, 가능하면 한 사람에게 바람직한 성과

를 낼 권한과 책임을 부여하는 것이 바람직하다. 물론, 이는 재무, 테크놀로지, 인사 분야 등과 같은 영역뿐 아니라, 비즈니스 운영에도 해당한다. 컴플라이언스 책임은 회사의 최고 법률 책임자나 최고 컴플라이언스 책임자에게 놓이며, 그에게 회사가 준수해야 하는 모든 법규를 지키도록 할 의무가 부여된다. 책임을 이와 같이 한 사람에게 집중해서 부여하는 것이 이롭다고 생각하는 이사회에서도 이러한 접근법을 취한다. 이러한 접근은 다소 매력적인 면이 있기는 하지만, 효과적인 컴플라이언스를 달성하는 책임을 그릇된 곳에 두게 된다.

또 다른 요인은 컴플라이언스를 단지 하나의 값비싼 필요악으로 보는 것이다. 이러한 견해는 컴플라이언스가 확실히 비즈니스를 성장시키고 수익성을 개선하는 데 사용할 수 있는 자원을 소모시킨다고 생각한다. 그러나 이러한 철학은 비즈니스 관점에서도 비생산적일 수 있다.

올바르게 이해시키기 위한 열쇠

어떤 회사들은 이러한 함정들을 피하고, 컴플라이언스 비용을 감소시킬 뿐 아니라 효율성을 증대시키고 비즈니스에 이익이 되도록 하는 면에서도 성공을 거뒀다. 이들이 어떻게 성공했는지 살펴보기로 하자.

전략적 관점

앞을 내다보는 경영진은 컴플라이언스를 값비싼 필요악으로 보지 않고, 더 큰 그림을 보며, 새로운 법률 및 규정들은 고객, 직원, 투자자, 또는 공동체에 피해를 입힌 회사의 행동들로부터 발생한다는 점을 인식한다. 입법부 또는 규제기관의 그러한 대응은 제품 안전, 노동 차별, 정보 비밀 및 보안, 환경, 판매 관행, 그리고 재무 보고 등과 같은 분야의 기준을 높인다. 통찰력이 있는 회사 지도자들은 시장은 높아진 기준에도 불구하고 이 새로운 기준을 최소한으로 보며, 고객들은 자신들의 보다 높은 기대를 충족시키는 제품과 서비스를 찾고 있다는 것을 인식한다.

성공적인 관리자는 이를 이해하며, 그들의 회사는 시장 점유율, 수익성 및 이익률 면에서 결실을 거둔다. 오랫동안 연비나 차량 안전에서 리더였던 자동차 제조사들을 예로 들 수 있다. 건강에 좋은 식품소매 및 식당 판매용 모두의 요구를 인식한 회사들은 시장 점유율을 높였다. 그리고 승객 권리 장전을 제정한 어느 항공사는 여전히 높은 고객 만족도를 달성하고 있고, 수익성도 경쟁사들을 앞지르고 있다. 공정하고 앞을 내다보는 HR 프로그램을 가진 회사들은 최고의 인력을 유치하고 유지하며, 재무 보고가 신뢰할 수 있고 투명한 회사들은 투자자들이 리스크가 낮다고 판단하여 자본 비용이 낮아진다. 이런 회사들은 법률 및 규제 조항들은 이 보다 더 높은 수준의 요구를 함축한다는 점을 인식하며, 그들은 최소 요건보다 더 나아감으로써 이러한 도전 과제를 충족시켰다.

비즈니스 프로세스 안에 내장하기

앞을 내다보는 회사들은 법률 및 규제 조항의 근저를 이루는 동기를 인식하고서, 자신의 컴플라이언스 프로세스를 회사의 비즈니스 목표에 정렬시키고, 컴플라이언스 프로세스를 기존의 비즈니스 프로세스 안에 내장한다. 그러다 보니, 컴플라이언스 책임은 컴플라이언스 책임자에게 놓이는 것이 아니라, 각자의 책임 영역에 있는 모든 비즈니스 라인 및 부서에 놓여진다.

확실히, 컴플라이언스 프로그램이 잘 설계되게 하고, 이에 필요한 경영진의 지원을 제공함에 있어서 최고 컴플라이언스 책임자의 역할은 매우 중요하다. 이에는 다소 별개의 요소들이 이들을 결합시키는 컴플라이언스 프로그램 안으로 들어오게 하는 책임이 포함된다. 이에 대해서는 잠시 후에 자세히 논의한다.

여기서 강조하고 싶은 점은 컴플라이언스가 기존 절차 위에 포개질 경우 그 관리 비용이 치솟는다는 것이다. 경영관리 프로세스 안으로 들어올 때 컴플라이언스가 보다 효율적이면서도 효과적으로 된다. 하나의 간단한 사례를 살펴보자면, 어느 증권회사는 투자 상품이 고객의 특성에 적합해야 한다는 요건을 준수하기 위해 독립적인 컴플라이언스 그룹으로부터의 값비싼 모니터링 절차를 추가했다. 그러나 다른 회사는 일차적인 책임을 판매가 일어나는 곳의 가장 가까이 있어서, 고객의 상황과 필요를 잘 아는 현지local의 관리자들에게 두고, 그들에게 판매 인력들이 어떤 상품을 제공하는지 검토하게 했다. 이 경우 테스트 차원에서 컴플라이언스나 감사 부서에서 보조적으로 모니터링을 하더라도, 컴플라이언스가 보다 더 효과적일 뿐 아니라 효율적이기도 하다.

윤리 및 고결성에 기초한 프로그램

컴플라이언스 프로그램이 진정으로 효과가 있으려면, 고결성 및 강한 윤리적 가치에 기반을 둔 문화에 기초해야 한다. 회사의 문화는 조직 전체의 관리자들뿐 아니라 무엇보다도 최고 경영진의 행동말도 포함하지만, 말보다 행동이 더 중요함에 기초한다. 고결성이 없으면, 컴플라이언스 프로그램은 형식은 있으되 실질적인 내용은 없게 될 것이고, 시간이 지나면 설계된 의도를 달성하지 못하게 될 것이다.

회사의 활동과 문화에 대처하기 위해 설계된 윤리 정책이 효과적인 컴플라이언스 프로그램에 중심적인 역할을 한다. 윤리 정책은 충분히 포괄적일 필요가 있지만, 이해할 수 있고, 매일 매일의 실생활 이슈들을 다루는 데 필요할 경우 쉽게 접근할 수 있도록 조직되고 쓰여야 한다. 이는 모든 정책들에도 해당하는데, 정책들은 주무부서가 있어야 하고 상황 변화에 대응하여 적절히 변경되어야 한다. 너무 길고, 법률 용어로 쓰이고, 시대에 뒤져 있고, 찾기 어려운 정책은 재앙의 조리법이다. 그럴 경우 사실상 법규를 준수하지 못하게 될 것이 틀림없다.

컴플라이언스 프로그램은 고결성을 특징으로 삼고, 회사의 직원들을 참여시켜야 한다. 직원들은 회사와 그 구성원들, 그리고 고객 등의 이익을 위해서라는 규칙 이면의 이유를 이해할 필요가 있다. 실제로, 해야 한다고 되어 있는 어떤 일을 왜 해야 하는지 모르는 직원은 기껏 해야 체크리스크에 표시만 하면 된다는 자세를 취하게 될 것이다. 따라서 채용 시뿐만 아니라 지속적인 교육 프로그램이 있어야 하며, 직무 수행 중에도 부문의 리더에 의해 이 내용이 강화되어야 한다.

사베인-옥슬리법에 의해 요구되는 것뿐 아니라 모든 잠재적인 비리를 다루는 내부 고발자 채널이 있어야 하며, 사람들이 이 채널을 사용하는 것이 고결성 및 윤리적 가치의 문화에 근본이 되며, 회사와 자신에게도 최선임을 알 필요가 있다. 이 채널은 진정으로 사용자 친화적이어야 하며, 이를 위해서는 질문에 답하고 소통을 촉진할 옴부즈맨이나 기타 지원 인력을 두어야 한다. 그리고 물론, 보복에 대한 가능성이나 우려 없이 적절한 후속 조치를 취하는 것이 열쇠이다. 이에 대해서는 4장에서 자세히 설명한다.

리스크 기반 접근법 및 책임의 명확성

컴플라이언스에 대해서는 무관용 정책zero tolerance policy을 채택하는 회사들도 있는데, 이는 조직 구성원들에게 적절한 마음 자세를 주입한다는 면에서 참으로 이치에 맞는 조치이다. 작은 비리를 무시하면 컴플라이언스가 별로 중요하지 않다는, 의도하지 않은 메시지를 전달할 수 있다. 이렇게 말은 했지만, 현실은 어떤 규칙들은 다른 규칙들보다 더 중요하며, 자원에는 항상 한계가 있다.

따라서 어느 곳에서, 그리고 어떻게 미 준수가 발생할 수 있는지, 그 발생 가능성, 발생 시 회사에 대한 영향이라는 면에서 리스크가 파악될 필요가 있다. 그리고 필요가 저낭되번, 가장 큰 유익을 가져올 수 있는 곳에 자원을 배치하여 리스크를 수용할 만한 수준으로 낮춰야 한다.

앞에서 언급한 바와 같이, 컴플라이언스 책임은 비즈니스 운영 및 지원기능을 수행하는 부서에 부여하는 것이 가장 좋다. 이는 단순히 책임을 할당하는 것 이상이다. 이는 또한 디자인, 시행 및 모니터링 활동을 구분하고, 비즈니스 부문과 지원 부문, 컴플라이언스와 본부의 모니터링 기능을 구분하며, 각 부문 간 명확한 이관으로 중복을 피한다. 역할들이 이해되고 HR 프로세스 안에 반영되고 나면, 책임이 확립될 수 있고 성과를 측정할 수 있다.

테크놀로지

중간 규모 및 대규모 조직들에게는 테크놀로지의 건전한 이용이 효과적인 컴플라이언스 프로세스의 중심 역할을 한다. 잘 사용되면, IT는 윤리 강령 및 기타 관련 정책들에 쉽게 접근할 수 있게 해 주고, 지속적인 교육을 지원하며, 직원의 자격증 취득을 촉진하고, 사용자 친화적인 정보 제공 수단 또는 잠재적인 미 준수에 대한 우려를 다루는 수단을 제공한다.

규제 환경은 복잡성이 계속 증가한다는 사실을 인식한 선도적 기업들은 수작업 기반 컴플라이언스 방법을 탈피하여, 전 범위의 컴플라이언스 활동들을 집중화하여 관리하는 테크놀로지를 배치하고 있다. 매우 중요한 도우미enabler로서, 테크놀로지는 확립된 컴플라이언스 관리 프로세스 및 방법론을 지원하지만, 이들을 정의하지는 않는다.

테크놀로지의 효용은 다음과 같다.

- 고위 경영진 및 이사회가 컴플라이언스 실패 리스크의 원인, 재무적 영향, 그리고 이 리스크를 통제하기 위한 경감 조치에 관한 정확한 정보를 받도록 해 주는 실시간 데이터 관리 및 의사 결정 지원 제공
- 회사의 정책 요건에 기반을 둔 과제들tasks을 제정, 승인, 유지, 저장, 모니터 및 자동화하기 위한 정책 생애 주기life cycle 관리를 용이하게 해 줌
- 정책 연수 및 인식, 조사, 그리고 관련 테스트 피드백 제공
- 직원의 책임성 확립을 위한 자동화된 업무 흐름work flows 확립
- 통제 테스트, 설문 조사, 자격증, 규제기관에 대한 보고서 등을 포함한 정보 검색과 프로세스 자동화 및 간소화

• 중앙 저장소를 통한 정책, 절차, 리스크 및 통제에 대한 측정 및 보고 지원

이러한 능력들이 경영진에 의해 요구되는 조치들이나 모니터 책임을 확정하고, 활동들을 추적 관리하며 상급자로부터/상급자에게로의 문의를 용이하게 해 준다. 실시간 메시지 송부 및 보고 능력은 맞춤 대쉬보드dashboards와 특정 관심 사안에 대해 드릴다운drill-down할 수 있는 기능을 통해 모든 관리자 및 컴플라이언스 기능에서 사용하기 위한 필요 정보를 제공한다.

강력한 컴플라이언스 책임자

앞에서 언급한 바와 같이 최고 컴플라이언스 책임자chief compliance Officer; CCO 임명이 효과적인 컴플라이언스에 매우 긴요한 데, CCO는 회사가 업종 및 규모에 따라 풀타임 직원을 거느린 풀타임 또는 파트타임 임원으로 할 수 있다. CCO는 필요한 모든 요소들이 갖춰지고, 이들이 함께 보아져서 진정한 효과가 발휘되도록 해야 한다.

예를 들어, 조직 내 관리자들은 자신의 책임과 관련한 기존 및 신규 법률과 규정들에 관한 정보를 수령해야 한다. 그들은 모두 "본업"을 가지고 있으며, 법무부서나 컴플라이언스 부서로부터 필요한 정보를 쉽게 실행할 수 있는 형태로 제공받지 않는 한, 그들이 무엇이 요구되는지 알 것이라고 기대할 수 없다. 이 점이 중요하기 때문에 컴플라이언스 책임자는 불필요한 중복을 피하기 위해, 새로운 요건이 있을 경우 이를 기존 절차의 맥락에서 고려할 필요가 있다. 많은 경우에 기존의 프로토콜이 이미 새로운 규칙을 다루고 있거나, 약간의 조정으로 필요한 수준으로

보완할 수 있다. 과잉 반응은 희소한 자원을 불필요한 절차에 낭비함으로써 불충분한 반응만큼이나 조직을 약화시킬 수 있다.

컴플라이언스 책임자는 내부 감사 기능과의 컴플라이언스 프로그램 유효성 모니터링 조정, 법무부서컴플라이언스 부서와 분리되어 있을 경우 및 최고 경영층과의 상호 작용 등 컴플라이언스를 추진하는 다양한 활동들을 세밀하게 조정해야 한다.

컴플라이언스 책임자는 또한 조직 내 소통을 증진 및 촉진할 수 있다. 예를 들어, 고결성에 관한 메시지는 지속적으로 강조될 필요가 있다. 잠재적인 미 준수 이슈들에 대한 정보는 적절한 조치와 사후 관리가 개시될 수 있도록 정규적인 관리 경로나 별도의 채널을 통해 소통되어야 한다. 정보는 조직의 상하 방향만이 아니라 부문 간에도 소통되어야 한다. 이를 위해 따로따로silo 자세를 탈피하여, 모든 직급의 관리자들이 필요에 따라 소통하도록 변화할 필요가 있다.

이런 맥락에서 최고 경영진 및 궁극적으로는 이사회에 의미 있는 형태의, 그리고 명확하고 시의적절한 보고가 이뤄질 필요가 있다. 문의 및 시정 조치를 가능하게 해 주기 위해서는 미 준수 사례들의 심각성과 유형, 그리고 근원적 이유에 관한 정보가 필요하다. 완전하게 이해하기 위해서는 충분한 깊이가 필요하지만, 보고는 위로 올라갈수록 간결하게 요약되어야 한다.

컴플라이언스 부서의 역할

최고 컴플라이언스 책임자의 역할은 점점 더 풀타임 업무로 확대되고 있다. 금융회사, 제약회사, 그리고 기타 심하게 규제되고 있는 회사들은 오랫동안 컴플라이언스에 상당한 자원을 투입해 왔는데, 이들은 대개 컴플라이언스를 전담하는 컴플라이언스 책임자와 강력한 보좌 직원들을 두고 있다. 다국적 기업들은 컴플라이언스 기능의 일부를 현지에 설치하고 있는데, 대개 현지의 컴플라이언스 기능들은 본부의 컴플라이언스 부서 및 현지의 경영진 모두에게 보고한다. 그러나 최근의 연구들에 의하면, 대기업이라 할지라도 그다지 규제가 심하지 않아서 컴플라이언스에 어느 정도의 자원을 투입할지 고심했던 회사들도 컴플라이언스를 전담하는 책임자를 임명하는 것이 보다 보편화되고 있음을 보여 준다.

오픈 컴플라이언스 및 윤리 그룹Open Compliance and Ethics Group; OCEG이 수행한 한 연구는 응답자의 75%는 최고 윤리 및 컴플라이언스 책임자 또는 "컴플라이언스에 대한 최고 경영진 차원의 감독"과 유사한 직책이 있음을 보여 준다. 그리고 40%는 컴플라이언스 수장은 다른 업무를 겸하지 않는다고 했다. 매출액이 10억 달러를 넘는 회사들에서는 그 비율이 55%였다. 다른 업무를 겸하는 경우에, 회사의 법률 부서를 겸하는 경우가 23%였다. 기업 컴플라이언스 및 윤리 협회Society of Corporate Compliance & Ethics; SCCE에 의해 수행된 다른 조사에 의하면 응답자의 97%가 컴플라이언스 또는 윤리 책임자를 임명했으며, 36%는 컴플라이언스 외에 다른 직책은 맡지 않았다. 회사에서 다른 직책도 겸하고 있는 컴플라이언스 책임자 가운데 20%는 법무부서 업무를 겸했다. OCEG의 연구에서와 마찬가지로, 겸하는 다른 역할로는 최고 감사 책임자, CFO, 인사부문 수장 등이 주를 이루었다.[11]

보고 관계는 컴플라이언스 책임자의 상대적 중요성을 보여 주는 또 따른 지표이다. 결정적인 요소 중 하나는 CCO가 회사 조직도의 어디에 위치하든 관련 정보를 CEO 및 필요시 이사회에 직접 보고할 수 있다는 점이다. 파악된 법규 미 준수 사건이나 관련 리스크의 사안에 따라서는 그러한 접근이 필수적이다. 컴플라이언스 책임자에게 보다 고위의 경영진 및 이사회 또는 감사위원회에 정규적으로 보고하도록 요구하는 개정 미국 양형 가이드라인도 이와 관련이 있다.

보고 관계는 실제로 보다 높은 단계로 올라가고 있다. 예를 들어, SCCE의 연구에 따르면 CCO가 CEO에 직접 보고하는 조직이 55%에 달한다. 80%의 회사에서 CCO가 이사회 또는 그 하위 위원회에 문서 및 구두로 보고한다.

직급이 높아짐에 따라 급여도 올라간다. OCEG 보고서에 의하면 가장 흔한 보상 수준36%은 15만 달러에서 25만 달러 사이이며, 35만 달러 이상을 지급하는 회사는 20%였다보너스, 스톡 옵션 및 기타 형태의 보수 제외. 예상할 수 있는 바와 같이, 대기업의 보수가 높은데, 매출액이 십억 달러를 초과하는 회사들 중 총 급여가 45만 달러 이상인 곳이 23%였다.

또 다른 요소는 컴플라이언스 부서의 책임 범위의 명확성이다. 컴플라이언스 부서는 회사가 준수해야 하는 모든 법규들을 준수하도록 하기 위한 프로세스를 확립할 책임이 있는가? 이 질문은 좋은 출발점이다. 이 범위에 내부 정책 준수가 포함되는가? 대개의 경우 그러한 책임이 있으며, 이는 이치에 맞는다. 그러나 CEO와 이사회는 컴플라이언스 부서가 모든 법규 및 내규 준수를 확보할 수 있다고 생각하는가? 우리는 그럴 수 없음을 안다. 앞에서 언급한 바와 같이, 컴플라이언스 기능은 프로세스 및 프로토콜에 중점을 둘 필요가 있으며, 컴플라이언스를 확보할 직접적인 책임은 비즈니스 라인 및 지원부서의 리더들에게 놓여 있다. 책임에 관한 명확성은 필수적이다. 놀랍게도, 일부 회사의 이사회에서는 컴플라이언스 기능에 전사 리스크 관리 책임까지 부여하려 한다. CCO들은 이에 대항해 싸워 왔는데, 이에는 충분한 이유가 있다.

또한 법무부서 및 윤리부서가 컴플라이언스 부서와 분리되어 있을 경우, 이 부서들과의 관계 또한 중요하다. 확실히 컴플라이언스 프로세스들은 법률 및 규제 현실을 적절하게 반영해야 하며, 우리는 때로는 비윤리적 행동이 불법으로 전환하는 명확한 선그리고 때로는 이에 대한 징조 및 자극제이 있음을 알고 있다. 그러므로 정보 흐름, 정책, 절차, 그리고 보고 체계가 함께 작동되도록 밀접하게 조정되어야 한다. 물론, 각자의 회사가 자신의 문화, 경영 스타일 및 인력에 맞는 컴플라이언스 조직, 보고 및 책임 관계를 결정할 필요가 있다.

성공 비결

어떻게 바람직한 컴플라이언스 프로세스로 옮겨 갈 수 있는가? 모든 변화 이니셔티브에 있어서와 마찬가지로 잠재적인 함정이 있기는 하지만, 그 방법은 간단하다. 현재의 상태가 어떠한지를 파악하고, 어느 곳에 가 있기를 바라는지를 결정하고, 그곳에 도달하기 위한 행동 계획을 세우는 다단계의 순차적 프로세스가 시행착오를 거쳐 검증된 접근법 중 하나이다. 한정된 자원을 다른 중요한 비즈니스 프로젝트에 사용하기를 원할 수도 있는 고위 경영진을 다루는 것도 중요하다. 이를 염두에 두고서, 경험상 효과가 좋은 5단계 개요를 간략히 소개한다.

1. **비즈니스와 결부시켜라** 미 준수와 관련된 리스크 및 비용을 포함하여, 컴플라이언스 문제를 다루는데 관련되는 현재의 비용을 대략적으로 추정한다. 이를 컴플라이언스 프로세스를 비즈니스 오퍼레이션 안에서 처리하도록 간소화할 때, 지원 인력과 변화 프로젝트의 비용을 포함한 비용과 비교한다. 이렇게 함으로써 컴플라이언스 프로그램의 유효성이 증대되고 미 준수 사건의 수 및 비용이 감소되며, 고위 경영진 및 이사회가 더 나은 정보를 받게 되고 보다 더 안심하게 됨으로써 얻어지는 이익도 포함하는 것이 중요하다. CEO들과 이사회들은 대개 기존 컴플라이언스 노력들의 단점을 인식하고 있기 때문에, 그들은 일반적으로 진정으로 효과적이고 효율적인 컴플라이언스 프로세스에 대한 사려 깊은 논리적 근거를 수용한다.
2. **현 위치를 파악하라** 컴플라이언스 활동들을 철저하게 이해하기 위해 컴플라이언스 정책 및 절차 목록, 그리고 권한 및 지원 기능 등 현재 또는 있는 그대로의 상태를 평가한다.
3. **바람직한 프로세스를 디자인한다** 미래 상태 또는 되어야 할 상태를 정한다. 중요한 점은 이러한 상태를 설계할 때 조직 구조, 경영진의 스타일, 고결성 및 윤리적 가치라는 토대에 입각한 바람직한 상부의 기조를 반영하는 기타 내면화된 문화적 요소들과 같은 요인으로 구성되는 기업 문화를 반영해야 한다는 것이다. 이러한 맥락에서, 그리고 앞에서 논의한 바와 같이 컴플라이언스 프로세스는 비즈니스 및 경영 관리 프로세스 안에 내장하고, 책임 및 소통 프로토콜도 확립해야 한다. 이 프로세스는 원칙 및 리스크에 기반하고, 특정 절차에 관한 세부 사항은 조직의 주무부서 관리자들에 맡겨서, 컴플라이언스 부서의 지원

하에 그들이 개발하게 한다.

외주 조직, 제3자 네트워크, 제휴 및 합자 파트너, 그리고 인수 합병 대상 기업 등과 같이 회사가 어떻게 인식되는지에 영향을 줄 수 있고, 그들의 행동에 대해 회사가 책임을 지게 될 수도 있는 당사자들도 고려해야 한다. 중요하기는 하지만, 컴플라이언스 프로세스를 제3자에게 확대하는 데는 상당한 노력이 필요할 수 있다. 예를 들어, 타이코Tyco 사는 60개가 넘는 국가에 말 그대로 수천 개의 공급자, 배급업자, 대리점 등이 있으며, GE에서는 단지 하나의 부문에서 480개의 배급업자, 딜러, 판매 대리점, 카탈로그 판매점, 재판매점, 장비 제조업자, 구매 회사들이 있다.

4. **소통, 보고, 모니터링을 수립하라** 양방향 소통으로의 중요한 정보 흐름이 정해지고, 고위 경영진과 이사회에 보고하기 위해 분석된 데이터가 수집된다. 테크놀로지 지원이 선택되고, 필요한 경우 적절히 수정하고, 리스크 분석, 책임성 및 소통을 지원할 수 있도록 내재화된다. 모니터링 프로토콜이 수립되고, 컴플라이언스 부서와 감사 부서 사이의 책임, 그리고 이 부서들의 비즈니스 부서 및 스탭 부서와의 관계를 명확히 한다.

5. **실행** 새로 설계된 프로세스가 선정된 일부 부문에 대해, 또는 전사적으로 시행된다. 무엇이 필요하며, 그 이유는 무엇인지에 대해, 즉 새로운 프로토콜이 어떻게 모든 부문 및 회사 전체에 이익이 되는지를 직원들에게 충분히 이해시키기 위해서는 변화 관리 기법과 함께 연수 및 교육이 매우 중요하다. 구성원들이 이를 진정으로 받아들여야 하며, 이 프로토콜이 HR 목표 설정 및 성과 평가 프로세스에도 반영되어야

한다. 컴플라이언스가 기존의 비즈니스 및 경영 관리 프로세스 안에 내장되기 때문에, 새로운 체제 하의 책임은 개별 부문의 관리 구조 안에 놓이게 되며, 이에 따라 실행이 상대적으로 용이해진다.

결실

변화는 결코 쉽지 않다. 그러나 대부분의 회사의 경우 이전과 동일한 컴플라이언스 경로를 계속하는 것은 실행 가능한 대안이 아니다. 비용이 치솟고, 미 준수 사례가 증가하며, 파괴적인 실패 리스크는 너무도 실제적이다.

참으로 효과적이고 효율적인 컴플라이언스 프로세스를 갖출 수 있다. 일부 회사들은 시장, 즉, 고객, 직원, 투자자 및 사회에서 법률 및 규제 조항을 최소 기준으로 여김에 따라, 이를 능가하는 회사는 시장 점유율, 수익성 및 이익률을 크게 향상시킬 수 있게 됨으로써 막대한 비즈니스 상의 이점이 있다는 점을 인식하고, 이러한 수준에 도달하였다. 현재의 비용과 유효성 결여, 그리고 잠재적인 이점을 함께 감안할 때, 이를 올바르게 해야 한다는 점이 명백해진다. 이를 올바르게 하는 회사들은 이와 관련된 결실을 수확할 수 있는 자리에 있게 될 것이다.

Chapter 4

윤리 프로그램: 또 하나의 기초

Ethics Programs: Another Foundational Block

Chapter 4

Ethics Programs: Another Foundational Block

우리는 2장에서 기업 문화에 대해서와 일부 회사들은 어떻게 이 부분에서 실패한 반면 다른 회사들은 어떻게 올바른 기업 문화를 조성했는지에 대해 살펴보고, 대내외 소통에 있어서 고결성의 중요성을 중점적으로 고찰하였다. 3장에서는 컴플라이언스 프로그램을 다루고, 어떤 회사들은 어느 부분에서 크게 잘못되었는지, 그리고 무엇이 효과적인 컴플라이언스 프로그램의 구성 요소인지를 살펴보았다. 이번 장에서는 이러한 기초 위에서 윤리적 가치 및 이 가치가 조직에 미치는 영향과 효과적인 윤리 프로그램의 중요한 요소들, 그리고 이사회의 역할과 더불어 휴렛팩커드Hewlett-Packard의 최근의 사건으로부터 배운 교훈들을 살펴볼 것이다.

물론, GRC에 E윤리를 뜻하는 ethics의 머리글자 – 역자 주는 포함되어 있지 않다. 그러나 우리는 윤리야말로 회사의 문화 및 거버넌스, 리스크 관리, 그리고 컴플라이언스의 모든 측면의 중요한 기초임을 안다. 현재는 다수의 회사들이 컴플라이언스 프로세스의 일부로서 또는 별도로 윤리 프로그램을 갖추고 있다. 윤리 관련 업무를 법무부서에 두는 회사도 있고, 별도의 부서로 조직하는 회사도 있다. 최고 윤리 책임자와 최고 컴플라이언스 책임자를 각각 두는 회사도 있고, 이 두 기능을 겸직하는 회사도 있으며, 윤리나 컴플라이언스 책임자를 두지 않고 최고 법무 책임자에게 이 역할을 수행하게 하는 회사도 있다. 물론, 대부분의 경우에서처럼, 누구에게나 딱 들어맞는 형태는 없으며, 각자의 여건에 적합하도록 조직해야 한다.

이를 염두에 두고서, 이곳에서는 경험에 비춰봤을 때 윤리 프로그램을 효과적으로 만드는 요소가 무엇인지를 고찰할 것이다. 그러나 그 전에 매우 중요한 특질인 상부의 기조로 되돌아가 보자.

상부의 기조

우리는 윤리적 가치가 어떻게 회사의 문화를 이끌어 가는지를 보았고, 조직의 상부로부터 나오는 기조의 중요성을 이해하고 있다. 무엇이 올바른 기조인가? 이 질문에 대한 대답은 1964년에 포르노그라피를 정의할 수는 없지만, 보면 알 수 있다고 말한 미국 대법원의 포터 스튜어트 Potter Stewart 대법관의 외설에 대한 의견과 유사하다. 상부의 올바른 기조를 정의하려고 시도할 때 유사한 도전에 직면한다. 그럼에도 불구하고, 이 논의를 위한 공통의 기반을 닦아 두기 위해, 위험을 무릅쓰고라도, 올바른 기조는 직원들이 높은 윤리적 가치를 유지하고 고결하게 행동함으로써 법규를 준수하고 원칙에 따라 행동하겠다고 공유된 일련의 태도와 관련이 있다고 말해 두자.

조직의 기조는 파악하기 어려울 수 있다. 어느 회사의 사무실이나 공장, 또는 기타 설비에 들어가 활동들을 관찰하고 사람들과 얘기해 보면, 곧바로 그 조직의 모습이 어떠한지에 대해 상당한 감을 잡을 수 있다. 그러나 상부의 기조와 이 기조가 조직 전체의 행동에 어떻게 영향을 주고 있는지에 대해 진정으로 이해하려면, 좀 더 깊이 들어갈 필요가 있다. 상부의 기조는 깊이 있는 조사를 수행한 뒤에도 인식하기에 너무도 추상적인 개념이라고 생각하는 사람도 있겠지만, 실상은 할 수 있는 일이다. 실제로, 미국의 모든 상장 회사의 경영진들은 사베인-옥슬리법이 요구하는 재무 보고에 대한 회사의 내부통제 시스템을 보고할 때, 이를 통제 환경의 일부로서 고려할 필요가 있다. 또한 소기업으로 정의된 회사 이외의 회사들의 감사인들은 회사의 내부통제 시스템의 유효성 보고 시, 감사 범위에 이 통제 환경을 포함시켜야 한다.

기업들은 많은 기준과 가이드라인을 사용하여 보다 넓은 의미의 윤리를 다룬다. 사베인-옥슬리법 하에서의 재무 보고의 기반인 COSO 내부통제 프레임워크와 COSO 전사 리스크 관리 프레임워크 외에도, 뉴욕증권거래소는 상장 기준에서 윤리 강령을 의무화한다. 그리고 내부 고발자 채널도 사베인-옥슬리법 등에 의해 일반적인 기준이 되었다.

다임러의 문제들

메르세데스 벤츠Mercedes Benz보다 더 품질을 상징하는 브랜드를 보유하고 있는 회사가 몇이나 될까? 놀랍게도 이 회사는 다임러Daimler에 거액의 뇌물 공여가 만연되어 있음을 인정하고 이 혐의를 해결하기 위해 1억 8,500만 달러를 지급하기로 합의했다고 언론에 보도되는 스캔들에 휘말렸다. 그리고 이 정보는 회사가 자진 신고한 것이 아니라, 오랫동안 이루어진 정부조사의 결과였다.

보도에 의하면 이는 1회성 사건, 1회성 도박이 아니었다. 10년이 넘는 기간 동안 22개 국 이상에서 수백 회에 걸쳐 수천만 달러의 뇌물이 공여되었다. 많은 경우에 정부 관리들에게 직접 현찰을 지급하기 위해 소위 현금 데스크cash desk가 이용되었다. 다른 경우에는 지급을 숨기기 위해 유령회사shell company들의 해외은행 계좌들이 사용되었다. 다임러는 또한 다른 지급 자금을 만들기 위해 송장invoice 가격을 올렸다고 한다.

아마도 이 보도에서 가장 충격적인 사실은 하위직 및 중간 간부들의 행동이 아니라 해외 판매 부문 수장首長 등 중요한 임원들이 관여되었다는 것이며, 이보다 더 우려되는 점은 이 회사의 내부 감사 부서까지 관여했다는 것이다. 법무부의 고소장은 다임러의 오랜 기간 동안의 뇌물 규정 위반과 "뇌물을 용인 및/또는 장려한 기업 문화"에 대해 언급했다. 이 보도는 또한 이 고소장에서 "해외의 오퍼레이션에 대한 본부의 감독 결여"를 지적했다고 한다.

미국 법무부는 해외부패방지법Foreign Corrupt Practices Act을 엄격하게 집행하고 있으며, 유럽의 규제기관들도 규칙 제정 및 집행을 강화하고 있다는 사실은 잘 알려져 있다. 그리고 부적절한 지급 리스크를 다루는데 도움이 될 내부통제들도 잘 알려져 있다. 그러나 고위 경영진이 눈감아 주거나, 한술 더 떠서 그러한 지급을 장려할 경우, 모든 가능성이 사라진다. 즉, 회사의 윤리적 가치에 결함이 있으면, 특히 그 결함이 고위 경영진으로부터 나올 경우, 거버넌스, 리스크, 그리고 컴플라이언스의 모든 부분이 약화되며, 의심스러워진다.

윤리 프로그램의 요소

대기업들은 대개, 윤리 강령, 내부 고발자 채널, 이 프로그램을 감독하는 윤리 또는 컴플라이언스나 기타 책임자, 그리고 추가적인 지원을 제공하기 위한 옴부즈맨 등 윤리 및 컴플라이언스의 요소를 다루는 일련의 요소들을 갖추고 있다. 정책이 제정되거나 개정될 때 직원 교육을 실시할 수도 있으며, 이 프로그램은 일반적으로 고위 경영진에게 직접 보고하고 이사회의 감독을 받는 윤리 책임자와 내부 감사 부서에 의해 모니터되거나 감사를 받는다.

그러면 될 것 같다, 그렇지 않은가? 그러나 실제로는 다수의 회사들이 이 모든 요소들을 갖고 있으면서도 진정 효과적인 윤리 프로그램을 갖추지는 못하고 있다. 막대한 피해를 초래한 주요 윤리 실패를 겪은 회사들의 사례를 보면 실질이 결여된 형식으로는 충분하지 않다는 것을 알 수 있다.

그렇다면 효과적인 윤리 프로그램에 무엇이 필요한가? 먼저, 컴플라이언스 프로그램에 관한 3장을 뒤돌아볼 필요가 있다. 앞장에서 언급한 바와 같이, 컴플라이언스 및 윤리 리더들과 그 프로그램들이 결합된 경우가 많은데, 그렇게 하는 데에는 충분히 그럴 만한 이유가 있다. 동일한 대부분의 성공 요인들이 두 프로그램 모두에 관련이 있기 때문이다. 그러므로 컴플라이언스 프로그램에 있어서와 마찬가지로, 비즈니스 안에 세워진 윤리, 고결성과 강력한 윤리적 가치에 기초한 문화, 테크놀로지의 효과적인 사용, 그리고 강력하고 효과적인 윤리 부서를 윤리 프로그램의 성공 요인으로 꼽고자 한다.

효과적인 윤리 프로그램의 요소들을 좀 더 직접적으로 살펴보면, 다음과 같은 사항들이 매우 중요하다는 점을 발견하게 될 것이다.

행동 강령

역사적으로 너무도 많은 회사들의 행동 강령이 법률 용어로 쓰였다. 회의론자들은 이 강령들이 변호사들에게만 기술적으로 이해될 수 있도록 변호사에 의해 쓰였다고 생각할 수도 있을 것이다. 최근에는 다수의 회사들이 직원들이 쉽게 이해할 수 있도록 쉬운 용어로 행동 강령을 수정하였다. 그리고 이와 유사하게, 직원들이 어디에 거주하든지 이를 쉽게 이해할 수 있도록 모회사 소재국의 언어로부터 현지 언어로 번역이 이루어졌다.

또한 회사들이 선반 위에서 먼지가 쌓여 있던 행동 강령을 버튼을 한 번만 클릭하면 쉽게 접근할 수 있도록 내부(및 때로는 외부) 웹사이트에 게시하고 있는 것을 볼 수 있다. 특정 이슈를 어떻게 다뤄야 할지를 결정할 필요가 있는 직원들이 관련 자료를 직접 접하도록(행동 강령의) 조직도 개선되었다.

중요한 점은 행동 강령을 시대에 뒤떨어지지 않게 유지해서, 사람들이 안심하고 행동 강령이 최근의 요건 및 지침을 나타낸다고 믿을 수 있게 해야 한다는 것이다. 각각의 섹션이나 주제는 이를 주기적으로 검토하고 필요시 개정할 책임을 지는 담당자가 있어야 한다. 담당자들은 어느 곳에서 추가적인 지침이 필요한지를 알기 위해 미 준수 또는 직원들에 의해 제기된 우려 사례들을 추적 관리한다.

올바른 사람 채용하기

올바른 사람 채용하기란 자명한 데도, 우리는 피상적인 조사만 받고서 채용되는 것을 얼마나 자주 보고 있는가? 회사의 정책 및 문화에 부합하는 성격을 가진 사람이 새로 채용되도록 담보하는 의미 있는 배경조사 및 기타 실사due diligence의 중요성이 점점 커지고 있다.

고위직으로 영입되는 사람에 대해서는 보다 세심한 주의를 기울일 필요가 있다. 또한 승진 대상자로 고려되고 있는 사람의 윤리적 행동 및 과거 행적을 검토할 필요가 있음도 간과되어서는 안 된다.

교육 및 연수

조직 내의 모든 사람이 무엇이 요구되는지 이해해야 하기 때문에, 사람들이 자신에게 무엇이 요구되는지를 이해하는 효과적인 프로그램을 갖추는 것이 매우 긴요하다. 우리는 많은 회사의 연수 프로그램들이 효과적이지 못하다는 것을 너무도 잘 알고 있다. 바라는 목표를 달성하기 위해서는 사람들이 연수를 마치고 나서 윤리 프로그램이 무엇에 관한 것인지, 어떤 행동이 요구되는지, 왜 그러한 규칙들이 있는지, 언제 도움을 요청해야 하는지, 그리고 필요할 때 어디로 가야 하는지에 대해 잘 알 수 있도록 연수를 시행할 필요가 있다. 그리고 사람들이 배운 것을 이해할 뿐만 아니라, 이를 받아들이고 이에 따라 행동할 필요가 있다.

여기에서도 모든 곳에 통용되는 방법은 없다. 윤리 연수를 현지에서 소그룹 단위로 실시하며, 무엇이 필요하고 그 이유는 무엇인지에 대해 의미 있는 질의응답을 하는 경우도 있다. 많은 대규모 조직들은 컴퓨터 기반 연수를 실시하는데, 잘 디자인되면 이 방식이 효과적일 수 있다. 참가자들의 피드백은 지식 이전의 성공 여부를 결정해 주기 때문에, 적절한 테크놀로지를 사용하여 이를 촉진할 수 있다.

그러나 효과적인 연수 과정을 보유하고 있을지라도 할 일을 다 했다고 생각해서는 안 된다. 새로운 사건, 활동 및 상황에 따라 강조 및 업데이트를 제공하고, 기억 및 수용을 새롭게 하기 위해 지속적으로 교육을 실시할 필요가 있다.

직무 책임

조직 내의 개인이 도움을 받을 수 있는 가장 효과적인 방법은 대개 바로 위의 상사에게 가는 것이다. 특히 밀접한 업무 관계가 있는 곳에서는 사람들이 상사에게 윤리적 이슈들을 제기하는 데 편안함을 느낀다. 그러나 그러한 프로세스는 관리자들에게 이슈들을 효과적으로 다룰 수 있는 지식과 경험이 있고, 그들이 문제를 언제 조직의 보다 상부에 제기할 필요가 있는지 알 때에만 제대로 돌아간다.

관리자들은 비즈니스 의사 결정 및 행동 모니터링에 있어서 윤리적 이슈들을 다루는 것은 OJT를 통해 공식적인 연수를 강화하는 본질적인 부분이며, 직무의 근본적인 부분이라는 점을 인식할 필요가 있다. 그리고 컴플라이언스 책임에 있어서와 마찬가지로, 자신의 일상적인 관리 책임의 일부로서 모니터링이 필요함을 인식해야 한다.

이와 직접적으로 관련된 사항은 이러한 책임이 충분히 이해되고 목표 설정 및 성과 평가 프로세스에 반영되도록 HR 프로그램이 개선될 필요가 있다는 점이다. 우리는 질적 및 양적으로 "측정하는 것을 얻는다"는 점을 알고 있으며, 관리자들은 이 책임들이 심각하게 받아들여져야 한다는 것을 알 필요가 있다. 우리는 이러한 내용이 평가, 승진, 급여 조정 프로세스에 반영될 때 그렇게 된다는 것을 알고 있다.

내부 고발자 채널

실제로는 상사에게 가서 윤리 이슈를 마음 편하게 논의할 수 없다고 생각하는 직원들이 있는데, 그 이유는 해당 주제 또는 관계 때문인 경우도 있고, 상황이 안 좋은 경우에는 그들의 상사나 조직의 보다 상부 인사가 개입되어 있을 수도 있기 때문이다. 그래서 많은 회사들은 회사 내의 누구라도 불법적이거나, 비윤리적이거나, 또는 회사의 행동 강령이나 문화적 기반에 의해 금지된 거래나 행동에 관한 정보를 제공할 수 있는, 흔히 내부 고발자 채널이라 불리는 다른 형태의 소통 채널을 설치해 둔다.

대안적 채널을 갖추지 않고 있던 상장 회사들은 사베인-옥슬리법의 요건에 따라 이러한 채널을 설치했다. 이 법은 부적절한 재무 보고에 관한 정보 제공이라는 상대적으로 좁은 영역에 초점을 맞추지만, 다수의 회사들은 불법적인 행동에서부터 비윤리적인 행동까지로 내부 고발자 채널의 대상을 넓혔다. 다수의 회사들은 자사와 거래를 하는 외부 당사자들에게도 이 채널을 사용할 수 있도록 함으로써 우려 사항이나 직원의 비리 또는 회사의 활동이나 평판과 관련이 있을 수도 있는 기타 사안들에 대한 소통이 가능하게 한다. 이 채널이 효과가 있으려면, 이의 이용 가능성이 널리 알려지고, 장려되며, 보고된 문제들이 적절한 결론이 내려지도록 주의 깊게 고려되고 관리되어야 한다.

내가 컨설팅을 했던 다수의 회사 경영진은 성실하게 이 채널을 설치하고, 이 채널이 잘 작동하고 있다고 믿었다. 제기된 불만이나 이슈가 거의 없다는 것이 이 주장의 근거였다. 특히 한 회사의 경영진은 내부적으로 관리되는 내부 고발자 프로그램이 개시된 이후 보고된 사건이 단 한 건에 불과하다는 것에 기뻐했다. 하지만 이 회사는 지금은 그게 아니란 걸 알게 되어 제3자에 의해 관리되는 시스템으로 전환할 계획이다.

그런데 실제로 벌어지고 있는 것은 이러한 인식과는 매우 다른 경우가 흔하다. 최근의 어느 조사에 의하면, 직원들의 74%는 전년에 직장에서 비리를 목격했으나, 이를 거의 보고하지 않았는데, 경험에 의하면 여러 이유가 있다. 그 중 하나는 사람들이 종전에 내부 고발자 채널을 통해 비리를 보고했는데도 시정 조치가 이뤄지지 않았다, 즉 그러한 보고가 아무 소용이 없다는 것을 본 적이 있기 때문이다. 이보다 훨씬 더 중요한 것은 보복에 대한 두려움인데, 불행하게도 이렇게 생각하는 근거는 너무도 충분하다. 불법적이거나 부적절한 행동을 보고하는 직원들은 배척당하거나 실직할 수도 있다. 그러니 입을 다무는 것이 합리적이고 실용적인 자세로 여겨진다.

또 다른 이유는 비리가 회사에 끼치는 영향을 직원들이 잘못 이해하기 때문이다. 직원들은 규칙 또는 심지어 법률을 위반할 수도 있는 어떤 행위가 사실상 회사가 비즈니스 목표를 달성하는 데 도움이 된다고 잘못 생각한다. 그래서 그들은 이에 대해 말을 하면 고자쟁이가 될 뿐 아니라, 회사를 해롭게 한다고 생각한다. 우리가 연구 및 경험으로부터 그 반대로 알고 있는 것에 결코 신경 쓰지 않는 것이다.

회사가 어떻게 그러한 정신자세를 바꿀 수 있는가? 첫째, 회사는 윤리 정책에 표현된 말로써 뿐만 아니라 상하 라인의 경영진 행동에 의해서도 고결성 및 윤리적 가치가 의무 사항이라는 기업 문화를 확실히 할 수 있다. 회사의 임직원들뿐 아니라 회사가 거래를 하는 상대방들도 윤리적 행동에 대한 의무와 그러한 의무의 존재 이유를 이해할 필요가 있다.

적절하게 행동하는 것이 어떻게 회사와 개인에게 가장 이익이 되는지 등, 윤리적으로 행동해야 할 이유는 매우 중요하다. 그리고 제공된 정보는 비밀로 취급되고, 보복이 없을 것이며, 실제로 정당화될 경우, 정보 제공에 대해 긍정적인 보상이 있을 것이라는 절대적인 확신이 있어야 한다. 또한 그 메시지가 이해되고 받아들여지도록 하는 피드백 장치를 포함한 지속적인 소통이 있을 필요가 있다. 내부 고발자 프로세스는 앞에서 언급하였던 행동 강령, 교육 및 연수, 그리고 직무 책임의 전면에 위치하는 중심 부분이 될 필요가 있다.

보고된 사안이 적다는 것이 이 프로세스가 효과를 발휘하고 있음을 암시한다는 생각에 대하여는 이는 그렇지 않으며, 오히려 이 시스템이 제대로 작동하지 않는다는 증거로 볼 수 있다고 말할 수 있다. 동시에 내부 고발자 채널이 불필요한 불평에 불과한 경미한 불만들로 넘쳐난다면, 이 채널을 어떻게 이용할지에 대해 더 잘 교육시키고, 직원들 가운데서 불행 또는 불편함의 근원을 찾아서 이를 다룰 필요가 있다.

향후의 걱정거리

도드-프랭크법에는 의도하지 않은 결과라는 이론을 증명할 수도 있는 섹션, 즉 의심되는 사기를 SEC에 보고하는 회사 직원들에게 인센티브를 제공하는 규정이 있다. SEC에 유가증권법 위반에 관한 최초의 정보를 제공하는 개인은 총 벌칙금의 30%까지 받을 수 있는데, 이로써 보상금이 수천만 달러에 달하게 될 수도 있다. 또한 도드-프랭크법은 좌천, 해고, 정직, 위협, 또는 기타 괴롭힘과 같은 보복으로부터의 보호를 제공한다.

직원들이 거액의 보상을 받은 날 한 잔 걸치기 위해 내부 보고 장치를 우회할 것이라는 회사의 컴플라이언스, 윤리, 법무, 그리고 기타 책임자들 사이의 우려는 근거가 있다. 도드-프랭크법이 발효된 지 겨우 두 달 만에 법무 법인들이 뉴욕 시에서 극장에 가는 사람들에게 자신들이 내부 고발을 하려는 새로운 고객을 찾고 있다는 광고를 낸 것도 놀랄 일은 아니다. 그들은 월가 직원들을 겨냥했다고 한다. 그러니 윤리 및 컴플라이언스 프로그램이 잘 설계되고, 실행되며, 강화되고, 외부의 법률 지원을 받을 수 있다 해도, 직원들은 유혹을 받을 것이고, 일부 직원들에게는 재정적 횡재 가능성에 저항하기가 너무도 어려울 것이다.

이 일이 실제로 일어날지 여부는 아직 알 수 없다. 그러나 알면서도 오염된 제품을 만들어 고객들에게 판매한 데 대한 형사상 및 민사상 소송을 해결하기 위해 최근에 7억 5천만 달러를 지급하기로 합의한 제약회사 글락소 스미스 클라인Glaxo Smith Kline에 발생한 사안을 살펴봄으로써, 어떤 일이 발생할 수 있는지에 대해 어렴풋하게나마 파악할 수 있다. 내부 고발자는 9,600만 달러라는 거액을 받기로 되어 있는데, 이는 연방 정부로부터 받을 부분이고, 주 정부들로부터 이보다 더 큰 금액을 받게 되어 있다.

다음과 같이 질문할 수 있다. 만일 당신 회사의 직원 중 한 명이 심각한 문제를 알고 있다면, 당신은 그 직원이 거액의 복권에 당첨되는 거나 다름없는 시도를 하리라고 생각하는가? 실제로 글락소 스미스 클라인 사례에서 나중에 내부 고발자가 된 직원은 파악된 품질 관리 문제를 시정하고 이를 회사에 보고하도록 FDA에 의해서 이 회사의 문제가 있는 공장에 파송되었었다. 보도에 의하면, 이 팀 리더는 고장 난 장비 사용, 오염된 물을 사용한 약물 제조, 요구되는 살균 미 유지, 다른 약물과 혼합된 약물 포장 등을 발견하였고, 이 문제들과 많은 다른 문제들을 고위 관리자들에게 반복적으로 계속 보고하였으며, 선적 중단과 제품 리콜 등을 권고했으나 아무 조치도 취해지지 않았다고 한다. 이 직원은 고위 경영진에게 조치가 취해지지 않으면 FDA와 접촉하겠다고 말하기까지 했다. 그런데 이 직원의 업무가 "과잉"이라며 이 자리가 없어진 것 외에는 별로 취해진 것이 없었다. 연방 집행관들이 휘장을 번쩍이고 총을 찬 채 공장에 와서 20억 달러어치로 알려진 제품을 압수한 뒤에야 경영진은 이에 관심을 기울였다. 여기에 외부로 가기 전에 회사의 경영 구조 내에서 이를 해결하기 위해 오랫동안 노력했다고 알려진 한 개인이 있다. 직접 외부로 가면 그처럼 막대한 금액을 받을 수 있는 날이 쉽게 올 것 같은 기회가 있을 경우 앞으로 무슨 일이 일어날지는 두고 볼 일이다. 그런데 연방 기관들은 이러한 종류의 사례들에서수백 개의 사안들이 계류 중이다 임원들 개인에게도 책임을 물을 것이라고 다짐했다.

직원들이 즉각적으로 내부 프로세스를 우회할 가능성을 다루는데 도움이 될 몇 가지 아이디어가 나와 있다. 회사들이 행동 강령과 관련 정책들에 직원들에게 SEC에 가기 전에 먼저 내부 소통 채널을 이용하도록 하는 의무를 포함하는 방안이 고려되어야 한다. 그러한 의무가 법적 검열을 통과할 지는 의문이지만, 고려해 볼 가치는 있다.

불법 행동을 발견했다고 믿는 감사인은 먼저 이를 회사의 경영진과 감사위원회에 보고해야 한다고 규정하는 증권거래법의 한 섹션을 언급한, 전직 SEC 변호사의 아이디어는 보다 더 큰 효과가 있을 것이다. 감사인은 회사가 조치를 취하지 않을 경우에만 이를 SEC에 보고하도록 요구된다. 도드-프랭크법 하에서도 유사한 요건이 직원들에게 부여될 수 있다. 우리는 SEC에 의한 의미 있는 조치를 기대할 수 있다. SEC의 법규 집행 이사는 "이해의 경합"이 새로운 법의 규제 조항들을 형성하므로 이 기관은 "이해의 경합에 대해 신경을 쓸" 것이라고 말했다.

SEC는 다소 다른 방향을 취하고 있는 듯하다. SEC는 "견고한 컴플라이언스 프로그램을 갖고 있는 회사에서 일하는 내부 고발자들에게 먼저 내부적으로 보고하는 것을 억제하지 않으면서도, 내부 고발자의 최초 정보원 지위와 보상받을 자격을 유지"하도록 고안된 규칙들을 제안하였다. 이 제안의 한 요소는 번서 사기 회사 내에서 내부적으로 보고하는 사람들에게 SEC가 더 높은 보상을 지급하도록 허용하게 될 것이다. 이 규칙은 또한 회사가 합리적인 기간 안에 스스로 보고하지 않거나, 불성실하게 행동할 경우act in bad faith, 회사의 컴플라이언스 부서 직원들에게 SEC에 해당 정보를 보고하도록 허용할 것이다.

사내 변호사 협회Association of Corporate Counsel는 2010년 말에 SEC에 델타 에어라인스Delta Airlines, 페덱스FedEx, 갭Gap, 인텔Intel, 맥도날드McDonalds, 나이키Nike, 오라클Oracle, 그리고 피저Pfizer 등 266개 선두 기업의 최고위 변호사들이 서명한 편지를 보내 이렇게 말했다. 제안된 규칙은 "직원들이 회사의 행동을 개선하거나 시정할 수 있는 방안을 찾을 유인을 제거하고, 그들에게 회사의 잘못으로부터 이익을 얻을 수 있는 방법을 찾도록 할 유인을 제공합니다… 그럴 경우, 양호한 컴플라이언스 프로그램의 독소인 사기적인 비행이 금광이 됩니다." 이 편지는 직원들이 사기에 대한 조기 신호에 눈을 감음으로써, SEC의 벌칙과 자신들에게 돌아올 지급액을 최대화하도록 조장될 거라고 했다. 이 협회의 한 책임자는 이렇게 덧붙였다. "이 제안들은 책임 있는 모든 미국의 회사들이 지난 20년간 효과적이고 견고한 컴플라이언스 프로그램을 만들기 위해 노력해 온 것을 철저하게 도려내는 것입니다… 이는 의자에서 다리를 떼어 내는 격입니다." 우리 모두 SEC의 최종 규칙을 고대하고 있다.

아무튼 한 회사는 이미 조치를 취했다. 보도에 의하면 이 회사는 해외부패방지법 위반 혐의를 보고한 데 대해 한 직원에게 55,000달러를, 그리고 일군의 다른 직원들에게 135,000달러를 지급했다고 한다. 한 언론 보도는 SEC에 보고하는 내부 고발자는 도드-프랭크법 하에서 훨씬 더 많은 금액을 지급받을 수도 있지만, "내부 고발에 수반하는 소동이나 보복 없이 회사로부터 55,000달러의 보너스를 받을 수 있다는 가능성이 외부에 연락하지 않도록 했을 수도 있다"고 덧붙였다.

그런데 다수의 직원들이 외부에 알리는 것을 포기하지 않는 것 같다. 2011년 2월에 SEC의 한 간부는 도드-프랭크법이 제정되기 전에 이 기관이 받았던 가치가 높은 정보가 일 년에 약 24건이었다고 했다. 그 뒤로 건수가 하루에 한두 건으로 치솟았다고 했는데, 이는 내 계산으로 일 년에 약 550건에 해당한다. 이 추세가 어떻게 될지 궁금할 뿐이다.

흥미롭게도, 원고의 변호사들이 내부 고발자들을 위해 광고하듯, 피고 측 변호사들도 비즈니스를 모색하고 있다. 최소한 주요 법무 법인 한 곳은 “새로운 법령 하에서 발생하는 전 범위의 이슈들에 관해 숙련된 종합적 상담”을 제공하는, 소위 “여러 전문 분야에 걸친 내부 고발자 팀”을 창설했다. 이 법인은 노동과 고용, 보안 단속, 기업 거버넌스 및 증권 규정, 화이트칼라 방어 및 조사, 그리고 소송에 전문성을 띨 것이라고 말한다. 이것은 그들이 보수를 청구할 수 있는 작업 시간이 많을 것으로 기대한다는 것으로 들린다.

윤리 부서

최고 윤리 책임자는 컴플라이언스나 법무부서로부터 분리되어 있건, 이들 부서와 결합되어 있건 간에 윤리 프로그램의 설계, 시행, 모니터, 그리고 필요시 조정을 돕는 데 있어서 중심 역할을 한다. 컴플라이언스의 경우와 마찬가지로, 윤리 책임자와 필요한 보좌 직원들은 윤리적 행동을 확보할 책임이 아니라 이 프로그램이 잘 작동하도록 할 책임을 져야 한다. 행동에 대한 일차적인 책임은 비즈니스 라인과 지원 부분의 관리자들에게 놓여진다.

옴부즈맨의 이점이 간과되는 경우가 있는데, 옴부즈맨은 직원들이 윤리 프로그램 작동의 혜택을 누리게 하는 데 있어서 매우 효과적인 자원이 될 수 있다. 실제로 직원들은 상부에 보고하는 것이 중요할 수도 있다는 정보를 가지고 있지만, 그것이 확실한지에 대해서는 모르는 경우가 많다. 적절한 훈련과 배경을 가진, 독립적이고 객관적인 사람이 특정 사안이 보고되어야 하는지와 그 정보를 어떻게 하면 가장 잘 제시할 것인지, 그리고 누구에게 보고할 것인지에 대해 상담역과 자문역을 하면 그들에게 매우 가치가 있을 수 있다.

고위 경영진으로부터의 소통

우리는 CEO가 말과, 행동, 그리고 태도를 통해 조직의 윤리적 기조를 형성할 1차적이고 가장 중요한 책임을 지고 있음을 알고 있다. 그리고 CEO의 행동이 가장 중요하기는 하지만, 말도 역시 중요하다.

CEO와 고위 경영진은 내부 회의, 화상 회의, 문서 및 기타 소통 수단을 사용하여 지속적으로 행동 강령의 의무를 강조할 필요가 있다. 이는 한 번만 하면 그만이라는 접근법을 취할 일이 아니라, 회사에 최선이 되도록 하는 데 무엇이 필요한지 계속적으로 강조해야 할 일이다.

모니터링

유효성을 계속 확보하기 위해 윤리 프로그램을 모니터해야 한다. 이는 윤리 프로그램을 내부 감사의 대상에 포함시키는 것뿐만 아니라 윤리 부서에 의해서도 수행될 수 있다. 또한 조직 전체의 관리자들은 자신의 책임 영역 내에 있는 활동들에 대하여 알만한 위치에 있고, 이를 알아야 할 책임이 있다.

윤리 프로그램을 모니터하는 기법들이 많다. 내가 컨설팅을 제공했던 많은 회사들이 특히 효과가 높다고 발견한 기법은 직원들에 대해 직접 설문 조사하는 것이다. 모든 직급의 직원들이 자신의 비즈니스 부문 리더들과 고위 경영진으로부터 받는 메시지에 대해 익명으로 전자 설문 조사에 참여한다. 이 조사는 행동 강령 및 지원 시스템의 유용성, 경영진에 의해 보여지는 윤리적 가치, 직원들이 내부 고발자 채널에 대해 편안하게 느끼는지 여부, 기타 관련 요소들을 다룬다. 이 조사 결과는 회사의 윤리적 실상이 어떠한지와 다룰 필요가 있는 만연한 문제 또는 특정 지역의 문제가 있는지 이해하는 데 큰 가치가 있음이 입증되었다.

상부의 기조 설정하기: 휴렛팩커드 사례

우리는 때로 거버넌스 관련 문헌에서 상부의 기조를 설정할 책임은 이사회에 있다는 말을 듣는다. 그런데 궁극적으로 조직의 모든 것은 이사회의 책임이라고 할 수 있지만, 이 말은 현실적이지도 않고, 정확하지도 않다. 이사회에게는 일상적인 회사의 관리를 CEO에게 위임할 권한이 있으며, 이사회들은 예외 없이 그렇게 하고 있다. 그러니 고위 경영진들과 여러 직급의 경영진의 도움을 받아 말과 행동으로 회사의 기조를 설정하는 사람은 CEO이다.

이렇게 말은 했지만, 이사회가 상부의 기조를 포함한 문화에 대해서와 회사 및 회사 직원들의 윤리적 태도에 대해 효과적인 감독을 제공해야 한다는 데는 의문의 여지가 없다. 이사회는 적절한 정보를 수령하고, 필요시 질문과 도전을 제기하며, 궁극적으로 수정이 필요한지를 결정해야 한다. 이에 대해서는 15장에서 자세히 다룬다.

그리고 여기에서 관련 있는 또 하나의 사실은 이사회의 행동이 조직의 문화 및 기조에 직접적으로 영향을 줄 수 있다는 것이다. 그리고 그러한 영향이 심오한 경우도 있다.

최근에 휴렛팩커드에서 발생한 일과 이사회에 의해 취해진 조치는 이사회가 회사의 문화 및 윤리적 가치에 미치는 영향에 있어 좋은 사례가 된다. 기억을 상기하자면, 인수, 해고 및 비용 절감을 통해 회사의 운을 끌어올렸던 저돌적인 HP의 수장首長 마크 허드Mark Hurd가 이사회에 의해 해고되었다. 여성 컨설턴트에 의한 성희롱 주장 등 관련 상황이 선정적인 기사 거리가 되고 있다. 우리는 정확히 무슨 일이 일어났는지 결코 알 수 없을지도 모르며, 아마 알 필요도 없을 것이다. 그러나 조사해 볼 가치가 있는 몇 가지 교훈이 있다.

HP의 이사회는 왜 그렇게 했는가?

언론 보도에 의하면 이 스캔들의 중심인물인 조디 피셔Jodie Fisher의 변호사가 2010년 6월에 성희롱 고소 건으로 이 회사와 접촉했다. 피셔는 최고 경영자에 의해 마케팅 컨설턴트로 고용된 계약자였는데, 다양한 지역의 HP 행사에 참석했다. "알만한 소식통"에 의하면 허드는 종종 HP 행사가 끝난 뒤 그녀와 단둘이 식사를 하곤 했다. 그녀의 변호사는 "고객과 허드 사이에는 연애 관계나 친밀한 성적 관계가 없었다"고 말했고, 허드도 유사한 진술을 했다. 이사회는 이 사건과 주장을 조사했는데, 성희롱 고소 건은 근거가 없는 반면, 허드가 "이 여성에게 지급한 비용에 관해 부정확한 보고서"를 제출했으며, "회사 자금을 개인적으로 사용한 것을 공개하지 않았다"는 결론을 내렸다. 최고 법무 책임자 마이클 홀스톤Michael Holston은 허드의 행동이 "심각한 판단력 결여를 보여 주었다"고 말했다.

HP의 이사회는 무슨 이유로 그런 결론을 내렸는가? 위에 언급한 바와 같이이 부분에서는 판단 상의 요소가 개입되기 때문에 전적으로 명확하지는 않지만 한 가지 이유는 허드의 판단력 결여였다. 이사들은 허위 비용 보고서와 중요한 요소로서 피셔와의 관계를 숨기려 한 허드의 시도에서 보여 준 신뢰 위반을 지적했다. 또한 일부 이사들은 허드가 어떻게 "성적 논쟁이 뜨거웠던 영화들"에 출연한 적이 있는 전직 여배우와의 "가까운 개인적 관계"를 정당화할 수 있는지 이해할 수 없다고 했다. 외관상으로 이사회의 결론에 관한 배후의 또 다른 중요한 요소로는 허드의 성희롱 주장이 나중에 공개되었을 경우, 회사가 "몇 달 간의 창피"와 "미디어 악몽" 그리고 "파괴적인 대중과의 관계"로 큰 어려움을 당할 수도 있다는 점이었다고 전해진다.

그러나 이야기가 더 복잡해진다. HP 이사 마크 앤드리슨Marc Andreesen은 재미있는 관점을 제시했다. 앤드리슨은 허드가 "회사의 비즈니스 수행 기준 위반"에 이르게 된 "사실과 상황facts and circumstances"에 "굴복concede"했다고 말했다. 그리고 그것은 "확실히 모든 직원, 특히 CEO에게 기대한 종류의 태도… 및 행동"이 아니다. 앤드리슨은 "근본적인 이해상충"과 "본질적으로 개인적인 관계 및 그 패턴과 행실을 모호하게 하는 효과가 있는 비용 관련 이슈"가 있어서 이사회의 결정을 매우 명확하게 하였다고 말했다. 그리고 CEO는 반드시 "앞장서서 소식의 가치와 기순에 따라 살 수 있어야 한다"고 덧붙였다.

이러한 말들에는 다소 모호한 점이 있지만, 다른 보도에 의해 안개가 부분적으로 걷힌다. 허드는 중재 예정일 전에 변호사와 함께 피셔와 합의했다. 명백히, HP의 이사회는 이 행위가 "이사회의 조사를 방해하고, 허드가 이미 내부 조사에 충분히 협조하지 않는다고 불평하는 이사들 사이에 불신을 증가시켰다"고 생각했다. 이에 기초해 볼 때, 성희롱의 "증거를 찾지 못했음"에도 불구하고, 이사회는 결코 성희롱이 발생하지 않았다는 결론을 내리지 않았으리라고 추측할 수 있다.

위와 같은 사실에도 불구하고, 어느 미디어 칼럼니스트는 이사회의 주장은 단지 "연막"일 뿐이며, HP의 이사들을 겁쟁이라고 불렀다. 이 칼럼니스트는 허드가 해고된 이유는 고위 임원들로부터 말단 종업원에 이르기까지 회사의 직원들로부터 멸시 당했기 때문이라고 말했다. 일반 직원들은 급여가 깎이는 마당에 허드는 지난 2년간 7,200만 달러라는 거액의 보상을 받은 데 대해 분개했다는 것을 아는 그는 이것이 "실리콘밸리의 다수 의견"이라고 말했다. 그는 연구 개발 예산이 매출액의 9%에서 2%로 삭감되어, "HP를 항상 위대하게 했던 요소"를 파괴했으며, 최근의 HP 내부 조사에 의하면 직원의 3분의 2가 다른 곳에서 제의를 받으면 이 회사를 떠날 의사가 있다고 말했다.

그는 왜 그랬을까?

물론, 우리는 허드가 왜 그랬는지 알지 못한다. 우리는 그의 머릿속으로 들어갈 수 없다그리고 그러고 싶지도 않을 것이다. 그러나 그의 지갑에 미치는 영향은 막대하다. 3년간 허드가 1억 달러를 받기로 되어 있는 새로운 계약의 협상이 진행되고 있었다. 이에 비해 잘못 보고된 비용은 2만 달러에도 미치지 못했다. 이미도 비용 보고서는 벌어지고 있던 행실을 위장하는 방식으로 작성되었을 테니, 유용한 금액의 규모 자체가 이슈는 아니지만, 그럼에도 불구하고 이 비용과 보수와의 차이는 놀랄 만하다.

허드는 공식적인 언급에서 다음과 같이 인정했다. "저는 HP에서 효과적인 리더로 계속 남아 있기 어렵다고 믿습니다. 그리고 이것이 현재 이사회와 제가 할 수 있는 유일한 결정이라고 믿습니다. 조사가 진행됨에 따라, 제가 HP에서 옹호해 왔던 신뢰, 존중, 그리고 고결성이라는 기준과 원칙에 따라 살지 않았음을 깨달았습니다."

어떻게 들릴지는 몰라도 피셔는 이렇게 말했다. “저는 마크가 이 일로 일자리를 잃었다는 데 대해 놀랐고 슬픕니다. 그건 결코 제 의도가 아니었습니다.” 만일 그녀의 이 말이 자신의 성희롱 고소를 일컫는다면, 21세기의 미국 기업에 대한 믿을 수 없는 무지를 드러낸 것이다.

HP의 과거 문제들

독자는 HP 이사회의 골치 아팠던 최근의 역사를 기억할 것이다. 2006년에 HP의 어느 이사가 민감한 정보를 언론에 누설했다. 그 이후 여성 의장 패트리샤 던Patricia Dunn이 제3자 조사관과 계약을 체결했고, 이로 인해 유명한 용건 위장Pre-texting; 가장에 의한 정보 취득 관행 스캔들을 초래했다. 당시에 나는 이렇게 썼다. “지금까지는 허드가 이 조사에 직접 관여했거나, 여하한 불법 행위를 알았다는 조짐이 거의 없다.” 흥미롭게도, 이 주제에 관한 최근의 책은 허드가 자신이 고용한 외부 법무 법인에게 이사회가 아닌 자신에게 보고하도록 요구함으로써 내부 조사를 “상날”했다고 비난했다. 그 책의 저자는 이렇게 말한다. “용건 위장 스캔들로 인해 불신의 찌꺼기가 있었다.” 아마도 이는 이사회가 허드를 해고한 또 하나의 이유일 것이다. 이 일화에 대해서는 15장에서 자세히 설명한다.

해고에 대한 반응

많은 기업 거버넌스 전문가들이 이사회의 조치를 칭찬했다. 델라웨어 대학교의 기업 거버넌스 센터 이사 찰스 엘손Charles Elson은 이렇게 말했다. “그들은 이 문제를 제대로 처리했다. 일단 CEO와 이사회 사이에 신뢰가 깨지면, 앞으로 그가 하는 어떤 말에 대해서도 신뢰하기가 어려워진다.

그는 해고되어야만 했다." 또한 예일 대학교 경영 대학원의 제프리 소넨펠드Jeffrey Sonnenfeld 교수는 이사회가 "적절한 조사 프로세스와 신속하고 단호한 행동의 완벽한 균형"을 보여 주었다고 했다.

허드의 친한 친구로 알려진 오라클Oracle의 CEO 로렌스 엘리슨Lawrence Ellison은 이들과 다른 의견을 보였는데, 그는 이렇게 말했다. "HP의 이사회는 애플Apple 사 이사회의 얼간이들이 몇 년 전에 스티브 잡스Steve Jobs를 해고한 이래 최악의 인사 결정을 내렸다." 그는 HP 이사회가 "성희롱 주장들을 충분히 조사하였으며… 그 주장들이 완전히 허위임을 발견했다"고 덧붙였다. 이 말은 논쟁의 여지가 있으며, HP 이사회가 왜 그러한 조치를 취했다고 말하는지에 관한 요점을 파악하지 못했다. 그럼에도 불구하고, 엘리슨은 곧바로 허드를 직접 자신에게 보고하는 오라클의 사장으로 고용했다.

그러나 대부분의 전문가들은 이사회가 용기 있는 결정을 내린 것을 칭찬한다. 허드의 재임 기간 동안 HP의 주가가 2배가 된 사실을 감안할 때, 이사회는 그를 해고하면 주가가 충격을 받게 되리라는 점을 인식해야 했다. 예상된 바와 같이 해고가 발표되자 주가가 거의 10%나 떨어졌다.

왜 HP 이사회는 허드를 해고해야 했나

많은 기사에 근거해서, 나는 이사들이 절대적으로 옳은 일을 했다고 확신한다. 이미 언급한 바와 같이 허드의 과거 행적이 있으니 이사회가 허드에 대해 어떻게 생각했는지에 대해서는 의견이 나뉘기는 하지만, 상당한 조사를 했을 것이다. 이사회가 오라클이 허드를 고위 경영진에 고용하고, 그로부터 HP의 비밀 정보를 캐내서 머지않아 소송의 대상이 될 수도 있으리라고 생각했는지는 이사회 외부에서는 알 도리가 없다.

그러나 이사회는 공개적으로 발표된 부정확한 비용 보고를 포함하여, 명백히 그렇게 할 이유가 많았다. 일부에서는 "비용 부풀리기fudging"라는 용어를 사용하여, 허드의 행위가 기업의 가벼운 비행임을 시사하기도 하였다. 그러나 만일 허드가 진정으로 단순히 정보를 빠뜨렸거나 정직한 실수를 저질렀다고 한다면, 그것은 거짓말이다. 그리고 거짓말은 기업의 중죄重罪인, 속이려는 의도와 관련이 있다. 또한 이사회로부터의 신뢰 상실도 거래를 깨는 요소이다.

그러나 허드가 해고되어야만 했던 또 다른 이유가 있는데, 이 문제에 대해서는 이사회나 내가 들어 본 어느 누구에게서도 제기되지 않았다. 조직의 가치에 따라 살지 않았다고 얼핏 언급하는 말은 있었지만, 여기에는 중대한 부분이 빠져 있다. 고결성 및 윤리적 가치, 그리고 고위 임원, 특히 CEO의 행동이 어떻게 기업의 기조와 문화를 이끌어 가는지에 관한 상부의 기조의 결정적인 중요성이 무시되었다. 우리는 최고 경영자의 행동이, 어떤 행동과 태도가 받아들여지고 무엇이 용인되지 않는지에 대해 조직 전체에 분명한 메시지를 보낸다는 것을 잘 안다. CEO의 행동은 조직 문화의 구성 요소가 되어서, 회사 및 그 직원들이 회사의 현재 및 장래의 운에 영향을 주는 일상의 어려운 결정을 어떻게 다루는지에 대한 환경과 맥락을 확립한다. 그러므로 CEO가 비용 보고에 관해 거짓말을 하고, 이사회에 솔직하지 않거나, 부적절한 처신을 한 데 대해 이사회가 충분히 조사하지 못하도록 방해하는 조치를 취한다면, 이사회는 단호하게 행동해야 한다. 그렇게 하지 않을 경우, 이사회는 바람직한 문화를 확보하는 직무를 다하지 않는 것이다.

모든 보도 내용을 토대로 판단할 때, 이사회는 허드를 해고할 충분한 이유가 있었다. 내게는 이 마지막 이유가 가장 결정적인 이유가 된다. 이사회가 허드에게 4,000만 달러에서 5,000만 달러로 알려진 "환송 선물"을 주어야 했는지는 전적으로 다른 문제이다.

여파

이후에 HP는 새 CEO로 레오 아포테커Leo Apotheker를 고용하여 완전히 새로운 여론과 비난을 받았다. 어느 미디어 칼럼니스트는 HP가 엘리슨에게 응수하기 위해 소프트웨어 회사 SAP 및 강력한 경쟁사 오라클의 이전 CEO였던 아포테커를 영입했다고 단언했는데, HP의 차기 이사회 의장 내정자는 이를 부인했다. 이 칼럼니스트는 오라클과 SAP가 소송에 휘말렸는데, SAP는 이미 지적재산권 절도를 인정했음을 주목하고 다음과 같이 덧붙였다. "아포테커는 SAP의 임원진으로서 이 절도에 대해 분명히 알고 있었다." 그리고 "이 점이 보다 중요한데, 윤리에 관심을 기울인다고 공언하는 회사가… 아포테커의 과실을 수용할 수 있다고 생각한 것이 참으로 놀랍다. 그가 뻔뻔스러운 지적재산권 절도에 직접 관여하지는 않았을지라도, 이를 몰랐다고 믿기는 어렵다. 그리고 너무 늦어질 때까지 아무런 조치도 취하지 않았다. 분명히 HP의 이사들은 가장 높은 윤리적 기준을 고수한다. 그러나 편리할 때만 말이다."

하지만 차기 이사회 의장 레이 레인Ray Lane은 이 조치를 옹호하며, 오라클은 아포테커가 관여했다는 어떠한 증거도 제공하지 않았으며, 저작권 침해는 아포테커가 CEO가 되기 전에 발생했다고 말했다. 그리고 나서 레인은 허드가 윤리 조사 기간 중에 반복적으로 이사회에 거짓말을 했다고 말하며 다음과 같이 덧붙였다. "어느 이사회도 상장 회사를 이끌기 위해 필요한 신뢰와 고결성을 저버린 CEO를 그대로 놔둘 수 없습니다."

그 이후 추가 조사를 요구하는 어느 주주의 소송으로 HP는 허드의 사임 이후 새로 들어올 이사들, 즉 레인과 아포테커에 의해 주도된 새로운 조사를 개시했다. SEC가 허드의 내부자 거래 이슈, 특히 최소한 허드가 HP의 일렉트로닉 데이터 시스템스Electronic Data Systems의 인수 계획에 관한 정보를 피셔에게 제공했으며, 서류를 폐기했을 수도 있다는 혐의에 대해 조사하고 있다는 보도도 나왔다.

그 이후 HP는 허드의 사임에 대해 가장 격렬히 반대했던 이사들을 포함한 4명의 이사가 사임하고, 5명의 새로운 이사가 선임될 것이라고 발표했다. 한 언론 보도는 새로운 이사들은 아포테커와 레인이 추진하려는 일에 협조적이고, 허드가 회사를 떠난 것을 과거의 일로 돌리는 데 도움이 될 것이라고 말했다. 그러나 이는 또 다른 문제들을 제기했다. 인스티튜셔널 쉐어홀더 서비시스Institutional Shareholder Services; ISS는 아포테커가 새로운 위원회 위원 물색에 너무 적극적이었다고 말하며, 주주들에게 이들 중 3명의 이사회 이사 및 거버넌스 위원회 위원 지명을 유보하라고 권고했다. ISS는 이 회사의 정관에 의하면 위원회가 새로운 이사를 물색할 책임이 있으며, 각각의 이사회 위원들은 독립적이어야 함을 지적하며 다음과 같이 덧붙였다. "CEO가 이사 임명에 관여하면, 특히 그 이사가 CEO와 중요한 관계에 있으면, 그러한 이사들의 객관성을 확보하기란 어렵다."

레인 의장은 다음과 같이 말하며 이를 일축했다고 보도되었다. 새로운 이사회 위원들은 "아포테커의 절친들이 아닙니다… 저는 이 사람들을 레오보다 더 잘 압니다. 그러나 레오와 제가 이 업계를 알기 때문에, 우리가 모르는 사람을 선정하기는 어려울 것입니다." HP의 주주들은 이 말에 동의한 것 같다. 그들은 이사 후보에 오른 사람들을 모두 승인했다.

이 모든 일이 일어난 HP에 또 어떤 일이 더 벌어질지 궁금하다.

Chapter
5

리스크 관리와 와해 직전까지 간 금융 시스템

Risk Management and the Financial System's Near Meltdown

Chapter 5

Risk Management and the Financial System's Near Meltdown

이제 GRC의 R에 해당하는 리스크 관리에 대해 말할 차례이다. 무엇이 리스크 관리 프로세스를 진정으로 효과적이게 하는지 본격적으로 논의하기 전에, 무슨 일이 벌어졌기에 글로벌 금융 시스템이 와해 직전까지 가게 되었는지 살펴보기로 하자. 진짜 재앙 직전까지 간 것은 오래 전의 일이 아니다. 여기서 금융기관, 규제기관 등의 리스크 관리 실패가 가장 중요한 요인이라는 데에는 의문이 없다.

무엇이 심하게 잘못되었는가

지나치게 단순화할 위험을 무릅쓴다면, 이 위기는 금융기관들이 뭔가 좋은 기회가 있다고 생각하고서 다음과 같이 행동한 데에서 시작되었다.

- 보다 높은 예상 부도율을 커버cover하기에 충분한 수익을 기대하면서, 통상적인 자격이 갖춰지지 않은 주택 구입자들에게 모기지mortgage; 장기 주택 저당 대출. 우리나라의 주택 담보대출과 달리 모기지 대출을 실행한 미국의 금융기관들은 채무자가 원리금을 상환하지 못하더라도 해당 담보 주택 처분 외에, 채무자에게 주택 처분 후 원리금 충당 부족분 상환을 요구할 수 없음 – 역자 주 대출을 약정하거나 실행함.
- 이 채무 증서들을 모아서 리스크를 분산spread시키면 리스크 총량이 감소된다고 가정하고서, 이를 다양한 투자자들에게 매각함.
- 이렇게 하지 않았더라면 미국에서 주택을 소유한다는 꿈을 이루지 못했을 사람들에게 주택을 소유하게 하고 그럼으로써 주택 지분equity을 쌓아 올리게 해 줌주택의 시장 가격에서 대출금 잔액을 제외한 부분이 지분으로서, 주택 가격이 상승하거나 대출 원금을 상환하면 지분이 늘어나게 됨.

그리고 그들은 그 과정에서 많은 돈을 벌었다.

표면적으로는 이 모든 것은 상당히 괜찮은 것 같다. 왜 그리도 많은 미국 및 세계적 은행들이 이 일에 뛰어들었는지 쉽게 알 수 있다. 일부는 이 과정을 개시했고, 다른 일부는 이 과정에 편승했으며, 또 다른 일부는 열심히 투자했다.

이것이 핵심이다

일부 정부 관리들은 이 와중에 위기가 다가오고 있음을 경고했으며, 영민한 투자자들은 진정한 리스크를 알아채고서 한쪽으로 비켜나 있었다.

그들은 무엇을 보았는가? 그것은 바로 이 과정의 참여자들이 몇 가지 근본적으로 오류가 있고, 서로 관련이 있는 다음과 같은 가정을 하고 있었다는 점이다. 리스크를 분산시키면 리스크 총량이 낮아질 것이다. 수익이 보다 높은 부도율을 커버하기에 충분할 것이다. 그리고 가장 중요한 가정으로서, 주택 시장의 가격이 영원히 상승할 것이다.

마지막 사항이 핵심이다. 주택 가격이 계속 오르는 한, 채무자이자 주택 소유자는 대출 초기의 저율의 유인 이율teaser rate 기간이 끝나면, 이전 모기지를 리파이낸스refinance; 신규 대출을 일으켜 기존 대출을 상환하는 것 – 역자 주하여 모기지 원리금을 상환하면서 주택 소유를 유지할 수 있었다. 리파이낸스를 하지 못할 경우에는 은행이 담보권을 실행하겠지만 주택 가격이 상승했기 때문에 채무자는 투자 금액을 모두 회수할 가능성이 높았다.

어디서 잘못되었는가

서브프라임 혼란의 근원은 주택 가격이 계속 오르지 않았다는 것이다. 대부분의 시장에서 주택 가격이 하락하기 시작했고, 일부 채무자들은 아무 곳에서도 모기지를 리파이낸싱할 수 없었기 때문에 부도가 시작되었다. 그리고 다른 채무자들은 저율의 유인 이율 기간이 끝났을 때 거액의 벌칙금 없이는 신규 모기지로 리파이낸싱할 수 없음을 알고 깜짝 놀라게 되었다. 하락의 소용돌이가 시작되었다. 그 이후에는 여러분도 아는 바와 같다. 부도율이 치솟고, 추가적인 부도의 위협이 가해지자, 이 증권에 대한 시장이 얼어붙을 정도로 모기지 담보 증권의 가격이 하락했다.

내 동료이기도 했던 재무회계기준 위원회FSAB 의장 봅 허즈Bob Herz는 무엇이 잘못되었는지에 대하여 또 다른 통찰력을 제공했다. 그의 말대로 이 문제의 수수께끼는 의문시되는 모기지에 기초하여 "점점 더 복잡해지는 일련의" 증권들로 구조화하여 판매하고, 이를 또 다른 투자자들에게 재매각한 것이었다. 이들 기관과 투자자들은 "명백히 그들의 실사 due diligence, 리스크 관리, 모델링 및 가격 평가 프로세스를 수행할 필요를 별로 느끼지 못했다. 그리고 음악이 점점 커져감에 따라, 미국 주택 가격이 영원히 상승하거나, 또는 최소한 하락하지는 않으리라는 믿음에 근거를 두고서, 춤도 더 광란적으로 되어 갔다." 그리고 "불행하게도, 미국과 세계 금융시장의 이리저리 나눠진 감독 시스템으로 인해 시장의 격류를 억제하기가 불가능하지는 않았을지라도, 그러기가 대단히 어려웠을 것이다. 그리고 저축 대부 조합 위기1980년대 초에 단기 예금을 통해 조달한 자금을 장기 모기지로 운용하던 수많은 저축 대부 조합들이, 금리가 상승하자 예대 금리가 역적되어 파산했다 – 역자 주의 경우에 있어서와 마찬가지로, 감독 기관들은 감독 대상 기관들이 취하고 있는 리스크를 충분히 이해하지 못한 것이 분명하며, 따라서 나중에 보니 커지고 있었던 문제들에 고삐를 조여야 할 이유가 별로 없다고 생각했다."

이로 인한 고통은 막대하고 광범했다. 씨티그룹, 메릴 린치, 베어 스턴스, 그리고 모건 스탠리들이 막대한 손실을 입은 것과 같이, 저명한 금융기관과 그 주주들이 값진 대가를 치렀다. 존경 받던 금융기관들 중 일부는 사상 최초로 분기 손실을 기록하고, CEO를 해고했으며, 회사의 일부를 해외 투자자들에게 매각하는 처지가 되었다. 그리고 발표된 손실은 계속 커져만 갔다.

심각한 손실을 입은 다른 당사자들로는 채무 증서를 소유한 주州의 연금과 기타 투자자들, 일자리를 잃은 직원들, 그리고 경제 전반은 말할 것도 없고 집을 상실한 악몽을 겪은 가족들이 있었다.

비난 받을 대상

이 끔찍한 혼란에 대해 비난 받아야 할 대상을 찾기란 매우 쉬우며, 비난 받아야 할 대상도 아주 많다. 그런데, 이렇게 말한다 해서 지나치게 뻔뻔스럽다고 여기지 않기를 바라면서, 나는 몇 년 전, 즉 이 문제가 보다 분명해지기 전인 2007년 말에 이 분석을 내놓았다고 밝히고 싶다. 이에 대해 책임이 있는 사람과 기관은 다음과 같다.

- **경영진** 대출 실행자originator와 매도자seller의 임원들은 이에 대해 보다 잘 알았어야 했다. 이 기관들이 충분히 효과적인 리스크 관리 프로세스를 지니고 있었더라면, 그들은 관련된 커다란 리스크에 대해 보고를 받았을 것이다. 이 기관들이 가장 정교한 리스크 관리 시스템을 갖추고 있다고 여겨졌다는 사실에도 불구하고, 뭔가가 크게 잘못되어 갔다. 일부에서는 단기 수익 가능성upside potential에 대한 인센티브로 인해 CEO들이 리스크를 무시하고, 자신의 주머니를 채우기 위해 회사의 자원을 커다란 도박에 걸었다고 말한다. 이러한 주장에 사실적인 요소가 있을 수는 있지만, 대형 기관들에 컨설팅을 제공해 본 내 경험에 의하면, 이 기관들의 일부 관리자들이 어떤 리스크가 있는지 알았다 해도, 이를 상부에 충분히 소통하지 않았거나, 그들의 보고에 대해 상부에서 귀를 막았던 상황이 있었던 것 같다. 확실히, 계량적 모델에 결함이 있었고 스트레스 테스팅도 적정하지 않았다. 그러나 리스크 관리의 또 다른 근본 요소인 효과적인 소통과 알게 된 정보에 대한 대응에 심각한 문제가 있었다.
- **모기지 대출 실행자**generators 대출을 해 준 은행, 모기지 회사 등이 신경을 쓰지 않은 것 같다. 미국의 꿈을 한 자락이라도 잡아 보기를 바라는

잠재적 주택 구매자들투기자들은 제쳐 놓기로 하자에게, 대출 조건대로 계속 상환해 나갈 능력이 없거나, 이를 이해하지 못하는 가족들을 채무 속으로 빠져들게 하는 대출을 해 주는 것은, 아무리 좋게 봐도 비윤리적이며, 이후의 소송 및 합의는 법의 경계를 넘을 수도 있음을 시사한다. 이는 다음과 같이 말하는 것 같다. "나는 미리 내 돈을 벌었고, 다른 사람들에게 일어난 일은 너무 안 됐다." 이렇게 된 부분적인 이유는, 기관들이 대출 상환 가능성에 대해서는 거의 신경 쓰지 않고 대출을 일으키기만 하면 직원들에게 보상해 준 프로세스의 결과이다.

- **차입자** 차입자들도 어느 정도는 비난을 받아야 한다. 자기들이 무엇을 합의하는지도 충분히 알지 못하면서 서명란에 서명하는 사람들은 나중에 왜 시간을 내 계약 내용을 살피는 노력을 하지 않았을까 자책했다. 다른 한편으로, 근사한 이익을 낼 의도로 바다나 골프장 인근에 있거나, 또는 전망이 좋은 지역의 콘도를 사려는 사람은 모기지 대출자들처럼 여러 부분을 면밀히 고려할 것이다.
- **신용 평가 기관** 문제가 표면화되었을 뿐 아니라, 피해가 이미 발생할 때까지 이들 증권에 최고의 등급을 부여하고 이를 유지했던 주요 신용 평가 기관들에게 뭔가가 크게 잘못되었음이 명백하다. 이 기관들은 무슨 일이 일어나고 있는지 보지 못했단 말인가? 이 기간 중에 어느 신용 평가사는 금융 서비스 회사들의 리스크 관리 프로세스를 들여다보았는데, 이는 우리에게 효과적인 리스크 관리가 무엇에 관한 것인지 알았느냐고 묻게 한다. 높은 등급을 받았던 회사들과 증권들의 대규모 지급불능을 보면 그들은 이에 대해 몰랐던 것이 분명하다.
- **보험 회사** 모기지 증권에 보증을 섰던 보험 회사 중 최소 두 곳이 신규

자본을 조달하게 됐다. 한 보험 회사는 이 회사가 AAA 등급을 상실할 경우에 수십억 달러의 추가 손실을 입을 것을 우려한, 앞에 말한 금융 기관들에 의해 구제를 받은 듯하다. 여기에서의 잘못은 기본적인 법칙에 놓여 있는 듯하다. 보험에 대해 뭔가를 아는 워런 버핏은 트레이더들이 관련 보험금 청구를 커버할 충분한 충당금을 설정하지 않고서 부도 리스크를 잘못 계산했기 때문에 이들 보험 계약을 금융 시한폭탄이라고 묘사했다고 한다.

- **기타** 의심할 여지없이 더 잘 알았어야 할 부동산 업자, 담보부 채무 증서의 중개업자들, 이 증권들이 합리적인 리스크/수익 비율을 나타낸다고 생각하고서 이 증권들을 매입했던 기관 투자자들 및 기타 투자자들도 비난 받아야 할 대상들이다. 물론, 이사회의 결함도 만연하였는데 이에 대해서는 잠시 후에 자세히 설명한다.
- **규제기관** 최소한 한 명의 연방 준비 위원, 재무부 고위 관리, 그리고 다른 규제기관들이 문제가 다가오기 몇 년 전에 경고를 발하며 조치를 취하라는 로비 활동을 했다. 불행하게도, 그들의 말은 무시되었다. 감독 시스템은 우리를 실망시켰는데, 감독 시스템이 우리를 어떻게 실망시켰는지에 대해서는 깊이 있게 살펴볼 가치가 있다.

감독 시스템

우리는 여기에서 주로 미시 경제적 수준에 관심을 기울이고 있지만, 감독 시스템이 모든 당사자들에게 건전한 토대 및 보호를 제공하여 건강한 자본 흐름, 공정한 시장, 그리고 기업의 성장을 지원하는 경제 환경의 유지에 핵심적인 역할을 하고 있으며, 또 그래야 한다는 것은 옳은 말이다. 그래서 규제기관들은 거시 경제뿐만 아니라, 개별 산업 및 회사에도 직접적인 영향을 준다. 그러나 서브프라임 사태에서 많은 것들이 심각하게 잘못되었다.

증권거래위원회

SEC는 오랫동안 가장 효과적인 정부 기관으로 여겨져 왔고 상하 의원 모두로부터 존중 받아 왔다. 그런데, 이 위원회의 명성이 바래졌다. 2004년 봄에 SEC와 주요 투자 은행들 사이에 거의 주목되지 않은 짧은 회동이 있었다. 나중에 은행들이 그들의 브로커리지brokerage 부문이 취할 수 있는 부채 규모 제한을 면제해 달라고 요청하여 이를 허락 받았다는 보도가 나왔다. 손실에 대비한 완충cushion으로 보유하였던 수십억 달러가 풀려 모기지 담보 증권MBS과 이색 파생상품에 투자되는 동안, SEC는 이러한 투자에 고유한 위험을 은행들의 자체 컴퓨터 모델에 의존하여 평가했다.

우리는 이제 어떤 일이 벌어졌는지 알고 있다. 은행들의 부채비율이 치솟았는데, 예를 들어 베어 스턴스의 경우 부채비율이 33대 1이나 되었다. SEC는 이 상황에 대해 별로 모니터를 하지 않았다고 한다. 그 당시의 보도는 이 상황을 감독할 책임이 있던 기관이 상당한 기간 동안 이를 담당할 이사를 두지 않았으며, 18개월 동안 아무런 조사도 하지 않았음을 시사한다. 어떻게 이런 일이 일어났는가? 어떤 이들은 이렇게 된 이유가 부분적으로는 행정부 전체의 규제 완화 문화에 따라 SEC에서도 그런 문화가 있었기 때문이라고 말한다. 이유야 어떻든, 명백히 효과적인 감독 결여가 거의 와해 직전까지 간 사태에 상당한 역할을 했다.

연방 준비 위원회

존중 받는 위치에 대해 얘기해 보기로 하자. 최근에 엘런 그린스펀Alan Greenspan보다 명성이 높았던 사람이 누가 있었는가? 그런데 지난 몇 분기 동안에 연방 준비 위원회 의장의 판단에 의문이 제기되었다. 신문들은 파생상품에 대해 조사할 때마다 그린스펀이 강력하게 반대했다고 보도했다. 예를 들어, 그는 2003년에 상원 은행 위원회에 파생상품을 보다 엄밀하게 규제하는 것은 "실수라고 생각한다"고 말했다. 어떤 경제학자들은 그가 달리 행동했더라면, 이 위기가 피해졌거나 약화되었을 거라고 말했다. 실제로, 2002년에 106조 달러였던 파생상품 시장의 규모는 2008년에는 531조 달러로 커졌다. 우리는 이제 더 이상 수십억 달러가 아니라 수조 달러에 대해 말하고 있는 것이다!

물론, 사후에 얻게 된 지혜에 근거해서 주장을 하기는 쉽다. 그러나 그 당시에 무엇이 다가 오고 있는지 감지했던 똑똑한 사람들이 있었다. 언론 보도에 의하면 크게 존경 받는 저명한 투자 은행가 펠릭스 로하틴Felix Rohatyn은 파생상품을 "잠재적인 수소폭탄"이라고 묘사했으며, 워런 버핏은 5년 전에 파생상품이 "현재는 잠복돼 있지만, 치명적일 수도 있는 위험을 안고 있는 대량 파괴 금융 무기"라고 말했다. 그린스펀 의장은 리스크가 시장 자체에 의해 관리될 수 있다고 믿고서, 이들과 반대 견해를 취했다.

오래 전인 1994년에 찰스 바우셔Charles Bowsher 미국 회계 감사원 원장은 의회의 한 소위원회에서 이렇게 말했다. "미국의 대형 딜러들 중 어느 하나라도 갑자기 망하거나 철수하면 시장에 유동성 문제를 야기할 수 있으며, 연방 예금 보험에 가입되어 있는 은행들과 금융 시스템 전체를 포함한 다른 곳들에 리스크를 가할 수 있습니다." 당시에 그린스펀은 이렇게 증언했다. "파생상품 시장을 포함한 금융시장의 리스크는 민간 당사자들에 의해 규제되고 있습니다… 연방의 규제 자체가 시장의 규제보다 우수한 것은 아무 것도 없습니다."

우리는 그린스펀 연준 의장이 미국에 엄청난 기여를 했으며, 오랫동안 경제가 번영을 구가하는데 도움을 준 현인賢人으로 간주되어 왔다는 것을 안다. 그러나 우리는 현재 금융기관들이 취하고 있던 리스크를 더 많이 규제하는 것이 덜 규제하는 것보다 낫지 않았을까 하고 생각한다. 흥미롭게도, 전직 연준 의장은 그 이후 보다 엄격한 규제를 주장해 왔는데, 블룸버그 보도에 의하면 "그는 자신이 자유 시장 문화를 조성하는데 도움을 주었으나 이제 이로부터 거리를 두고 있었다."

보험회사 규제기관

우리는 보험회사가 주 차원에서 규제되고 있다는 걸 아는데, 이는 문제가 터질 때까지는 상당히 효과가 있는 것처럼 보였다. 그러나 이후 구제를 받은 AIG의 활동을 감독 당국이 얼마나 잘 관리해 왔는지는 이제 너무도 분명할 것이다. 우리는 런던에 기반을 둔 AIG의 한 작은 부문이 담보부 부채 증서CDO의 발행자 중 어느 하나가 부도를 내면, AIG가 대신 갚아 준다는 토대 하에서 CDO에 대한 신용 부도 스왑을 인수하기 시작했다CDO에 대한 신용 부도 보장 보험을 팔았다는 의미 – 역자 주는 것을 안다.

이 보험 및 리스크에 대한 규제는 어디에 있었는가? 어느 언론 매체는 AIG의 이 금융 상품 부문은 보험회사로 여겨지지 않았고, 따라서 주 규제기관에 보고할 필요가 없었다고 보도하며, OTSOffice of Thrift Supervision에 의한 검토의 요소가 있기는 했지만, OTS가 관여한 정도와 질은 기껏해야 의문시되는 수준이었다고 덧붙였다.

이 작은 부문이 어떻게 이처럼 거대하고 크게 존중 받던 회사를 무너뜨리고, 전 세계 금융 시스템을 위협했는지는 앞으로 몇 년 동안 규제기관의 리스크 관리 실패에 대한 교과서의 사례 역할을 할 것이다.

향후

도드-프랭크법의 제정으로 현재 연준, SEC 및 기타 규제기관들이 일부 터무니없는 대출 관행들을 억제하는 규칙들을 내놓고 있지만, 이는 사실상 소 잃고 외양간 고치는 격이다. 이러한 조치가 향후에 일어날 오용을 방지하는 데 도움이 될 수도 있겠지만많은 전문가들은 이러한 주장에도 의문을 제기한다, 어떤 경우에든 규제기관들은 다음번 와해의 씨앗이 어디에서 나올지에 대해 주시하고 있어야 한다.

메릴 린치

실패한 회사 중 하나를 자세히 살펴보기로 하자. 여담을 하나 하자면, 나는 이따금 주식 시장에서 노는데, 소규모 트레이드는 내가 존경하는 어느 브로커를 통해 메릴 린치에서 주문을 체결한다.[12] 몇 년 전에 그에게 만일 언젠가 메릴 린치가 망하면 어떻게 될 것 같으냐고 물었던 기억이 난다. 그는 정색하면서 그런 일이 일어날 가능성은 없다고 말했다. 우리는 이제 그 일이 거의 일어날 뻔 했는데, 어쩔 수 없는 타협에 의해 부도를 피했음을 안다.

존경 받던 이 유명한 회사에 무슨 일이 일어났는가? 고위 경영진에서부터 시작해 보자. 언론 보도는 당시의 메릴 린치 CEO 스탠리 오닐Stanley O' Neal을 초기에는 수익성이 좋았던 CDO 시장의 끝물에 가서야 일련의 간부들에게 이 시장의 점유를 늘리라는 "때늦은 압박"을 가하며 이들의 실적을 감독하는 전제적 리더로 묘사한다. 이 회사의 모기지 오퍼레이션 감독자인 한 임원은 흔히 "회사가 취하고 있는 리스크에 대해 경고하는 비판자들을 침묵시키는… 터프 가이" 역할을 했다. 리스크 관리를 감독했던 다른 임원은 "내부통제를 느슨하게 함"으로써 이에 기여했다.

즉각적으로 이 회사 상부의 기조가 회사가 벼랑 끝으로 가도록 허용할 뿐만 아니라, 그곳에서 운전까지 했다는 생각이 떠오른다. 우리는 최고 경영자와 충성스러운 보좌진이 어떻게 단호하게 행동을 요구하면서 부동의를 질식시키는지 알고 있다.

때늦은 압박이라는 어구는 의미심장하다. 다수의 회사들은 지난 몇 년 동안 경쟁사들이 용기容器에, 또는 그보다는 창고에 이익을 가득 쓸어 담는 것을 보았다. 보도에 의하면 메릴 린치는 리먼 브라더스 및 기타 조기 참여자들이 끌어 모으는 돈을 부러워하며 끝물을 잡은 회사들 중 하나였다. 재앙은 이처럼 파티에 늦게 도착해서 경쟁자들을 따라잡고 그들에게 가까이 가려고 분투하는 자들을 기다리는데, 이는 그때가 바로 규칙이 깨지고 상식이 무시되는 때이기 때문이다. 이를 "친구 따라 강남 가기" 신드롬이라 볼 수도 있는데, 이에 대해서는 15장에서 다시 논의할 예정이다.

보다 깊이 들여다보기

몇 년 전에 메릴 린치와의 합병을 고려하고 있던 노스 포크 뱅코프North Fork Bancorp의 당시 CEO 존 카나스John Kanas의 관찰은 특히 많은 것을 말해 준다. 메릴 린치의 경영진과 친숙해지기 위해 많은 시간을 보낸 뒤에 카나스는 이렇게 말했다. "결국 우리는 그들의 리스크 프로필에 대해 편안할 수 없었고, 그들이 자신의 리스크 프로필에 대해 완전히 이해하지 못하고 있다는 뚜렷한 가능성이 있다는 판단으로 합병을 포기했습니다."

언론 보도를 보면 더 재미있다.

- 신용 및 시장 리스크 관리, 기업 거버넌스, 그리고 내부통제 담당 부의장이 "이 회사가 어떤 종류의 리스크를 취하고 있는지 알아내기 위해 '플로어floor에 가서' 트레이더들 및 다른 직원들과 얘기한 고참 직원들을 쫓아내서 리스크 관리 부문을 약화시켰다"고 전해진다.
- 이들을 대체해 들어온 직원들은 의장 및 그 보좌진에게 충성스러웠으며, "회사의 리스크를 모니터하는 것보다 상사들의 이익 목표 달성에 더 신경을 쓰라"는 압박을 받았다.
- 매일의 손익 정보가 담긴 노트북을 가지고 다니는 것으로 알려진 또 다른 고위 임원은 "리스크 관리 책임자들에게 그들이 정확히 무엇을 하고 있는지 말하는 트레이더들과 기타 수익 부서 직원들을 꾸짖곤 했다."
- "부동의가 없었고… 따라서 정보가 진정으로 전달된 적이 없을" 정도로 유독한 환경이었다고 전해진다.

이 배경에 비추어 볼 때, CDO와 합성 CDO 시장의 위험을 보다 잘 이해했고 리스크 관리에 더 성공적이었던 듯한 골드만 삭스와 JP 모건 체이스와는 달리, 메릴 린치는 "더 많은 수수료를 챙기기 위해 CDO 익스포져를 쌓아 올리는 것을 두려워하지 않은 듯했다." 보잘것없는 참여자였던 메릴 린치는 불과 4년 안에 이들 상품에 대한 세계 최대의 인수자underwriter가 되었다고 전해진다.

그리고 이야기는 점점 더 재미있어진다. 보도들은 메릴 린치의 CDO 익스포져에 보험을 제공한 AIG가 손을 떼기로 결정한 상황을 지적한다. 그러나 이 회사가 CDO 영업을 중단하거나 이를 축소시켰을까? 메릴 린치가 "보험에 가입할 적절한 대체 보험사를 발견하기 어렵다는 것을 알았을 때, 이 영업을 축소하기는커녕 CDO 공장이 계속 활기를 띠었고, 헤지 되지 않은 모기지 투기는 계속 늘어났음을 장부가 보여 준다."

교훈은 명백해진다

당연히 '로직, 리스크 관리, 상식은 어디에 있었는가' 라는 질문이 제기된다. 누가 통제가 무시되도록 허용했는가? 리스크 용인 수준risk tolerance 및 회사의 리스크 성향risk appetite과 관련된 리스크에 대한 포트폴리오적 견해가 확립되지 않았던가? 리스크 관리를 위한 인프라스트럭쳐는 어디에 있었는가?

불행하고 유감스럽게도 메릴 린치에 일어났던 일이 전에도 있었다. 나는 이 일이 다시 일어날 것이라고 자신 있게 예측할 수 있다. 고위 경영진이 절벽의 끝을 향해 돌진하기로 결정할 때에는 아래와 같은 소수의 요소들만이 그 회사와 주주들을 구할 수 있을지도 모른다.

- 무슨 일이 벌어지고 있는지 충분히 이해하고 있으며, 이사회에 직접 보고할 수 있는 능력과 용기를 가진 오퍼레이션 임원, CRO, 최고 컴플라이언스 책임자, 또는 최고 감사 책임자 등과 같은 고위 라인 또는 보좌진. 그러한 행동은 개인적 위험으로 가득 차 있으며 그 사람의 자리를 상실하는 대가를 치를 수도 있는데, 이사회가 귀를 닫아 둘 때 특히 더 그렇다.
- 회사가 위험한 곳으로 가고 있음을 알아차린 사람들에게 통상의 보고 통로를 떠나 이사회에까지 경고를 제공할 수 있도록 허용하는 소통 통로주의를 기울이도록 할 충분한 힘이 필요함.
- 회사의 문화와 상부의 기조, 전략, 오퍼레이션, 그리고 리스크를 진정으로 이해하며, 회사가 어디로 가는지 알고, 강력한 CEO와 최고 경영진을 직면할 용의가 있는 이사회.
- 회사의 CRO 등 및 이사회와 유사한 이해를 지니고 있으며, 보호를 제공할 위치에 있고, 그럴 의향이 있는 규제 시스템. 명백히, 지금까지는 그렇지 않았으며, 이후에 감독 체제에 어떤 변화가 올지, 그리고 향후의 규제 구조가 어느 정도까지 금융 시스템 전체 차원의 리스크보다 개별 회사에 중점을 둘지는 두고 볼 필요가 있다.

무엇이 메릴 린치를 망치게 한 맹목성으로부터 회사를 구하는 데 도움이 될 수 있었을까? 다음과 같은 몇 가지 근본적인 필수사항들을 생각할 수 있을 것이다. 이사회는 회사의 전략이 이치에 맞고, 내부 환경이 건강하며, 효과적인 통제 인프라스트럭처가 갖춰지고 잘 작동되며, 리스크가 잘 이해되고 소통 통로가 열려 있도록 해야 한다.

결국, 우리는 이사회로 돌아왔다. 이사들은 믿기지 않을 정도로 어려운 일을 하는데, 이 자체에 상당한 리스크가 있다. 그들은 비상근으로 일하며, 회사의 본류에서 벗어나 있지만 막대한 책임이 있다. 그러나 기업에 이보다 더 중요한 역할은 없으며, 이사회가 이 일을 잘하기 위해서는 올바른 참여자, 프로토콜, 그리고 기량이 있어야 한다.

이사회는 어디에 있었는가?

내가 거버넌스 문제에 관해 매우 박식한 인물로 존경하는 「이사와 이사회」Directors & Boards의 편집인이자 부副 발행인인 짐 크리스티Jim Kristie는 이 질문에 대해 이렇게 말한다. "솔직히 이사회들이 이 나라와 자본 시장을 손상시켰다. 이사회는 올바른 리더를 갖지 못했고, 리스크를 적정하게 분석하지 않았으며, 자기 회사의 오퍼레이션에 대해 깊이 있게 알아야 했지만 그러지 못했고, 경영진에게 그늘 앞에 놓인 큰 그림을 보고 바로 앞에 무엇이 놓여 있는지 볼 수 있도록 충분한 도움을 주지 않았으며, 상황이 악화되고 경영진이 비틀거릴 때 현명하고 신속하게 행동하지 않았다."

이를 가혹한 평가라고 생각하는 사람도 있겠지만, 실제로 발생한 일들에 비춰볼 때 이 말에 도전하기는 어렵다. 이렇게 말은 했지만, 이사회의 토의가 진행되는 동안 그 자리에 있지 않았다면 회의실에서 무슨 일이 벌어졌는지 확실하게 알 수는 없다. 나는 그 자리에 있지 않았지만 무엇이 일어났고, 일어나지 않았는지에 대해 쉽게 추측할 수 있는데, 몇 가지 시나리오들이 가능하다. 먼저 이러한 리스크 및 기타 리스크에 관해 이사회에 어떤 책임이 있는지 간략하게 검토해 보자. 이사회는 아래와 같은 사항들을 통해 경영진을 감독한다.

- 경영진이 회사가 직면하는 중요한 리스크들을 적절하게 파악, 평가 및 관리하는지 판단한다.
- 이 목적을 위해 적절하고 규율된disciplined 프로세스가 갖춰져 있는지 충분한 정보를 받는다.
- 경영진이 보다 중요한 상시적 리스크 및 새로 부상하는 리스크들을 이사회에 보고하고 있으며, 이사회가 이들 리스크에 대한 분석과 경영진의 조치 및 계획된 조치에 대한 관련 정보를 적시에 수령하고 있음을 확신한다.
- 리스크 및 리스크에 대한 대응뿐 아니라, 회사의 리스크 성향 및 리스크에 대한 포트폴리오적 관점을 검토하고, 이에 대한 수정이 필요한지 고려한다.

이제 이 회사들의 이사회는 어디에 있었는가라는 질문으로 돌아가 보자. 논리적으로 보면 이들 각각의 회사에서 일어났을 법힌 시나리오들은 다음과 같다.

- 회사에 효과적인 리스크 관리 프로세스가 갖춰지지 않았고, 고위 경영진은 리스크에 대해 적절하게 보고 받지 않았다. 이러한 시나리오 하에서는 경영진이 리스크를 인식하지 못하고 있었기 때문에 이사회도 리스크에 대해 보고 받을 수 없었다.
- 효과적인 리스크 관리 프로세스가 갖춰져 있었고, 경영진도 리스크를

알고 있었으나, 이를 이사회에 알리지 않았다. 즉, 경영진이 이사회에 중요한 정보를 숨겼다.

- 경영진이 리스크를 알았고 이를 이사회에 보고했는데, 이사회는 회사의 리스크 성향에 대해 안일하게 생각했으며, 그 방향으로 계속 가는 것에 대해 반대하지 않았다.

우리는 이사회가 개최되는 현장에 있지 않았기 때문에 그들이 의무를 적절하게 수행했는지 여부에 대해 확실하게 알 수 없다. 그리고 비난의 정도는 효과적인 리스크 관리 프로세스가 갖춰져 있고, 그들이 리스크 및 이들 리스크를 관리하기 위한 조치에 대하여 적절한 정보를 수령하고 있으며, 회사의 리스크 성향 및 이 성향이 초과되지 않고 있다는 데 대해 안도감을 느끼기 위해 무엇을 했는지에 좌우된다. 여기에서 중요한 점은 이사회는 경영이 아니라 감독 역할을 하고 있으며, 많은 부분을 경영진이 이사회에 보고하는 정보에 의존한다는 사실이다.

나는 이 기관들 중 일부에는 효과적인 리스크 관리 시스템이 결여되어 있었고, 최고 경영진은 진정한 리스크 정도에 대해 충분한 정보를 받지 않았다고 생각한다. 또한 나는 일부 이사회들이 핵심 리스크 및 조치에 대한 이사회에의 보고 등 적절한 리스크 관리 프로세스가 갖춰지고, 이 프로세스가 기능을 발휘하도록 하기 위해 철저히 조사해야 함에도 이를 행하지 않았다고 생각한다. 이러한 프로세스와 소통 통로가 효과적으로 작동하고 있었다면, 과도하게 높아 보이는 리스크 성향에 동의하여 주주들에게 심각한 주주 가치 손실을 입게 한 것은 이사회의 책임이다. 나는 이사회 위원이 이를 알았더라면 그러한 일이 일어나도록 허용하지 않았을 것이라고 믿고 싶다.

CEO들은 위기가 다가오는 것을 알았는가?

우리는 이제 경영진, 궁극적으로는 CEO에게 돌아왔다. 앞에서 언급한 바와 같이, 조직에 대한 리스크를 효과적으로 관리할 1차적인 책임은 경영진에게 있으며, 와해 직전까지 간 이 위기에서 CEO들은 비싼 대가를 치렀다. 결국 이사회, 규제기관, 그리고 투자자들은 궁극적으로 씨티그룹과 메릴 린치를 포함한 세계 최대의, 그리고 저명한 금융기관에서 CEO들이 이 대참사에 책임이 있다고 판단했다. 수백 억 달러를 잃고 이에 따른 헐값 매각 및 거액의 자본 유입을 필요로 한 것은 확실히 대참사로서 손색이 없다. 베어 스턴스에서는 CEO만 잘린 것이 아니라, 회사 자체가 JP 모건 손에 넘어가 이제는 존재하지 않는다.

그러나 실상은 대부분의 경우에 CEO들이 여러 이유로 위기가 다가오는 것을 결코 알지 못했다. 대기업의 CEO들은 세상에서 가장 똑똑하고 가장 유능한 사람들이라는 점을 번저 발해 두고 싶다. 그러나 여러 해 동안 컨설팅 업무로 여러 대기업의 CEO들과 함께 일해 본 경험으로 보면, 이렇게 된 가장 근원적인 이유는 비즈니스 리더들이 자기 회사가 취하고 있는 리스크의 성격이나 정도를 진정으로 알지 못했기 때문이라고 생각한다. 게다가, 그들은 자신이 무엇을 모르는지도 몰랐다.

어떻게 그런 일이 가능한가? 이 회사들은 가장 정교한 리스크 관리 시스템들을 갖추게 되어 있지 않은가? 우리는 그들이 상시적인 시장 리스크, 거래 상대방 리스크, 유동성 리스크, 신용 리스크, 운영 리스크 등을 다루고 있음을 안다. 그럼에도 불구하고 이 기관들이 입은 손실은 상상을 초월하며, 최고 경영자들에게 일자리와 명성까지도 잃게 했다.

리스크 관리는 얼마나 양호한가?

우리는 모든 회사가 사업을 하면서 리스크를 취한다는 것을 안다. 최고위 경영진이 리스크를 얼마나 잘 관리하는지가 직접적으로 회사의 성공 또는 실패를 이끈다. 물론, 건전한 전략 및 이 전략의 효과적인 실행을 위한 인력과 프로세스가 매우 중요하다. 그러나 회사의 비즈니스 목표 달성에 내재된 고유한 리스크의 파악과 관리는 회사가 성공할지, 그리고 생존할지를 결정함에 있어서 결정적인 역할을 한다.

최고 경영자가 실상은 경영진이 리스크에 대해 마땅히 알아야 할 만큼 잘 알고 있지 못한데도, 자기 회사의 고위 경영진이 리스크가 무엇인지를 이해하고 있고, 이를 분석했으며, 효과적으로 관리하고 있다고 믿는 것이 문제인 경우가 너무도 흔하다. 나는 주요 기업들에게 리스크 관리 프로세스를 어떻게 강화할지에 대해 조언하면서 이를 직접 목격했다. 그 결과 다음과 같은 일이 벌어졌다.

- 최고 경영자가 이사회에 적절한 관련 정보를 제공할 입장에 있지 않기 때문에, 이사회가 리스크에 대해 보고 받지 못하는 일이 흔하다.
- 조직의 관리자들 및 하위 직급 직원들은 대개 무엇이 리스크인지 알지만, 이에 대해 대응하지도 않고, 상급자에게 이를 소통하지도 않는다.

그렇지 않은 회사들도 많지만, 그러한 경우가 너무도 많다. 그 이유에 대해 잠시 살펴볼 가치가 있다.

CEO들이 이렇게 되는 이유

물론 모든 CEO들에게 딱 들어맞는 하나의 경영 스타일이나 개성은 없다. 그럼에도 불구하고, 대부분의 경우에 그들이 리스크에 어떻게 초점을 맞추는지에 대해 영향을 주는 공통점들이 있다. 첫째, 최고 경영자들은 대개 성장과 이익 목표 및 이의 달성에 필요한 전략적, 전술적 계획에 중점을 둔다. 그들은 긍정적인 면을 보고, 새로운 시장을 개척하는 기회를 찾아내며, 시장에 새로운 상품을 들여오고, 고객의 필요와 욕구를 인식하고 이를 충족시켜 준다. 게다가 그들은 성장을 모색한다. 그리고 그들은 다양한 거버넌스 이슈들을 가지고 이사회와 많은 시간을 보낸다.

요점은 최고 경영자는 앞을 향해 나아가고, 기회를 포착하며, 바로 아래의 임원 또는 기타 고위 경영진에게 포착된 목표를 향해 가능한 한 빨리 나아가는 배에 오르도록 자극하는 정신 자세를 가지고 있다는 것이다.

물론, 최고 경영자도 리스크가 존재한다는 것은 잘 알고 있다. 그들 또는 그들의 회사가 이전에 큰 상처를 입을 뻔하기도 했고, 연례 보고서의 경영진의 논의 및 분석Management Discussion and Analysis 섹션에서 리스크 요인들에 약간의 설명을 곁들일 수도 있다. 그러나 우리는 다수의 CEO들은 고위 경영진이 일이 잘못될 가능성을 다루고 있고, 이러한 리스크들을 다룰 위치에 있으며, 그럴 준비가 잘 갖춰져 있다고 가정하는 것을 여러 번 반복해서 봐 왔다. 무의식적으로 만들어지는 그러한 가정이 너무도 많은 CEO들과 그들이 경영하던 기업들에 재앙을 가져왔다.

현실

우리는 CEO가 아닌 다른 관리자들은 하고 있는 일에 고유한 리스크를 인식하고 있으며, 직급이 낮아질수록 더 그렇다는 것을 봐 왔다. 이 관리자들은 일상의 업무를 수행하며 개인적 목표 및 소속 비즈니스 부문의 목표를 추구한다. 그들은 대개 함정의 존재를 인식하고, 현존하는 리스크 관리 프로세스에 따라 리스크에 대응하기 위해 필요한 행동을 취할 수도 있고, 그렇지 않을 수도 있다.

그러나 조직의 어느 단계에선가 적절한 리스크 관리 활동이 일어나고 있는 곳에서조차 너무도 자주 발생하는 문제 중 하나는 소통이 되지 않는다는 것인데, 이 문제가 대형 금융기관의 붕괴의 원흉인 듯하다. 한 조직 내에서 리스크들이 알려져 있기는 한데대개의 경우에는 그러하다 상부에서 이를 알지 못한다면, 소통이 결여되어 있는 것이다. 그리고 CEO가 회사가 직면하는 리스크의 성격과 크기를 인식하지 못한다면, 이사회에 적절히 알려질 가능성은 별로 없다.[13)]

워런 버핏의 말을 들어볼 가치가 있다.

> 내 견해로는 대형 금융기관의 이사회가 CEO에게 리스크 통제에 대한 충분한 책임을 지우지 않는다면 그들은 직무를 유기하는 것이다. CEO가 그 일을 할 능력이 없으면, 다른 일을 찾아봐야 할 것이다. 그리고 CEO가 이 일에 실패하면그래서 정부가 개입하여 자금이나 보증을 제공하도록 요구한다면, 자신과 그 회사의 이사회에 혹독한 재무적 결과를 미칠 것이다.

Governance
Risk
Management
And Compliance

Chapter 6

리스크 관리는 무엇에 관한 것인가?

What Is Risk Management About?

Chapter 6

What Is Risk Management About?

우리는 금융 시스템이 와해 직전까지 간 당시에 금융기관들의 리스크 관리 프로세스가 비참하게 실패했음을 안다. 확실히 효과적인 리스크 관리가 금융기관들에게 매우 중요하기는 하지만, 모든 회사들이 리스크를 다뤄야 하기 때문에 효과적인 리스크 관리의 중요성은 그 적용 범위가 보다 넓다. 사업을 한다는 것은 리스크를 떠안는 것임은 잘 알려져 있는데, 가장 중요한 것은 무엇이 리스크인지와 비즈니스 목표를 달성하기 위해서는 이를 어떻게 관리해야 하는지를 아는 것이다.

나는 다수의 임원과 이사들이 리스크 관리 및 소위 전사 리스크 관리 enterprise risk management; ERM에 대해 어느 정도 알고는 있지만, 대부분이 여전히 리스크 관리 및 ERM이 무엇인지, 왜 필요한지, 그리고 어떻게 작동하는지 이해하기 위해 애쓰는 것을 직접 목격했다. 이번 장에서는 특히

ERM에 중점을 두고, ERM이 무엇이며, 왜 필요하고, 이를 어떻게 하는지에 대한 명확성과 통찰력을 제공하려고 한다.

왜 ERM에 신경을 쓰는가? 무엇보다도 회사들에게전략적 및 전술적 차원 모두에서 리스크에 대응하는 의사 결정을 강화하고, 운영상의 서프라이즈그리고 이에 관련된 손실를 줄이며, 기회를 파악하여 포착하고, 자본 배치를 향상시키는 데 도움이 될 수 있기 때문이다. ERM은 예를 들어, 회사들이 신상품 개발에 투자할지, 새로운 시장을 활용할지, 또는 새로운 판매 통로를 개척할지에 관한 의사 결정 시에 사용될 수 있다. 이는 임원들이 리테일 건물을 확장할지, 인터넷 용량을 확대할지, 또는 기존 시스템을 강화하거나 새로운 IT 플랫폼으로 옮길 것인가와 같은 전략적 의사 결정을 내리는 데 도움이 될 수 있다. 그리고 ERM은 회사들이 운영상의 목표를 달성하기 위해 정치적, 사회 경제적, 또는환율, 상품 가격, 또는 이자율 변동과 같은 복잡한 재무 리스크, 또는 프로세스 차원의 리스크들에 대한 익스포져가 더 잘 관리되게 하는 데 도움을 준다. 또한 ERM은 회사들이 재무 보고나 컴플라이언스 프로세스가 강화될 필요가 있는지 결정하는 데 도움이 될 수 있다.

위의 설명에서 리스크가 무엇인지를 건너뛰었음을 눈치 챈 사람도 있을 것이다. 이제 개념과 실제적 관점에서 리스크에 대해 다루고 나서, 리스크 관리에 대해 언급하고, 그 다음에는 ERM에 대해 중점을 둘 것이다.

리스크

새로운 비즈니스 라인 시작 또는 다른 회사 인수와 같은 행동들을 언급할 때, 통상 "리스크를 취한다"는 말을 할 수도 있다. 그러나 리스크 관리라는 맥락에서 리스크는 잠재적 사건을 둘러싼 불확실성을 의미한다. 이는 부정적인 결과를 지닌 무언가가 일어날, 즉, 어떤 사건이 발생할 가능성이다. 여기에서의 핵심은 가능성인데, 이는 뭔가 이미 발생한 나쁜 일이 아니라 일어날지도 모르는 사건을 의미한다.

얼마 전에 나는 「경제 및 포트폴리오 전략 신문」의 편집인인 피터 번스타인Peter Bernstein의 저술을 접했는데, 그는 리스크라는 주제에 대해 통찰력 있는 관점과 단순성을 제공해 주었다.

리스크risk라는 네 글자 말

우리가 봐온 모든 실수에 비추어 번스타인은 리스크를 "네 글자 말"이라 부르며, 런던 경영 대학원London Business School의 엘로이 딤슨Elroy Dimson으로부터 리스크를 예측이라는 맥락에서 실제로 일어날 일보다 더 많은 일이 일어날 수 있음을 의미한다고 정의한다.

번스타인은 우리가 가능한 결과들outcomes에 대한 확률을 고안할 수는 있지만, 무슨 일이 일어날지는 알 수 없다고 설명한다. 그러나 이 점이 중요한데, 우리는 결코 우리가 직면할 수도 있는 결과의 진정한 범위를 알 수 없을 것이다. 인생에서는 다음과 같은 질문들이 제기된다. 우리는 예상과 다른 결과들을 어떻게 다루는가? 예상이 틀렸을 때의 결과는 무엇인가? 리스크는 예상했던 것과 다른 결과를 보게 될 즉, 예상이 틀릴 가능성을 의미한다. 그리고 이에 대한 열쇠는 예상이 잘못되었을 때의 결과이다. 리스크를 이렇게 정의하면 예상보다 좋은 결과가 나오는 경우도 리스크에 해당된다. 그러나 이는 부정적인 경우를 일컫는 일반적 용례에 어긋난다. 보다 자세한 내용은 더글러스 허버드 저, 졸역 『리스크 관리 펀드

멘탈』을 참고하기 바란다 – 역자 주.

나는 비즈니스 상황에서 예측된 거의 모든 것이 틀리게 된다는 점을 덧붙이고 싶다. 우리는 예측이 어느 정도, 어느 방향으로 틀리게 될지 모른다. 그렇다면 리스크 관리에 중요한 점은 예측이 조금 또는 크게 틀릴 경우의 결과들을 인식하고, 이러한 결과들을 받아들일 만한 수준으로 감소시키기 위한 의사 결정을 하는 것이다. 결과consequence라는 용어는 영향impact라는 말과 유사어인데, 이 말은 불리한 사건 또는 상황이 기업에 미치는 효과를 얘기할 때 보편적으로 사용되는 단어이다.

신의 존재에 대해 내기하기

리스크 관리에 관한 번스타인의 주장을 아직 이해하지 못하는 사람은 17세기의 프랑스 수학자에 의해 제기된 또 다른 유추類推를 살펴보면 좋을 것이다. 이 예는 신의 존재 여부에 대한 내기라는 아이디어를 중심으로 이뤄진다.

이 예는 이렇게 전개된다. 신이 존재한다고 가정하고 선한 삶을 살았는데, 결국 우리가 틀렸다는 것을 발견할 수도 있다. 그럴 경우, 그렇게 사는 동안 소위 다소의 재미를 못 누리는 등의 약간의 희생을 치를 수 있을 것이다. 또한 아마도 우리의 신념으로부터 위안도 얻고, 이에 대해 기분 좋게 생각하며, 우리의 행실로 존경도 받을 것이다. 반면에, 신이 존재하지 않는다고 가정하고 죄악의 삶을 살았는데, 종국終局에 신이 실제로 존재함을 발견할 수도 있다. 그럴 경우 예측이 잘못될 경우의 불리한 면이 매우 클 수도 있다는 걸 너무 늦게 알게 된다.

다시 말해, 예측에는 결과가 따른다고 생각하고 그에 따라 계획을 세우는 것이, 예측에 따른 결과가 없다는 데 걸고 무모하게 돌진하는 것보다 현명하다.

이처럼 간단한 방법을 통해 번스타인은 모델에 투입한 과거의 데이터에 기초해서 value-at-risk 모델과, 상대적으로 드물게 일어날 수 있는 현상을 지칭하는 이 모델의 두터운 꼬리fat tail 또는 검은 백조black swan를 대조한다. 번스타인은 다시금 우산을 갖지 않고 집을 나섰는데 비를 만났다면 그 결과는 미미하다는 것과 같이 쉽게 이해할 수 있는 개념을 사용한다. 반면에 주택 가격이 오르기만 하리라는 데에 큰 재산을 걸 경우 그 결과는 매우 큰 데, 슬프게도 우리는 금융 시스템과 경제적 곤경에서 이를 지켜봐 왔다.

검은 백조를 비현실적이라고 무시하는 것은, 특히 최근의 데이터에만 의지하거나 주택 가격은 오르기만 한다는 식으로 힘은 한 방향으로만 움직인다고 믿을 때에는 재앙을 초래한다. 리스크 관리는 확률 및 결과의 범위를 인식하고 이를 고려한다. 따라서 번스타인은 이렇게 말한다. "우리는 내기의 규모를 줄이거나, 잘못된 쪽을 택했을 경우에도예컨대 주택 가격이 하락하기 시작할 경우, 또는 심지어 상승을 멈추는 경우에도 낭패를 겪지 않도록 이 내기를 헤지hedge할 수 있는 방법을 찾는 일에 집중할 필요가 있다."

리스크를 무시하면 위험에 처한다

근본적인 현실 중 하나는 일어날 가능성이 거의 없어 보이는 일들이 실제로 일어난다는 것이다. 그리고 이런 일들은 우리가 예상하는 것보다 더 자주 일어난다. 지난 1, 20년 동안에 우리는 얼마나 자주 100년 만의 폭풍기후 상 또는 비즈니스 상을 겪었던가? 확실히 1, 20년 동안 몇 차례 발생하는 사건은 100년에 한 번보다는 더 자주 발생한다. 저축 대부 조합 사태, 정크 본드 붕괴, 닷컴 버블, 여러 차례의 경기 침체, 그리고 최근의 금융 시스템이 거의 와해될 뻔했던 사태와 신용 시장 경색을 고려할 때, 우리는 이들 소위 완벽한 폭풍perfect storm이 상당히 자주 일어난다는 것을 안다. 전 SEC 위원장 하베이 피트Harvey Pitt는 이를 다음과 같이 잘 설명했다. "소위 희귀하다는 사건들은 그다지 희귀하지 않다. 번개는 두 번 치며, 상상할 수 없는 일은 우리들 대부분이 믿는 것보다 더 자주 발생한다. 예상하지 않았던 것을 기대하는 것이 중요하다. 이는 모순이라고 들릴 수도 있겠지만, 그것은 실제로 나중에 주의해야 할 사례로 사용될 이야기들을 피하는 좋은 처방전이다." 아주 간단히 말하자면, 단지 뭔가가 일어날 가능성이 낮다는 이유만으로 그 일이 일어나지 않을 거라는 것을 의미하지는 않는다.

또한 오래된 상식에 대해 얘기해 보자. 어느 공영 라디오 방송의 프로듀서가 경험이 많은 비즈니스 리포터에게 다음과 같이 물었다. "그들은 왜 상환할 능력이 없는 사람들에게 돈을 빌려줬습니까?" 그 리포터는 담보부 채무증서CDO, 수익률 및 리스크 곡선, 그리고 투자할 필요가 있는 국제적 자본의 규모 증가에 대해 차분하게 설명했다. 그러나 그 프로듀서는 여전히 자신이 "아는 모든 사람들의 신용 카드 결제가 한계에 이르렀는데 카드회사들은 어떻게 상환 받을 것으로 기대할 수 있는지 이해할 수 없었다."

이 프로듀서는 집이 경매에 넘어가고, 정규적인 일자리full-time job나 이렇다 할 자산이 없음에도 45만 달러의 대출을 받은 사람을 발견했다. 이 프로듀서는 그 사람에게 자신과 같은 사람에게 그 돈을 빌려주겠는지 물었다. 그의 대답은 인상적이다. "나 같으면 내게 돈을 빌려주지 않았을 겁니다. 그리고 내가 아는 그 누구도 내게 그 돈을 빌려주지 않을 겁니다. 내가 아는 범법자들은 내가 그 돈을 빌려 달라면, 빌려주기는커녕 내 다리를 부러뜨려 놓을 겁니다."

과거의 이러한 실패들로부터 배워야 할 중요한 교훈 한 가지는 리스크 관리는 로켓 과학이 아니며, 이를 실체보다 더 복잡하게 만드는 사람들은 문제를 자초한다는 점이다.

그렇다면 기업은 어떤 유형의 리스크에 직면하는가? 이에 대한 예는 사람이 상상할 수 있는 것만큼이나 광범위하며, 우리 모두는 허리케인에 의한 농작물 피해, 생산 기계 고장, 고객의 개인 금융 정보의 부적절한 공개, 핵심 인력 상실, 재무제표에서 매출액 과대 계상, 새로 출시된 제품에 대한 고객의 외면, 원자재 가격 등락과 같은 리스크들이 그 추악한 머리를 쳐드는 것을 봐 왔다. 확실히 이들 리스크들에는 부정확한 시장조사 데이터 사용으로 신제품 출시가 외면되는 것과 같이, 비즈니스에 고유한 리스크들도 있다. 리스크는 여러 차원에서 존재하기 때문에 실용적이고 관리 가능한 차원에서 고려되어야 한다.

리스크 관리

그렇다면 리스크 관리란 무엇인가? 많은 정의들이 있지만 리스크 관리는 리스크 파악, 리스크 및 그 시사점에 대한 이해, 그리고 사건의 발생 가능성 또는 그 영향을 줄이거나 이를 완전히 제거하는 등 리스크에 대해 뭔가를 하는 것과 관련된다고 말하는 것으로 충분하다. 이 점이 중요한데, 리스크 관리는 문제가 발생한 뒤에 이에 대응하기에 대한 것이 아니다. 한 조직이 어떻게 대응적인 방식에서 벗어나 리스크 관리를 실행했는지에 대한 좋은 예가 하나 있다. 놀랍게도 이 사례는 연방 정부로부터 나왔다.

2010년에 미국 상원은 식품 공급의 안전을 강화하기 위한 법안을 통과시켰는데, 대통령은 이 법에 거부권을 행사하지 않고 서명할 것으로 예상된다. 이는 계란과 땅콩의 살모넬라균과 시금치의 대장균과 같은 식품에 기인한 미국인의 질병 및 사망에 대한 대응책이었다. 관련 보도에 의하면 이 법에 의해 다음과 같은 변화가 일어날 거라고 한다.

- 그러한 질병이 발생한 이후에 대응하기보다는 경고나 리콜로 질병 예방에 중점을 두게 될 것이다.
- 식품 제조업자들은 식품이 오염될 수 있는 방식을 파악해 내는 시스템을 평가하고, 오염을 방지하는 상세한 계획을 수립해야 한다.
- 회사들은 이에 대한 계획 및 이 계획이 얼마나 효과적으로 시행되고 있는지를 보여 주는 제품 테스트 결과를 식품 의약청Food and Drug Administration; FDA에 제출해야 한다.
- FDA는 빈번한 조사를 수행할 것이다.
- FDA의 조사는 미국으로 수출하기 위해 식품이 가공되는 다른 나라까지 확대될 것이다.
- FDA는 현재 제품 리콜 요청 권한을 가지고 있지만, 이를 명령 권한으로 강화할 것이다.

여기에 리스크를 다루는 데 직접적인 책임이 있는 사람에 의해 설계되고 시행되는 기본적인 리스크 관리 프로세스가 담겨 있다. 이 시스템은 외주 조달자에까지 확대된다. 독립적인 조직에 의한 모니터링이 있으며, 필요시 조치를 취할 권한을 가진 감독자가 있다. 이 시스템은 규제되는 식품 공급의 80%에만 적용되며, 고 위험 공장들은 저 위험 공장들보다 더 자주 검사를 받게 되어 있으므로 이 시스템에는 비용-효익에 대한 묵시적인 고려도 있다. 그리고 이 시스템이 유효하려면 의회에서 예산을 할당해 줘야 하기 때문에, 이곳에서는 예산 문제라는 현실도 작동한다.

정부의 또 하나의 예로, 리스크 관리 실패가 재앙을 초래한 NASA의 경우를 들 수 있다. 1990년경에 어느 과학자가 우주 왕복선이 지구의 대기권으로 재진입하는 동안 우주선을 보호해 주는 내열 타일이 우주선의 절연 거품insulating foam으로부터 나오는 파편에 의해 손상될 수도 있는 리스크를 파악했다. 그런데 우리가 알고 있는 바와 같이, 2003년에 콜럼비아호가 폭발하였는데, 거품이 폭발 원인으로 밝혀졌다. 물론 그제야 향후 리스크를 더 잘 평가하고 더 잘 관리하기 위한 철저한 프로세스를 갖추는 등의 시정 조치가 취해졌다.

이러한 정부의 조치들은 인명 손실 등의 피해를 야기한 사건들의 결과였다. 과거에 이미 발생된 사건들과 관련된 리스크 관리 프로세스를 확립하거나 강화하는 것은 매우 중요하다. 그러나 이것만큼이나 중요한 것은 아직 일어나지 않았지만, 앞으로 일어날 수도 있는 잠재적 사건들을 파악하는 것이다. 이는 미리 무엇이 잘못될 수 있는지 알아내고, 이 리스크들이 참혹한 피해를 입히기 전에 관리하는 조치를 취하는 것과 관련된다. 이는 다음에 오게 될 큰 문제는 전에 일어나지 않았던 문제일 가능성이 크기 때문이다.

비즈니스 맥락에서 리스크 관리는 전략적 계획, 마케팅 프로그램, 생산 프로세스, 신뢰할 수 있는 재무 보고, 법규 준수, 그리고 회사의 많은 다른 목표들을 벗어나게 할 수 있는 사건들을 찾아서 이들이 의미하는 바를 이해하고 이 리스크를 경감시키기는 조치를 취하는 것과 관련이 있다. 그러나 리스크 관리는 앞으로 보게 되겠지만, 부정적 측면을 피하는 것에만 관련된 것이 아니다. 이 점이 중요한 데, 이 프로세스는 회사가 목표를 더 잘 달성하도록 도움을 줄 수 있는 기회를 찾아내는 것도 포함한다앞의 역자 주에서 소개한 허버드는 이는 리스크 관리의 영역이라기보다는 경영 의사 결정의 영역이라고 말한다. 그에 의하면 경영 의사 결정 시에는 기회뿐 아니라 위협, 즉 리스크까지 같이 고려해야 한다. 그러나 리스크 관리는 부정적인 결과에 관한 것이다 – 역자 주.

전사 리스크 관리

자, 이제 전사 리스크 관리enterprise risk management; ERM에 대해 살펴보자. 본말이 전도될 위험이 있기는 하지만, ERM에 대한 보편적인 오해를 살펴보자. 현실적으로 대부분의 사람들이 이 용어를 매우 다르게 사용하고 있다.

불행하게도, ERM이라는 용어는 특정 리스크를 커버하기 위한 보험 가입, 금융 상품 거래, 그리고 어떤 사업 계획이 승인되어야 하는가의 결정 등과 관련하여 사용되어 왔다. 실로, 다수의 회사 관리자들이 회사의 목표 달성을 추구하면서 매일 광범한 비즈니스 리스크를 다룬다. 그런데 이러한 활동이 사안에 따라 산발적으로 이뤄져 그 범위, 결과 및 영향들이 매우 다르게 나타난다. 이 모든 활동이 리스크 관리의 일부 측면과 관련이 있기는 하지만, 그것은 ERM이 아니다.

많은 회사에서 내부 감사인들은 감사 과정에서 한정된 감사 자원을 어디에 할애할지 결정하고 경영진에게 적절한 정보를 제공하기 위해 리스크를 평가한다. 때로는 경영진이 대략적인 리스크 평가를 수행하기도 한다. 이러한 과정에서 때로는 리스크들이 범주화되거나, 온도 지도hit map 또는 기타 시각적인 묘사를 통해 등급 또는 순위가 매겨져 경영진과 이사회에 중요한 분석을 제공할 수도 있다. 그러나 정의상 리스크 평가는 단지 특정 시점의 모습snapshot일 뿐, 계속되는 리스크와 새로 나타나는 리스크에 대한 지속적인 파악 및 분석과 이 리스크들이 어떻게 관리될 필요가 있는지에 대한 의사 결정 과정이 아님을 인식하는 것이 중요하다.

그렇다면 ERM은 무엇인가? 이에 대한 정의는 여러 자료에서 찾아볼 수 있지만, 대부분의 사용자들이 사용하는 정의 중 하나는 COSO 보고서 전사 리스크 관리-통합 프레임워크Enterprise Risk Management - Integrated Framework; COSO ERM이다.[14)] 이 프레임워크는 ERM을 정의하고, ERM의 원칙, 목표 및 구성 요소를 설명하며 효과적인 적용 기법을 강조한다.

ERM은 회사의 목표 달성을 방해할 수 있는 리스크를 파악, 평가 및 관리하는 총체적인 프로세스이다. 보다 단순한 용어로 말하자면, ERM은 비즈니스에 중대한 영향을 줄 수 있는 가능성이 상당히 높은 모든 리스크들을 다루는 체계적인 접근법이다. 일단 이러한 가능성이 파악되고 나면, 경영진은 리스크를 분석하고 이를 관리하기 위해 무엇을 해야 하는지를 결정한다. ERM을 통해 리스크를 감소시키거나 제거하는 조치를 취하거나, 리스크가 이미 회사의 리스크 용인 수준 이내이면 이에 대해 아무 조치도 취하지 않을 수도 있다.

ERM에는 8가지 구성 요소가 포함되는데, 이는 통제 환경 및 목표 수립에서 시작하여 리스크 파악, 평가 및 대응이 중심을 이루고, 통제 활동, 정보, 소통 및 모니터링이 포함된다. 어떤 요소들이 관여되는지 충분히 알고 싶으면 원 출처인 COSO ERM을 참조하는 것이 유용할 테지만, 보기 6.1에서 이 요소들에 대해 대략적으로 소개한다. COSO ERM 보고서는 효과적인 ERM은 무엇을 필요로 하는지를 설명하며, 기본 원칙들 및 실제적인 적용 기법들을 제공한다.

ERM은 4개 범주의 회사 비즈니스 목표 달성을 위해 디자인된다.

1. 전략적: 회사의 사명과 정렬을 이루고 이를 지원하는 상위 수준의 목표들
2. 오퍼레이션: 효과적이고 효율적인 자원 사용
3. 보고: 보고의 신뢰성
4. 컴플라이언스: 관련 법률 및 규정 준수

전사 리스크 관리의 구성 요소

ERM은 경영진이 회사를 운영하는 방식으로부터 도출되는 8개의 상호 연관된 요소들로 구성되며, 경영 관리 프로세스와 통합된다.

1. **내부 환경** 내부 환경은 조직의 기조tone를 포함하며, 리스크 관리 원칙 및 리스크 성향, 고결성 및 윤리적 가치, 그리고 이들이 운영되고 있는 환경 등 조직에서 리스크가 어떻게 여겨지고 다뤄지는지에 대한 기초를 형성한다.
2. **목표 수립** 경영진이 목표 달성에 영향을 줄 수 있는 사건들을 파악하기 전에 목표가 존재해야 한다. ERM은 경영진이 목표를 수립하기 위한 프로세스를 갖추고, 선택된 목표들이 회사의 사명들을 지원하고 사명과 보조를 맞추며, 회사의 리스크 성향과 일치하도록 해 준다.
3. **사건 파악** 조직의 목표 달성에 영향을 주는 내부 및 외부의 사건들에 대해 리스크와 기회를 구분해서 파악해야 한다. 기회들은 경영진의 전략 또는 목표 수립 프로세스에 피드백 된다.
4. **리스크 평가** 리스크를 어떻게 관리할지 결정하는 근거로 삼기 위해 발생 가능성 및 발생 시 영향을 고려하여 리스크를 분석한다. 리스크는 고유 리스크inherent risk와 잔여 리스크residual risk 측면에서 평가된다.
5. **리스크에 대한 대응** 경영진은 리스크에 대한 대응책회피, 수용, 감축 또는 공유하기을 정하고, 리스크를 회사의 리스크 성향 및 용인 수준 이내로 맞추는 일련의 조치들을 개발한다.
6. **통제 활동** 리스크에 대한 대응책들이 효과적으로 수행되도록 도와주는 정책 및 절차들을 제정하여 시행한다.
7. **정보와 소통** 적절한 정보가 사람들이 자신의 책임을 이행할 수 있게 해주는 형태로, 그리고 적시에 파악, 수집 및 소통된다. 효과적인 소통은 또한 넓은 의미에서 상하좌우로 일어난다.

8. **모니터링** 전체 ERM이 모니터되고 필요시 수정된다. 모니터링은 상시 경영 관리 활동으로 수행될 수도 있고, 별도로 수행될 수도 있으며, 양자를 병행할 수도 있다.

[보기 6.1 ERM의 목표 범주 및 구성 요소]

ERM이 무엇에 관련되어 있는지를 자세히 이해하기 위해, 효과적인 ERM 프로세스의 핵심적인 특징들을 몇 가지 살펴보기로 하자.

- 리스크들이 비즈니스 전략 및 관련 목표들이라는 맥락에서 이해된다.
- 리스크 관리는 상시적이며, 조직의 비즈니스 프로세스와 구조에 내재화되어 실시간으로 파악, 평가 및 관리된다.
- 조직은 리스크에 대해 공유된 견해와 공통의 언어를 가지고 있다.
- 목표, 프로세스, 사람, 그리고 테크놀로지를 정렬시키는 훈련된 접근법 disciplined approach이 있다.
- 리스크가 공개적으로 인식 및 논의되며, 리스크 관리에 대한 책임 관계가 분명하다.
- 경영진이 리스크 파악 및 관리를 위한 정보를 받는다.
- 리스크에 대한 정보가 조직에서 상하좌우로 소통된다.
- 리스크들이 수립된 리스크 용인 수준 안으로 들어오게 한다.
- 기회를 포착하여 붙잡는다.
- 리스크들이 개별적으로 관리될 뿐만 아니라, 통합적으로도 관리된다.

• 경영진 및 이사회가 리스크에 대한 포트폴리오 차원의 견해를 얻는다.
• 리스크들이 회사의 리스크 성향 이내로 관리된다.
• 자본이 성장, 리스크, 수익에 입각하여 배분된다.

ERM이 효과적이려면 COSO 보고서에 설명된 8개의 요소들을 모두 포함해야 하지만, ERM은 어느 회사에서도 똑같지는 않을 것이다. ERM이 유용하려면, 회사의 전략적 방향, 조직 및 문화에 들어맞아야 한다. ERM은 별로 격식을 차리지 않는 경영 스타일을 지닌 회사나, 경영 프로세스가 매우 조직화된 회사 모두에 적합할 수 있다. 그러나 모든 ERM 프로세스에 있어 고유한 것은 이 프로세스 상의 훈련과 이 훈련이 조직 전체에 걸쳐 작동한다는 점이다. ERM은 원래는 enterprise-wide risk management라 불렸는데, 편의상 "wide"라는 단어가 빠졌지만, 그 개념은 남아 있다. ERM이 필요조건인 조직 전체 차원의 훈련, 범위, 기능을 가지고 있지 않을 경우, 이를 전사 리스크 관리가 아니라 그냥 리스크 관리라 부른다.

내 동료인 어느 회사의 CRO가 제시한 ERM을 바라보는 방법도 유익하다.

> ERM은 근본적으로 건강한 조직의 면역 체계 구축에 관한 것이다. ERM은 단지 리스크에 좀 더 체계적이고 신중하게 초점을 맞추는 비즈니스 관리일 뿐이다. ERM은 조직의 구조에 리스크에 대한 고려를 들여와서, 비즈니스 목표의 맥락에서 리스크를 파악하고 그 영향을 평가하며 이에 대응하는 회사의 능력을 제도화한다. ERM은 조직의 부문 간 칸막이silo를 허물

고 점들을 연결하여 자본 배분과 체계적인 문제에 대한 해결에 관한 최선의 결정을 가능하게 한다.[15)]

ERM은 좋지 않은 측면뿐만 아니라 잠재적인 기회에도 초점을 맞출 수 있게 해 준다앞에서 역자 주로 이미 언급한 바와 같이 이는 경영 의사 결정의 영역이지 리스크 관리의 영역은 아니다 – 역자 주. 비즈니스 목표 달성에 영향을 줄 수 있는 잠재적 사건을 파악함으로써, 조직은 어떤 문을 닫을 것인가와 열 것인가를 볼 수 있는 입장에 서게 된다. 고객의 필요 및 선호도 변화, 새로운 운송 능력, 아웃소싱 가용성의 격변, 테크놀로지의 진보, 그리고 국내 및 해외의 새로운 법규들은 모두 기업에 해를 입힐 수도 있지만, 충분한 예지력, 창의성 그리고 민첩성이 있는 기업들에게는 이익이 될 수도 있다.

위에서 언급한 바와 같이, ERM은 범위가 넓어야 하고, 조직의 경영관리 프로세스 안에 내장되어야 한다. 아주 중요한 사항 중 하나는 ERM은 지나치게 복잡할 필요가 없으며, 회사의 개별적인 상황 및 경영 스타일에 부합될 수 있고, 또 그래야 한다는 점이다.

- **중간 규모의 금융 회사** 어느 회사의 경영진은 이 회사의 대면face-to-face 업무 처리 방식에 맞추고 불필요한 관리 활동을 피하기 위해, 리스크를 월례 임원 회의에서 다루기로 결정했다. 각각의 회의마다 일정 시간을 신규로 부상하고 있는 리스크와 이에 관련된 기회 파악과 질적 분석에 할애하며, 그 자리에서 리스크를 관리하거나 기회를 포착할 행동을 결정하는데, 추가적인 분석이 필요한 경우에는 후속 조치를 취하도록 지시한다. 이 프로세스는 모든 경영진에게 적용되며, 리스크와 관련 조치

들은 통상적인 대면 소통을 통해 상부로 보고된다. 중요한 리스크 및 조치들에 대해 추적 관리하고, CEO와 이사회에 리스크에 대한 포트폴리오적 견해를 제공할 관리자가 지정되어 있다.

- **대형 소비자 제품 회사** 다른 회사의 경영진은 보다 구조적인 접근이 필요하다고 판단하고, 연례 전략 계획 수립 및 예산 수립 과정에 ERM 프로세스를 적용하기 시작했다. 이 프로세스는 조직 전체에 적용되어, 상시적인 경영 관리 활동의 일환으로 파악된 리스크 및 기회들이 고려되었고, 간단한 1쪽짜리 양식에 기록되었다. 필요한 경우 계량적 기법이 사용되기는 했지만, 대부분의 리스크들은 정성적으로 분석되었다. 이 양식들은 모든 직급의 관리자들이 상시적으로 리스크 및 이에 대한 조치 계획을 추적 관리하여 상부로 소통하는 장치의 중심점 역할을 한다.
- **대형 금융기관** 이 조직은 정교한 방법론을 사용하여 리스크를 파악 및 평가한다. 본부에서 신용, 시장, 이자율, 유동성 및 기타 리스크 범주를 계량적으로 평가하는 리스크 분석을 이끈다. 조직 전체의 관리자들에 의해 운영 리스크들이 고려되며, 필요할 경우 요약을 포함한 리스크 관련 정보를 소통하기 위한 소프트웨어가 사용된다. 또한 리스크 관리를 위해 합의된 행동에 대한 책임 관계가 확립되고, 고위 경영진 및 이사회의 자본 배분 결정을 위한 포트폴리오 정보가 개발된다.

물론 위의 내용은 이 회사들이 ERM에 어떻게 접근하는지에 대한 대략적인 개요에 지나지 않는다.

ERM이 정말로 노력을 기울일 가치가 있는가?

ERM의 개념은 간단하지만, 그 프로세스를 실행하는 데는 시간과 노력이 소요되며 관련 비용이 수반된다. 그러나 회사가 어떤 리스크에 직면해 있는지를 모르는 것은 위험하며, 정의되지 않았거나 체계적이지 않은 방식으로, 제한된 수준의 리스크 관리 활동만을 수행하면, 잘될 경우에도 원하지 않는 뜻밖의 사건을 만나게 되고, 잘못되면 앞에서 묘사했던 종류의 재앙을 만날 수 있다. 밤에 미등만 켜고 앞 유리의 일부는 진흙으로 가려진 채 낯선 시골길을 운전한다고 상상해 보라. 당신은 목적지도 알고, 그곳으로 가는 길도 알지만, 시간에 맞춰 안전하게 도착하지 못하게 할 수도 있는 뭔가가 길 위에 놓여 있는지 여부는 모른다. 그 결과는 길이 파여서 타이어가 터지는 정도로 경미할 수도 있고, 급격한 커브 길을 너무 빨리 지나가다 절벽 아래로 떨어지는 재앙이 될 수도 있다.

경영진은 어떤 기회가 회사가 비즈니스 목표를 달성하는 데 도움이 될 수 있는지 뿐만 이니라, 목표를 달성하지 못하게 하는 것이 무엇인지도 알 필요가 있다. 앞의 예에서, 운전 시간을 절반으로 줄일 수 있는 새 고속도로 표지가 있을 수 있는데, 그 표지를 볼 경우에만 고속도로로 들어갈 수 있다. 다음과 같은 자동차 관련 비유도 자주 사용된다. 경주용 자동차의 브레이크가 큰 이유는 더 빨리 달리기 위해서이다. 비유는 차치하더라도, 여기에서는 리스크를 관리하고 기회를 붙잡기 위해서는 회사들이 무엇이 다가오는지 알고 선제적으로 대응할 필요가 있다고 말하는 것으로 충분하다.

회사들은 세계화, 테크놀로지, 구조 조정, 시장 변화, 경쟁, 그리고 규제 등 불확실성을 만들어 내는 요인들을 끊임없이 다루고 있다. 불확실성은 회사의 전략적 선택에도 내재되어 있다. 예를 들어, 해외 오퍼레이션 확대에 기초한 성장 전략을 가지고 있는 회사는 외국의 정치 환경, 자원, 시장, 채널, 인력의 질, 그리고 비용 구조의 안정성과 관련된 리스크 및 기회에 직면한다. ERM은 경영진이 다음과 같은 조치를 통해 불확실성을 효과적으로 다루게 해 준다.[16)]

- **리스크 성향과 전략을 정렬시킴** 경영진이 전략적 대안 평가, 목표 수립 및 이에 관련된 리스크 관리 장치를 개발함에 있어서 리스크 성향을 고려한다. 자신의 브랜드 가치에 대해 낮은 리스크 성향을 지닌 어느 제약회사는 자사의 브랜드 가치를 보호하기 위해 제품의 안전을 확보하기 위한 광범한 프로토콜들을 유지하고 있으며, 브랜드 가치 창출을 지원하기 위해 정규적으로 초기 단계 연구 개발에 투자한다.
- **리스크 대응 방안 결정을 향상시킴** ERM은 리스크에 대한 대응 방안들을 엄밀히 파악하여 그 중에서 실제로 적용할 방안을 선택하게 해 준다. 회사 소유 차량을 운행하는 어느 회사의 경영진은 차량 피해 및 인명 피해 비용 등 배달 프로세스에 내재된 고유 리스크를 인식했다. ERM 기법을 통해 고려된 대안들에는 효과적인 운전수 채용 및 연수를 통한 리스크 감소, 배달 외주를 통한 리스크 회피, 보험을 통한 리스크 공유, 또는 이 리스크를 수용하기 등이 있었다.
- **오퍼레이션 상의 예기치 않은 사건과 손실 축소** ERM은 잠재적 사건 파악, 리스크 평가, 그리고 대응 방안 확립 능력을 향상시켜 줌으로써, 예기치 않은 사건과 이에 관련된 비용 또는 손실을 줄여 준다. 어느 제조 회사는 생산 부품 및 장비의 고장률과 평균치에서 벗어나는 비율을 추적

관리하고, 수리 시간, 고객 요구 충족 능력, 직원 안전, 예정된 수리와 예정되지 않은 수리의 비용과 같은 요소들의 영향을 평가하여, 이에 따라 유지 보수 일정을 정함으로써 이에 대응한다.

- **회사의 여러 부문에 걸친 리스크 파악 및 관리** 효과적인 리스크 관리는 개별적인 리스크만을 관리하는 것이 아니라, 상호 관련된 영향들도 이해한다. 회사 전 부문의 트레이딩 활동에서 다양한 리스크들에 직면하는 어느 은행의 경영진은 내부 시스템으로부터 거래들과 시장 데이터를 분석하는 정보 시스템을 개발했다. 이 시스템은 외부적으로 생성된 관련 정보들을 함께 사용하여, 전체 트레이딩 활동의 리스크에 대한 통합적 견해를 제공한다. 또한 부서, 고객 또는 거래 상대방, 트레이더, 그리고 거래transaction별 내역을 제공해 주며, 리스크들이 수립된 범주의 리스크 용인 수준 내에 있는지 측정하고, 이전에는 별개로 존재하던 데이터를 취합하여 리스크에 효과적으로 대응하게 해 준다.
- **복수의 리스크에 대한 통합된 대응 제공** 비즈니스 프로세스에는 많은 리스크들이 내재되어 있기 때문에 ERM은 통합된 해법을 가능하게 해준다. 어느 도매상은 과잉/과소 재고, 공급원 부족, 불필요하게 높은 구입 가격 리스크에 직면해 있다. 이 회사의 경영진은 회사의 전략, 목표 및 대안적 대응책들의 맥락에서 리스크를 파악 및 평가하고, 광범위한 재고 통제 시스템을 개발했다. 이 시스템은 공급자들과 통합되어, 매출 및 재고 정보를 공유하고 전략적 제휴를 가능하게 했다. 이를 통해 재고 부족과 불필요한 보유 비용을 감소시키고, 보다 장기의 공급 계약을 체결하며, 가격을 개선시키고, 공급자들에게 재고 보충 책임을 지게 했다.

- **기회 잡기** 리스크만이 아니라, 잠재적 사건의 전체 범위를 고려함으로써, 경영진은 기회를 파악한다이는 리스크 관리의 영역이 아니라 경영 관리의 영역임을 누차 설명했으므로 더 이상 재론하지 않음 – 역자 주. 수년 전에 어느 대형 자금 센터 은행은 고객들이 더 이상 통상적인 은행 영업시간에 쉽게 지점에 갈 수 없게 되었음을 알게 되었는데, 이에 따라 그들은 비즈니스를 상실하거나 관련 비용을 부담하고 영업시간을 연장할 필요가 있다는 문제에 직면하게 되었다. 이 은행은 리스크를 기회로 변화시켜서 고객들에게, 비유하자면, 은행에 들어올 수 있는 열쇠를 주는 기계를 만들었는데, 이렇게 태어난 ATM은 소매 은행업의 역학을 변화시켰다. 보다 최근에는 어느 식품 회사가 자신의 지속 가능한 매출 성장에 영향을 줄 수 있는 잠재적 사건들에 대해 생각해 봤다. 경영진은 자사 제품의 주요 소비자들이 점점 더 건강에 관심을 기울이고 있으며, 식품 선호도가 변하고 있어서 자사의 현재 제품에 대한 장래의 수요가 감소할 수 있음을 시사한다는 결론을 내렸다. 경영진은 기존 역량을 활용하여 신제품을 개발할 수 있는 방법을 찾아내, 회사가 기존 고객들로부터의 수익을 보존할 뿐 아니라 보다 넓은 고객층에 호소함으로써 추가적인 수익을 창출할 수 있게 했다.
- **자본 배치 개선** 리스크에 대한 견고한 정보를 확보하면, 경영진은 전반적인 자본 필요를 효과적으로 평가하고 자본 할당을 향상시킬 수 있다. 어느 금융기관은 경영진이 신용 및 운영 리스크 수준과 이에 관련된 자본 필요액을 보다 정밀하게 계산하지 않으면 자본 요구액을 증가시키는 새로운 규제 조항을 따르게 되었다. 이 회사는 시스템 개발 비용과 추가적인 자본 비용의 견지에서 리스크를 평가하여 정보에 기초한 결

정을 내렸다. 이 기관은 쉽게 수정할 수 있는 기존 소프트웨어를 이용하여 보다 정밀한 계산 방법을 개발함으로써 추가로 자본을 조달할 필요를 회피했다.

ERM의 이러한 능력은 실제적이어서 경영진에게 회사의 주주 가치를 창출할 수 있게 해 준다. 그리고 ERM은 이사회가 경영진이 회사의 평판을 보호하고 성장 및 수익 목표를 달성할 위치에 있음에 대해서뿐만 아니라, 이사회가 자신의 감독 책임을 적절히 수행하는 데 필요한 정보를 수령하고 있음을 알고 있다고 확신할 수 있게 해 준다.

ERM 적용 기법

기업들은 많은 기법을 사용하여 ERM을 적용하고 있기 때문에 그 중 보다 효과적인 기법들이 COSO ERM 보고서의 적용 기법 편에 설명되어 있다. 이 기법들은 ERM 프레임워크의 여덟 가지 구성 요소를 중심으로 구성되었으며, 이 기법들이 어떻게 사용되는지에 대한 설명과 예시가 나와 있다. ERM 적용에 있어서 보다 깊이 있는 지침을 원한다면, 이 자료를 찾아보기 바란다. 지면 관계상, 이 기법들의 일부에 대해서만 살펴보기로 하자.

내부 환경

내부 환경은 내부통제에 있어서의 통제 환경과 유사하며, 효과적인 ERM 프로세스의 기본 토대이다. 강한 내부 환경을 확보하기 위해 사용할 수 있는 기법 중에 리스크 문화 설문 조사risk-related culture survey가 있는데, 이 기법은 경영진이 회사의 리스크 관리 철학이 조직의 문화에 얼마나 잘 통합되어 있는지에 대한 통찰력을 직원들로부터 직접 얻을 수 있게 해 준다.

잘 구성된 설문 조사는 경영진에게 조직의 맥박을 재볼 수 있게 해 주는데, 이는 특히 변화의 시기에 도움이 된다. 수치 또는 온도 지도 형태의 조사 결과는 조직의 리스크 문화에 있어서의 강점 및 약점 분야와 경영진이 어디에 중점을 두고 주의를 기울여야 할지를 알려준다. 대부분의 다른 조사들과 마찬가지로, 조사 결과 점수 자체도 많은 것을 말해 주지만, 장기간에 걸친 방향과 변화율이 보다 의미가 있다. 설문 문항이 어떻게 제시되고 해석되는지에 대한 예가 이 프레임워크 적용 기법 편 8쪽에 나와 있다.

목표 수립

ERM은 회사가 얼마나 많은 리스크를 취할 용의가 있는지에 대해 질적 및 양적 용어로 표현되는 리스크 성향 수립과 관련이 있다. 회사의 비즈니스 목표 수립 시 경영진에게 리스크 성향과 관련하여 위험에 처한 자본capital at risk; CaR 대비 수익을 고려하도록 하는 기법이 있다. 이 관계는 종축에 수익, 횡축에 CaR을 나타내는 그래프 형태로 표시될 수 있기 때문에 이때 목표 리스크-수익 프로필을 함께 보여 준다. 이 프로필 내에서 비즈니스 부문 및 전략적 사업 계획들은 현재의 리스크-수익 현황과 목표 상태를 보여 준다.

적용 기법 편18쪽에 예시된 바와 같이, 어느 회사는 목표 프로필에 부합하는 수익을 내기 위해 비즈니스 다각화를 모색한다. 이 그래프는 이 회사가 어느 정도의 리스크를 취할 용의가 있는지를 반영하여, 현재 이 회사가 어디에 있으며, 어디로 가기를 원하는지 보여 준다. 이는 또한 회사의 목표를 리스크 성향과 정렬하도록 촉진하여 리스크 용인 수준 수립의 토대를 제공한다.

사건 파악

ERM을 통해 경영진은 회사에 영향을 줄 수 있는 잠재적 사건을 찾아내고, 이 사건들이 회사가 전략을 성공적으로 실행하고 목표를 달성하는 데 영향을 주는 리스크인지 아니면 기회인지를 결정한다. 경영진은 개별적인 잠재적 사건 고려 외에도, 여러 개의 관련된 사건들의 효과도 고려할 필요가 있다. 피시-본 다이어그램fish-bone diagram이라고도 불리는 이벤트-트리 다이어그램event-tree diagram을 사용하여 상호 관련성에 대한 통찰력을 얻는 회사들도 있다. 이 다이어그램은 일반적으로 하나의 목표 및 다수의 사건들이 이 목표 달성에 어떻게 영향을 줄 수 있는지에 중점을 두고, 불확실성을 찾아내고 이를 시각적으로 보여 주는 수단을 제공한다.

적용 기법 편31쪽에 나와 있는 예는 매출 총이익률 30% 달성이라는 목표에 중점을 둔다. 피시-본 다이어그램은 제품의 수요 및 생산 비용, 나아가 30%의 마진 목표에 영향을 주는 요인 및 사건들을 결정하는 내부 및 외부 요인들을 파악한다. 여러 사건들의 관계에 대한 이러한 묘사를 통해 경영진은 주요 동인들과 관련 요인들 및 사건들을 보다 잘 이해하고 이에 대처할 수 있는 위치에 있게 된다. 다른 사건 파악 기법들로는 사건 목록event inventories, 주무부서의 도움 하에 진행되는 워크샵facilitated workshop, 인터뷰, 질의서questionnaire, 설문 조사survey, 프로세스 흐름 분석, 선행사건 지표leading event indicator, 상부 보고 트리거escalation trigger, 손실 데이터 관리 등이 있다.

리스크 평가

리스크 평가는 경영진이 파악된 잠재적 사건들이 목표 달성에 어떤 영향을 주는지 숙고할 수 있게 해 준다. 경영진은 리스크를 발생 가능성과 영향이라는 두 가지 관점에서 평가하는데, 대개 질적 및 양적 방법을 결합하여 이 영향을 측정하며, 다른 여러 방법을 사용하여 리스크를 평가한다. 예를 들어, 리스크 지도는 리스크의 발생 가능성 및 발생 시 영향에 대한 양적 또는 질적 추정치를 보여 주는 온도 지도heat map나 프로세스 차트 형태를 띨 수도 있다.

적용 기법에서는 성과가 우수한 직원 유지라는 목표와 관련된 리스크 평가의 예를 보여 준다. 사건의 발생 가능성이 횡축에 표시되고 그에 따른 잠재적 영향이 종축에 표시된다. 도표 상에 표시되는 리스크 요인들은 추정된 범위를 나타내는 물방울의 형태로 나타내진다. 이 그래프를 적용 기법 편 49쪽에서 볼 수 있다. 리스크를 이처럼 표시하면 경영진이 가장 심각한 리스크들에 대한 대응책을 개발하고, 이로써 표명된 목표를 달성할 능력을 강화하도록 촉진한다.

리스크 평가 기법은 고유 리스크나 잔여 리스크, 또는 두 가지 리스크 모두에 중점을 두고 사용될 수 있으며, 경영진이 단일 사건이 다수의 목표들에 미치는 영향도 평가할 수 있게 해 준다. 사용될 수 있는 기법들에는 순위 및 질문서 등과 같은 질적 기법과 확률적 기법value at risk, market value at risk, 손실 분포 및 사후 검증 등 및 민감도 분석, 시나리오 분석, 스트레스 테스팅 및 벤치마킹 등의 비확률적 기법과 같은 양적 접근법이 있다. 또한 리스크를 온도 지도나 수치로 나타내서 채택된 리스크에 필요한 자본 추정에 사용되는 리스크 및 자본 배분 기법과, 전사 차원에서 리스크를 보는 기법들도 있다.

리스크에 대한 대응

ERM은 경영진이 리스크 회피, 감소, 공유, 또는 수용 등 리스크에 어떻게 대응하여 잔여 리스크를 바람직한 리스크 용인 수준 이내로 유지할지에 대해 결정하는 것과 관련이 있다. 경영진은 또한 이용할 수 있는 기회도 파악한다.

리스크 관리를 위한 대응에는 여러 방법이 있을 수 있다. 예를 들어, 리스크 회피는 특정 비즈니스 부문, 생산 라인 또는 지역을 처분하거나, 리스크를 야기할 새로운 사업이나 활동에 착수하지 않는 형태를 띨 수도 있다. 리스크 감소에는 제품 다각화, 오퍼레이션 상의 한도 책정, 비즈니스 프로세스 개선, 경영진의 의사 결정 및 모니터링 강화, 특정 형태의 손실에 대한 익스포저를 감소시키기 위한 자산 포트폴리오 재구성 rebalancing, 운영 부문 간 자본 재분배 기법 등이 있을 수 있다.

리스크 공유로는 예상하지 못한 중대한 손실에 대한 보험 가입, 합작회사나 파트너십 또는 신디케이션 약정 체결, 자본 시장의 도구들을 통한 리스크 헤지, 비즈니스 프로세스 외주 또는 고객, 벤더 기타 비즈니스 파트너들과의 합의를 통한 리스크 공유 기법 등을 사용할 수 있다.

또한 포트폴리오 내의 자연적 상쇄에 의존하거나, 관련 리스크가 이미 리스크 용인 수준에 부합하는 것으로 판단하여 이를 받아들이기로 결정을 내릴 수도 있는데, 이는 손실에 대해 "자체 보험"에 드는 즉, 별도의 보험에 가입하지 않는 것으로 생각할 수 있다.

궁극적으로 경영진은 리스크에 대한 전사적, 또는 포트폴리오적 견해를 취해서 전체적인 잔여 리스크가 회사의 리스크 성향 이내인지를 판단한다. 이는 ERM의 본질적 부분이기 때문에 이에 대해서는 여러 방법으로 설명할 수 있다. 적용 기법 편62쪽에 주요 리스크, 고유 리스크, 리스크에 대한 대응, 그리고 회사의 주당 이익EPR에 대한 영향이라는 관점의 잔여 리스크를 보여 주는 예가 나와 있다. 또 다른 예61쪽로 횡축에 발생 빈도, 종축에 영업 이익에 대한 영향을 나타내는 그래프에 주요 사건 유형들을 화살표를 통해 양적 형태로 보여 주는 방법이 있다. 이 기법들은 고위 경영진과 이사회가 쉽게 이해할 수 있는 용어로 귀중한 정보를 제공해 준다.

* * *

적용 기법 편은 또한 다른 COSO ERM 구성 요소들인 통제 활동, 정보 및 소통, 그리고 모니터링에 관한 기법도 제공하는데, 이에 대해서도 살펴볼 가치가 있다.

ERM에 대해 설명할 때, 나는 농담조로 COSO ERM 보고서는 불면증이 있는 사람들에게 확실한 치료약이라고 말할 때가 있다. 그런데 그 말이 사실일 수도 있지만, 이 보고서에는 실로 회사들이 ERM 기법을 어떻게 성공적으로 사용하는지에 관한 귀중한 정보가 많이 담겨 있다. 따라서 독자들도 그 보고서에 어떤 내용이 있는지 시간을 내 살펴보도록 권하는 바이다.

핵심 리스크 지표

COSO 적용 기법 편은 핵심 리스크 지표key risk indicator; KRI라는 주제에 대해 언급하고 있지만, KRI는 계속 진화하고 있다. 최근에는 더욱더 많은 조직들이 주로 과거의 성과에 중점을 두는 핵심 성과 지표key performance indicator; KPI와 함께, 미래 지향적인 KRI를 ERM 프로세스 안에 들여와 그 유효성을 보다 향상시켰다. 추가적인 지침을 제공하기 위해, COSO는 최근에 ERM을 강화하기 위한 KRI 개발 – KRI가 어떻게 부상하는 리스크에 대해 초점을 더 잘 맞출 수 있게 해 주는가라는 문서를 발표했는데, 이 문서는 KRI에 대해서 및 KRI가 어떤 효용이 있는지에 대해 설명한다. 몇 가지 간단한 예를 들어 보기로 하자.

- 고객의 신용을 다루는 조직에서는 흔한 KPI에 고객의 연체 및 상각에 대한 데이터가 포함된다. 향후의 회수 이슈를 예기豫期하는 데 도움을 주기 위해 회사의 25대 고객의 보고된 재무 결과 분석 또는 업계에 나타나고 있는 고객 동향이 향후 회수 노력에 도전을 제기할 수 있는 일반적인 가능성에 초점을 두는 KRI들이 개발된다.
- 또 다른 예는 패밀리 레스토랑 체인의 경영진이 예기치 않은 시장 상황으로 수익에 부정적인 영향을 줄 수 있는 사건을 피하고자 하는 경우와 관련이 있다. 식당 영업은 고객의 가처분 수입에 직접적인 영향을 받는다는 점을 인식하고서가처분 수입 수준이 하락하면 고객들이 외식을 할 가능성이 줄어든다, 경영진은 사람들이 주유소에 지불하는 평균 휘발유 가격을 KRI 중 하나로 선정했다. 이는 휘발유 가격이 오르면 그들의 핵심 고객 기반인 개인 및 가족들의 가처분 소득이 줄어들어 찾아오는 고객 수가 줄어들 거

라는 가정에 기초했다.

KRI는 경영진이 리스크를 다룸에 있어서 보다 빠른 대응 조치를 취할 수 있게 해 준다. 뒤의 예에서, 경영진은 리스크의 영향을 줄이기 위해 마케팅 및 판촉을 조정할 위치에 있게 된다.

이 점이 중요하기 때문에 KRI는 리스크 사건의 궁극적인 근원에 보다 가까워서 경영진에게 선제적으로 대응할 수 있는 시간을 더 많이 제공해 줄 때 가장 효과적이다. 다수의 KRI들은 더 많은 정보를 제공해 줄 수 있기 때문에 특정 KRI와 리스크와의 관계, 그리고 사용된 정보의 정확성이 매우 중요하다는 점을 명심할 필요가 있다. KRI의 또 다른 이점 중 하나는 추세선이나 예외 보고를 쉽게 파악하여, 조치가 필요할 경우 신속하고 용이한 소통을 가능하게 해 준다는 것이다. KRI가 점점 더 ERM의 중요한 요소로 인식되고 있는 바, COSO의 지침은 쉽게 사용할 수 있는 정보를 제공해 주고 있기 때문에 이에 대해 읽어볼 가치가 있다.

BP 사례

리스크 파악, 평가 및 관리에서 무엇이 제대로 될 필요가 있는지를 보다 잘 이해하기 위해 어느 주요 회사, 곧 BP에서 무엇이 심각하게 잘못되었는지를 살펴보기로 하자. 이에 대한 개요를 살펴보면, 만일 이 회사에 바람직한 상부의 기조와 결합된, 고결성과 윤리적 가치에 기초한 문화 위에 세워진 효과적인 리스크 관리 프로세스가 있었더라면 그 결과가 매우 다르지 않았을까 하는 생각이 들 것이다.

2010년 4월 20일에 딥워터 호라이즌Deepwater Horizen 해상 원유 굴착 시설이 폭발하여 11명의 노동자가 숨지고, 멕시코 만 연안Gulf Coast 주州들의 경제를 망가뜨리고 해안선을 따라 환경적 재앙을 가져왔다. 해저의 원유 유출을 몇 달 동안이나 막지 못했다. 무엇이 잘못되었는가? 우리가 BP 내부에 있지는 않지만, 언론 보도들은 어떤 일이 일어났으며, 이 끔찍한 재앙으로부터 무엇을 배울 수 있는지에 대하여 상당한 시사점을 제공해 준다.

여기서 맥락이 중요하다. 딥워터 호라이즌이 화염 속에 가라앉지 않았더라면, 우리는 BP에게 일어났던 다른 재앙들에 대해 잊어버렸을지도 모른다. 2005년에 텍사스 주 텍사스 시티 소재 정유 시설이 폭발하여 15명의 노동자가 숨졌다. 2006년에는 이 회사의 알래스카 주의 노스 슬로프North Slope가 파열하여 20만 갤런의 원유가 유출되었다. 2003년으로 거슬러 올라가면, 북해에 있는 BP 플랫폼이 격렬한 압축가스 분출을 견뎌냈다. 이 기지가 폭발을 피한 건 순전히 운에 의한 것이었으며, BP는 나중에 파열된 파이프의 부식을 방지하는 조치를 취하지 않음으로써 안전 관련법을 위반했음을 시인했다.

수없이 많은 안전 규정 위반이 발생했는데, 텍사스 시티의 정유소에서만 700번도 넘게 안전 조치를 위반했다. 많은 위반 사례들이 임계 온도critical temperature 및 압력 밸브와 관련이 있는데, BP의 오하이오 주 톨레도 정유소는 고의로 안전 규정을 위반했다고 전해진다. 규제 당국은 이 회사가 최근에 전국 최대의 유전인 푸르드호우 만Prudhoe Bay에서 "심각한 안전 및 생산사고"를 일으켰으며, 당국은 현재 걸프 만에 있는 BP의 최신 해상 시추 플랫폼 중 하나인 아틀란티스 PQ의 안전 규정 위반 혐의에 대해 조사를 벌이고 있다고 발표했다.

2007년에 CEO 토니 헤이워드Tony Hayward가 취임했을 때, "우리의 오퍼레이션은 우리 자신의 기준과 법률의 요구 사항을 충족시키지 못했습니다"라고 인정하고, 이 회사의 리스크 관리를 개선하겠다고 다짐했다. 전반적으로 헤이워드의 말은 그다지 효과가 없었던 것 같다. 연방 관리들과 업계 전문가들은 BP가 안전에 대해 다른 회사들보다 뒤처졌다고 말한다. 직업 안전 보건청Occupational Safety and Health Administration은 이렇게 말했다. "BP에는 체계적인 안전 및 보건 상의 문제가 있습니다… 그들은 이에 대해 주의를 기울이고, 실제로 위험이 놓여 있는 곳에 보다 효과적으로 이를 적용할 필요가 있습니다."

리스크 관리하기

해상 시추에 종사하는 회사들은 그들이 심각한 리스크들에 직면해 있음을 아주 잘 알고 있기 때문에, 우리가 BP의 경영진이 무엇이 잘못될 수 있는지 알고 있었다고 가정해도 무방하다고 생각한다. 진정한 도전 과제는 이 리스크들을 분석하고, 어떻게 수용할 만한 수준으로 낮출지 결정하는 것이다. BP가 딥워터 호라이즌 유정에 대해 내린 몇 가지 결정을 살펴보면, 다음과 같은 사항을 발견할 수 있다.

- 유정 자체에 대해 BP는 리니어 타이백linear tieback 대신 롱 스트링long string 디자인을 사용했다. 일반인의 용어로 말하자면, 롱 스트링은 건설하기가 더 쉽고 저렴하며 리니어 타이백의 안전성을 가지고 있지 않다.
- BP는 개스킷gasket, 물이나 가스가 새지 않도록 피스톤이나 관 등의 이음매를 메우는 고무 · 금속 ·

밧줄의 고리 등. 다음 영어 사전에서 인용함 – 역자 주의 파손이나 유출 방지 장치의 문제가 있다는 위험 신호 등 "통상적인 업계 관행으로부터의 이탈"을 무시했다.

- "악몽 같은 유정"을 막음에 있어서, BP는 시간과 돈을 절약하기 위해 무거운 시추 진흙을 제거하고 이를 훨씬 가벼운 해수海水로 교체했다. 유정을 누르는 압력이 더 이상 축적된 가스의 상승 압력을 능가하지 못하게 되어, 폭발의 직접적인 원인이 되었다.

문화에 내면화되다

안전을 개선하겠다는 헤이워드의 말은 위안이 될 수도 있었을 것이다. 그리고 우리는 조치는 CEO가 말하는 것으로부터 시작됨을 안다. 그러나 우리는 또한 행동이 없는 말은 기껏해야 근거 없는 위안을 줄 뿐이고, 최악의 경우 비생산적이고 위험하다는 것도 안다.

안전에 대한 BP의 태도에 대해 잘 아는 사람이 최소한 2명이 있는데, 그들은 BP의 문화가 유해했다는 증거를 제공한다. 몇 년 전으로 거슬러 가보면, 오베론 휴스턴Oberon Houston은 BP의 엔지니어링 관리 그룹의 떠오르는 샛별로서 안전에 대한 BP의 접근법을 직접 보았다. 보도에 의하면 휴스톤은 다음과 같은 사유로 고민했다고 한다.

- 해고는 "가장 유능하고 가장 경험이 있는 엔지니어를 대상으로 하는 듯했고, BP는 가장 크고 가장 오래된 포티스 알파Forties Alpha 플랫폼게다가 이 플랫폼은 폭발할 뻔했었다의 유지 예산을 위험한, 심지어 무모한 정도로까지 삭감했다."

- BP는 "점점 더 야심 찬 탐사 및 생산에 도전한 반면, 엔지니어링 규율discipline이나 탁월성에는 점점 더 무관심하거나 오만해졌다. 게다가 고위 경영진은 석유 추출과 생산이라는 어려운 과업에 충분히 관여하지 않는 듯했다."
- "고위 경영진은 핸드 레일 붙잡기, 후방 주차의 장점에 대해 몇 시간씩 얘기하기, 그리고 커피 뚜껑을 닫지 않을 경우의 위험 등 안전의 손쉬운 측면은 강조했지만, 복잡한 설비에 투자하고 이를 유지하는 어려운 일에 대해서는 덜 열성적이었다."[17)]

휴스턴이 자신이 말한 바를 실천하여 이 회사를 떠난 것은 칭찬할 만한 일이다.

리스크 관리의 실패

BP가 재앙적 리스크 관리의 접근법에 대한 연구를 위해 채용한 어느 엔지니어링 교수이자 해상 플랫폼 재앙 전문가는 이렇게 말한다. "BP는 자주 일어나지만 영향은 미미한 미끄러짐, 걸려 넘어짐, 그리고 추락 등 사람의 안전에 대해 신경을 많이 썼습니다. 그런데 그들은 진정한 재앙인 자주 일어나지는 않지만, 영향은 큰 사고들에 대해서는 그다지 신경을 쓰지 않았습니다."

여기서 우리는 말은 그럴 듯하게 하지만, 단기적인 이익을 잠재적인 환경 상의 재앙, 그리고 참으로 회사 자체의 잠재적인 파멸보다 앞세우는 회사를 보게 된다.

BP가 한 일을, 성공적인 회사라면 주요 리스크를 관리하기 위해 해야 할 몇 가지 기본적인 사항과 비교해 볼 수 있다.

- **소통** 중요한 정보가 조직의 상부, 하부 및 수평 방향으로 흐르고, 귀를 기울이며, 이에 따른 조치를 취해야 한다. 조직 전체적으로 경영진은 자신의 바로 아래 부하 직원들의 우려를 듣고, 중요하지 않은 것은 걸러내고 중요한 것에 초점을 맞춰야 한다. 이는 소통 프로세스와 프로토콜을 필요로 하지만, 무엇이 진정으로 중요한지에 대한 판단도 필요로 한다. 효과적인 소통 프로세스에는 직원들이 귀를 닫아두는 상사를 제쳐 두고 문제를 제기할 수 있는 내부 고발자 프로그램도 포함된다. BP에서는 이 시스템이 작동하지 않았다고 전해진다. 특히 딥워터 호라이즌에 관해서는 "굴착 감독자는… 시추를 지연시킬 수 있는 안전 문제를 제기할 경우 해고될 것으로 이해했다고 말했다. 일부 동료들은 이에 대해 얘기를 꺼냈다가 해고되었다."
- **영향이 큰 리스크에 대한 대응** 대부분의 임원들은 사건의 발생 가능성 및 해당 리스크 발생 시 관련 영향이라는 토대 위에서 리스크를 파악할 중요성을 알고 있다. 따라서 가능성이 높고 영향도 큰 리스크들에 대해서는 주의를 더 기울이게 된다. 그러나 발생 가능성은 낮지만 일단 발생하면 회사를 파괴할 수도 있는 리스크에 대해서는 마땅한 주의를 기울이지 않는 경우가 너무도 많다. 확실히 이 말이 BP에 해당했고, 이 회사는 지금 생존 자체를 위해 애쓰고 있다. 그리고 이 회사의 재앙적인 사고들의 역사로 볼 때, 딥워터 호라이즌 참사는 가능성이 그다지 낮지 않았다고 말할 수 있다.
- **예방 및 시정 조치** 회사들은 리스크가 발생하지 않도록 예방하는 조치

를 취해야 하며, 그 방법도 많이 있다. 그러나 해상 시추와 같은 경우에는, 문제가 발생할 경우 이를 즉각적이고 효과적으로 시정할 준비도 되어 있어야 한다. 사후의 시행착오, 유정에서 이미 원유를 분출하고 난 뒤에 해법을 찾으려 하기 등은 결코 발생하지 않아야 한다. 예를 들어, 해상 시추 시에, 주 유정main well에서 석유가 누출될 경우 그 피해를 억제하기 위해 동시에 구조 유정relief well을 파도록 요구하는 지역도 있다고 한다. 이는 사후에 구조 유정을 파느라 몇 개월을 보내는 것보다 훨씬 현명하다.[18]

- **이사회–경영진의 상호 작용** 이사회는 경영진이 회사의 리스크를 파악, 분석 및 관리하기 위해 무엇을 하고 있는지 알아야 한다. BP의 이사회는 경영진이 리스크를 제대로 관리하게 하는 일에 충분히 관여하지 않았던 것 같다. 비록 그럴 가능성이 낮기는 하지만, 또 다른 가능성은 이사회가 회사의 예외적으로 큰 리스크 성향을 무방하게 여겨서 경영진에게 회사 전체를 위험에 빠뜨리게 할 용의가 있었다는 것이다.

BP는 값비싼 대가를 치르고 있는데, 어떤 이들은 비용을 400억 달러에 이를 것으로 추정한다. 수백 건의 소송이 제기된 것으로 전해지는 가운데, 최근의 소송 중 하나는 유가증권 사기를 주장하는 재미있는 방식을 택했다고 한다. 보도에 의하면 기관 투자자들두 곳이 대형 주(州) 연금임은 이 회사와 전현직 CEO 등 고위 임원들이 안전에 전력을 기울인다고 거짓말을 했다는 혐의로 고소했다. 원고들은 그들이 안전에 대해 인식하고 있다고 주장하고 있는 동안 과거의 재앙들과 내부 소통이 무시되었으며, 건강, 안전, 보안, 환경 및 컴플라이언스 담당 직원들이 감축되었고, 투자자들을 오도함으로써 미국 증권법을 위반했다고 주장했다.

미국 법무부는 민사 소송을 제기했으며, 맑은 물, 석유 오염 및 위험에 처한 종에 관한 법Clean Water, Oil Pollution, and Endangered Species Acts을 살펴보고 있다. 법무부는 CEO와 BP의 기타 임원들이 의회 청문회에서 한 증언이 그들이 실제로 알고 있는 것과 부합하는지에 대해서도 조사하고 있다고 한다. 또한 법무부는 그들이 내린 결정이 딥워터 호라이즌 폭발에 이르도록 한 것과 관련하여 BP의 경영진에 형법상의 살인 혐의 적용을 고려하고 있다. 미국 법무부 장관은 "조금이라도 법률을 위반한 점이 있으면 최대로 기소하겠다"고 다짐했다.

BP에 일어난 일을 보니, 금융 시스템이 거의 와해되기 전인 2007년에 씨티그룹의 CEO가 한 말이 생각난다. "유동성의 견지에서 음악이 멈추면 일들이 복잡해지지만, 음악이 연주되고 있는 한 일어나서 춤을 춰야 한다. 우리는 아직 춤을 추고 있다." 이 말은 몇 가지 믿을 수 없는 주장들과 궤를 같이 하며, BP에도 적용될 수 있는데, 그것은 다음과 같은 견해이다. 첫째, 재앙이 일어나기를 기다리고 있는지 여부에 관계없이 단기적인 이익을 거둬도 좋다. 둘째, 주요 재앙이 닥칠 때까지는 리스크에 초점을 맞출 필요가 없다.

BP 경영진은 이 재앙으로부터 뭔가를 배웠다. CEO 로버트 더들리Robert Dudley의 지휘 하에서 이 회사는 새로운 안전 기준을 정하고 BP의 기준에 미치지 못하는 시추 장비를 폐기했다. 그는 또한 문제가 드러난 곳의 운영을 중단했다고 말했다. "우리는… 소방펌프를 수리하기 위해 생산 플랫폼 한 곳의 문을 닫았고, 파이프라인 무결성 작업을 수행하기 위해 석유를 생산하고 있는 유정 한 곳의 문을 닫았습니다." 더들리는 이렇게 덧붙였다. “우리는 문제가 생기면 운영을 중단할 수 있기를 원합니다. 우리는 그렇게 하는 사람들에게 보상을 실시하고 있습니다. 이는 문화적 변화의 일부입니다.” BP는 아직도 문제가 추악한 머리를 쳐든 이후에야 조치를 취하는 것에 대해 말하고 있는 듯하지만, 이는 어쨌든 좋은 일이다.

이 회사는 아직 좀 더 정신을 차려야 할 것 같다. 더들리는 러시아 파트너인 TKN-BP와 합작으로 러시아 석유 회사인 로스네프트Rosneft와 수십억 달러 규모의 거래를 체결했는데, 이에 분노한 합작 회사의 주주들이 이 거래를 무효화하는 법적 조치를 취했다. 이 사례는 더들리와 BP가 주요 리스크들을 얼마나 잘 관리하고 있는지에 대하여 일련의 새로운 의문을 제기하였는데, 어떤 이들은 그들이 러시아의 법률 및 에너지 시스템을 아주 잘못 파악했다고 비난했다. 그런데 더들리가 러시아에서 TKN-BP의 CEO로 재직했었음에도 어떻게 이런 일이 가능한가? 일부 애널리스트들은 세계 최대의 산유국이자 TKN-BP가 BP의 총 가스 매장량의 4분의 1을 보유하고 있는 러시아에서 BP가 존속할 수 있을지 여부에 대해 의문을 제기하고 있다.

자꾸 반복해서 미안하기는 하지만, 자주 간과되고 있는 한 가지를 독자들에게 말해 주고 싶다. 그것은 리스크는 이미 일어난 일에 대한 것이 아니라, 일어날 수도 있는 일에 관한 것이라는 점이다. 그리고 일어날 가능성이 없어 보이지만 회사를 파멸시킬 수도 있는 사건도 다뤄질 필요가 있다. BP에서 일어난 일은 우리 모두에게 많은 교훈을 제공해 준다.

Chapter
7

ERM 실행하기

Implementing ERM

Implementing ERM

이제, 전사 리스크 관리에 대해 관심이 생겼다면, ERM의 실행에 무엇이 관련되는지 알고 싶을 것이다. 이번 장에서는 먼저 ERM의 실행에 대한 계기가 일반적으로 어디에서 나오는지에 대해 살펴보고 난 뒤에, 효과적인 RM 프로세스를 성공적으로 확립함에 있어서 도움이 되는 요소와 방해 요소들에 대해 살펴보기로 한다.

ERM의 동인

ERM 실행의 동인은 무엇인가? 때로는 고위 경영진이 회사가 자신에게 어떤 리스크가 닥칠 수 있는지를 제대로 다루고 있지 못함을 깨닫는 경우가 있다. 임원들이 자신들은 어떤 리스크들이 잠복해 있는지 모른다는 것을 인식하고, 재앙적이지는 않더라고 불쾌한 서프라이즈를 선제적으로 피하기를 원할 수도 있다. 그들은 ERM에 대해 많이 들어왔고, 자기 회사에서도 이의 이점을 누리기로 결정했을 수도 있다.

간혹 그러한 경우도 있지만, 솔직히 이런 예는 실제로는 극히 드문데, 특히 한 회사의 최고 경영자의 경우에 더욱 그렇다. 일반적으로 CEO들은 주로 목표에 중점을 두고, 이익을 내며 기업을 성장시키기는 전략적 계획을 수행하기 위해 열심히 일한다. 내가 컨설팅 업무로 함께 일해 본 대부분의 CEO들은 비즈니스 잠재력을 보고, 조직의 구성원들에게 조직의 목표지점으로 가는 길을 고수하도록 동기부여하는 낙관주의자들이었다.

그렇다면, ERM에 대한 계기가 CEO로부터 나오는 게 아니라면, 어디로부터 나오는가? 이는 대개 이사회나 고위 경영진으로부터 나온다.

이사들

이사회의 감독 책임을 적절히 수행하기 위해서는 이사회가 경영진이 리스크 파악 및 관리를 잘하고 있다는 데 마음을 놓을 수 있어야 한다. 그리고 이사회가 경영진이 조직화된 리스크 관리 프로세스가 있음을 알지 못하는 한, 마음을 놓을 수 없다.

이사회가 리스크 관리에 초점을 맞춰야 하는 다른 이유들도 있다. 주요 동인 중 하나는 이사회의 감사위원회가 회사의 리스크 평가 및 관리에 중점을 두라는 뉴욕 증권거래소NYSE의 상장 요건이다. 그리고 NYSE에 상장되지 않은 많은 회사의 이사회들이 이 기준들을 모범 관행으로 여기고 있다. NYSE 규정 외에도, 이사회들은 비리 예방 및 탐지를 위한 회사의 컴플라이언스 제도에 무게를 두는 증권거래위원회SEC 및 법무부의 법규 집행 프로그램과 회사가 범죄 행위 리스크를 어떻게 다루는지에 대해 명시적으로 말하는 미국 연방 양형 가이드라인에 유념하고 있다. 이사들은 규제기관들이 자신들이 감독하는 회사들, 특히 금융 회사들이 효과적인 리스크 공시 및 관리 프로그램을 유지하는지 지켜본다는 것을 잘 알고 있다. 그리고 이사들은 적절한 리스크 기반 정보를 획득할 이사의 의무와 이에 관련된 잠재적 책임을 다루는 델라웨어 형평법원 및 최고 법원과 기타 주의 법원들에서 내려진 결정들을 무시할 수 없고, 무시하지도 않는다.

또한 리스크를 간과하여 대량의 도산을 야기했던 주요 은행들 및 기타 회사들에 일어난 일을 보는 것도 중요하다. 이사들은 서프라이즈를 원하지 않는다. 그들은 잠재적인 빙산이 경영진의 레이더 화면에 포착되어 있고, 회사라는 배가 효과적으로 항해하고 있다는 점에 대해 안심하면서 편안하게 잠자리에 들기를 원한다.

또한 이사들은 효과적인 전사적 리스크 관리 프로세스가 있을 경우, 회사가 적절한 리스크를 취하도록 해줌으로써 가치를 창출할 더 좋은 위치에 서게 되리라는 점을 깨닫게 될 수도 있다. ERM은 이사회가 리스크를 덜 회피하게 할 수 있다. 경영진을 좌절시키고 혁신과 성장을 좌절시킬 수도 있는 지나친 리스크 회피에는 높은 기회비용이 따른다. 불행하게도, 기업 거버넌스의 기술적 내용이 점점 더 강조될수록 일부 회사의 이사회는 더욱더 리스크를 회피하는 쪽으로 변하고 있다. 그러나 효과적인 전사 리스크 관리 프로세스를 실행한 회사들에서는, 이사회가 리스크 회피적인 자세를 피하는 경향이 있다. 오히려, 이사들이 경영진이 올바른 리스크를 취함에 있어서 정보에 입각한 의사 결정을 내리며 이사회에 적절한 정보를 제공하고 있다는 데 대해 편안하게 생각하고 있다.

이 이사들은 ERM이 만병통치약이 아니며, 리스크에 대해 지속적으로 주의를 기울일 필요가 있음을 이해한다. 그러나 그들은 효과적인 ERM을 갖추면, 회사가 기회를 포착하고, 커다란 함정을 피하며, 주주가치를 성장시키기에 보다 더 좋은 위치에 서게 된다고 믿는다.

고위 경영진

ERM에 주의를 기울이는 또 다른 주요 원천은 회사의 최고 재무 책임자, 최고 법무 책임자, 최고 컴플라이언스 책임자, 또는 최고 감사 책임자 등과 같은 고위 경영진이다. 대부분의 조직에서 이러한 분야의 전문가들은 독서, 컨퍼런스, 전문가 단체, 또는 동료와의 대화를 통해 ERM과 ERM이 소식에 어떠한 이익이 될 수 있는지에 대해 이해하게 되었다. 중요한 점은 그들은 회사가 어떤 리스크 관리 형태를 취하고 있으며, 조직에 응집력 있는 리스크 관리 프로그램이 없어서 어떤 실패 사례가 발생했는지 또는 어떤 기회를 상실했는지에 대한 명확한 통찰력을 지니는 경향이 있다는 것이다.

내가 컨설팅을 제공했던 한 회사에서는 최고 법률 책임자가 리스크 파악, 평가 및 관리를 위해 무엇이 이뤄지고 있으며, 무엇이 이뤄지지 않고 있는지에 대해 잘 알고 단점을 인식한 사람이었다. 이 사람은 또한 회사의 집행 부사장으로서 법률문제 외에도 전략적 이슈 및 운영상의 이슈들에도 영향을 미친다는 점이 중요한 요소였다. 이 회사의 경우, 최고 법률 책임자이자 집행 부사장이 회사의 CEO와 기타 고위 경영진이 효과적인 ERM 프로세스를 실행하도록 설득했다.

이와 유사하게, 나는 CFO, 최고 내부 감사, 그리고 회사의 다른 임원들과 함께 컨설팅 작업을 했는데, 이들은 때로는 이사회나 감사위원회의 지원을 받아, CEO가 ERM의 이점을 인식하게 하고 이를 통해 해당 조직이 ERM 프로젝트에 착수하게 하는 데 성공했다.

비즈니스 상의 이점

이사회나 CEO의 바로 아래 임원의 촉구 외에도, CEO들은 주요 프로젝트 추진 시 이의 필요성에 대한 근거를 제시 받아서 비즈니스 상의 이점을 보기 원한다. 이러한 요청에는 투자 수익률 또는 관련 비용-효용 관계를 보여 줄 필요가 내재되어 있다.

ERM이 비즈니스에 도움이 된다는 점은 여러 방법으로 설명될 수 있다. 솔직히, 가장 효과적인 방법 중 하나는 과거의 리스크로 인해 비즈니스 목표를 달성하지 못했거나, 기회를 놓쳐서 나중에 경쟁자가 이를 포착한 사례를 회상해 보는 것이다. 회사가 상당한 피해를 입었을 경우 ERM이 비즈니스에 도움이 된다는 점을 설득시키기가 비교적 용이하다. 업계의 다른 조직들에서 리스크를 인식하지 못해 중대한 피해를 입은 경우에도 그럴 거라고 생각할 수도 있지만, 불행하게도 이에 대해서는 보편적으로 "우리 조직에서는 그런 일이 일어날 수 없다"는 식으로 반응한다.

비즈니스에 도움이 된다는 것을 납득시킴에 있어서 중요한 요소 중 하나는, 관리자들이 보다 나은 비즈니스 의사 결정을 내리고 리스크 대비 수익 비율이 가장 양호한 곳에 자본을 할당할 수 있도록 도와주는 정보의 유형과 그 가치를 보여 주는 것이다. 가능하다면, 이러한 효용을 계량화하여 정성적인 근거를 보완하는 것이 유용한 데, 이는 ERM 프로세스의 초기 투자비용 및 지속적인 비용의 맥락에서 제공되어야 한다.

CEO에게 ERM이 비즈니스 상 이점이 있음을 보여 주는 것이 왜 그렇게 중요한가? 한 가지 명백한 이유는 대부분의 조직에서 ERM 프로젝트가 시작되려면 CEO가 이를 승인해야 한다는 것이다. 그러나 또 다른 현실적 이유는 CEO의 지원 없이는 이 프로젝트가 성공할 가능성이 낮다는 점이다. 고위 간부들이 좋은 의도로 ERM을 자신의 회사에 들여오기 위해 노력했지만, 먼저 CEO의 충분한 지원을 얻지 못한 상태에서 추진한 결과, 흔히 경영진 차원의 수용 결여라는 형태의 극복할 수 없는 장애에 봉착한 사례가 너무도 많다.

함정들

효과적인 ERM 실행 방안에 대해 살펴보기 전에, 프로젝트가 어디서 빗나갈 수 있는지 살펴보는 것이 유용하다. 경영진은 흔히 효과적인 ERM을 추구하다 여러 가지 함정에 빠져든다. 나는 운이 좋게도 이러한 함정들을 피한 많은 회사들과 함께 일할 수 있는 기회가 있었는데, ERM 프로젝트를 추진하면서 유사한 함정을 피하고 싶어 하는 사람들을 위해 내 경험을 나누고자 한다.

최고 경영자의 지원이 흔들림

앞에서 언급한 바와 같이, ERM에 대한 최초의 계기는 대개 CEO에게서 나오지 않는다. 그보다는 ERM에 대한 논의는 중요한 모든 리스크에 대해 보고 받기를 원하는 이사회 또는 이사회 내 감사위원회 차원에서 시작된다. 이에 직접적으로 관련되는 질문은 다음과 같다. "고위 경영진은 자신들이 핵심적인 리스크를 파악했고, 이 리스크를 관리하는 적절한 조치를 취할 위치에 있으며, 이에 관한 정보를 이사회에 소통하고 있음을 어떻게 아는가?" 대개 CEO가 처음에는 "나와 내 바로 밑의 임원들은 이 회사를 경영하므로, 당연히 무슨 일이 벌어지고 있으며 어떤 리스크가 있는지 안다"고 답변하다가 나중에는 이미 존재하고 있을 수도 있는 리스크 파악 및 관리 프로세스에 어떻게 필요한 규율discipline을 확립할지에 대한 논의로 이어진다.

여기에서 이 점이 왜 그렇게 중요한가? CEO가 최초의 동인이 아닌 경우, 특히 이사회가 ERM 프로그램 요구를 개시할 경우, 고위 경영진이 이를 실행하기로 동의하지만 마음은 딴 곳에 가 있을 수 있기 때문이다. 물론, 항상 그런 것은 아니다. 어느 대기업에서는 ERM에 대한 계기가 감사위원회 위원장으로부터 나왔지만, CEO가 그 아이디어를 완전히 받아들여 필요힌 지원을 열성적으로 제공했다. 그러나 최고 경영자가 그다지 열의를 보이지 않는다면 ERM 실행의 성공 가능성은 현저히 떨어지게 된다.

그리고 이 점이 바로 핵심이다. 효과적인 ERM 프로그램의 효용을 충분히 누릴 가능성을 높이려면, CEO와 다른 고위 경영진이 이 제안을 충심으로 받아들여야 한다. ERM 프로젝트가 누구의 제안으로 시작되었는지가 성공에 대해 시사하는 바가 있을 수도 있지만, 이 점이 ERM의 성공에 결정적인 요소는 아니다. 가장 주요한 이슈는 최고위층으로부터 필요한 지원을 받고 있느냐이다.

행정 관리상의 부담

또 다른 주요 함정 중 하나는 애당초에 경영진이 회사의 목표를 달성함에 있어서 보다 나은 의사 결정을 하도록 지원한다는 ERM 실행의 주된 목적에서 벗어나, 이 프로그램을 관리 행정상의 끔찍한 부담으로 바꾸는 것이다. 이 함정은 보다 고위급의 경영진과 이사회에 대한 정보 보고를 지나치게 강조할 경우에 특히 더 커지게 된다.

때로는 ERM 개발을 지원하는 직원들이 형식 및 절차의 견지에서 생각하고, 과도한 세부 사항과 격식에 빠져들기도 한다. 이 프로세스는 실질보다는 형식을 중시하게 되고, 불행하게도 회사의 구성원들이 ERM을 직원들이나 회사에 아무 도움도 되지 않지만 그저 관리상 해야 되는 일로 보게 된다.

물론, 이사회에 정보를 제공하는 것은 중요한 효용 중 하나이지만, 이는 효과적인 ERM의 자연스러운 결과로 보는 것이 옳다. 어떻게 ERM을 조직의 문화 및 비즈니스 프로세스 안으로 통합하여 경영진이 리스크 관리 및 기회 포착을 보다 잘할 수 있도록 해 주는, 의미 있는 정보를 제공할지에 진정한 초점이 맞춰져야 한다. 확실히, 어떤 리스크를 다룰 필요가 있는지, 그리고 어떤 기회를 어떻게 포착하여 추가적인 투자를 할지에 관한 합의를 촉진하기 위해, 보다 상부의 경영진에게 소통하는 명확한 통로가 있어야 한다. 그러나 이는 기존의 경영 관리 프로세스라는 맥락 안에서 가장 잘 이뤄지는 것이지, 관리상의 덧씌우기나 완전히 별도의 프로세스로 되는 것이 아니다.

잘못 놓인 리스크 관리 책임

고위 경영진은 리스크 관리에 대한 책임을 기존의, 또는 새로 임명된 최고 리스크 책임자라는 한 개인에게 미루기 원하는 경향이 있다. 그들은 CRO에게서 파악된 리스크, 리스크의 상대적 중요도, 그리고 이 리스크가 어떻게 관리되고 있는지 정보를 알기 원한다.

이러한 방식이 처음에는 좋아 보일 수도 있지만, 실제로는 제대로 효과를 발휘하는 경우는 거의 없다. 물론 명칭이야 어떻게 불리던, CRO는 효과적인 ERM에 결정적이지는 않을지라도 큰 도움이 된다. CRO와 리스크 관리부서는 비즈니스 라인 관리자들과 그 부하 직원들이 자신의 소관 분야에서 ERM을 어떻게 효과적으로 실행할 수 있는지 이해하도록 지원할 수 있고, 또 그래야 한다. 그러나 효과적인 리스크 관리는 각각의 운영 부서 소관 사항이며, 그들이 이에 대한 책임을 져야 한다. 이유야 많지만 요약하면, ERM은 조직 구조 안으로 녹아 들어가 비즈니스를 운영할 권한과 책임이 있는 사람들에 의해 집행될 때 가장 큰 효과를 발휘하기 때문이다.

그러므로 리스크 책임자는 상부로 정보를 전달하는 보고 경로 상에 위치하고, 최고 경영자가 질문하는 중심적 접촉점이 될 수 있지만, 정보는 비즈니스 관리자들이 통상적인 비즈니스 관리 과정에서 통상적인 보고 통로를 통해 상부로 전달할 때 가장 잘 소통된다. 비즈니스 관리자들은 부각되고 있는 리스크 정보들을 정기 회의에서나 수기 보고서 또는 전자적 방식을 통해 상부에 소통하기도 하고, 시간이 촉박한 정보에 대해서는 전화나 전자 우편으로 보고한다.

리스크를 관리하기 위해 취해야 할 조치들은 통상적인 대화를 통해 논의된다. CRO는 중요한 리스크들을 이해하고, 이 리스크들이 통상적인 통로를 통해 보고되도록 해야 한다. 그렇지 않을 경우 CRO는 그러한 대화가 일어나도록 촉구하고, 계속적으로 아무런 조치가 취해지지 않을 경우 이를 고위 경영진에 직접 소통해야 한다. CRO는 이러한 방식으로 필요할 경우 지원과 요약 정보를 제공하는 보좌 기능을 수행하고, 특정한 리스크들에 대해서 정보를 제공하는 안전장치 역할을 한다.

모멘텀 상실

아마도 모멘텀momentum 유지 실패가 성공적인 ERM 실행에 있어서 가장 흔한 함정일 것이다. 내가 젊었을 적에 프랭크 기포드Frank Gifford, 하워드 코셀Howard Cosell, 그리고 돈 메레디스Don Meredith가 아나운서로 진행했던 ABC의 'Monday Night Football' 프로가 기억난다. 내 기억이 맞는다면, "멋쟁이 돈Dandy Don"은 공격권이 전환되고 나면 모멘텀 상실의 값비싼 대가를 치른다는 말을 계속 되풀이해서 "또 그 모멘텀 타령"이라는 말을 만들어 냈다.

내 기억을 얘기해서 미안하지만, 이와 동일한 주제가 여기에도 적용된다. 흔히 ERM 실행 시 대대적으로 선전하면서 큰 기대 하에 이 프로젝트가 시작되고, 많은 자원이 투입되며 ERM 프로세스를 설계 및 구축하여 조직 전체에 이 시스템을 장착할 프로젝트 계획이 수립된다. 사람들은 이 프로젝트에 열광하며, 변화를 두려워하는 사람들마저 이 프로젝트를 수수방관할 수도 없고 그렇게 하지도 않겠다고 결심하면서 ERM이라는 배를 타게 되고, 이 프로젝트는 앞으로 나아간다.

그러나 안 좋은 일들이 앞을 가로막는다. 프로젝트 리더가 다른 곳으로 발령 나고, 프로젝트 팀원들은 다른 일상 업무에 매이게 되며, 비즈니스는 뜻하지 않은 장애를 만나 예산이 삭감된다. 또는 비즈니스 프로세스 개선, 데이터 분석, 핵심 성과 지표 또는 성과를 향상시키고자 하는 기타 사안들을 다루는 다른 프로젝트가 시작된다. 그런데 ERM은 이러한 유형의 프로젝트들을 위한 견고한 토대이자 이를 가능하게 해 주는 것으로 입증되었다. 이유야 어떻든 ERM 실행을 위한 모멘텀이 상실될 수 있는데, 일단 모멘텀을 잃게 되면 이를 되찾기 어려울 수 있다.

프로젝트 팀원들이 해당 프로젝트가 진행되는 기간 동안 그들이 맡고 있는 다른 업무의 전부 또는 일부를 다른 사람에게 넘기고 ERM 프로젝트 참여에 충분한 시간을 할애할 때 이 프로젝트가 성공할 수 있다. 고위 경영진이 알게 모르게, 또는 다른 급박한 필요에 밀려 ERM에 대한 관심을 잃어서는 안 된다. 그리고 이 프로젝트가 종료될 때까지 시간을 들여야 한다.

이 프로젝트는 가령 매출액 5십억 달러에서 100억 달러 규모의 회사일 경우 전사적으로 실행하며, 이보다 큰 회사들의 경우 한 두 개의 부문을 실행하는 데 18개월이 소요된다.

내가 컨설팅을 제공했던 어느 회사는 이 함정에 빠져들었다. 18개월 일정으로 ERM 프로세스를 설계, 구축, 실행하기로 하고서 약 1년쯤 지났을 때, 이 프로젝트에 방해가 되는 사건들이 시작되어 투자 전체가 위험에 처해졌다. 위험을 인식한 경영진이 필요한 곳에 주의를 집중할 수 있도록 조치를 취해서 프로젝트의 모멘텀을 회복하고 이 프로젝트를 성공적으로 마칠 수 있었다.

연수를 만병통치약으로 봄

또 다른 위험 중 하나는 실행 상의 모든 문제들은 연수를 통해 어떻게든 다뤄질 수 있다고 생각하는 것이다. 이 아이디어는 단순하다. 한나절짜리 ERM 연수를 실시하면 모든 것이 완벽하게 돌아간다는 것이다.

물론, 회사의 비즈니스 관리 방식에 부합하도록 하기 위해 ERM이 어떻게 설계되는지 등 ERM에 대해 알 필요가 있는 사항들을 명확히 하는 것은 필수적이다. 그러나 연수를 시작할 수 있게 되기 전에, 이 프로젝트의 설계 및 구축단계에서 ERM이 모든 비즈니스 프로세스/부문들에 구축되도록 할지, 아니면 일부 프로세스 및 부서에 대해서는 ERM이 최초로 실행되고 난 뒤에 해당 프로세스/부문의 리더들에 의해 수행되도록 할지에 대해 결정해야 한다. ERM이 회사의 다른 프로세스/부문의 모델이 되기 위한 충분한 토대를 제공하기 위해서는 목표 수립, 예산 수립, 성과 측정, 그리고 최소한 몇 가지 핵심 비즈니스 라인 프로세스 등 보다 중요한 프로세스 안으로 통합되는 것이 중요하나. 일부 설계/구축 작업이 나중에 프로세스/부문의 리더에 의해 수행되게 될 경우, 연수 시에 이에 필요한 지식 및 기법도 제공해야 한다.

여기서의 핵심은 연수는 ERM 프로세스의 효과적인 설계 및 실행 뒤에 비로소 개발 및 실시되어야 한다는 점이다. 사람들에게 이 시스템을 어떻게 사용하는지를 모색하기 전에 어려운 일이 먼저 끝나 있어야 한다.

또한, 일반적으로 1회의 연수로는 충분하지 않다. 효과적인 ERM 실행은 문화 및 행동의 변화를 필요로 하는데, 이는 잘 조율된 변화 관리 기법 사용을 요구하기 때문에 지속적인 연수는 변화 관리 기법의 한 부분이다.

약속된 땅에 도달하기

이러한 함정들이 도사리고 있다면, ERM 실행을 향해 앞으로 나아가기 위한 노력을 기울일 가치가 있는지 의문이 들 수도 있다. 내 경험에 의하면, 이 질문에 대한 대답은 절대적으로 그렇다는 것이다. 이는 전심전력, 계획 및 실행을 필요로 하며, 이를 제대로 한 회사들은 기대했던 막대한 유익을 얻었다.

효과적인 실행

함정들에 대해 강조했으니, 이제 올바로 하려면 무엇이 필요한지에 대해 ERM 시스템의 성공적로 실행에 어떤 방법론들이 가장 효과적인지에 중점을 두고 살펴보기로 하자.

입증된 방법

CEO가 ERM 프로젝트의 진행에 충분히 협조적이라는 가정 하에 논의를 진행하기로 하자. 즉, 이사회나 감사위원회의 독려, 중대한 리스크를 보지 못한 데 대한 혹독한 대가를 치른 결과, 또는 ERM의 많은 유용성 인식 등 이 프로젝트에 착수하게 된 계기가 무엇이든, CEO와 고위 경영진이 효과적인 ERM 프로세스 개발에 전력을 기울이고 있다고 가정한다.

어떻게 진행할지에 대한 지침으로는 자신의 회사에 ERM을 실행해온 회사들의 경험에 기초해 개발된 COSO의 ERM 보고서를 참조할 수 있다. 이 지침으로부터 ERM 성공을 위한 몇 가지 단계들을 요약할 수 있다.

- **프로젝트 팀의 준비도** 공통의 이해와 언어를 가진 비즈니스 부문들과 핵심 스탭 부서들의 대표자들로 프로젝트 팀을 구성하여 ERM 프로그램 디자인의 토대를 제공한다.
- **실행 계획 수립** 명확한 작업 순서, 주요 이정표milestone, 자원, 시간 일정 등 핵심 프로젝트 단계들을 정하는 계획을 수립한다. 책임이 정해지고, 프로젝트 관리 시스템이 갖춰진다.
- **현황 평가** 핵심 팀은 회사가 현재 리스크를 어떻게 그리고 어느 정도로 파악하고 관리하는지 검토하고, 조직 내의 리스크 관리 역량을 평가한다.
- **전사 리스크 관리 비전** 프로젝트 팀이 ERM이 조직의 목표를 달성하도록 돕기 위해 어떻게 설계되고 조직 안에 통합될지를 정하는 비전을 수립한다.
- **역량 개발** 현황 분석 및 ERM 비전 수립이 완료되면, 현재 갖춰져 있는 인력, 테크놀로지, 그리고 프로세스 역량 및 어떠한 새로운 역량을 개발할 필요가 있는지 평가하는 데 필요한 통찰력을 얻을 수 있다. 이에는 역할 및 책임, 프로세스, 방법론, 도구, 기법, 정보 흐름, 그리고 테크놀로지들이 포함된다.
- **실행 계획** 최초의 계획을 업데이트하고 강화하여 추가적인 디자인 이슈 및 채택을 다루기 위한 깊이와 넓이를 더한다.
- **변화 관리 개발 및 실행** 전사 리스크 관리 비전을 실행하고, 실행 계획, 연수 일정, 보상 개선 장치, 실행 프로세스의 나머지 부분 모니터링 등의 바람직한 역량을 유지하기 위한 조치들이 개발된다.
- **모니터링** 경영진은 일상적인 경영 관리 프로세스의 일환으로서 리스크 관리 역량을 검토 및 강화한다.

다른 요인들

성공에 결정적인 역할을 할 수 있는 몇 가지 다른 요인들을 인식하는 것이 중요하다. 그 중 한 가지는 조직에는 변화를 열망하고 이를 개인 및 부서, 그리고 회사의 성과를 향상시켜 주는 좋은 기회로 받아들이는 사람들이 있는가 하면, 변화를 좋아하지도 않고 이를 원하지도 않는 사람들도 있다는 사실이다. 그러므로 있을 수 있는 장애물을 이해하고, 이를 예상하여 선제적으로 대응할 필요가 있다. 선제적으로 다루지 않을 경우, ERM 실행을 손상시킬 수 있는 몇 가지 보편적인 요소들은 다음과 같다.

- 리스크 관리가 우리의 진정한 업무를 방해한다.
- 이는 부정적으로 생각하는 프로세스로서, 우리처럼 행동 지향적이고 할 수 있다는 생각을 가지고 있는 사람들에게는 적합하지 않다.
- 리스크 관리는 누군가 다른 직원들의 일이다.
- 우리는 다른 곳에서 무엇이 잘못되었는지 알고 있는데, 우리에게는 그런 일이 일어나지 않을 것이다.
- 리스크 관리는 단지 경영진이 이사회에 보고할 수 있기 위해 존재한다.

효과적인 실행에 필요한 다른 중요한 요소들로는 사람들에게 ERM이 그들의 비즈니스 의사 결정을 개선시키고 그들의 부서 및 개인적 목표를 달성하는 데 도움이 된다는 점을 깨닫게 하고, ERM이 어떻게 기존의 비즈니스 프로세스 안에 구축되는지를 보여 주고, 왜 ERM이 성과 평가 및 인사 프로세스에 반영되는지 확실히 알려 주는 조치를 취하는 것이다.

마지막으로, 프로젝트 팀과 실행 프로세스를 감독할 운영 위원회steering committee를 설치하는 것이 매우 유용함이 입증되었다. 직원을 포함한 고위 리더로 구성된 위원회는 고위 직급으로부터의 지도, 변화에 대한 지원, 프로세스를 통한 고위 관리자의 학습, 그리고 고위 관리자의 열정 강화를 통해 필요한 신뢰성과 지원을 제공한다.

어디부터 시작할 것인가

기술된 방법론은 이 일을 할 수 있는 효과적인 방법을 제공한다. 그러나 다음과 같은 전형적인 질문이 제기된다. 회사의 어디부터 시작할 것인가? 즉, ERM을 단번에 조직 전체에 실행해야 하는가, 아니면 조금씩 해야 하는가?

그 대답은 "상황에 따라 다르다"는 것인데, 이는 놀라운 일이 아니다. 경험에 의하면, 중간 규모의 회사는 ERM을 일거에 조직 전체에 실행하는 것이 좋다. 프로젝트 팀이 구성되고 고위 경영진이 지원할 경우, 조직 전체에 대해 실행하는 것이 가장 효율적이고 효과적이다.

그러나 규모가 큰 기업의 경우, ERM을 한꺼번에 구축하기가 어려우며, 이를 단계적으로 진행하면 상당한 이점이 있다. 다국적 기업이나 여러 곳에 소재하고 있는 대기업, 또는 비즈니스 부문마다 그 리더들이 자신의 부문을 어떻게 운영할지 상당한 자율권을 갖고 있는 기업의 경우 특히 그러하다. 특히 성공적인 방법 중 하나는 먼저 중앙의 전략 계획 수립 및 예산 책정 프로세스에 ERM을 개시하는 것이다. 이렇게 하면 전략 및 관련 실행 계획 수립에 있어서의 리스크를 파악하여 이를 다룸에 있어 고위 경영진이 직접 참여하고 이에 대해 편안하게 생각하게 되는 등 몇 가지 이점이 있다. 또한 일반적으로 고위 경영진의 바로 아래 직급 직원들도 이에 관여하게 되어 상위 경영진들의 직접적인 지식을 확산하게 된다.

또한 ERM을 먼저 한두 개의 중요한 비즈니스 부문, 특히 회사에서 현저하게 두드러지고 성공적인 비즈니스 목표 달성으로 명성이 높은 부문에 실행하면 유용한 경우가 많다. 성공을 담보하기 위한 적절한 주의를 기울인다면, 이 부문들은 다른 비즈니스 부문들에 대한 모델 역할을 할 수 있다. 경험에 의하면, 다른 비즈니스 부문의 리더들이 이러한 성공 사례를 보게 되면, 그들도 이를 본받고 싶어 한다.

추가적 지침

COSO는 6장에서 언급한 바 있는 핵심 리스크 지표들에 대한 지침을 발표하던 무렵에 「전사 리스크 관리 수용하기-출발을 위한 실제적 접근법」Embracing Enterprise Risk Management - Practical Approach for Getting Started을 발표했다. 이 보고서는 궁극적으로 ERM 프로세스를 전사적으로 시행할 목표를 세운 회사들, 특히 소규모 회사들이 어느 분야부터 리스크 관리를 시작할 수 있는지를 설명한다. 이 문서는 많은 주제들과 관련한 성공의 열쇠들을 제시하는데, 이는 최고 경영자의 지원 확보로부터 시작된다.

두 번째 주제는 단계적 구축인데, 이에는 즉각적이고 가시적인 결과를 내기 위한 핵심 관행들의 실행이 포함된다. 세 번째 주제는 먼저 소수의 주요 리스크들에 중점을 두는 것이고, 네 번째 주제는 이 프로젝트를 시작하는 촉매제로서의 최고 감사 책임자, 최고 재무 책임자 또는 기타 임원들의 역량을 활용함으로써 기존 자원을 이용하는 것이다. 이 지침은 계속해서 다섯 번째 주제로 나아가는데, 예를 들어, 내부 감사, 보험 또는 컴플라이언스 기능, 사기 예방/탐지 장치, 또는 신용이나 자금 기능 등과 같이 이미 수행되고 있는 리스크 관리 활동의 토대 위에 구축하는 것이다. 여섯 번째 주제는 리스크 관리를 비즈니스 조직 안에 내면화시키는 것이고, 마지막으로 일곱 번째 주제는 고위 경영진 및 이사회에 발전하고 있는 ERM 관행에 대해 업데이트해 주고 그들을 교육시키는 것이다.

이 지침은 또한 ERM 프로젝트를 지원하기 위한 일곱 가지 조치들을 제시한다.

1. 이사회와 최고 경영자의 리더십 관여와 감독을 추구하라.
2. 강력한 리더를 선정하여 ERM 프로젝트를 담당하게 하라.
3. 리스크 위원회 또는 실무 그룹을 설립하라.
4. 전사적 리스크 평가를 수행하고 이에 관련된 행동 계획을 수립하라.
5. 기존의 리스크 관리 관행을 파악하라.
6. 소통 및 보고 프로세스를 개발하라.
7. 다음 단계의 행동 계획 및 소통을 수립하라.

이 보고서에 나와 있는 바와 같이, 여기서 제안된 단계적 접근법은 소규모 회사에 특히 유용할 수 있는데, 이는 전사 리스크 관리 프로세스로 나아가는 출발점일 뿐이다. 나는 이 보고서가 ERM 프로세스 구축 착수에 대한 장애와 저항을 분쇄할 방안을 모색하고 있으므로, ERM의 첫 단계 착수를 고려 중인 회사에 유용할 수 있다고 생각한다. 그러나 여기까지가 전부이다. 이 보고서는 ERM 프로세스를 어떻게 설계할지 또는 이 프로세스가 어떻게 조직 전체에 효과적으로 실행될 수 있는지에 대해서는 지침을 제공해 주지 않는다. 이 지침에서 제시하는 단계들은 출발점에 지나지 않는데, 나는 이러한 경고에도 불구하고, 이 경로를 따라가는 회사들이 자신의 조직에 ERM을 구축했다고 믿게 될까 염려된다.

이 지침에서 리스크 분석 시 리스크 사건의 발생 가능성 및 그와 관련된 영향에 대한 강조를 보완하는 두 가지 요인들에 대해 논의해 볼 가치가 있다. 그 중 한 가지 요인은 속도, 즉 특정 리스크 사건이 특정 회사에 발생하는 속도, 또는 보다 정확히 말하면, 리스크 사건 발생과 그 영향 사이의 시간이고, 다른 요인은 이를 다룰 수 있는 회사의 준비 태세이다. 속도는 특히 최근 몇 년 사이에 주의를 끌게 되었으며, 이를 리스크 분석 시 고려 대상에 추가하면 특히 유용할 수 있다.

전반적으로 볼 때, 최근에 발표된 이 두 개의 보고서는 올림픽 경기에 동시에 출전한다면 동메달감이다. 핵심 리스크 지표에 관한 보고서는 단연 금메달감이다.

ERM과 SOX 404 및 기타 컴플라이언스 요건 연결시키기

수년 전에 회사들이 사베인-옥슬리 섹션 404 하의 재무 보고에 대한 내부통제를 다루기 위한 프로세스를 수립 및 개선하고 있을 때, 일부 회사들은 SOX 404에 대한 초점을 넓혀 ERM 원칙들도 포함시키기로 결정했다. 이 회사들은 전략, 운영 및 컴플라이언스 목표들에 대해서도 재무 보고 리스크를 파악, 평가, 관리하는 프로세스들이 개발된 것과 같은 방식으로 다루기로 했는데, 이곳에서는 리스크와 기회에 중점을 두기로 했다. 그들은 이미 SOX 404를 준수하기 위해 COSO의 내부통제 프레임워크를 사용하고 있었기 때문에, COSO의 ERM 보고서를 사용하여 회사의 기존 내부통제 제도 위에 ERM을 구축할 수 있었다. COSO의 ERM 보고서는 COSO 내부통제 보고서에 기반을 두고 수립되었기 때문에, 이 회사들은 근저의 기본 사항들이 이미 존재하고 있음을 발견하였다.

일부 회사들의 고위 경영진은 그러한 접근법을 채택했다. 예컨대, 어느 대형 전자제품 제조업체와 어느 금융 서비스 회사는 SOX에 대처함에 있어서 SOS 섹션 404 요건 준수로부터 진정한 비즈니스 상의 혜택을 누리기로 결정했다.

이들 두 회사의 경우, 경영진은 자기 회사의 재무 보고 통제만을 바라본 것이 아니라, COSO 프레임워크 하의 다른 범주인 컴플라이언스 및 운영 통제도 바라보고 리스크 관리로 그 범위를 확대했다. 이 회사들은 훈련되고, 통합된 접근법을 취함으로써 SOX 404 준수를 위한 작업을 이용하여 그들의 프로세스를 개선했으며, 이는 그들이 법규를 준수하는 데 도움이 되었고, 비즈니스가 리스크에 기반하여 보다 효율적, 효과적으로 운영되게 하고, 순이익 개선에 초점을 맞추게 해 주었다.

이 회사들의 성공은 SOX 섹션 404 하의 재무 보고 통제를 다루기 위한 접근법을 확립하고 나서 1년 또는 그 이상을 기다린 후에야 이전의 프로젝트를 통해 확립된 토대 위에 ERM 프로세스를 추가하려 했던 대부분의 경우와 비교된다. 재무 보고를 위한 리스크 파악, 분석 및 관리 프로세스의 토대 위에 회사의 운영 및 컴플라이언스 목표도 보다 잘 성취하기 위한 프로세스를 구축한다는 이 접근법은 개념적으로는 매우 탁월하다. 그러나 대부분의 경우에 이 프로젝트는 많은 이유로 제대로 진행되지 않았다. 이 기관들은 SOX 섹션 404 프로젝트로 진을 빼버려서 리스크 관리와 관련된 더 이상의 프로젝트에 착수하는 것을 받아들이지 않았다. 또한 SOX 섹션 404 준수 비용이 주요 이슈가 되었다. 그리고 다른 업무를 하다 SOX 404 프로젝트를 맡게 된 프로젝트 팀이 해체되어 자신들의 통상적인 업무로 되돌아갔다. 그래서 회사들이 애초에 광범한 리스크 관리 프로젝트를 수용하지 않는 한, SOX 404 위에 보다 광범한 리스크 관리 시스템을 구축하려는 시도는 일반적으로 성공 확률이 낮다.

그러나 주목할 만한 몇 가지 예외가 있었다. 어느 대형 소비자 제품 회사의 경영진은 대부분의 회사의 경우와 마찬가지로, 처음에는 깔끔한 경영진의 보고와 감사 의견을 정당화하기 위해 회사의 재무 보고 통제를 제대로 갖추는 것을 단 하나의 목표로 삼은 SOX 404 프로젝트를 마치는데 초점을 맞췄다. 그러나 이 프로세스가 완료돼 감에 따라, 이 회사의 임원들은 몇 가지 수렴 요소들을 주시했는데, 이 요소들은 다음과 같다.

- **계속되는 SOX 요건** 효과적인 재무 보고 통제를 확보하기 위해 1년이 넘도록 소방 훈련에 필적할 만한 프로젝트를 진행해 온 임원진은 이 요건이 한 번 충족됐다고 사라지는 것이 아님에 초점을 맞추기 시작했다. 2000년 1월이 되었을 때 회사의 IT 시스템 기능이 마비되지 않았던 이전의 Y2K 프로젝트와는 달리, SOX 404 상의 의무는 없어지지 않을 것이다. SOX 404의 경우, 재무 보고는 해마다, 영원히 지속된다.
- **양형 가이드라인** 미국 양형 위원회는 연방 양형 가이드라인을 개정하

여, 이 가이드라인이 다루는 범위를 넓혔는데, 이 가이드라인은 윤리적 행동을 둘러싼 기업 문화, 명확한 책임, 리스크 감축 및 평가, 개인적 인센티브, 그리고 이사회의 감독에 중점을 둔다.

- **OCEG** 비교적 신생 조직인 오픈 컴플라이언스 및 윤리 그룹Open Compliance and Ethics Group; OCEG은 초안 형태로 지침을 발표했다. 다수의 비즈니스 리더들뿐 아니라, 회사 최고 법무 책임자 및 법무 법인들이 관여하고 있는 OCEG는 회사들이 자신의 윤리, 고결성, 그리고 컴플라이언스 프로그램을 측정할 수 있는 벤치마크를 제공했다.
- **COSO ERM 프레임워크** 이 무렵에 SOX 404 보고에 사용된 COSO의 내부통제 프레임워크 위에 세워진 COSO ERM 프레임워크가 발표되었는데, 이 ERM 프레임워크는 리스크 관리 및 이와 관련된 유익에 보다 더 초점을 맞추었다.
- **법률 및 감독 기관의 규제** SEC 법무부, 그리고 많은 법원 판례들로부터 회사들이 효과적인 컴플라이언스 프로세스를 유지하는 것이 매우 중요함을 강조하는 분명한 메시지가 전달되었다.

이 회사의 경영진은 이 규칙 및 지침들을 일회성으로 보기보다 공통점을 고려하여 이를 통합된 방식으로 다루는 것이 이치에 맞는다고 생각했다. 이를 위해 다음과 같은 세 가지 목표를 세웠다. 첫째, 회사의 환경, 문화 및 프로세스들이 위에서 언급한 의무들과 조화되게 한다. 둘째, 가급적 효율적으로 이를 도모한다. 셋째, 회사의 순이익에 진정한 혜택이 있게 한다.

감사위원회 및 이사회 전원 위원회의 지원 하에 경영진은 일반적으로 먼저 회사의 현황을 평가하고, 도달해야 할 상태를 정하며, 그곳에 도달하기 위한 명확한 계획을 세운다는, 앞에서 설명한 실행 전략을 따랐다. 이 회사는 개시에서부터 완료까지 8개월이 소요되는 프로젝트 계획을 수립했다.

이 회사는 여러 면에서 SOX 404 프로젝트를 활용했다. 이 회사는 SOX 404 프로젝트를 수행했던 동일한 팀 리더에게 광범한 법규 준수 및 운영의 유효성과 효율성에 대한 바람직한 프로세스 구축 프로젝트도 수행시키기로 결정했다. 또한 COSO ERM 프레임워크를 토대로 사용함으로써 다른 컴플라이언스 의무들을 효율적으로 통합하고, 관리자들을 조정하였으며, 조직 전체의 관리자들이 정보에 입각하여 리스크 기반 결정을 내릴 수 있게 하고, 리스크 관리 프로세스가 회사의 비즈니스 목표 및 전략과 보다 잘 정렬되게 했으며, 운영 및 컴플라이언스 상의 서프라이즈를 피하면서 보다 나은 결과를 가져올 수 있게 하였다.

오늘날의 환경에서 SOX 404 위에 보다 광범위한 ERM 프로세스를 구축하려는 시도는 간단한 일이 아니다. 확실히 SOX 404 프로젝트로 진이 빠진다는 것은 이제 더 이상 문제가 되지 않는다. 그러나 분기마다 시행되는 SOX 404 관련 작업은 불필요한 컴플라이언스 활동이자 자원 낭비로 여겨진다. 따라서 태도 및 기존 SOX 404 프로세스에 따라서는 이전의 SOX 404 노력 위에 ERM 프로세스를 성공적으로 구축할 수도 있겠지만, 오늘날에는 SOX 404 하의 재무 보고 통제를 명시적으로 언급하지 않고서 새로운 토대 위에 이 프로세스를 진행할 때 성공할 가능성이 더 높다.

테크놀로지

우리는 3장에서 컴플라이언스 프로세스를 고결성 및 윤리적 가치, 그리고 테크놀로지의 건전한 사용이라는 토대 위에서 기존의 비즈니스 프로세스 안에 내장할 필요와 관련된 중요한 이슈들을 다뤘는데, 이는 ERM 프로세스에도 마찬가지이다. 이 점이 중요하기 때문에 효과적인 ERM 프로세스는 전략 및 재무 보고, 효과적이고 효율적인 비즈니스 운영, 그리고 법규 준수 등 회사의 모든 목표들을 포함하기 때문에 개념적으로나 실제적으로 하나의 강력한 테크노로지를 사용하는 프로세스가 있는 것이 가장 좋다.

최초로 SOX 404를 도입하던 시기의 초기 소프트웨어가 개발된 이후 벤더들의 테크놀로지 솔루션들이 크게 향상되어 왔으며, 이 중 일부는 ERM 프로세스를 지원하는 건전한 토대 역할을 하고 있다. 이 솔루션들은 리스크 및 리스크에 대한 대응들을 문서화할 수 있게 해 줄 뿐 아니라, 책임을 확립하고 소통 및 ERM 프로세스의 효과적인 상시 관리를 지원해 준다.

ERM 테크놀로지에 대한 필자의 개인적인 경험을 언급하는 것을 봐주기 바란다. 몇 년 전에 나는 전사 리스크 관리를 효과적으로 실행하는 것이 벅찬 과제이기는 하지만, 고급 테크놀로지를 사용하지 않고서도 이를 할 수 있다고 믿었었다. 그런데 효과적인 소프트웨어를 사용할 필요가 있다는 쪽으로 내 생각이 변하게 되었다. 직급 단계가 많지 않고 권한이 본부에 집중된 중간 규모의 회사에서는 나는 대개 이보다 작은 회사에는 컨설팅을 제공하지 않는다 특화된 소프트웨어를 사용하지 않고서도 전사 리스크 관리를 성공적으로 수행할 수 있는 기회가 있다는 것이 사실이다. 비즈니스 및 관리부서의 모든 직급의 직원들이 매우 효과적으로 정보를 공유하고 소통하면서, 리스크 요인들을 효과적으로 다루면 ERM 실행이 가능하다.

그러나 시간이 지남에 따라 나는 위와 같은 사례는 대기업에서는 매우 드물거나 존재하지 않는다는 사실을 인식하게 되었다. 점점 더 힘들어지는 경제 환경, 규제 환경, 그리고 경쟁 환경 하에서는 기업들이 인력을 줄이고 채널 및 시장이 급변하고 있어서 효과적인 소프트웨어는 필수품이 되고 있다. 효과적인 소프트웨어 없이는 비즈니스 목표들과 관련된 모든 중요한 리스크들과 이에 관련된 리스크 경감 조치들 및 통제 활동들을 파악하기 어렵게 된다. 또한 특정 직원에 대한 책임 부여 내용을 추적 관리하고 원활하게 소통할 필요가 있다는 점과 결부되면, 특화된 테크놀로지는 훨씬 더 중요해진다. 테크놀로지는 고위 경영진에 대한 상부로의 소통뿐 아니라 조직의 여러 계층 및 비즈니스 부문 간 소통도 강화해 줌으로써, 의사 결정 시 다른 비즈니스 부문의 유용한 정보를 쉽게 입수할 수 있게 된다.

회사는 중대한 리스크나 컴플라이언스 문제가 발생했는데, 이를 해결할 방안과 능력이 있는 사람에게 소통되지 않는 상황을 결코 원하지 않는다. 그리고 고위 경영진이 드릴 다운drill-down 기능이 있는 대시보드dashboard로 적절한 리스크 관련 분석 정보를 쉽게 구할 필요가 있다는 점을 덧붙이면, 올바른 소프트웨어 솔루션이 필수적이라는 것을 쉽게 알 수 있다.

필요한 노력을 과소평가하지 마라

ERM의 효용은 매우 크지만, 어느 조직이든 이를 실행하려면 많은 노력을 기울여야 한다. 모든 회사는 독특한 비즈니스 수행 방식, 조직 구조, 문화, 그리고 경영 스타일을 가지고 있다. ERM 실행은 프로세스 및 절차의 변경만 관련되는 것이 아니라, 태도, 즉 관리자들이 매일 내리는 의사 결정에 대해 어떻게 생각하는지에 대한 변화와도 관련이 있다. 따라서 이러한 변화가 신속하고 효율적으로 나타나기 위해서는 변화 관리 기법을 사용할 필요가 있다.

앞에서 언급한 바와 같이, ERM 실행에는 대개 18개월이 소요된다. 이는 중간 규모 회사, 또는 대규모 회사의 한두 개의 큰 비즈니스 부문에 해당하는 얘기다. 이러한 평균적인 소요기간이 단축되는 경우도 있지만, 상시적인 비즈니스 이슈들과 회사가 다른 프로젝트를 동시에 추진할 수도 있다는 점을 고려할 때 소요 기간을 단축하기는 사실상 어렵다. 시간을 상당히 단축하려 할 경우 최초의 열정이 시들해지고 다른 곳으로 주의를 돌리는 역효과를 낼 수 있다.

효과적인 ERM 프로세스를 설계하여 실행하기는 쉬운 일이 아니나. 이는 지원, 전심전력, 시간, 그리고 돈을 필요로 한다. 그러나 이 일을 잘 해내면, 그 효용은 막대하며, 노력할 가치가 충분하다는 데에는 의문의 여지가 없다.

역할과 책임

위에서 언급한 바와 같이, 회사들은 흔히 이사회의 독려 때문에 ERM을 시작한다. 이사회나 감사위원회는 회사가 리스크를 적절히 파악하여 관리하도록 하고, 이사회가 가장 중대한 리스크 및 경영진이 이를 어떻게 다루고 있는지에 대해 보고 받기를 원한다.

따라서 고위 경영진은 최초에는 상향 보고에 중점을 두고, 다양한 계층의 관리자들이 리스크 기반 정보를 제공하고, 이 정보들이 가공 및 종합되어 이사회에 발표될 수 있게 하는 경향이 있다. 이와 관련하여 자연스럽게 어느 개인대체로 최고 리스크 책임자에게 정보를 취합하여 이사회 발표 자료를 준비할 책임을 부여하는 경향이 있다. 그리고 그 사람에게 리스크가 바람직한 리스크 용인 수준 이내로 유지되고, 총 리스크가 회사의 리스크 성향 이내로 유지되도록 할 책임을 지우는 경향이 있다. 즉 CRO가 회사의 리스크를 관리할 책임을 지게 된다.

이러한 접근법은 단순하고 책임이 명료하다는 점에서 매력적일 수는 있으나, 최소한 두 가지 결정적인 이유로 인해 효과가 없다. 첫째, 집중된 기능을 통해 리스크를 상부로 보고할 경우, 관리상으로 부담이 되며, 실제로 관리자들이 통상적인 보고 관계 안에서 자신의 소관 분야의 리스크를 효과적으로 소통하는 데 방해가 된다. 둘째, 개인이 회사의 리스크 관리를 책임지는 것은 불가능하다. 그런 방식은 효과가 없다.

무엇이 효과가 있는가

리스크를 파악 및 평가하여 이에 대응할 책임은 고위 경영진과 그 휘하의 비즈니스 라인 및 스탭 부서 리더들에게 놓이는 것이 가장 좋다. 즉, 리스크 관리는 해당 행동에 가장 가까이 있는 관리자가 담당해야 한다. 예를 들어, ERM을 도입한 어느 보험 회사는 판매 관리자들이 낡고 부정확한 판매 자료를 사용할 리스크를 다루고, 판매 자료들이 최신의 내용을 담고 목표 고객에 적합하도록 하기에 가장 좋은 위치에 있음을 명확히 밝혔다. 건설 장비 제조회사에서는 해외 소재지의 비즈니스 라인 담당 임원이 현지의 경제 상황과 고객 수요 변화와 관련된 리스크를 파악하기에 가장 좋은 위치에 있다. 또 다른 예를 들자면, 소비자 제품 제조회사에서는 생산 프로세스를 운영하는 관리자들이 어디에서 고장이 발생할 수 있는지를 가장 잘 안다. 이 회사들에서는 필요한 기술 및 교육을 갖춘 사람에게 책임이 부여되게 함으로써, 이러한 프로세스 담당자가 관련 리스크를 효과적으로 파악, 평가 및 관리할 수 있게 한다.

따라서 비즈니스 부문 및 스탭 부서 리더들에게 자신의 담당 분야에서 효과적으로 리스크를 관리하고 기회를 파악할 책임이 주어진다.

이러한 리더들은 자신의 바로 아래 부하들에게 관련 리스크를 파악 및 평가하고, 어떻게 이 리스크들을 가장 잘 관리할 수 있는지 정보에 입각한 의사 결정을 내리게 할 책임이 있다. 그들은 이러한 책임을 기존의 프로세스 안에서 수행함으로써 효율성을 증진하고 리스크 관리와 컴플라이언스가 조직의 구조 안에 내면화되게 해야 한다. 그들은 또한 관련 정보를 상부로 소통해야 한다. 경험에 의하면, 새로운 제도와 관리 비용을 야기하지 않고 통상적인 보고 통로와 기존의 경영 관리 프로세스를 통해 정보의 흐름을 촉진하고 필요시 토의할 수 있게 하는 것이 최상의 방책이다.

이러한 맥락에서 볼 때, 효과적인 전사 리스크 관리에 대한 책임은 다음과 같다.

- **최고 리스크 책임자** CRO는 고위급 간부로서 조직의 모든 직급의 관리자들에게 리스크 관리에 대한 교육을 실시하고, 필요한 방법론, 도구

및 기법을 제공하며, 효과적인 리스크 관리를 지원 및 촉진할 책임을 진다. 또한 CRO는 상부 보고 프로세스를 모니터할 책임을 져야 하며, 통상적인 보고 통로를 통한 소통이 붕괴될 경우 최고 경영자에게 적절한 관련 정보를 제공할 수 있는 위치에 있어야 한다. 즉, CRO는 비즈니스 라인 및 스탭 부서의 관리자들이 다루고 있는 리스크를 모니터하고, 적절한 정보가 통상적인 경영 관리 보고 통로를 통해 완벽하게 조직에 소통되게 하되, 필요할 경우 자신이 관련 정보를 소통해야 한다.

- **최고 법률 책임자** 일부 회사들에서는 리스크 관리 책임이 최고 법률 책임자에게 있다. 즉, CEO는 이 임원이 회사가 문제에 봉착하지 않도록 할 것으로 기대한다. 그러나 CRO에 대해 간략히 설명한 바와 동일한 이유로, 이러한 접근법은 통하지 않는다. 그러나 최고 법률 책임자와 법무부서에게는 ERM이 효과를 발휘하게 함에 있어서 중요한 책임이 있다. 법무부서는 새로운 법률 및 감독 규정을 파악하고, 이에 의해 영향을 받거나 받게 될 비즈니스 부문 및 스탭 부서 리더들에게 관련 정보를 제공해야 한다. 새로운 규칙들을 분석하고, 쉬운 용어로 소통해서, 바쁜 리더들이 무엇이 필요한지 파악하고, 어떻게 하면 필요한 조치를 가장 효율적으로 자신의 비즈니스 및 관리 프로세스 안으로 들어오게 할지를 결정할 수 있게 해줘야 한다. 그리고 사내 변호사는, 때로는 최고 컴플라이언스 책임자와 협력하여, 필요할 경우 회사의 다른 부서들에 강력한 스탭 부서가 되어 기존 또는 신규 의무 사항들을 다룸에 있어서 조언과 상담을 제공할 필요가 있다.
- **최고 감사 책임자** 최고 감사 책임자들은 내부 감사의 상시 감사 프로세스 내에서 리스크 관리에 대한 초점을 넓혀가고 있다. 이에는 일반적

으로 CRO와 협의 하에, 비즈니스 부문 및 스탭 부서들이 적절한 리스크 관리 프로세스를 어느 정도로 확립하여 이를 실행하고 있는지, 그리고 적절한 관련 정보가 상부로 보고되고 있는지 파악하는 것이 포함된다.

- **최고 경영자 및 고위 경영진** 회사를 경영할 책임이 있는 CEO는 바로 아래 단계 임원들의 리스크 관련 의사 결정을 검토하고 전략 수립 시 리스크에 기초한 정보를 사용하여 리스크 포트폴리오가 회사에서 정한 리스크 성향 이내이며, 자본 할당에 반영되었는지 결정한다. CEO는 보다 중대한 리스크 및 리스크 관리 결정들을 감독 책임이 있는 이사회 또는 이사회의 하위 위원회에 상정해야 한다.
- **이사회** 이사회는 회사가 직면하는 모든 리스크들을 경영진이 적절하게 파악, 평가 및 관리하고 있는지 결정할 필요가 있다. 이사회는 이를 위한 적절하고 훈련된 프로세스가 갖춰져 있는지 충분한 정보를 입수할 필요가 있다. 이사회는 경영진이 보다 중요한 상시적 리스크 및 새롭게 부상하는 리스크들을 이사회에 알려 주며, 자신들이 이 리스크에 대한 분석과 경영진의 조치 및 예정된 조치에 대해 적시에 보고 받고 있다는 데 대해 마음이 놓여야 한다. 이사회는 회사의 리스크 성향 및 포트폴리오 관점의 리스크 프로필뿐 아니라 개별 리스크 및 리스크에 대한 대응 조치들을 검토하고, 수정이 필요한지 고려해야 한다.

통합된 접근법

우리는 리스크 관리의 1차적인 책임이 비즈니스 라인 및 스탭 부서의 리더들에게 놓여 있을 때 ERM이 가장 효과적임을 알게 되었다. 그들이

야말로 행동에 가장 가까이 있으며, 리스크들이 발생할 때 이를 가장 잘 파악하고 다룰 수 있는 위치에 있다. 이는 CEO를 포함한 모든 경영진을 포함하며, ERM이 기존의 비즈니스와 경영 관리 프로세스 안에 들어와 구축될 때 가장 효과적이고 효율적으로 작동한다. 최고 법무 책임자는 이 관리자들에게 새로운 법률 및 규제 조항들을 적절히 안내해서 자신의 리스크 프로토콜에 고려할 수 있도록 하며, 내부 감사 부서는 리스크 기반 감사 접근법을 택하고 감사 계획에 리스크를 고려한다. CRO는 상부로의 보고에 방법론, 도구, 기법, 교육, 지원 및 안전망을 제공한다. 그리고 이사회 또는 그로부터 위임 받은 하위 위원회는 적절한 감독을 제공한다.

Chapter 8

내부통제가 정말 중요한가?

Does Internal Control Really Matter?

Chapter 8

Does Internal Control Really Matter?

감사위원회 위원, CEO, CFO, 또는 감사인과 재무 보고를 담당하며 사베인-옥슬리법을 다루고 있는 사람이라면, 내부통제에 대해 생각했던 것보다 더 많이 들어 보고, 또 이에 대해 생각보다 더 많은 시간을 투자할 것이다. 그리고 그런 사람은 의심할 여지없이 회사의 내부통제 시스템을 평가하는 기준인 COSO의 내부통제-통합 프레임워크에 대해 알게 될 것이다.

한 가지 중요한 사실을 말해 보기로 하자. SOX 404 하의 내부통제에 대해 말할 때에는 재무 보고에 대한 내부통제, 즉 신뢰할 만한 공표 재무제표 작성을 위한 프로세스를 의미한다. 그러나 내부통제는 다른 두 가지 범주의 회사 목표와 훨씬 더 관계가 깊다. 회사에 영향을 주는 법규 준수를 확보하는 데 도움이 되는 통제들도 있고, 회사의 비즈니스 운영 목표들을 달성하기 위해 존재하는 통제들도 있다. 운영 통제operations controls라 불리는 후자의 통제는 새로운 마케팅 계획 실행에서부터 효율적인 재고 통제, 수익성 있는 연구 및 개발 활동의 효과적인 수행, 그리고 직원 교육에 이르기까지 모든 것을 다룬다. 이 세 가지 범주의 목표들은 회사가 달성하려는 모든 것을 포함한다고 생각하면 될 것이다. 재무 보고나 법규 준수에 해당하지 않는 것들은 정의상 운영에 해당한다.

독자들이 직접 COSO 보고서나 요약본을 읽어 볼 수 또는 이미 읽어봤을 수 있으므로, 내부통제가 무엇인지에 대해서는 더 이상 설명하지 않겠다. 기억을 상기하기 위해 내부통제 구성 요소들을 보기 8.1에 요약하였다.

통제 환경

통제 환경은 조직의 기조를 설정하고, 그 구성원들의 통제에 대한 의식에 영향을 준다. 통제 환경은 내부통제의 다른 모든 구성 요소들의 토대로서, 규율discipline과 구조structure를 제공한다. 통제 환경 요인은 고결성, 윤리적 가치, 임직원의 역량, 경영진의 철학 및 운영 스타일, 경영진이 권한 및 책임을 할당하고, 구성원들을 조직 및 교육시키는 방식, 그리고 이사회에 의해 제공되는 주의 및 지도를 포함한다.

리스크 평가

모든 조직들은 외부와 내부로부터 다양한 리스크에 직면하는데, 이에 대해 평가해야 한다. 리스크 평가에 대한 선결 조건은 다양한 차원에서 연결되고, 내부적으로 일관성이 있는 목표를 확립하는 것이다. 리스크 평가는 목표 달성에 관련된 리스크 파악 및 분석으로서, 이 리스크들을 어떻게 관리해야 할지 결정하는 토대가 된다. 경제, 산업, 규제 및 운영 환경은 계속 변하기 때문에, 변화에 관련된 특별한 리스크들을 파악하여 다루는 장치가 필요하다.

통제 활동

통제 활동은 경영진의 지시가 확실히 수행되도록 도와주는 정책과 절차들이다. 통제 활동은 조직의 목표 달성에 대한 리스크를 다루기 위해 필요한 조치들이 취해지게 하는 데 도움을 준다. 통제 활동들은 조직의 전 부문, 전 직급, 그리고 전 부서 차원에서 수행된다. 이러한 활동에는 승인, 권한 부여, 확인verification, 대사reconciliation, 운영 실적 점검, 경비 보안, 그리고 직무 분리 등이 있다.

정보 및 소통

적절한 정보가 파악 및 수집되어서 조직 구성원들이 자신의 의무를 이행할 수 있게 하는 형태로 적시에 소통되어야 한다. 정보 시스템은 운영, 재무 및 컴플라이언스와 관련된 정보를 담고 있는 보고서를 산출하여 비즈니스 운영 및 통제를 가능하게 해 준다. 정보 시스템은 내부적으로 생성된 데이터뿐 아니라, 정보에 입각한 비즈니스 의사 결정과 대외 보고에 필요한 외부 사건, 활동 및 상황들도 다룬다. 또한 상하좌우의 넓은 의미의 소통이 효과적으로 이뤄져야 한다. 모든 사람들이 최고 경영자로부터 통제 책임이 진지하게 여겨질 것이라는 분명한 메시지를 받아야 한다. 사람들은 내부통제 시스템에서 자신의 역할뿐 아니라, 활동들이 다른 사람의 업무와 어떻게 연결되는지도 이해해야 한다. 그들은 중요한 정보를 상부로 소통하는 수단을 가지고 있어야 한다. 또한 고객, 공급자, 규제기관 및 주주 등 외부 당사자들과의 효과적인 소통도 있어야 한다.

모니터링

내부통제 시스템은 모니터될 필요가 있는데, 모니터링은 이 시스템의 성과의 질을 장기적으로 평가하는 프로세스이다. 이는 상시 모니터링 활동, 별도의 평가 또는 양자의 혼용으로 달성될 수 있다. 상시 모니터링은 운영 과정에서 수행된다. 이에는 정규적인 관리 및 감독과 사람들이 자신의 직무를 수행하면서 취하는 기타 행동들이 포함된다. 별도 평가의 범위와 빈도는 주로 리스크 평가 및 상시 모니터링 절차의 유효성에 좌우될 것이다. 내부통제 상의 결함은 상부로 보고되어야 하는 데, 심각한 사안은 최고 경영자와 이사회에 보고되어야 한다.

* * *

이 구성 요소들 간에는 시너지와 연관성이 있어서 변화하는 상황에 역동적으로 대응하는 통합된 시스템을 형성한다. 내부통제 시스템은 조직의 운영 활동과 연관되며, 근본적인 비즈니스 상의 이유로 존재한다. 내부통제는 조직의 인프라스트럭쳐 안에 내장되고 조직의 정수精髓의 일부가 될 때 가장 효과적이다. "내장된built in" 통제들은 품질 관리 및 권한 부여 조치를 지원하고, 불필요한 비용을 회피하며, 변화하는 환경에 신속하게 대응할 수 있게 해준다.

조직이 달성하려는 세 가지 범주의 목표와 이 목표 달성에 필요한 것들을 나타내는 구성 요소들 사이에는 직접적인 관계가 있다. 각 범주의 목표에 모든 구성 요소들이 필요하다. 예를 들어, 운영의 유효성 및 효율성이라는 한 가지 범주의 목표를 고려할 때, 운영에 대한 내부통제가 효과적이라고 결론을 내리기 위해서는 다섯 개의 모든 구성 요소들이 갖춰져 있고 효과적으로 기능을 발휘해야 한다.

[보기 8.1 내부통제 구성 요소]

일부 주요 회사들이 왜 내부통제, 특히 운영 활동상의 통제의 취약성으로 인해 고생했는지 알아보면 유용하다. 이러한 몇 가지 사례에 대해서는 다음 장에서 살펴볼 것이다. 이번 장에서는 재무 보고에 대한 내부통제와 같이 평범한 사항이 왜 그토록 중요한지에 초점을 맞춘다.

SOX 섹션 404가 재무 보고에 미친 영향

우리는 SOX 섹션 404 준수 비용이 상당하며, 의회와 규제 당국이 예상했던 수준을 훨씬 상회함을 알고 있다. 엔론과 월드콤에 일어난 일을 계기로 SOX가 제정되었는데, 그 결과 고위 경영진과 스탭 직원들이 내부통제 평가 및 재무 보고 요건을 다룰 수밖에 없게 되었을 뿐만 아니라, 이사회와 감사위원회도 모니터링에 보다 많은 시간을 할애하게 되어 더 가치가 있다고 여겨지는 활동에 사용할 시간을 빼앗기게 되었다. 우리는 다음과 같은 현상을 보고 있다.

- **검토 및 인증** 확실히 이에 관련된 비용은 예상치를 훨씬 웃돌았다. 처음에는 회사의 경영진과 외부 및 내부 감사인들이 법률이 요구하고, 그들이 해야만 하는 조치의 비용을 흡수해야 했다. 일부에서는 1977년의 해외부패방지법Foreign Corrupt Practice Act; FCPA의 규정에 따른 내부통제에 비춰 볼 때, SOX로 인해 추가될 노력은 미미할 것으로 생각했다. 그러나 회사들이 재무 보고에 대한 효과적인 내부통제 시스템을 유지하도록 요구하는 FCPA의 규정FCPA의 문구는 약간 다르지만 주제는 같다과, 그 시스템이 진정으로 효과적이라고 공표 및 인증하도록 요구하는 것 사이에는 큰 차이가 있음을 눈치 챈 사람들도 있었다. 물론, 이 차이는 외부 감사인이 경영진의 진술에 관해 의견을 내도록 하는 SOX의 요구 조항으로 인해 더욱더 커진다.
- **초점이 흐려지고, 리스크 회피적인 이사회** 일부 이사회는 경영진에게 조언을 적게 하고 보다 리스크 회피적이 되었다. 이는 SOX의 섹션 404 이외의 규정에 의한 것이었지만, 섹션 404도 하나의 요인이었다. 의원들이 의도하지는 않았지만, 다수의 이사회와 감사위원회가 가치를 창출하는 조언자 역할은 뒷전으로 미룬 채 경영진의 모니터 역할에 주의를 집중했다. 그리고 개인적 책임 및 평판 손상의 두려움으로 인해, 일부 이사들은 엔론과 같은 와해를 두려워하여 자신이 봉직하고 있는 회사가 일반적으로 보다 조심스러워지기를 원하게 되었다.
- **경영진의 시간 소모** CEO, CFO, 그리고 다른 최고위급 임원들이 컴플라이언스를 다루는 데 과도한 시간을 쓰느라, 긴급한 비즈니스를 처리할 시간을 빼앗기고 있다. 그렇지 않아도 이미 해야 할 일로 꽉 차 있는 임원들은 전략 실행, 리더십 책임, 주요 거래, 비즈니스 오퍼레이션이

나 시장 개척이나 확대, 또는 주의를 요하는 수많은 비즈니스 사안들을 돌보기 위해 애를 썼다.

- **공개 시장으로부터의 철수** 일부 소규모 상장 기업들은 상장을 폐지하기로 결정했고, 일부 다른 국내 회사들은 아예 상장을 하지 않기로 결정했으며, 일부 외국 회사들은 미국의 자본 시장을 이용하지 않기로 결정함으로써, 자본 형성에 불리한 영향을 줄 가능성이 있고, 이에 따른 경제적 영향이 있을 수 있다.

그러나 이의 유익은 어떠한가? 경험적 데이터는 많지 않지만, SOX 404가 효력을 발생한 이후 많은 긍정적인 면이 있다는 증거가 보이고 있다.

- **보고서에 대한 신뢰** 고위 경영진 및 이사회는 자신들이 서명하는 재무 보고서의 신뢰성에 대해 보다 자신감이 생기고, 투자자들은 자본 시장에서 구할 수 있는 정보에 보다 안심하게 된다.
- **프로세스 간소화 및 정보 강화** 비즈니스 프로세스가 실제로 어떻게 작동되는지에 대하여 새로운 정보를 알게 된 경영진은때로는 원래 설계된 바와 다르게 운영되고 있을 수도 있음, 인력 및 노력을 줄이되 프로세스의 효과를 향상시킬 수 있는 방법을 찾아낸다. 그리고 그저 데이터만 제공하는 것이 아니라 보다 나은 비즈니스 의사 결정을 내리는 데 필요한 정보를 제공하도록 프로세스들을 향상시켰다. 예를 들어, 회사들은 각각 별도로 존재하는 자신들의 방대한 데이터베이스에 마케팅, 고객 서비스 및 기타 비즈니스 목표를 향상시키는 데 귀중한 정보를 보유하고 있음을 발견하였다. 그런데 다수의 회사들은 의사 결정을 위해 사용하고 있는 일부

데이터가 신뢰성이 다소 떨어진다는 것을 발견했다. SOX 404의 결과로 회사들은 보다 나은 의사 결정에 사용하기 위해 중요한 데이터 자산의 정확성, 완전성 및 적절성을 향상시켰다.

- **ERM의 씨앗** 일부 회사들은 7장에서 논의한 바와 같이 성공한 경우가 적기는 하지만, 내부통제 평가와 프로세스 향상을 전사 리스크 관리를 개시하는 토대로 사용했다.
- **소규모 회사에 대한 유익** 자본 시가 총액 7천 5백만 달러 미만의 소규모 회사들은 SOX 404의 경영진의 보고 의무를 준수해야 하는 반면, 도드-프랭크법은 감사인의 인증을 요구하는 SEC의 계획을 중지시켰다. 소규모 회사의 대부분의 경영진은 추가적인 비용 부담과 비즈니스 경영 및 성장의 초점이 벗어나는 것을 막았다고 이를 칭찬했다. 그러나 이로 인해 상실된 유익을 언급하는 사람도 있다. 이들이 제시하는 논거는 다음과 같다.

  - 소규모 회사들은 전통적으로 시스템이 덜 정교하고 경영진의 경험이 부족하여 통계적으로 볼 때 사기 및 재무제표 재작성 확률이 높다.
  - PCAOB의 감사 기준 No.5와 COSO에서 발표한 소규모 기업들을 위한 지침이 나옴으로써 감사인의 인증 비용이 줄어들었다.
  - 연구에 의하면 SOX를 준수하지 않거나, 내부통제에 중대한 취약성이 있는 회사들은 낮게 평가되는 반면, 이를 준수하는 회사들은 더 높은 값을 받는다.
  - 이 회사들은 재무 보고 통제 이외에도 효율성 및 경영 관리 능력 향상을 제공해 주는 IT솔루션의 이점을 누릴 가능성이 낮다.

– 재무 보고 통제의 유효성을 인증해야 하는 CEO와 CFO들은 감사인의 인증에 의해 제공되는 안도감을 받지 못한다.

도드–프랭크법의 요구에 따라, SEC는 시가 총액 7천 5백만 달러에서 2억 5천만 달러 사이 회사들의 SOX 404(b) 감사 요건 준수 부담 감소에 관한 연구를 수행했다. 최근에 발표된 보고서는 절감할 수 있는 비용이 투자자 보호 상실을 정당화시키지 못할 것이기 때문에 이 회사들에게 인증 요건을 면제해 주지 않는 것이 좋겠다는 의견을 위원회에 제시했다.

SOX 404에 대한 책임

우리는 경영진이 재무 보고에 대한 내부통제를 이행 및 집행할 책임이 있음을 안다. 그러나 누가 SOX 404 하에서 요구되는 평가 프로세스를 수행할 책임을 져야 하는가?

SOX 404 시행 초기에는 대개 회사의 최고 감사 책임자와 그를 보좌하는 직원들에게 이 일이 맡겨졌다. 연구에 의하면 내부 감사 부서는 이 역할에 1.5명 이상의 인원을 할애했다. 내부 감사 부서의 지식, 기량 및 경험으로 인해 일반적으로 재무 보고에 관한 회사의 내부통제를 이해하고, 문서화하며, 이를 테스트하거나 시정 조치를 모니터하기에 감사 부서보다 나은 집단은 없다.

내가 함께 일해 본 최고 감사 책임자들은 SOX 404에 의해 자기 부서의 실적이 인정받는다는 것을 발견했다. SOX 404 프로젝트의 범위를 이해하고, 직원을 동원하며, 내부적으로 다른 부서들을 조정하고, 통제를 문서화 및 테스트함에 있어서 전문가적 지침을 제공할 수 있는 그들의 능력으로 인해 다수의 회사들이 시한 내에 긍정적인 결과를 얻을 수 있게 되었다. 이미 내부 감사 부서를 높이 평가하고 있던 회사들도 최고 감사 책임자가 극심한 압력 아래에서도 중요한 리더십을 제공할 수 있는 능력이 있음을 새롭게 인식하게 되었다.

또 다른 결과는 감사위원회가 내부 감사 부서의 인력에 대해 보다 주의를 기울이게 되어 내부 감사 부서가 그 임무를 보다 잘 수행할 수 있는 위치에 서게 되었다는 점이다. 감사위원회들은 내부 감사 부서 직원의 직급 및 깊이에 대해 보다 자세히 바라보고 있으며, 예산을 삭감하기 위해서가 아니라 신뢰할 만하고 경험있는 직원을 충분히 확보하기 위해 예산을 보다 면밀히 분석하고 있다. 내부감사 계획, 감사 범위, 그리고 보고서에 대해 세심하게 고려하고 있을 뿐 아니라, 정교한 감사 기반 테크놀로지 및 방법론과 더불어 특화된 IT와 기타 전문성 그리고 필요한 높은 감사 품질과 효율성을 확보하는데 필요한 적절한 수준의 관리 역량에도 주의가 기울여지고 있다.

이 모든 것은 참으로 긍정적이다. 어느 누가 자신이 맡고 있는 팀과 노력이 회사의 최고 수준의 리더로부터 칭찬받기를 원하지 않겠는가? 그러나 이러한 칭찬은 관련된 함정과 함께 온다.

- **객관성 저하** SOX 404 준수 책임을 이끌 최고 내부통제 책임자 역할을 계속하도록 요청 받는 최고 감사 책임자들에게는 양날의 칼이 있다. 추가적인 책임을 맡게 되는 것은 대개 어느 임원에게나 좋은 일이다. 그리고 최고 감사 책임자가 내부 감사 부서를 맡는 부서장과 내부통제 부

서장을 휘하에 두고 있을 경우, 내부통제 책임자 역할은 할 만한 일이다. 나는 어느 대규모 회사에서 이런 방식이 잘 통하는 것을 보았다. 그러나 그러한 구조를 취하는 회사에서도 어려움이 있을 수 있다. 내부 감사의 수장首長이 SOX 404 준수를 이끌 책임을 지고 있는 곳에서는 재무 보고 통제에 대해 감사할 경우 객관성이 떨어질 수 있다.

- **책임 소홀** 회사의 중요한 다른 활동에 주어지는 주의들이 소홀해 질 수 있다. 위험이 높고, 우선순위가 매우 높은 분야는 커버되지만, 긴급성은 덜하지만 중요한 분야, 특히 주기적으로 다뤄지는 분야가 홀대받을 수 있다. 우리는 회사의 전략 및 운영 목표, 비즈니스 프로세스, 해외 사업, 그리고 법규 준수와 관련된 활동들이 뒷전에 밀려나는 경우를 보았다.
- **직원이 사라짐** 점점 더 존재감이 부각되고 인정받을수록, 고위 경영진이나 비즈니스 부문 리더들이 내부 감사 부서 직원에게 전략적으로 중점을 두는 특별 과제를 맡아 달라고 요청할 가능성이 커진다. 그들의 조사 및 분석 능력은 많은 비즈니스 상의 필요를 충족하는 데 사용될 수 있으며, 이러한 요청을 주의해서 통제하지 않을 경우, 중요한 감사 업무에 필요한 직원이 급속히 소진消盡될 수 있다. 이와 유사하게 내부 감사 직원이 비즈니스 라인과 스탭 부서의 임원들과 일하면서 역량이 널리 알려지게 되면, 아예 다른 부문으로 이동시켜 달라는 요청이 있을 수 있다이는 직원 채용 및 유지에 긍정적일 수도 있지만 말이다.

많은 회사의 경영진과 감사위원회는 이러한 함정을 인식하고 SOX 404에 대한 상시적인 책임을 내부 감사 부서와는 별도의 프로젝트 팀에 맡긴 사례가 많다. 그러나 내부 감사 부서는 지침과 필요한 경우 특정 분야에 인력을 제공함으로써 중요한 역할을 할 수 있다.

아무튼 최고 감사 책임자는 최고 경영자 및 감사위원회와 정규적인 소통을 통해 SOX 404의 장기적인 역할에 대해 명확히 이해 및 합의하고, 통상적인 감사 실시 범위의 넓이 및 깊이를 어떻게 달성할지 정해야 한다. 기대가 가용자원을 초과할 경우, 자원을 보강할지와 어떻게 보강할지 또는 감사 범위를 수정할지에 대해 합의가 이뤄져야 한다. 직원을 늘리거나 공동 작업을 할 기회가 있을 수도 있다. 직원 배치에 관한 결정은 리스크에 기반하여야 하고, 내부 감사 규정과 최고 경영자 및 감사위원회의 요구 및 기대에 일치해야 한다. 정렬alignment은 필수적이다. 그렇지 않을 경우 뭔가가 생각했던 것보다 더 빨리 파열될 수 있다.

SOX의 기타 관련 규정

물론, SOX의 다른 규정들도 재무 보고의 신뢰성에 중요한 의미가 있다. 행동 강령을 보유하고 있지 않던 회사들이 강령을 제정했으며, 행동 강령을 보유한 대부분의 회사들도 기존의 강령을 강화했다. 많은 회사들이 SOX 규정보다 더 많은 내용을 요구하는, 즉 모든 직원들에게 적용되는 광범위한 강령을 갖췄으며, 이러한 행동 강령보다 광범한 윤리 프로그램을 수립하여 조직 전체에서 윤리 관련 메시지가 전달되고 받아들여지는 회사들도 많다. 또한 비리 혐의를 보고할 수단이 없던 회사들은 SOX에서 요구하는 내부고발 채널을 만들었다. 그러나 대부분의 회사들은 직원들을 내부 고발자에 대한 보복 없이 시정 조치가 취해질 거라고 확신시키기 위해서는 여기에서 더 나아가야 함을 발견했다. 이 이슈는 오늘날 많은 조직에서 계속되고 있다.

또 다른 영향은 감사위원회가 그들의 독립성, 강화된 역량, 그리고 재무 보고 및 보고 프로세스의 무결성을 강화하는 관련 내부통제에 대한 강조를 통해, 그들의 임무를 보다 더 잘 수행할 위치에 있게 되었다는 점이다.

효용이 실제적이라는 많은 사례가 있지만, 그 효용이 비용을 능가하는가? 회사가 내부통제의 중대한 취약성을 보고할 때 시장은 상반된 메시지를 보냈다. 시장이 반응하는 정도는 회사의 규모 및 소속 산업, 취약성이 만연하고 있는지 여부, 이 취약성이 이미 교정되었거나 교정되고 있는지 여부 등과 같은 요소에 따라 달랐는데, 대부분의 경우 시장의 반응은 가벼웠다. 이는 재무제표가 잘못되었다는 뉴스와 대조되는데, 그럴 경우 투자자들은 회사의 주가에 큰 타격을 가했다. 여기서 다음과 같은 메시지를 얻을 수 있다. 재무제표를 허위 작성할 가능성이 높음을 시사하는 통제 상의 취약성에 대해서는 허위 작성이 실제로 발생한 경우보다 덜 우려한다.

내가 SOX 404에 대해 얘기해 본 최고위급 임원, 이사회 위원들, 감사인들, 그리고 규제기관의 의견뿐 아니라, 조사 결과도 서로 나뉜다. SOX 404가 비용보다는 더 많은 가치를 창출했다는 주장이 다소 우세하기는 하지만 말이다. 확실히 SOX 404 준수를 위한 최초의 비용이 너무 많이 소요되었다. 그러나 상장 회사 회계 감독 위원회가 보다 나은 지침을 제공하고, 재무 보고 관리자 및 내부, 외부 감사인들이 지식과 경험을 축적하고 진정으로 필요한 것에 대해 보다 편안하게 느끼게 되고, 테크놀로지가 개선되고 수용됨에 따라 비용은 보다 관리할 만하게 되었다.

SOX 404와 관련된 유익으로 인해, 많은 사람들이 SOX 404를 긍정적으로 보고 있다.

효과적인 재무 보고 통제가 실제로 사기적인 재무 보고를 방지하는가?

이는 대개 SOX 404 요건이라는 맥락에서 제기되는 아주 큰 의문거리이다. 이에 대해 대답함에 있어서 한 가지를 분명히 해 두자. SOX나 법령집에 수록된 다른 어떠한 법, 또는 현재 고려 중이거나 상상할 수 있는 어떠한 법도 모든 사기를 막을 수는 없다. 나는 중대한 재무 보고 사기 사례가 계속될 거라는 점을 조금도 의심하지 않는다. 문제는 재무 보고 사기가 중단될 것이냐가 아니라, 그 가능성이 감소되었느냐이다. 이에 대해 나는 "확실히 그렇다"고 말할 수 있다.

연구에 의하면 다소 갈리는 결과가 나타난다는 점을 염두에 두고서, 보고를 다룸에 있어서 진정으로 문제가 되는 SOX의 주요 특성을 살펴보기로 하자.

- **감사위원회** 자격이 잘 갖춰져 있고, 유능하며, 진지하고, 근면한 감사위원회는 의심할 나위 없이 사기적인 재무 보고, 또는 재무 보고의 오류를 예방함에 있어서 가장 중요한 요소이다. 감사위원회는 주요 회계 보고 사기, 사베인-옥슬리법, 보다 엄격해진 상장 기준 등에 따라 권한이 강화되고 더 많은 조명을 받게 되었다. 비즈니스에 대한 지식을 갖춘 감사위원회가 재무 보고 프로세스에 중점을 두고 적절한 주의 의무로써 확대된 감독 책임을 이행하면, 애초에 부적절한 재무 보고가 발생

할 가능성이 줄어들며, 그러한 일이 발생할 때 감사위원회에 의해 적발될 가능성은 커진다. 보장은 할 수 없지만, 감사위원회가 자신의 역할을 진지하게 받아들이고 성실하게 일할 때, 사기 억제 요인이 더 커지며, 비리에 대한 조짐이 파악될 가능성도 커진다. 감사위원회는 감독 기구로서 직접 감사를 수행하지는 않지만, 자신의 책임을 효과적으로 이행함으로써 중요한 방어선 역할을 한다.

- **행동 강령** 법률에서 요구되는 재무 보고 프로세스에 한정되었건, 많은 회사들의 경우와 같이 회사의 모든 직원들에게 적용될 수 있도록 범위가 확대되었건 간에, 행동 강령은 사기적인 재무 보고를 방지함에 있어서 초석이 된다. 많은 조직들이 강령 그 자체로는 효과가 없고, 모든 직급의 경영진으로부터 올바른 메시지와 행동, 효과적인 연수, 그리고 강령이 전체 조직에서 어느 정도로 이해되고 받아들여지고 있는지 판단하는 양방향 소통에 의해 보완돼야 함을 인식하게 되었다.
- **내부 고발자 채널** 오랫동안 모범 관행이었던 이 제도가 의무화됨에 따라 회사들은 재무 보고가 사기적이라는 사실을 알고 있는 직원이 이를 고발할 수 있는 장치를 마련했다. 이 장치 또한, 특히 고위 책임자들이 확립된 통제를 무시하고, 거래transaction를 꾸며 내거나 최고위급에서 보고서를 조작함으로써 사실을 가릴 경우, 잘못된 재무 보고를 막는데 중요한 요소로 여겨진다. 대부분의 경우, 최상층부에서 고안된 사기가 밝혀지려면 조직 안에서 이를 아는 사람을 필요로 하는데, 그런 사람은 존재하기 마련이다.

몇 년 전에 내가 어느 글에 이 세 가지가 SOX의 가장 주요한 특성이라고 하자, 어느 독자가 다음과 같은 답신을 보내왔다.

> 저는 선생님이 독립적이고 자격을 갖춘 감사위원회, 행동 강령, 그리고 내부 고발 채널이 사베인-옥슬리법의 가장 중요한 결과라고 결론을 내린 데 대해 전적으로 동의합니다. 그러나 이것들은 중요한 결과에 지나지 않는다고 말했더라면 좋았을 것입니다. 누가 가증스러운 사기나 기만행위를 저지르는지 기억합시다. 그것은 외상 대금 지급 담당 직원이나 현금 관리 직원이 아니라 최고위급 임원이었으며… SOX 섹션 404의 결과 시행된 그 어떤 장치도 켄 레이Ken Lay, 엔론의 전 CEO나 앤드류 패스토우Andrew Fastow, 엔론의 전 CFO가 공모한 사기를 막지 못했을 겁니다.

표면적으로는 이러한 생각이 타당해 보일 수도 있다. 그러나 우선 사기적인 보고를 막는 데 도움이 되는 다른 요인들을 살펴보자.

- **고결성 및 윤리적 가치** 분명히 높은 수준의 고결성 및 건전한 윤리적 가치를 가진 관리자와 직원들은 재무 보고를 포함한 모든 측면에 있어서 옳은 일을 하는 토대를 형성한다. 올바른 기업 문화의 한 요소인 이러한 속성들은 모든 직급의 행동을 좌우한다. 고결성 및 윤리는 입법화될 수는 없지만 신뢰할 만한 보고의 동인이다.
- **인센티브와 유혹** 잘못된 종류의 인센티브와 불건전한 유혹을 피하는 것은 부적절한 재무 보고를 방지하도록 돕는 데 있어서 매우 중요하다. 성취에 대한 적절한 동기부여는 건전한 비즈니스 관행의 일부지만, 비현실적인 목표를 달성하라는 압박, 보고된 재무상의 실적에 기초한 과

도한 보상, 그리고 직무 분리의 취약 또는 부재는 모두 불건전한 환경에 기여한다.

- **경영진의 철학 및 운영 스타일** 재무 보고에 대한 경영진의 태도, 선택할 수 있는 회계 원칙 중 보수적이거나 공격적인 방식 선택, 그리고 데이터 프로세싱과 회계 부서 및 그 직원들에 대한 태도는 모두 재무 보고의 신뢰성을 결정하는 데 도움이 된다.
- **내부 감사** 자격이 잘 갖춰진 효과적인 내부 감사 부서는 사기적인 재무 보고에 대한 억제 요소가 될 수 있고, 또 이러한 사실이 발생할 경우 이를 탐지해 낼 수 있다. 확실히 몇 년 전에 월드콤에서 내부자 고발을 하고 곧이어 타임지의 표지를 장식한 내부 감사인 신시아 쿠퍼Cynthia Cooper는 내부 감사인이 얼마나 중요한지를 보여 주는 좋은 예가 된다.
- **외부 감사** 재무 보고 감사 및 내부통제에 대한 감사는 사기적인 재무 보고를 탐지할 수 있고, 실제로 탐지해 왔으며, 발각을 우려하는 사람들의 부정행위를 방지하는 방해물 역할을 한다.

생각해 보라. 외부 감사를 제외하고, 효과적인 감사위원회, 행동 강령 및 내부 고발자 채널 등 3대 요소를 포함한 이 모든 요소들은 재무 보고에 대한 회사의 내부통제 시스템의 일부이다. 그러니 어떤 이들은 내부통제가 관련이 없다고 비난하고, 심지어 이를 의미 없는 저차원 활동이라고 말하기도 하지만, 실제로 내부통제는 사기적인 재무 보고를 예방하는데 도움이 되는 많은 구성 요소들을 갖고 있다.

외부 감사는 사기적인 재무 보고를 억제하거나 탐지할 수 있지만, 이는 내부통제 시스템의 일부가 아니다. 그러나 외부 감사는 확실히 자본 시장에서 투자자에게 신뢰할 만한 정보가 제공되게 해주는 전반적인 시스템에 있어서 중요한 요소 중 하나이다.

최고 책임자들의 실제 생활

앞에서 언급한 바와 같이, 고결성과 윤리적 가치, 경영진의 철학과 운영 스타일, 그리고 관련 요소들이 재무 보고의 신뢰성에 중요한 역할을 한다. 실제로 권위적인 CEO가 무슨 수를 써서라도 숫자를 만들어 내도록 고집하는 경우에도 최고 재무 책임자 및 기타 최고 책임자들이 사기적인 재무 보고를 피하는데 핵심 역할을 할 수 있고, 또 종종 그렇게 해 왔다.

내가 지난 여러 해 동안 컨설팅 서비스를 제공한 기업은 대부분은 대기업이었지만, 중간 규모의 기업들도 상당수 있었는데, 그 중 다수의 CEO들은 어느 모로 보나 권위적이라고 할 수 있었다. 그리고 우리는 회사의 CEO가 파괴적인 주요 재무 보고 사기를 지휘한 불행한 사례를 봐왔다. 이러한 사례들 중 상당수는 CEO가 주동자이고 CFO는 이에 동조한 경우가 있는가 하면, CFO가 주도적으로 회계 사기 기법을 고안해 낸 경우도 있었다.

결코 재무 보고 사기를 제안하지도 않았고, 그렇게 하지도 않을 많은 CEO와 그러한 제안이나 지시가 있을 경우 이를 거절할 CFO들은 외부에서 쉽게 보이지 않을 수도 있다. 사실, 과거에는 소위 이익 관리earnings management라 불리는 그늘진 구석이 있더라도 규제기관과 투자자들의 기호가 누그러지지 않았을지도 모른다.

어쨌든, 과거에도 대부분의 CEO들은 결코 사기적인 재무 보고를 고려하지 않았으며, 사기가 제안되는 비교적 소수의 경우에도 대부분의 CFO들은 할 수 없다고 말할 용기가 있었다는데 의심의 여지가 없다. 물론, 보고 관계상의 예의 차원에서 인정될 수 있는 회계 기준 중 가장 공격적인 방식을 채택하는 논의는 있을 수는 있지만, 대부분의 CFO들은 종국적으로 해고의 위협과 경력, 수입 및 개인적인 삶이라는 면에서 자신의 삶에 파괴적인 영향을 줄 수 있는 가능성에도 불구하고 CEO의 위협에 굴복하지는 않을 것이다.

오히려 우리는 그러한 압력을 받는 CFO들이 CEO들에게 재무 보고 시 회계 기준의 한도를 위반할 정도까지 나아가는 것은, 여러 이유로 회사나 CEO 자신에게도 전혀 이익이 되지 않는다고 설득하는 것을 봐 왔다. 그 중 한 가지 방법은 매우 단순한데, 현재의 문제가 다음 기에 해결될 거라는 가정 하에 장부를 조작하는 CEO들에게, 그러한 일은 결코 일어나지 않을 것이고 궁극적으로 사실이 들통 날 거라는 현실을 지적해 주는 것이다. 또 다른 논거는 사기는 근본적으로 옳지 않을 뿐 아니라, 실제적인 견지에서도 회사와 주주, 그리고 임원들에게 리스크가 너무 크다는 것이다. 회계 부정에는 일시적이고 단기적인 이득이 있을지 몰라도, 궁극적으로는 그들의 직업적 경력 및 개인적 삶을 망가뜨릴 가능성이 매우 크다.

나는 대부분의 CFO들이 오랫동안 이런 맥락에서 일해 왔다고 믿는다. 확실히 SOX가 제정된 후에는 전에는 압력에 굴복했을 수도 있는 소수의 CFO들도 이제는 그러한 불법 행위가 있을 경우 동의하기에 앞서 두 번 이상 생각해 볼 것이다. 그리고 시장은 이제 재무 보고가 보다 신뢰할 만하고 이해하기 쉬운 정보를 제공해 주며 보수적인 기준을 채택하는 회사들을 보상해 주는 경향이 있다.

경험에 의하면 최고 재무 책임자들 외에도 최고 법무 책임자, 최고 회계 책임자, 그리고 최고 감사 책임자 등 기타 고위직 임원들도 이와 유사하게 행동하고 있다. 여기에서도 이러한 지위에 있는 대부분의 사람들은 SOX가 제정되기 이전의 환경 하에서도 법률 위반에 저항하는 감정적 요새로서 높은 수준의 고결성과 윤리적 가치를 지니고 있었다.

비리를 받아들이지 않고 올바른 조치를 취한 주요 사례를 FBI의 콜린 로울리Coleen Rowley 요원과 함께 타임지의 표지에 등장한 엔론의 쉐론 왓킨스Sherron Watkins와 월드콤의 신시아 쿠퍼가 보여 주었다. 그들이 조명을 받기는 했지만, 실은 정직하고 헌신적인 다수의 미국 기업 임원들을 대표한다.

이렇게 말을 했지만 여전히 나쁜 일을 할 사람이 있을 것이고, 어떤 시스템도 완벽하지는 않다. 따라서 우리는 예외적인 나쁜 사람들이 나타나는 것을 예방하거나 혹시 나타난 경우 이를 신속하게 파악할 수 있는 합리적인 가능성을 지니기 위해, 회사 리더의 고결성과 윤리적 가치 및 역량, 그리고 필요한 감독 시스템, 견제와 균형을 계속적으로 확보할 필요가 있다.

* * *

그러니 재무 보고의 신뢰성과 관련된 통제를 포함하는 내부통제는 실제로 아주 중요하다. 9장에서는 운영상의 통제 및 이러한 통제의 존재 또는 부재不在가 회사의 평판, 전망 및 심지어 생존에 미치는 영향으로 주제를 옮겨 간다.

Governance
Risk
Management
And Compliance

Chapter 9

운영 성과 통제

Control Over Operational Performance

Chapter 9

Control Over Operational Performance

재무 보고에 대한 내부통제는 회사의 주요 목표들 중 하나만을 다루며, 다른 목표들은 법규 준수와 운영의 유효성 및 효율성이라고 말한 바 있다. 이 구분은 매우 중요한 데, 영특하고 유능한 사람들조차도 이를 간과할 때가 있다. 더욱 놀라운 점은 일부 성공한 기업인들이 자신의 회사는 SOX 404를 준수하기 때문에 내부통제 전체에 대해 그리고 심지어 리스크 관리에 대해서도 필요한 것들을 갖추고 있다고 믿는다는 것이다.

나는 최근에 어느 다국적 대기업에 컨설팅을 제공하면서 이사들을 모두 만났는데, 그 중 한 명은 전국적으로 알려진 존경받는 교육가이자 비즈니스 고문이었다. 그가 명시적으로 내게 준 메시지는 자기 회사는 이미 감사인의 인증을 포함하여 SOX 404를 준수하고 있으므로 이사회가 이 분야를 바라볼 필요가 없다는 것이었다. 나는 모든 재주를 동원하여

SOX 404 규정은 재무 보고에 대한 내부통제에만 중점을 두고, 운영이나 컴플라이언스 목표에 대한 통제는 다루지 않으며, 이에는 리스크 파악/분석 요소가 있는 반면 SOX 404는 회사의 보다 광범한 리스크 관리 프로세스까지 미치지 않는다는 점을 고려했는지 물었다. 많은 토론 후에, 그는 회사와 감사인이 SOX 404를 준수한다 해도 운영이나 컴플라이언스 목표 및 이에 관련한 리스크와 통제에 대해 안도할 수 없다는 점을 보다 잘 이해하게 되었다.

이번 장에서는 가장 넓은 범주의 목표인 효과적이고 효율적인 운영에 대해 살펴보기로 한다. 운영에 대한 내부통제가 무엇에 관한 것인지 감을 잡기 위해, 구매, 재고 통제, 생산 프로세스, 유통, 마케팅, 판매, 고객 서비스, 브랜드 관리, 재무, 인사, 정보 기술 등 회사의 다양한 비즈니스 활동들을 열거해 볼 수 있다. 회사의 내부통제가 재무 보고나 법규 준수와 관련된 리스크를 다루고 있지 않다면, 그 통제는 회사의 운영을 겨냥한 것이다.

운영 통제가 왜 중요한지에 대해서는 적정한 통제 결여로 고생한 회사들을 보면 알 수 있다. 많은 예가 있지만, 여기서는 몇 가지 심각한 통제 이완에 대해 초점을 맞추기로 한다. 먼저 자신의 가장 귀중한 자산을 보호하기 위한 적정한 통제가 없었던 석유 회사들을 살펴보고 나서, 담보 경매 처분 과정에서 손실을 본 은행들과 소시에테 제네랄, 워싱턴 뮤추얼, 그리고 컨트리와이드 파이낸셜 등의 금융 서비스 회사들을 살펴볼 것이다. 각각의 사례는 비즈니스 운영의 유효성에 관한 기본적인 내부통제를 고려하여 이를 실행하지 못했음을 보여 준다.

IT 통제

최근에 주요 석유 회사에서 정보 기술 통제에 대한 심각한 문제가 불거졌다. 지금 여기에서는 6장에서 논의된 심해深海 시추, 기름 유출 및 관련 피해라는 명백한 문제를 말하는 것이 아니라, 매우 민감한 회사 정보 보호에 관해 말하려 한다. 최근의 뉴욕 타임즈 머리기사에서 "해커들 다국적 석유 회사의 IT 시스템을 뚫다"라는 언론 보도를 본 독자들이 있을 것이다.

우리는 회사 정보와 관련된 리스크 파악 및 분석과, 이 정보를 안전하게 보호하기 위한 적절한 통제확립의 중요성을 잘 알고 있다. 많은 회사의 IT 관리자, 보안 담당 임원, 내부 감사인 등은 민감한 정보로 정해진 것들은 내부적으로 알 필요가 있는 경우에만 볼 수 있고, 귀중한 트레이드 비밀도 그렇게 관리된다는 확신을 제공하기 위해 애쓴다. 그리고 우리는 해커들이 내부의 비밀 정보 창고에 들어왔고, 큰 재앙을 가져올 수 있는 리스크를 알고 있다. 우리는 대기업이 중요한 운영상의 목표를 달성하기 위해 잘 설계되고 업데이트된 통제 시스템을 확실히 보유하고 있을 거라 생각하고 싶다.

석유 업계로 돌아가 보자. 중국의 어딘가에서 비롯된 사이버 공격이 그들 편에서 대박을 터뜨린 것으로 보일 수 있다. 언론 보도에 따르면, IT 보안 회사 맥아피McAfee의 전문가들은 다섯 개의 다국적 석유 회사가 기업 기밀 수집을 겨냥한 침입에 뚫렸다고 말했다. 해커들은 무엇을 얻었는가? 그들은 업계의 통제 시스템뿐 아니라 "유전油田 및 가스전田 생산 시스템과 유전 탐사와 관련된 재무 서류, 그리고 새로운 석유 및 가스 리스 입찰"에 관한 정보들을 끌어 모았다. 그야말로 매우 가치 있는 정보가 아닌가!

해커들은 어떻게 이렇게 할 수 있었는가? 이에 관한 정보는 피상적이지만, 베이징에서 활동하고 있는 해커들이 미국과 네덜란드에 서버를 설치하고 미국을 포함한 여러 나라의 컴퓨터에 침입했다고 한다. 맥아피 보고서에 의하면, "침입자들은 SQL 삽입SQL injection과 스피어 피싱spear phishing으로 알려진 방법으로 공격 대상을 손상시켰다. 회사 내부 네트워크에 접근하게 된 그들은 원격관리 소프트웨어를 설치해서 이 시스템들을 완벽하게 통제할 수 있게 되었다. 이로써 침입자들은 서류를 검색할 수 있었을 뿐만 아니라 회사 네트워크에 연결된 다른 컴퓨터에 대해서도 단계적 공격stage attack을 할 수 있게 되었다."

보고서는 이 공격이 일 년 전에 성공했던 구글 공격에 비해 덜 정교하다고 말하지만, 우리는 해커들이 점점 더 정교해지고 있어서, 점점 발전하고 있는 회사 컴퓨터 침입 방법에 선수를 치기가 벅차다는 것을 인식하고 있다. 이렇게 말은 했지만, 어떻게 대형 석유 회사들이 사이버 공격의 빈도가 점점 증가한다는 것을 알면서도 예방에 필요한 모든 조치를 취하지 않았는지 의아할 것이다.

불행하게도, 이러한 통제들이 레이더 스크린에서 강조되지 않았던 것 같다. 매출액 10억 달러에서 100억 달러 사이의 회사 임원들과 이사회 위원들을 상대로 조사한 카네기 멜론 사이랩Carnegie Mellon CyLab 보고서는 응답자의 56%가 리스크 관리 개선을 최우선순위 중 하나라고 여겼지만, 컴퓨터 및 데이터 보안을 우선순위의 하나로 여긴 사람은 아무도 없음을 발견했다. 어느 저명한 사이랩 직원은 이렇게 말했다. "그들은 IT 리스크가 전사 리스크의 일부임을 이해하지 못하고 있습니다."[19] 이러한 운영 활동에 관련된 내부통제도 우선순위가 아니었을 거라고 부언할 수 있다.

소시에테 제네랄

독자들도 어떻게 "사기꾼 트레이더" 제롬 케르비엘Jerome Kerviel이 사상 최대의 은행 사기라 불리는 사건의 한가운데에 서게 되었는지 알 것이다. 간단히 말해, 프랑스에서 가장 존경 받는 은행 중 하나인 이 은행에서 아무에게도 알려지지 않은 중간 관리자급 직원이 공금 730억 달러를 베팅하여 은행에 72억 달러의 손실을 끼쳤다. 이 이야기를 다룬 신문들은 재빨리 키더 피바디Kidder Peabody의 조셉 제트Joseph Jett와 베어링스 은행의 닉 리슨Nick Leeson 등 은행 사기 기록에 나오는 낯익은 이름들을 들먹였지만 이번 건은 이전의 사기들을 능가했다.

나는 많은 대형 사기 사건의 조사와 처리에 관여해 온 사람으로서, 무엇이 잘못되었는가에 대하여 몇 가지 생각을 나누고자 한다. 참으로 많은 것이 잘못되었는데, 기억을 환기해 보자.

무슨 일이 일어났는가

기본적으로 케르비엘은 소시에테 제네랄의 다른 사람들에게 숨기고 권한을 부여 받지 않은 트레이드를 했다. 그는 리스크의 대부분을 헤지하는 한 유럽 주가 지수를 트레이드할 권한을 부여 받았다. 그러나 그는 헤지 거래를 완료하지 않았고, 사실상 유럽 시장이 계속 상승한다는 데 잘못 베팅한 셈이 되어 버렸다. 케르비엘은 자기의 행적을 감추기 위해서 은행의 컴퓨터 시스템에 허위 거래 데이터를 입력하여 헤지 거래를 수행한 것처럼 보이게 했다. 이를 발견한 은행의 임원들은 케르비엘이 잘못 베팅한 73억 달러의 포지션을 청산하기로 결정했고, 이로 인해 손실이 확정됐다.

이어서 나온 보도들은 은행의 반응이 흥미롭다는 점을 보여 주고 있다. 그 중 가장 인상적인 기사 몇 가지를 인용한다.

- 소시에테 제네랄은 무분별한 직원에 의해 저질러진 심각한 내부 사기의 희생자였다.
- 케르비엘은 정신적으로 허약했다. 그가 왜 그런 짓을 했는지 알 수 없다.
- 케르비엘은 테러리스트이다.
- 케르비엘은 소규모 포트폴리오로 시작한 주니어 트레이더였지 스타가 아니었다. 또한 외향적이기보다는 수줍음이 많은 사람이었다.
- 조사에 의하면 소시에테 제네랄에서 다른 이는 관여하지 않았다.
- 케르비엘은 다섯 단계의 통제를 위반했으며 컴퓨터 천재였다.
- 이를 숨기려면 정확히 무엇을 해야 하는지 알 필요가 있었기 때문에, 숨기는 일은 많은 시간이 소요되는 일이었다.
- 케르비엘이 왜 이런 포지션을 취했는지 설명할 수 없고, 재무적 견지에서 이익을 얻었다고 믿을 근거도 없다. 왜 이런 막대한 포지션을 취했는지 이해할 수 없다.

이사회 의장 겸 CEO인 다니엘 부통Daniel Bouton이 케르비엘은 자신의 행동으로 한 푼도 이익을 보지 못했다고 말한 데서 알 수 있듯이 경영진들도 케르비엘의 동기를 알 수 없었다고 말하는 보도는 위의 마지막 사항을 강조하였다.

동기

리스크 관리 전문가들, 특히 사기적인 행동에 대해 아는 사람들은 사기 이면의 동기 파악은 사기 리스크를 이해하고 이 리스크를 관리할 만한 수준으로 감축시키기 위해 필요한 통제를 확립함에 있어서 매우 중요하다는 점을 알고 있었다. 핵심은 이런 유형의 주요 사기는 흔히 직원이 돈을 훔치는 것과는 아무 관련이 없다는 점이다. 이러한 사기는 다른 요인들과 관련이 있다.

은행의 임원들이 케르비엘의 동기를 설명하기 어렵다고 한 말은 이해하기 어렵다. 기업에서 5분 이상 일해 본 사람은 두 종류의 사기가 있다는 것을 알아야 한다. 하나는 누군가의 주머니에 돈을 집어넣는 것이고, 다른 하나는 개인, 부문, 또는 기업의 실적을 실제보다 좋게 보이게 하는 것이다.

케르비엘이 자신을 위해 돈을 훔치려 하지 않았다는 것은 명백하다. 최초의 심문 후에, 그는 자신의 배경 때문에 상대적으로 별로 존중받지 못하고 있는 조직에서 존중받고, 거액의 보너스를 받기 위해 그렇게 했다고 말했다. 이는 범인이 자기가 조직을 위해 큰일을 할 수 있음을 보여주고 인정, 승진 또는 보다 큰 보상을 원하는 은행 사기에서는 흔한 사례이다.

이러한 유형의 사기에 대해 좀 더 깊이 조사해 보면, 역사는 당사자가 나는 주요 은행 사기에 여성이 관여한 사례를 기억할 수 없다 대개는 붙잡히지 않을 것으로 믿는다는 것을 보여 준다. 설사 그렇게 믿는다 해도, 이 사기꾼은 자기 행동이 의미하는 바를 이해하지 못했다. 결국 그는 자신을 위해서가 아니라, 고용주를 위해 돈을 벌려고 한 것이다. 그의 트레이드가 돈을 잃기 시작하면, 이를 단지 일시적 상황으로 보고 그러한 트레이드를 더 많이 하면 문제가 해결될 거라고 믿는다. 궁극적으로, 그는 그 트레이드가 통할 것이고 자기는 진짜로 똑똑하고 유능한 사람임을 입증할 것이라 생각한다.

그리고 자기에게는 잃을 것이 별로 없는 사람들도 있다. 삶의 다른 분야에 뭔가 어려움이 있는 사람들에게는 동전의 앞면이 나오면 우리가 이기고, 뒷면이 나오면 당신이 지는 것으로 보일 수 있다. 결국, 그들은 다른 사람의 돈으로 도박을 하고 있는데, 물론 그들도 처음부터 돈을 잃을 의도를 가지고 있는 것은 아니다.

이 점이 사기꾼의 마음 전면에 있는지는 의문이지만, 실제로 그들 중 대부분은 옥살이를 마치고 난 뒤 케르비엘은 3년 형을 선고 받았다 인기 있는 컨설턴트가 되고, 스타 강사 대열에 올라 생계를 위해 일할 때보다 더 많은 각광을 받고 그 당시에 꿈꿀 수 있었던 것보다 훨씬 더 많은 돈을 번다!

내부통제는 어디에 있었는가?

어떻게 이 사기가 궁극적으로 발견되었는지부터 시작하기로 하자. 보도에 의하면 케르비엘은 자기의 트레이드를 숨기는 데 사용해 왔던 작전을 바꿨다고 한다. 그는 마진 콜을 촉진시킬 수 있는 포지션을 취했는데, 이로 인해 컴퓨터 시스템에 적신호가 켜졌고, 은행의 리스크 통제 전문가들의 주의를 끌게 되었다. 익일의 트레이딩 기록 조사로 사기적인 트레이딩의 정도가 밝혀졌고, 약 1주 후에 오픈 포지션이 정리되었다. 소시에테 제네랄은 이 사기를 공표하였다.

또한 다음과 같은 보도도 있었다.

- 은행은 최초에는 케르비엘이 그러한 수법을 쓴 것이 "단지" 1년 이내라고 믿었지만, 그는 3년간 그렇게 하고 있었던 듯하다.
- 케르비엘은 은행의 다른 트레이더들도 유사한 비록 보다 소규모이기는 했지만 권한 없는 트레이드를 해 오고 있었지만 이에 대해 질문을 받은 적이 한번도 없다는 걸 알고 있었다.
- 케르비엘은 트레이딩 부문 및 IT 부서 동료들의 접속 코드 및 암호를 알았고, 이를 사용했다.
- 케르비엘은 휴가 사용을 권고 받지 않았고, 전년에 4일의 휴가만 사용했다 대부분의 글로벌 은행들은 트레이더 등 민감한 포지션 종사자들에게는 2주 연속 휴가를 강제하며, 휴가 미사용은 내부통제 면에서 적신호로 여겨진다 – 역자주.
- 우연히 케르비엘의 행동이 은행의 리스크 관리부서 직원들에게 문제가 있다는 신호를 여러 차례 보냈지만, 그들은 케르비엘에게 무슨 일이 일어났는지 묻고, 설명을 받아들인 것 외에는 한번도 추가적인 조사를 실시하지 않았다.

내부통제에 관한 한, 이러한 것들은 아주 기본적인 사항이다. 프라이버시와 빈번한 자동 변경 등 접속 코드와 암호에 대한 통제는 어디에 있었는가? 의무 휴가 및 부적절하다는 신호에 대한 철저한 후속 조치는 어디에 있었는가? 또한 우리는 트레이딩 패턴에 대한 자동화된 어플리케이션 통제, 감독상의 통제그 이후 4명의 감독 책임이 있는 임원들이 해고되었다, 그리고 리스크 관리 부서 및 내부 감사 부서에 의해 수행되는 적절한 절차 등의 모니터링 통제와 같은 다른 기본적인 통제에 대해 의아할 뿐이다.

특히, 우리는 이 은행이 권한을 받지 않은 트레이드 리스크를 만족할 만하게 파악하고 관리했는지 물어볼 수 있다. 다른 은행들 중 사기꾼 트레이더로 인해 커다란 어려움을 겪거나 완전히 망한 은행들이 있었다. 확실히 이러한 리스크는 오랫동안 잘 알려져 있었다. 그러니 소시에테 제네랄에서는 이러한 리스크가 심각하게 여겨지지 않았거나, 합리적인 수준으로 관리하는 올바른 절차와 통제가 갖춰지지 않았다고 할 수 있다.

두 가지의 다른 요소들도 매우 중요하다는 것이 판명되었다. 유렉스Eurex의 감독국이 케르비엘의 트레이드에서 이상한 점을 발견했지만, 이 은행의 리스크 통제 전문가는 그저 이 이상한 점이 별것 아니라고 설명했다. 또한 이 은행은 케르비엘 수준의 트레이더들이 권한을 받은 한도를 정규적으로 초과하는 것을 허용했을 뿐만 아니라, "은행을 위해 돈을 벌도록 자기자본proprietary 트레이드"를 수행하리라는 기대가 있었고, 그 결과가 성과 평가에 명시적으로 고려된 문화가 있었다고 보도되었다. 이 은행이 큰 곤욕을 치르게 된 배후에는 문화라는 주요 이슈가 있었다.

이사회 의장의 추가 반응

소시에테 제네랄의 이사회 의장 겸 CEO인 부통은 고객들에게 보낸 편지에서 "유사한 리스크가 더 이상 재발하지 않도록 통제 절차를 개정하고 강화했습니다." 라고 말했다. 이에 대해 세 가지 생각이 떠오른다. 첫째, 왜 이러한 통제들이 전에는 시행되지 않았는가? 둘째, 일주일 만에 정확히 무슨 일이 일어났는지 자세한 내용과 그러한 리스크를 관리하기 위해 어떤 구체적인 통제가 필요한지 알아내는 것이 가능한가? 셋째, 은행에 수십억 달러의 손실을 끼칠 수도 있는 유사한 리스크를 다루기 위해 무엇이 시행되고 있었는가?

어떻게 거의 모든 것을 긍정적으로 볼 수 있는지 정말 이상하다. 이 의장은 또한 이렇게 말했다고 전해진다. "우리가 신속하게 대처하지 않았더라면, 손실은 10배나 더 악화될 수도 있었습니다." 이 사기는 명백히 여러 해 동안 자행돼 왔고, 은행이 휘청거려 거액의 새로운 자본 투입이 필요해졌으며, 은행이 자본 시장의 급격한 하락을 악화시켰다고 비난 받고 있고, 많은 소송을 처리해야 한다는 것을 고려할 때 이 말은 정말 재미있다. 무엇이 이보다 "10배나 더 악화"될 수 있는지 상상하기 어렵다.

수십억 달러의 손실이 발생하자, 즉각적으로 부통의 해임 요구가 시작되었고, 그는 머지않아 CEO에서 물러났다. 소시에테 제네랄 호가 보였어야 했고 피했어야 할 암초에 부딪힐 때 그는 조타석에 있었다. 경영진은 이 회사가 위험한 해역에 있음을 알았으나감독 당국 등은 그들에게 이미 배가 손상된 것 같다고 알렸다 조사를 해서 재앙으로부터 벗어나려는 아무런 조치도 취하지 않았다. 그는 일시적으로라도 이사회 의장직을 유지했다.

워싱턴 뮤추얼

금융 위기의 원인을 파악하려는 미국 상원의 상설 조사 소위원회 청문회에서 이제는 사라져 버린 워싱턴 뮤추얼Washington Mutual 은행의 CEO 케리 킬링거Kerry Killinger는 자사가 공정하게 처리되지 않았다고 주장했다. 그가 어떻게 유동성을 산소에 비유했는지를 보여 주는 문서들이 공개되었다그는 곤경에 처한 다른 은행에는 유동성을 공급해 주면서 워싱턴 뮤추얼에는 공급해 주지 않았다고 불평했다.

그런데 이 청문회의 보고서에 의하면, 워싱턴 뮤추얼 스스로 너무도 독성이 강하고 산소가 부족한 통제 환경, 즉 그 조직에서 누가 살아남을 수 있을지, 그리고 산소, 유동성, 또는 기타의 어떠한 도움을 아무리 많이 준다 해도 그 회사를 구할 수 있을지 의문이라고 생각할 정도로 나쁜 환경을 만들었다.

워싱턴 뮤추얼이 여러 해 전에 관리자들의 머리에 "긍정의 힘Power of Yes"이라는 주문을 집어넣은 것은 잘 알려진 사실이다. 내가 주문이라고 하는 이유는, 상원의 증언에 의하면 최소한 1회 이상의 회의에서 워싱턴 뮤추얼의 관리자들이 실제로 이를 주문처럼 외워대야 했기 때문이다. 물론, 그것이 외우기 쉽고 효과적인 마케팅 방식일 수도 있었겠지만, 이것이 워싱턴 뮤추얼에서 질이야 어찌됐든 가능한 한 많은 모기지를 취급하기 위해 애쓴 문화의 근본 원인 중 하나였던 것 같다.

이 위원회의 위원장 칼 레빈Karl Levin 상원 의원은 이를 다음과 같이 간략하게 말했다. "워싱턴 뮤추얼은 고 위험 대출, 느슨한 통제, 그리고 질보다 양을 우대하는 보상 정책이라는 유독성 혼합물을 사용하여, 후에 부도가 난 조악粗惡한 대출을 시장에 넘쳐나게 했습니다."

독자들은 대출 기관은 신청된 대출의 질, 즉, 차주借主가 부채를 신속하게, 그리고 정해진 이자와 함께 상환할 수 있는 능력을 주의 깊게 고려할 거라고 생각할 것이다. 이 모든 것들은 제품을 원가보다 낮게 팔면서도, 수익 부족분을 판매의 양으로 메우려는 오래된 개념을 환기시킨다. 저명한 금융기관에서 어떻게 이런 일이 일어날 수 있었을까?

그 내막은 이렇다.

- 첫째, 대출을 일으키는 일에 관여하는 사람들에게 대출 취급 금액에 근거하여 보상해 주는 인센티브 시스템을 만든다. 즉, 모기지를 많이 취

급할수록 급여가 많아진다.

- 둘째, 이자율이 높고, 보상도 많은 보다 리스크가 높은 대출에 집중한다.
- 셋째, 차주에게 보다 높은 이율을 부과하고, 덤으로 엄격한 조기 상환 위약금을 물리는 직원에게 더 많은 보상을 지급한다.
- 넷째, 이자만 납부하거나 이자율 조정이 가능한 모기지 및 이들과 유사한 조건의 모기지에 더욱더 중점을 둔다. 그런데, 이러한 대출에서는 차주들이 더 높은 리스크에 직면하게 되고, 상환을 내팽개치게 된다.
- 다섯째, 이미 낮추어 질대로 낮춰진 은행의 최소 기준을 충족하기 위해 차주들이 자신의 수입이나 자산을 과대평가하는 데 즉, 거짓말하는 데 도움을 준다.

이에 더하여 이 혼합물에 위에 말한 이 모든 것들이 워싱턴 뮤추얼에서 일어났다고 전해진다 최소한 한 명의 직원이 부실대출과 심지어 사기적인 대출을 할 수 있도록 뇌물을 받은 것을 추가할 수 있다이 또한 이전에 명망이 있던 워싱턴 뮤추얼에 대한 혐의 중 하나이다.

보다 체계적인 문제들

상원의 조사는 조직 내부의 일부 인사들이 이 은행이 바닥으로 굴러떨어지는 것을 막아보려 했음을 보여 준다. 그 당시부터 워싱턴 뮤추얼의 리스크 책임자가 된 임원은 항상 대출해 주는 문화를 변경시키려 시도하고, 포트폴리오 내 고 위험 및 서브프라임 대출 비율에 상한을 설정하며, 수입 또는 기타 증빙이 없는 신규 대출을 잘라내기 위해 여러 차례 노력했지만 소용이 없었다고 한다. 그의 후임 최고 리스크 책임자는 유사하지만 보다 넓은 그림을 제시하는데, 그는 이 회사의 파산은 느슨한 취급underwriting 기준과 대출 원리금 상환 및 질을 중시하던 데서 대출 신규 취급 및 속도를 중시하는 쪽으로 옮겨 간 것뿐만 아니라, 빈약한 감독, 안이한 신용 평가 기관, 그리고 패미 매Fannie Mae와 프레디 맥Freddie Mac의 식욕에 의해서도 야기되었다고 말했다. 그런데, 이 말은 강도가 집주인에게 보다 나은 보안 시스템을 갖추지 않았다고 비난하는 것처럼 들린다.

또한 상원의 조사는 워싱턴 뮤추얼의 경영진이 심각한 문제가 떠오른 뒤에도 사태의 현황에 대해 관심도 없었고, 이에 대해 우려하지도 않았음을 시사한다. 어떤 경우에는 내부 조사에서 워싱턴 뮤추얼에서 대출을 가장 많이 하는 두 부문의 사기율이 높다는 사실이 발견되었지만, 상원 소위원회에 의하면 "이 문제를 다루기 위한 어떠한 조치도 취해지지 않았고, 이들에 의해 취급된 대출을 매입했던 투자자들에게도 이 사실이 통지되지 않았다."

그런데 현재 FDIC가 은행의 주택 대출 부문 대표와 그 부문의 최고 운영 책임자와 함께 킬링거를 "극단적이고 역사상 유례가 없는 리스크"를 취한 것으로 고소한 상태이다. 소장은 그들이 "자신들의 보상을 증대시키기 위해 무모하게 워싱턴 뮤추얼의 장기적 안전과 건전성을 무시하고 단기 이익에 중점을 뒀다"고 말하며, 적절한 리스크 관리 시스템 및 내부통제를 갖추지 않았다고 주장한다. 과장을 덧붙이자면, 나는 피고들이 "빼앗긴 산소"라는 말을 사용할지, 그리고 얼마나 자주 사용할지 궁금할 뿐이다.

보다 넓은 그림

이제 등식의 다른 쪽인 오염된 모기지 판매를 보기로 하자.

우리는 워싱턴 뮤추얼 및 다른 주요 은행들이 모기지 상품의 유동화와 매각에서 무슨 일을 했는지 많은 설명을 들었다. 하지만 나는 레빈 상원 의원이 무슨 일이 일어났는지에 대해 다음과 같이 간결하게 말한 것도 주목하고 싶다. "그들은 마치 환경을 오염시키는 자들이 강에 독을 방류하는 것처럼, 유독한 모기지 자산을 시장에 내다 버리는 컨베이어 벨트를 만들었다. 강 하류에는 이러한 모기지 담보부 증권에 대하여 대단히 식성이 좋은 월 스트리트가 있었다. 그들은 오염된 물을 병에 담아서, 이 물이 안전한 식수라고 말한 신용 평가 기관의 라벨을 달아 투자자들에게 팔았다." 레빈의 평가는 그들이 죄를 면할 수 없게 한다. 레빈은 워싱턴 뮤추얼이 대출이 부도가 날 것 같거나 사기적인 것으로 파악되었기 때문에 투자자들에게 알리지 않은 채 이러한 대출들을 포장해서 팔았다고 말했다.

더 많은 교훈이 필요한가?

우리에게 새로운 교훈이 필요한지에 대해서는 모르겠지만, 다른 실패로부터 교훈을 배웠다는 생각을 털어 낼 필요는 있다. 솔직히, 나는 여러 해 동안 대출 책임자들을 질보다는 양에 근거하여 보상하는 것은 심각한 문제라고 경고해 왔다. 우리는 은행의 대출 책임자들이 한 해 동안 많은 금액의 대출을 실행하고, 다음 해에는 다른 은행으로 옮겨가는 경우를 많이 봐 왔다.

사정이 이렇다 보니, 질에 대한 책임성이 전혀 없었다. 그것이 일반적인 현상은 아니었고 많은 은행들은 신규 기표booking, 특히 거액 대출에 대해 이 위원회로부터 승인을 받아야 하는 대출 검토 위원회loan review committee와 같은 통제 제도를 가지고 있었다. 그러나 종종 인센티브가 왜곡되어서 일부 기관의 고위 경영진은 질 대신 양과 속도에 점점 더 중점을 두는 문화를 만들어갔다워싱턴 뮤추얼에서도 이런 일이 일어났다고 전해진다.

나는 거액의 신규 대출 계좌를 개설한 직원에게 후하게 보상한다는 아이디어에 대해 재고한 금융 서비스 회사를 알고 있다. 당시 제기된 문제는 다음과 같았다. "회사의 신규 거래가 진정으로 수익성이 있는지 여부에 대해 더 평가해야 하지 않는가?" 이에 대한 대답은 두말할 나위 없는 "그렇다"였고, 이에 따라 임원들이 잠재적인 수익성에 대해 통찰력 있는 분석을 수행한 데 대해 심지어 새로운 거래가 이익이 나지 않거나 너무 위험해서 승인을 거절해야 한다는 결론을 낼 경우에도 보상을 받는 새로운 시스템을 만들게 되었다. 그 결과 이 회사는 아직도 성장하고 있는데, 질이 효과적으로 관리되면서 성장하고 있어서 향후의 전망도 양호하다. 이는 확실히 모든 신규 비즈니스 개발 프로세스의 명백한 부분이었어야 하는데, 우리는 매출액 성장만을 강조할 경우 미래의 이익을 해치는 근시안적 행태에 박차를 가할 수 있음을 잘 알고 있다.

CEO들이 계상된 이익이 실제로 이후의 연도까지 유지되는 조치에 주의를 기울이게 하기 위해 그들에 대한 보상을 환수하고, 일정 기간에 걸쳐 나눠서 보상하는 방안에 관해 많은 안들이 나오고 있다. 그런데, 이와 동일한 개념이 비즈니스 개발에 종사하는 직원들에게도 적용될 수 있고, 또 적용되어야 한다. 신규 비즈니스의 양뿐만 아니라, 궁극적인 수익성 관점의 질에 대해서도 보상하는 것은 충분히 이치에 맞다.

내부통제는 확실히 매우 중요하다. 질에 관계없이 매출을 올리려는 회사는 확립된 통제들을 약화시키거나 통제가 무시되도록 허용할 수 있다. 고의적으로 이렇게 할 수도 있고, 양에 대한 근시안적 독려는 이러한 가능성을 수반할 수도 있음을 어렴풋이 의식하면서 그렇게 할 수도 있다. 이때가 바로 리스크 책임자, 법률 고문, 감사 담당 임원, 감사위원회 등이 나서서, 장기적인 비즈니스 목표가 진정으로 달성되도록 하기 위해서 비즈니스 행태를 잘 통제하는 데 필요한 조치를 취해야 할 때이다.

컨트리와이드 파이낸셜

이 대형 모기지 대출업체의 상황은 워싱턴 뮤추얼의 상황과 유사하다고 알려져 있으므로, 여기에서 상세한 내용을 반복할 필요는 없다. 그러나 SEC의 조사에서 나온 내용들은 집중적으로 살펴볼 가치가 있다.

기억을 상기하자면, 컨트리와이드의 CEO와 다른 두 명의 고위 책임자들이 부적절한 회사 주식 매각 및 투자자들에게 리스크에 관한 정보를 숨긴 데 대해 SEC로부터 기소되었다. SEC는 CEO 엔젤로 모질로Angelo Mozilo가 개인 이메일에서는 이 상품을 "유독하다"고 하면서 "개인적으로 우리 회사의 대출 신규 취급 시스템에 문서화와 관련된 컴플라이언스가 심각하게 결여되어 있으며, 취급된 대출의 질이 일반적으로 악화되었음을 관찰했다"면서도 공식적으로는 이 회사의 대출 포트폴리오를 극구 칭찬했다고 말했다. 그는 또한 내부적으로 이 회사의 서브프라임 2순위 모기지 상품 라인이 "독약"이라고 말했으며, 회사의 대차대조표 상에 지불 옵션 조정 가능 이율 모기지pay-option adjustable rate mortgage를 보유하는 것에 대해 "요점은 우리가 높은 실업률, 주택 가격 하락 및 주택 판매량 감소라는 압력을 받고 있는 환경에서 어떻게 이 대출들이 원리금을 지급할 수 있을지 전혀 모른다는 점입니다."라고 썼다.

특히 몇 가지 점이 흥미롭다. 첫째는 CEO 모질로가 우려를 표명하기는 했지만, 강제 헐값 매각fire sale에 처해지는 것을 피하기 위해 적시에 회사의 방향을 돌리기를 원하지도 않았고 그럴 능력도 없었다. 둘째, 독자들은 소시에테 제네랄의 케르비엘은 최소한 어느 정도는 자신의 배경에 대한 열등감에 동기부여되었다는 점을 기억할 것이다. 그는 대부분의 동료들과는 달리 뛰어난 가문 출신도 아니고 학벌도 변변치 않다고 느꼈다고 한다.

모질로도 유사한 마음 상태로 고통을 겪었던 것 같다. 보도에 의하면 아버지가 뉴욕 브롱크스의 도축업자인 모질로는 "안정된 은행계에서 버튼다운button-down 셔츠를 입고 있는 라이벌들과는 거리를 두고 시장 점유율과 씨름하는데 몰두해" 있었다. 모질로는 이렇게 말했다고 한다. "나는 명문 학교 출신이기 때문에 뭔가 대단한 사람이라고 생각하는 친구들과 충돌한다. 우리는 언제나 과소평가된다. 그리고 지금도 그렇다. 나도 그렇다. 내가 젊었을 때 속물적이고 경멸적인 그들의 태도가 나를 언짢게 했다는 점을 얘기해야겠다."

모질로는 궁극적으로 6,750만 달러를 지급하기로 하고 SEC와의 기소 사건을 해결했다컨트리와이드 파이낸셜은 보상 합의에서 2,000만 달러를 지급하기로 했다. 그리고 그는 모든 상장 회사의 임원이나 이사직에서 영구적으로 추방되었다.

담보 경매 처분 낭패

워싱턴 뮤추얼, 컨트리와이드 등이 곤욕을 치르거나 완전히 망하는 등 사상 최악의 시기 중 하나를 통해 큰 고통을 겪은 일부 대형 은행들은 또 하나의 낭패를 처리해야 함을 발견했다. 하나 또는 여러 형태의 불량 주택 모기지로 수십억 달러의 손실을 입은 뒤에, 은행들은 담보를 경매 처분 foreclosure하려 할 때, 채권 서류가 없는 경우를 자주 발견했다. 사람들은 이 금융기관들이 내부통제에 대해 뭔가를 알 거라고 생각하겠지만, 실제로 일어난 일을 보면 그러한 가정에 심각한 의문이 제기된다.

설상가상으로, 은행 직원들이 법적 절차에서 대출 서류들이 검토되었고, 필요한 서류들이 잘 갖춰져 있다고 한 말은 종종 사실이 아니었다. 은행의 담보 경매 처분 절차가 보류되자, 모기지를 부도낸 소유자들은 계속해서 그 주택에 살았고, 이러한 주택을 경매로 매입한 사람들은 거래를 마무리할 수 없어서 전체 주택 시장 기반이 불안정한 상태로 남게 되었다.

문제가 표면화되다

보도에 의하면, 이 문제는 GMAC이 계류 중인 소송 사건에서 선서 진술서를 철회하고, 조사할 시간을 주기 위해 특정 담보 경매 처분을 연기할 것이라고 발표했을 때 최초로 널리 조명되기 시작했다. 곧이어 JP 모건 체이스JP Morgan Chase가 서류들이 법적 기준을 충족하는지 결정하기 위해, 23개 주에서 법원의 경매 승인을 요구하는 법적 처분을 연기했다. 그리고 나서 뱅크 오브 아메리카bank of America는 "아직 판결이 내려지지 않은 담보 경매 처분 사건의 모든 선서 진술서를 수정"할 예정이라고 말했다. 물론 그것이 끝이 아니었다. JP 모건 체이스는 이후 담보 경매 처분 서류들의 검토 범위를 41개 주로 확대했다. 그리고 BOA는 50개의 모든 주에서 담보 경매 처분 절차를 연기했는데, 서류를 검토한 후에 아무런 문제를 발견하지 못했다고 말하고 나서도, 최초의 23개 주에서 이 절차를 다시 시작했다.

다른 은행에도 문제가 있을 수도 있지만, 이 책을 쓰고 있는 현재 큰 손 중 하나인 씨티그룹은 유사한 조치를 취하지 않았다. 씨티그룹은 담보 경매 처분이 크게 증가할 것으로 예상하여 18개월 전에 대출 회수 절차 검토를 시작했다고 말하며 담보 경매 처분을 연기하지 않았다. 웰스파고Wells Fargo는 처음에는 단호하게 담보 경매 처분 절차는 정확하며 이를 연기할 필요가 없다고 말했으나, 곧이어 약 55,000건의 서류를 시정 및 재정리할 것이라고 말하고, 직원들이 자체의 절차상 요건을 "엄격히 준수"하지 않았다고 부연했다. 업계 전반적인 문제가 만연해 있다는 충분한 증거가 나오자, 50개 주의 최고 법무관들은 담보 경매 처분 관행에 대한 조사에 착수했다.

왜 이런 일이 일어났는가?

은행들이 처해 있는 현재의 혼란 상태는 주택 가격이 치솟고 은행들이 전광석화電光石火와 같이 빠르게 모기지를 인수하던 몇 년 전에 시작되었다. 은행들은 주택 소유자들에게 월별 지급액 회수 및 처리와 기본적인 소유권 기록 유지 등 모기지 업무 처리에는 충분한 주의를 기울이지 않은 채 우선 돈부터 긁어모으는 것 같았다.

뉴욕 타임즈의 한 기사는 이렇게 말했다.

은행들은 좋은 시기에 새로운 대출을 만들어서 이를 묶어 증권을 발행하고, 이 증권을 전 세계의 투자자들에게 파는 모기지 기계를 만드는데 수십억 달러를 썼다. 나중에야 대출 처리 절차의 질이 저하된다는 데는 생각이 미쳤다. 심지어 주택 가격 거품이 꺼지기 시작한 뒤에도 많은 회사들의 오퍼레이션은 감독 당국의 경고에도 불구하고 부적절한 직원 배치와 낡은 IT 시스템으로 취약해져 있었다. 차주들이 무더기로 부도를 내기 시작하자 은행은 자신들이 끝없는 꼬리 물기 게임에 빠져 집을 잃기 직전에 있는 수백만 명의 고객들에 대한 대출 조건을 수정하거나 완화하기에 충분한 인력을 할애할 수 없는 지경임을 발견하였다.[20]

대개 금융 시스템이 거의 와해될 뻔했던 시기 동안에 주요 이슈들에 대해 전면에 나섰던 FDIC의 의장 쉴라 베어Sheila Bair는 이렇게 한탄했다. "우리는 대규모의 대출 조건 변경을 거듭해서 기다렸지만 그들은 모기지 위기에 이를 때까지 결코 문제를 인정하지 않았다. 그들은 항상 이를 경시했다."

어떻게 이런 일이 일어났는가?

이번 장에서 다루는 주제는 실적 및 수익성 목표 충족과 자산 보호 등보다 효과적이고 효율적인 회사의 기본적인 비즈니스 목표 달성과 관련이 있는 운영 통제라 불리는 내부통제의 범주에 속한다. 물론 이에는 모기지 대출 및 그에 대한 담보 등의 자산, 그리고 관련 수익 흐름 보호가 포함된다. 일부 통제들은 여러 개의 범주에 속하는 목표들을 달성하기 위해 존재함을 주목하기 바란다.

이를 유념하면서, 몇 가지 위반 사항들을 살펴보기로 하자. 다음과 같은 보도가 있었다.

- 모기지 양도에 관한 공증서notarization에 문제가 있어서 기초 증권underlying note의 소유권을 한 기관에서 다른 기관으로 이전하는 서류가 불완전했다. 공증서에 법적 서류 작성일 이전의 날짜가 적혀 있거나, 서류가 서명된 지역이 아닌 곳에서 공증서가 작성되었는데, 이는 모두 공증인들이 직접 인증을 수행하지 않았음을 시사한다.
- 담보 경매 처분 프로세스에서 제출된 원본 서류의 진실성이 의문스러웠고, 흠이 있다고 주장되었다.
- 대출 서류의 정확성 및 완전성을 검토했다고 확언한 모기지 업무처리 회사mortgage service 직원들은 때로는 하루에 수백 건의 서류에 서명했는데, 이는 그러한 검토가 실제로 이루어지지 않았음을 시사한다. 이 직원들은 "서명 기계"라고 불렸다. 어떤 사람은 자기가 최소한 시간당 350건, 그리고 하루에 4천 건의 서명을 하도록 지시 받았다고 말했다.

당연히 어떻게 이런 일이 일어날 수 있었냐고 물을 수 있다. 언론 보도에서 다음과 같은 사실들이 밝혀졌다.

- JP 모건 체이스에서는 모기지 업무 처리 부서에 "버거킹 알바" 즉, "경험이 없어서 모기지가 무엇인지 거의 모르는 풋내기" 직원들로 채워졌다.
- 씨티그룹과 GMAC에서는 "주택 담보 경매 처분의 세부 내용을 꼼꼼히 점검하는 일이 녹초가 된 노동자들에게 외주되었는데, 그들은 때로는 서류를 쓰레기통에 던져버렸다."

• 골드만삭스의 모기지 업무 처리 부문에서는 "직원들이 담보 경매 처분 서류들을 신속하게 처리하다보니, 자신이 서명하고 있는 서류를 살펴볼 시간이 거의 없었다." 어느 직원은 이렇게 증언했다고 한다. "저는 대출 업무에서 돈의 지급과 수령을 모릅니다. 저는 대출 담당 책임자가 아닙니다."

많은 담보 경매 처분 업무를 법무 법인에 외주를 준 씨티그룹과 GMAC, 그리고 다른 은행들은 외주 수행 업체의 형편없는 일 처리를 비난했다. 어느 법무 법인은 이를 괌Guam과 필리핀에 있는 회사들에 다시 외주를 주었다. 어느 법무 법인의 직원은 증언에서 이렇게 말했다. "그 여자들은 무엇을 하고 있는지도 모르면서 사무실에 나오곤 했습니다… 모기지들은 다른 파일에 놓이곤 했고, 그 서류들은 버려지곤 했습니다. 원래의 서류에 대해서는 어떠한 조직화도 없었습니다." 또 다른 직원은 자신과 법무 법인의 다른 직원들은 서명을 위조하도록 훈련을 받았고 반복적으로 위조했다고 증언했다.

그리고 모기지의 유동화를 촉진하고, 부수적으로 모기지가 리파이낸싱될 때마다 등록비를 지불하지 않기 위해 은행 업계가 만든 모기지 전자 등록 시스템Mortgage Electronic Registration Systems; MERS과 관련된 문제가 있었다. 보도에 의하면 최소한 미국의 모기지의 절반은 MERS가 소유한 것으로 기록되어 있으나, MERS는 실제로는 모기지를 소유하지 않았다. 법원이 MERS를 회의적이거나 그보다 더 나쁘게 보고 있어서, MERS를 통해 행해진 것들이 향후 담보 경매 처분 절차에서 큰 문제를 야기할 수도 있다. 어느 연방 법원 판사는 담보를 처분하려는 은행을 저지했는데,

MERS 사용이 저당권을 무효화시켰다는 논지로 차주가 승소할 것 같다고 말했다. 언론 보도는 MERS가 저당권을 자신의 명의로 기록하는 것은 저당권을 그 기초가 되는 채무 증서[note]와 분리시키는 것을 금지하는 선례 위반이 될 수 있다고 말하는 두 명의 학자들의 연구를 강조한다. 그들은 바로 "채무 증서의 양도는 이와 함께 저당권도 옮겨 가게 하지만, 저당권만의 양도는 무효이다"고 말하는 1879년의 최고 법원의 결정을 지적한다. 이 보도는 양도가 무효라면 그 저당권은 더 이상 집행할 수 없음을 주목한다. 모기지는 주택 저당 대출을 말하는데, 일반적으로 대출과 저당권이 결합되어 있다. 따라서 별도의 언급이 없는 한 양자를 분리해서 생각하지 않는다. 그러나 위의 설명에서는 문맥상 대출과 저당권을 분리시켜 저당권만을 양도한 것이 분명하기에 역자는 이를 모기지로 표현하지 아니하고 저당권으로 번역하였다 – 역자 주.

주 법원들도 자신의 입장을 가지고 있다. 언론 보도들은 "아칸사스 주 최고 법원은 작년에 MERS가 실제로 대출을 실행하지도 않았고, 대출 업무 처리를 하지도 않기 때문에 더 이상 담보 경매 처분 신청을 제기할 수 없다고 결정했음"[21]을 주목한다. 유타 주의 이느 판사는 "주택 소유자가 모기지를 파기하고 부채에서 벗어나게 하는 현저한 결정을 했다. MERS는 모기지의 소유권을 주장했지만, 법관은 이의 법적 지위를 인정하지 않았다." 또한 연방 법관으로 돌아오려면, 그는 자신의 결정이 시사하는 바를 인식하고 있음이 분명하다. 그는 이렇게 말했다. "우리 법원은 MERS가 이 나라의 모든 주거용 모기지의 50%에 관여하고 있기 때문에, 이 절차가 법률을 준수하지 않았다는 사실을 눈감아 줄 충분한 이유가 된다는 주장을 받아들이지 않습니다." 다른 법원들도 궁극적으로 이런 자세를 취할지 현재로서는 알려지지 않았지만, 지금까지 진행된 바에 의하면 은행의 주주들에게 좋은 조짐은 아니다.

은행들이 모기지에 대한 혼란과 금융 시스템이 와해될 뻔한 지경까지 이르게 한 데 대해 몰매를 맞고 난 뒤에도, 어떻게 이처럼 믿을 수 없는 사태가 일어나도록 허용했을까? 그러나 은행의 임원, 기타 직원 및 연방 감독 기관들과의 인터뷰에 기초한 보도는 이 혼란이 "오랫동안 축적되어 왔고 업계의 내부자들과 정부 관리들에게는 전혀 놀랄 일이 아니었음"을 시사한다. 앞에서 언급한 바와 같이, 은행들이 하도 빠르게 모기지를 일으켜 매각하다 보니 정상적인 프로세싱 통제는 뒷전으로 밀려 났다.

기본적인 내부통제

이 은행들이 운영에 대한 내부통제의 기본을 어떻게 다루었는지 의아할 뿐이다. 확실히 역량에 대한 전심전력, 조직 구조, 경영 관리 프로토콜, 인적 자원 표준 그리고 권한 및 책임의 부여 등과 같이 통제 환경에 핵심적인 사안들에 대해 그들이 어떠한 주의를 기울였는지 물어볼 만하다. 이런 질문들도 나올 수 있다. 리스크, 즉 은행 담보 경매 처분 처리 건수가 매우 많아질 리스크와 담보 경매 처분 절차에서 신뢰할 수 있는 서류가 필요할 거라는 리스크의 파악 및 분석은 어디에 있었는가? 서류 처리 과정이 정확하고 완전하며, 필요시 파일이 그대로 보존되어 있고 쉽게 찾을 수 있게 해주는 통제 활동들은 어디에 있었는가? 통제 절차가 수립되고 모니터되게 할 책임은 어디에 있었는가?

그리고 외주 회사 선정 및 이용 시 실사due diligence는 어디에 있었는가? 회사의 내부통제 시스템은 회사를 위해 서비스를 제공하는 자에게 확장되므로, 외주 사업자의 통제 시스템이 회사의 기준을 충족시키는 것이 매우 중요하다. 계속해서 이런 질문들을 제기할 수 있지만, 이러한 질문의 대답은 자명自明한 것 같다.

고위 경영진부터 하위 직원에 이르기까지 모기지를 일으켜 매각함으로써 즉각적인 보상을 향유하는 데에 주의를 집중하고 서류 처리에 대해서는 별 우선순위를 두지 않았다는 것에 의문이 없다. 그리고 담보 경매 처분 과정에서 서류를 챙길 때가 됐을 때에도 정확성 보다는 속도와 양에 중점을 뒀던 것 같다.

일부 은행 관리들은 이 문제를 단순히 "기술적 사항"이라고 불렀다. 그러나 우리는 기술적 사항이라고 불릴 수도 있는 것에 의해 막대한 돈을 잃어 왔다는 것을 알고 있다. 내부통제들은 기술적 사항 또는 다른 이름으로 불릴 수 있지만, 우리는 수십억 달러가 걸려 있을 때에는 내부통제가 매우 중요하다는 것을 안다.

시사점

회의론자들은 은행이 담보 경매 처분 질차가 반연하고 중대한 피해를 입혔느냐고 질문했다. 이에 대해 몇 가지 생각할 거리를 제공한다. 먼저, 급매물에 대한 담보 경매 처분 프로세스가 답보에 빠졌는데급매물의 대부분이 담보 경매 처분 과정에 있음, 담보 경매 처분에 의한 주택판매는 모든 주택 판매의 3분의 1에 달하는 것으로 알려져 있다. 그러다 보니 이러한 주택 구입자들은 소유권title이 해결되기를 기다리며 절차를 중단했고, 이미 경매를 통한 주택 거래를 마친 사람들 중에는 진정한 소유권을 획득하지 못했을 수도 있다고 생각하는 사람이 나오게 되었다. 어떤 소유권 보험 회사는 추가적인 통지를 받을 때까지 어느 회사의 경매 처분된 주택에 대한 소유권 보험증서 발행을 중단했다.

은행의 순이익에 대해 말하자면, 이 문제를 다루기 위해 필요한 시간과 노력이 적지 않다. 어느 애널리스트에 따르면, "지불정지는 그리 오래 가지 않을 테지만, 이 문제는 최소 4, 5년 지속될 것이며 십 년이 소요될 수도 있다. 그리고 단기적으로는 분기마다 15억 달러가 소요될 수 있다." 또 다른 애널리스트는 담보 경매 처분 이슈가 은행 업계에 6십억 달러에서 100억 달러의 비용을 발생시킬 것으로 내다봤다. 그는 "1개월 지연될 때마다 은행들은 주택 대출 1건당 1천 달러가 소요될 것이며, 현재 담보 경매 처분 절차가 진행되고 있는 약 2백만 건의 처리가 3개월 지연된다면, 6십억 달러의 손실로 귀결된다"고 추정한다.

담보 경매 처분뿐 아니라, 패키지로 묶어서 투자자들에게 매각한 대출들이 공표된 취급 기준을 준수했는지에 관한, 원래의 대출 활동에 대해 추가적인 시사점이 있다. 어느 관찰자는 이렇게 말한다. "모기지들이 부적절하게 묶여서 매각된 것이 드러날 경우, 더 많은 보유자들이 은행을 고소하고 그들에게 수백억 달러의 모기지 담보 증권MBS을 환매하게 할 수도 있다." BOA도 이런 경우에 해당할 수 있는데, 어느 헤지 펀드는 이 은행이 "패니 매와 프레디 맥, 그리고 민간 투자자들로부터 환매해야 될지도 모르는 모기지 증권으로부터 700억 달러가 넘는 손실"에 잠재적으로 노출되어 있음을 시사했다. 2011년 초에 이 은행은 컨트리와이드와 관련된 청구 해결에만 패니 매와 프레디 맥에게 25억 달러가 약간 넘는 금액을 지급했는데, 아직 다른 청구들도 남아 있다. 정부가 보장하는 이 두 모기지 회사들은 환매 청구에서 이미 90억 달러를 받은 것으로 전해지고 있으며, 웰스 파고Wells Fargo, 씨티그룹, 그리고 JP 모건 체이스의 워싱턴 뮤추얼 등으로부터 100억 달러를 추가로 회수할 것으로 기대하고 있다. 애널리스트들은 보험 회사와 민간 투자자들의 청구가 포함될 경우, 업계 전체적으로 200억 달러에서 최대 1,790억 달러의 손실을 입을 수 있을 것이라고 말한다.

물론 소송은 이미 시작되었다. 예를 들어, 올스테이트는 BOA와의 소송을 개시한 뒤에 JP 모건 체이스가 인수한 워싱턴 뮤추얼 및 베어 스턴스로부터 매입한 모기지 담보 증권에 대해 JP 모건 체이스를 상대로 유사한 조치를 취했는데, 그들은 매도자들이 "기초 대출 자산 풀pool이 유해함을 알면서도" "신용 평가 기관에 거짓말을 했다"고 말한 것으로 전해진다. 투자자들 및 보험업자들은 베어 스턴스가 패키지로 묶어서 매각한 대출에 심각한 문제가 있었음을 일찍부터 알고 있었을 뿐만 아니라, 실제로 최초로 대출을 취급한 기관들로부터 합의금을 받았다고 비난하는 최근의 암박 어슈어런스Ambac Assurance의 소송에 의해 추가적인 도움을 받을지도 모른다. 임박은 베어 스턴스가 몇 년 전에 "조기 부도 합의금"을 받았으나, 이를 투자자들에게 돌려주는 데 사용하지 않고 자신이 자지했다고 말했다. 그리고 다른 주요 은행들도 동일한 짓을 했다는 징후들이 있어서, 환매에 대한 추가적인 동력을 제공해 주고 있다. 또한 AIG는 모기지 채권 매입에 있어서 기초 모기지 자산의 질에 대해 오도誤導하는 진술을 했다는 근거로 주요 은행들에 대해 400억 달러가 넘는 소송을 제기할 권리를 보유하고 있으며, 그렇게 할 계획이라고 알려졌다.

담보 경매 처분 이슈로 돌아오면, 50개 주의 최고 법무관들이 무슨 일이 일어났는지 조사하고 있다고 말한 바 있는데, 이로 인해 은행 업계에 두통거리가 더 늘어날 수도 있다. 최근에 어느 매체의 칼럼니스트는 다가오는 두통이 왜 고통스러운 편두통으로 바뀔 수 있는지에 대해 개략적으로 설명했다. 그는 담보 경매 처분은 연방 차원의 문제가 아니라 주 차원의 문제이며, 따라서 전에 대형 은행들에게 우호적으로 행동했던 통화감독청Office of the Controller of the Currency; OCC과 저축 금융기관 감독청Office of Thrift Supervision; OTS이 더 이상 개입할 수 없다고 말한다. 그리고 도드-프랭크법 하에서는 "주 정부들은 주의 소비자 법률들이 연방 법률보다 강력한 경우에도 전국적으로 등록된 은행에 대해 자체의 소비자 법률들을 집행할 수 있다." 더욱이 주 최고 법무관은 새로운 소비자 금융 보호국을 설치하는 관리들로부터 이 국이 앞으로 제정할 규칙 및 규정들을 집행할 권리를 가지게 될 것이라는 보장을 받았다. 그런데 이것이 끝이 아니다. 연방 기관들과 미국 검찰청들의 연합체인 금융 사기 단속 특별 작업반Task Force은 이 담보 경매 처분 이슈가 "우선순위 1번"이라고 발표했다.

이러한 연합 외에도 개별 주들은 직접적인 조치를 취했는데, 아리조나 주와 네바다 주는 모기지 조건을 수정하려는 차주의 노력과 관련하여 BOA가 "만연된 사기"와 "허위 약속"을 했다며 BOA를 기소했다. 미디어 보도는 다음 사항 등을 포함한 기소 내용을 요약했다. "대출 조건 변경 모색 기간 중에는 담보를 처분하지 않을 것이라고 고객들을 안심시켜 놓고는, 결국 담보 경매 처분 절차를 진행함. 조건 변경을 받으려면 부도 상태에 있어야 한다고 고객들에게 잘못 알려줌. 시험적인 기간 동안만 변경된 조건대로 상환하면 이 조건 변경이 항구적이 될 것이라고 약속한 뒤에 이 거래를 무효화시킴. 조건 변경을 부인하는 허위의 이유를 지어냄." 전·현직 직원들이 불에 기름을 끼얹었다고 전해진다. 한 직원은 다음과 같이 말했다. "연수의 주된 목적은 우리에게 고객들이 10분 안에 전화를 끊게 하는 법을 가르치려는 것이었습니다." 또 다른 직원은 이렇게 덧붙였다. "차주의 상태를 점검할 때, 조건 변경 요청이 다뤄지지 않았거나, 요청이 너무 오래되어서 유효하지 않은 경우를 종종 발견했습니다. 하지만 저는 차주들에게 조건 변경 요청이 '유효한 상태'라고 알려주도록 지시를 받았습니다. 한번은 제가 항상 고객에게 거짓말을 하고 있다는 생각이 든다고 상사에게 불평했습니다." 의심할 나위 없이 더 많은 증언들이 나올 것이다.

더 많은 주 법원들이 결정을 내리고 있는데, 메사추세츠 주 최고 법원은 웰스파고와 US 뱅코프US Bankcorp가 담보 경매 처분을 신청했을 때 적절한 서류를 갖추지 않았다며 이 주택들을 차주에게 돌려주는 결정을 내렸다. 더 많은 사례들이 따를 것으로 보인다. 그리고 뉴욕 주의 대법관은 이렇게 말한다. "은행들은 부동산을 가지게 되고 주택 소유자들은 벼랑 끝에 내몰리는 것은 너무도 불공정한 경쟁 무대이다." 이로써 담보 경매 처분에 직면한 모든 주택 소유자들이 법률적 대변인을 확보할 수 있는 절차가 마련되있다. 다른 주들도 보다 선향적으로 될 수 있을 뿐 아니라, 미국 법무부의 연방 관재인 사무소Executive Office for US Trustees, 연방 주택 관리청Federal Housing Administration, 그리고 연방 준비 위원회 등 3곳의 연방 정부 기관이 조사를 시작했다. 인간적인 측면의 부당함과 충격은 JP 모건 체이스가 현역 근무 중인 미국 해병대 대위에게 새벽 3시에 담보 경매 처분을 위협하는 전화를 했다는 최근의 기사에서 잘 나타나고 있다. 이 대위의 경우와 은행이 과도한 이자를 부과한 다른 4천 명의 현역 군인의 경우, 은행이 잘못했음이 드러났다.

모기지 이율 인하를 허용하고 담보 경매 처분을 금지하는 복무자 민간 구조법Servicemembers' Civil Relief Act이라 불리는 법률이 있다. 이 은행은 "기록을 조정하지" 못한 데에 사과했으며, 현재 여러 건의 소송이 진행 중인데, 그 중 하나는 집단 소송을 이끌고 있는 전직 검사에 의해 주도되고 있다. 유사한 사례에서, 어느 연방 법관은 모건 스탠리의 색슨Saxon 부문이 현역 복무 중인 군인의 주택을 담보 경매 처분으로 매각함으로써 법률을 어겼다고 판결하고, 배심원들에게 배상금을 결정하라고 명령했다. 이 사건은 최근에 해결되었는데, 해결 조건은 공개되지 않았지만 그 군인과 가족들은 "매우 흡족해 했다." 은행은 후에 배상금 지급 명령은 무시하기 어려웠다고 말했다. "우리가 전에 말한 바와 같이 색슨은 언제나, 특히 군인들을 위해서는 우호적으로 사안을 해결하기 위해 합리적으로 요구를 수용할 용의가 있습니다." 나는 이 말을 PR의 '여론 호도' 가 어떻게 그 정체를 보여 주는지, 그리고 아무도 속이지 못하는지에 대해 2장에서 논의한 부분에 포함시키고 싶다.

이 중 어느 것도 앞에서 말한 주 검찰들의 연합에서 빠지지 않았다. 그들은 최근에 5대 은행에 대해 게임의 규칙을 바꾸라고 요구했다. 보도에 따르면, 이에는 차주가 적극적으로 대출 조건 변경을 모색하고 있는 동안 담보 경매 처분 착수 금지, 일시적인 대출 조건 변경 합의에 따라 3회 납부한 경우 항구적인 조건 변경을 부여할 것, 거절된 조건 변경은 자동적으로 옴부즈맨이나 독립적인 검토 패널에게 검토 받을 것, 직원들에게 담보 경매 처분보다 조건 변경을 추구하는 직원들에게 보상해 주는 보상 프로그램, 지연 이자 인하, 그리고 은행이 잘못을 저지른 경우, 미리 설립한 기금으로부터 차주에 대한 보상을 통해 모기지 대출 잔액 감액 등이 포함된다.

일부 애널리스트들은 이러한 변경이 담보 경매 처분 프로세스와 주택 시장 안정화를 지연시킬 거라고 말하지만, 검찰의 일반적인 계획은 신설된 소비자 금융 보호국과 재무부, 법무부, 주택 도시 개발청 및 연방 통상 위원회의 지지를 받는 것으로 보도되고 있다.

아직도 더 많은 감독 당국들이 조치를 취하고 있다. 통화 감독청OCC과 저축 금융기관 감독청OTS, 연방 준비 위원회와 연방 예금 보험 공사들은 14개 은행이중에는 BOA, 씨티은행, GMAC, JP 모건 체이스, 그리고 웰스 파고 등이 포함되어 있다의 행동과 그들의 제3자 사용을 조사하여, 담보 경매 처분 과정의 심각한 결함으로 주 정부 및 지방 정부의 법규 위반을 밝혀냈다. 보도에 따르면, 금융기관들에게 오퍼레이션과 통제에 근본적인 변화를 요구하는 합의 명령이 서명되었다.

예를 들어, 그들은 조직 내에 고객상담 창구를 설치하여 주택 소유자들이 여러 부서를 미로처럼 헤매지 않도록 하고, 차주들이 조건 변경을 모색하고 있는 동안 담보 경매 처분이 이뤄지지 않도록 하는 조치를 취하고, 담보 경매 처분을 다루는 직원들의 연수를 개선하며, 이 프로세스에 대한 더 많은 계층의 감독 체계를 수립하고, 독립적인 컨설턴트를 고용하여 과거 2년 동안의 담보 경매 처분을 검토하여 부적절하게 다뤄진 주택 소유자들에게 보상해야 한다. 그러나 일부 의원들은 이러한 내용에도 만족하지 않고 있으며, 하원의 감독 및 정부 개혁 위원회의 주요 위원은 더 나아가 대출자들에게 담보 경매 처분을 개시하기 전에 주택 소유자의 대출 조건 변경을 검토하고, 조건 변경이 거절된 사람에 대한 이의 제기 절차를 만들고, 담보 경매 처분과 관련된 수수료에 상한을 설정하도록 요구하며, 대출 업무 처리업자들에게 담보 경매 처분 권리가 있음을 증명하도록 요구하는 법안을 도입할 계획이다. 그리고 물론 주의 최고 법무관들은 계속해서 그들의 엄격한 기준을 더욱더 압박할 것이다.

우리는 3장에서 누군가가, 이 경우에는 수백만 명의 차주들이, 피해를 본 경우 법률 및 규정이 뒤따를 것이라고 말했다. 담보 경매 처분 낭패에 대한 대응으로 취해진 조치보다 더 강력한 직접적인 상관관계를 찾기는 어려울 것이다.

* * *

그렇다면, 내부통제가 정말로 중요한가? 확실히 그렇다.

다음 장에서는 이사회에서 다루고 있는 도전 과제와 보다 효과적인 이사회들이 자신의 책임을 어떻게 수행하고 있는지에 대해 살펴본다. 또한 거버넌스 프로세스를 보다 효과적으로 만들기 위해 이사회와 경영진이 어떻게 상호작용하는지도 다룬다.

Chapter 10

이사회의 초점

Boards of Directors' Focus

Chapter 10

Boards of Directors' Focus

사베인-옥슬리법이 발효되자 이사회와 감사위원회는 새로운 규칙을 다루기 위해 서둘렀고, 곧이어 거래소의 새로운 상장 기준과 기관 투자자로부터 기업 거버넌스를 향상시키라는 압력에 직면하게 되었다. 독자들은 규정 업데이트, 행동 강령 제정 또는 개정, 내부 고발자 절차 확립 등의 노력을 기억할 것이다. 이사회 위원들은 아마 자신의 이사회가 올바른 전문성을 보유하고 있는지, 적절한 독립성을 갖추고 있는지, 그리고 정규적으로 회의를 개최하고 있는지 살펴봤을 것이다. 그들은 감사위원회에 재무 전문가를 임명하여 재무 보고에 대한 내부통제의 유효성에 초점을 맞추도록 하고, 이익 발표, 추정 재무 정보 및 애널리스트에 대한 안내 자료 등 회사의 재무 자료 공개를 면밀히 살펴보고, 기록 유지 정책을 제정하며, 이사회와 감사위원회의 평가를 시작했다.

또한 이사회와 감사위원회는 주주들을 위한 소통 채널을 설치하고, 회사의 웹사이트에 자료를 공시하며, 중요한 사건을 SEC에 신속하게 공개해 왔을 수도 있다. 이사회와 하나 이상의 이사회 하위 위원회 위원으로서, 이사들은 역할에 관련한 의무 및 시장의 기대에 초점을 맞추고, 컨퍼런스나 대학의 임원 교육 과정에 참석하거나, 거버넌스, 컴플라이언스, 윤리 및 리스크 관리라는 주제에 관한 기사를 읽느라 눈이 피로해진 적이 있을 것이다.

보다 최근에는 이사들이 투자자들에게 더 많은 정보를 제공하기 위해 방대한 공개를 요구하는, SEC가 제정한 많은 거버넌스 관련 규칙들을 다뤄야 했다. 그래서 회사의 보상 정책과 리스크 관리 관행, 이사와 이사 후보들의 배경 및 자격, 이사 후보를 정할 때 이사회 또는 이사 선임 위원회가 다양성을 어떻게 고려하는지, 그리고 예를 들어, 한 사람이 이사회 의장과 CEO를 겸하는지 아니면 각자의 역할이 나눠지는지와 같은 이사회의 리더십 구조와 같은 사안에 주의가 기울여졌다. 이사들은 또한 리스크 감독에 있어서 이사의 역할과 보상 컨설턴트의 잠재적 이해 상충에 관한 공개 요구, 그리고 회사의 임원 및 이사들에 대한 주식 및 옵션 부여를 보상 요약표Summary Compensation Table에 보고하라는 개정 규칙에 대해서도 생각했다. 물론 이 내용들은 공시 규칙으로서 나왔지만, 이사회는 이사회 구조 및 프로토콜에 대한 어떠한 변화가 이사회의 책임을 수행함에 있어서 유익이 될지를 성실하게 고려하였다.

그리고 우리는 이제 도드-프랭크법으로 알려진 금융 개혁법을 가지고 있는데, 이 법은 이사에 대한 위의 요구에서 한층 더 나아가 주주들에게 일정한 권한을 부여한다. 임원들의 보수에 대한 주주들의 투표가 요구되는 데, 투표 결과는 구속력이 없지만, 이 조치는 보다 일상적인 임원의 보수뿐 아니라 퇴직금까지 적용된다. 이 조치는 오랫동안 바라왔던 진전된 조치로 여겨지고 있다. 이 법은 더 나아가 보상위원회와 보상 컨설턴트 고용에 대한 추가적인 독립성 기준을 요구한다. 이 법은 보상과 회사 실적 사이의 관계와, CEO에 대한 보상과 CEO를 제외한 다른 모든 직원들의 보상의 중간 값 사이의 비율을 새로 공개하도록 요구한다. 또한 이 법은 사베인-옥슬리법보다 강화된 환수 규정과비리가 환수의 전제 조건이 아니다, 다른 무엇보다도 회사의 지분 증권 헤지에 대한 공시 요건을 포함하고 있다. 그리고 새로운 내부 고발자 규정이 정착되었다.

그러나 주주들의 소망 목록 순위 면에서 도드-프랑크법이 주주에게 부여한 가장 의미 있는 사항은 주주들이 주주총회에서 위임장 권유proxy statement에 접근할 수 있게 된 점이다. 이 법은 SEC가 주주들에게 회사의 위임장 관련 자료에 이사 지명인들을 포함하도록 허용하는 규칙을 채택할 직접적인 권한을 부여하는데, SEC는 도드-프랭크법안이 서명된 직후 그러한 규칙을 제정했다. 그러나 이 규칙은 현재 법원이 미국 상공회의소와 비즈니스 라운드테이블의 법적 도전을 고려하는 동안 보류되고 있다. 위임장 대결이라는 상당한 비용을 부담하지 않으면서도 이사를 지명할 수 있는 권리는 기관 투자자들의 오랜 꿈이었으며, 권고적으로든 다른 방식으로든 누가 이사회 의석에 앉을지에 대해 직접적인 발언권을 지닌다는 것은 보상과 같은 사안의 투표권을 훨씬 능가하는 것이다. 그리고 그들이 이사를 지명할 수 있는 새로운 능력을 사용하지 않을 경우에도 대주주들이 이 새로운 힘을 사용하여 이사회에게 주주들의 이익이 되도록 사안을 다루라고 압력을 가하리라는 점은 의문의 여지가 없다.

이 모든 것들은 한때는 델라웨어 주의 영도領導 아래 거의 전적으로 주의 권한 아래 있던 기업 거버넌스 요건을 추가적으로 연방의 기준으로 만드는 것인가? 그렇다고 말할 수 있다. 이것이 긍정적인지 여부는 알 수 없다. 아무튼 거버넌스 프로세스에 관여하고 있는 이사나 책임자들은 SEC에서 많은 새로운 규칙들을 제정하고 있고 앞으로도 제정할 것이라는 맥락 속에서 이 요건들을 어떻게 다뤄야 할지를 결정하게 될 것이다.

규칙의 초점

SOX 법안이 서명된 후 여러 해 동안, 이사회 및 감사위원회는 의무조항들에 대한 준수에 집중하게 되었다. 이사회의 주의가 법규 준수로 옮겨감에 따라, 대부분의 이사회들이 회사와 주주들에게 더 큰 가치를 주는 조언, 상담 및 지도 등에는 주의를 덜 기울이게 되었다.

예를 들어, 엔론, 월드콤, 아델피아 등의 극적인 파산을 지켜본 뒤에, 다수의 이사회들이 더욱더 리스크를 회피하게 되었다. 이후에 주식 옵션 소급 문제와 같은 규칙 기반 이슈들이 조명을 받게 되었는데, 이때 금융매체들은 다시 제철을 만나게 되었다. 임원들이 불법적으로 자신의 배를 채우고, 재무제표를 허위 표시하며, 부적절한 세금 환급 서류를 작성한 사례들이 있었다. 이사회의 옵션 부여와 서류 작업이 완성될 때까지의 시차와 같은 단순한 행정상의 이슈 때문이었건, 아니면 경영진이 이사를 속였건 간에, 이사들은 옵션 부여 일자 소급 및 그 결과를 다루는 데 주의를 기울여야만 하였다. 이와 관련하여 이사들이 옵션 부여 프로세스뿐만 아니라, 경영진의 고결성 및 윤리적 가치 그리고 조직의 상부에서 설정된 기조와 이 기조가 조직의 심장과 영혼, 리더십, 그리고 구성원들에게 미치는 영향에 대해 충분한 주의를 기울였는지 여부에 대한 의문이 든다.

이사회가 이러한 종류의 이슈들을 다루고 나면, 가치를 부가하는 활동과 긍정적인 이익을 위해 리스크를 어떻게 관리할지를 보다 잘 인식하는 방향으로 추가 되돌아가게 된다. 물론 일부 회사의 이사회는 초점을 잃은 적이 없지만 너무도 많은 이사회들은 초점을 잃었다. 물론 강화된 거버넌스 요건들이 이사회의 성과를 향상하는 데 기여한다. 그러나 실수하지 말자. 규칙들은 단지 도움이 되는 하나의 요소일 뿐이다. 즉, 이사회가 현행 법규의 모든 요건을 완전히 준수하면서도 거의 가치를 제공하지 못하거나, 실제로 부정적인 가치를 제공할 수도 있다. 동일한 견지에서 거버넌스 프로세스가 취약하다고 여길 수도 있는 일부 이사회들은 주주들에게 막대한 가치를 제공해 왔다. 나는 두 경우를 모두 봐 왔는데, 독자들도 그러할 것이다. 이사회는 회사의 장기적인 성장, 수익성, 그리고 투자 수익률에 충분히 긍정적인 기여를 하는 방식으로 감독 책임을 수행할 때에만 가치를 부가한다.

그러니 규칙에 초점을 맞추는 것은 의무사항의 하나이기는 하지만, 효과적인 이사회는 가치를 부가하는 활동에 충분한 주의를 기울이도록 노력한다.

효과적인 이사회

이사회를 둘러싼 지형이 영구적으로 변했다는 것이 점점 더 명확해지고 있다. 이는 이전의 방식으로 되돌아가지 않는다는 것을 의미한다. 달리 말하자면, 새로운 요건의 문자와 정신을 준수하려면 계속적인 주의가 요구된다. 이는 "한 번 실행하고 잊어버리는" 사안이 아니다. 사베인-옥슬리법, 증권거래소 상장 요건, SEC 규칙, 도드-프랭크법, 그리고 기타 규칙 및 투자자들특히 기관 투자자와 기타 대주주들의 기대는 지속적인 부지런함을 요구한다.

그러나 경험이 있는 이사들과 고위 경영진은 이 의무들은 대부분의 경우 형식 문제를 다루지 기능을 다루는 것이 아님을 인식한다. 그럼에도 불구하고, 그러한 내용들은 이제 법률상 또는 감독상의 의무들이며, 효과적인 이사회의 성과에 도움이 될 수도 있으므로, 이것들은 중요하다. 그러나 앞에서 언급한 바와 같이, 일부 이사회들은 이런 일들을 항상 해왔음에도 불구하고 별로 효과적이지 못한 반면, 일부 이사회들은 지금은 의무화된 이런 일들을 별로 해 오지 않았으면서도 매우 효과적이었다. 이사회를 참으로 효과적이게 하는 것은 규칙 준수와는 무언가 전적으로 다른 것이다. 경험이 있는 이사들은 대부분의 경우 주주들에 대한 추가적인 공시 및 주주들의 권한 강화, 그리고 경영진에 대한 견제와 균형 부과에 불균형적으로 많은 시간을 보냈으니, 이제 최고 경영자와 고위 경영진에게 회사가 직면하고 있는 중요한 이슈들에 대해 가치를 창출하는 조언, 상담 및 지도를 제공하는 일로 돌아가기를 원한다.

그렇다면 경영진의 주의가 어느 곳에 필요한가? 그것은 각각의 회사마다 다르지만 내 경험에 비추어 볼 때, 가치가 부가되는 8개의 주요 책임 영역이 있다. 이에 대해 여기에서 개략적으로 요약한다.

1. **전략** 회사가 전략을 바로 세우는 것이 절대적으로 중요하다. 효과적인 이사회는 제안된 전략 계획과 이를 추천하는 경영진의 논리적 근거를 주의 깊게 분석한다. 이러한 이사들은 경험과 통찰력을 가지고 건설적인 토론에 임하여 시장, 경쟁자, 리스크, 자원, 그리고 상호 의존성에 초점을 맞춘다. 자원 분배, 비즈니스 프로세스, 그리고 고위 경영진의 신봉buy-in 모두가 성공적인 전략 실행을 견인할 위치에 있게 되는 것이 매우 중요하다.
2. **리스크 관리** 이사회는 경영진이 리스크를 파악하고 이에 적절히 대응하고 있으며, 이사회가 회사가 직면하는 가장 중요한 리스크에 대해 보고 받고 있다는 사실에 대해 마음이 놓여야 한다. 이처럼 안심할 수 있는 수준에 이르기 위해, 효과적인 이사회는 경영진이 효과적인 리스크 관리 프로세스를 갖추게 하고, 이사들은 리스크가 수립된 리스크 성향에 부합하게 취해지고 관리되는지 평가한다.
3. **상부의 기조** 경영진이 기업 문화를 확립하지만, 효과적인 이사회는 바람직한 고결성 및 윤리적 가치가 존재하도록 한다. 물론, 이에는 견실한 행동 강령, 내부 고발자 채널, 피드백 프로토콜, 그리고 응집력이 있는 프로그램을 구성하는 관련 요소들이 포함된다. 이는 기업 문화가 경영진의 말뿐만 아니라 그들의 행동에 의해 견인되게 함을 의미한다.
4. **성과 측정 및 모니터링** 이사회는 성과 측정이 전략, 전술, 그리고 진정한 가치의 견인차value driver와 연결되도록 해야 한다. 측정 기준은 재무적 성과와 앞을 내다보는 비재무적 정보의 균형을 유지해야 한다. 그리고 성과에 대한 보상은 회사의 목표와 정렬을 이뤄야 한다.
5. **변화를 가져오는 거래** 이사회는 합병, 인수, 제휴 파트너 또는 합작 회

사 등 제안된 거래deal에서 비즈니스 차원의 정당성에 대해 진정으로 안도해야 한다. 효과적인 이사들은 경영진의 데이터, 추정 및 가정에 대해, 특히 "시너지"와 통합 가정에 대해 비판적으로 평가한다. 이사회는 과거의 거래에서 배운 경험을 적용하고, 나쁜 거래에서 손을 뗄 용기가 있어야 한다.

6. **경영진 평가, 보상 및 승계 계획** 현재의 거버넌스에 대한 집중 조명하에서 효과적인 이사회와 보상위원회는 성과에 대한 기준 및 경영진이 달성해야 할 목표가 전략 목표 및 바람직한 행동과 연결되게 한다. 최고의 인재를 유지하면서도 성과에 대해 지불할 수 있는 보상 제도가 고안되어야 한다. 최고의 이사회는 경영진의 승계 계획이 세워지기 전에 현 경영진이 회사를 떠날 거라는 조짐을 기다리지 않는다.
7. **외부와의 소통** 회사의 이사회, 특히 이사회 산하 감사위원회는 재무 보고 및 관련 프로세스에 대한 "적절한 감독"이 무엇을 수반하는지 이해하기 위해 지속적인 노력을 기울인다. 효과적인 감사위원회는 그들이 경영진 및 감사인들로부터 필요한 정보를 받고, 위원들이 충분한 이해와 통찰력을 갖춰서 중요한 판단에 도전을 제기하고, 재무 보고, 내부 통제, 그리고 관련 사안들의 신뢰성에 대해 안도할 수 있도록 한다.
8. **이사회의 역동성** 이는 이사회 자체가 작동되는 방식과 관련이 있다. 가장 효과적인 이사회는 위에 열거한 책임들을 효과적으로 수행하기 위해 올바른 관계, 프로세스를 만들어 내고 건설적으로 관여한다.

이러한 책임 영역의 일부에 대해서는 뒤의 장에서 자세히 논의할 것이다. 보다 자세한 설명을 원할 경우 엔론 사태가 벌어지기 전에 PWC에서 내가 이끌었던 팀에서 발행한 『기업 거버넌스와 이사회–무엇이 효과를 가장 잘 발휘하는가Corporate Governance and Board - What Works Best』를 참조할 수도 있다. 뻔뻔하다는 말을 들을 위험을 무릅쓰자면, 이 책은 당시에 획기적이고 영향력이 큰 책으로 각광을 받았으며, 시간이라는 시험을 거쳤고, 현재의 환경에도 계속 적용된다.[22)]

공공의 감시견?

이사회의 책임은 델라웨어 주를 리더로 하는실제로는 유일한 리더였다 주 법원에 의해, 그리고 최근에는 연방의 법률 및 규정에 의해 오랫동안에 걸쳐 확립돼 왔다. 델라웨어 주의 형평법 법원Chancery Court과 최고 법원은 충성 및 주의 의무 이행과 경영상의 판단 규칙을 사용하여 성실하게 행동함에 있어서 이사들의 책임을 다루는 많은 판결을 내려 왔다. 이에 따른 판례법은 이러한 책임들을 발효시킴에 있어서 중요한 통찰력을 제공해 왔다.

몇 년 전에, 나는 어느 저명한 이사회 저널에서 다른 방식을 취해 상장 회사의 이사회는 '감시견watchdog'이라는 기사를 읽고 당황했다. 순간적으로 아서 영Arthur Young: 현재는 Ernst & Young에 관한 1984년 사건에서 미국 최고 법원이 감사인들은 회사의 채권자, 주주 및 투자 대중에게 충성 의무를 지는 공공의 감시견 역할을 한다고 말한 것이 생각났다.

그러나 이사회와 연결하여 감시견이라는 말을 쓰는 데에는 몇 가지 이유로 문제가 있다. 한 가지 이유는 이 말은 감독 당국의 감시를 연상시키며 이사회 차원에는 적절하지 않다. 또 다른 이유는 이사회의 다른 책임에 대한 언급 없이 이 말을 사용하는 것은 상장 회사 주주들의 이해를 충족시키는 데 매우 중요한 활동들을 무시하는 처사이다. 그리고 또 다른 이유로는 감시견이라는 말에는 모든 형태의 비리를 탐지하고, 위반자들을 물리쳐 피해를 방지할 수 있는 능력이 있음을 함축하고 있다.

감시견이라는 용어가 창고를 지키는 조심성 있는 동물에게는 적절할지 모르지만, 이사회의 역할에는 적합하지 않다. 감독 역할을 수행함에 있어서 이사회는 회사의 운영 활동에 대해 충분히 알아야 하며, 신뢰할 만한 재무 보고와 법규 준수를 위한 회사의 정책 및 절차를 모니터해야 한다. 또한 이사회는 경영진의 행동을 검토하고 적극적으로 경영진에게 문제를 제기하며 필요할 경우 시정 조치를 취해야 한다.

그러나 이사회가 비리를 파악해 낼 수 있는 능력은 여러 가지 이유로 제한된다. 그 이유 중 하나는 이사회가 상설 기구가 아니라는 점이다. 모니터링 책임을 진지하게 수행하는데 필요한 역량을 갖춘 위원들로 구성된 이사회조차도 하나의 활동 중심점만 있는 회사건, 또는 여러 곳에 걸쳐 있는 글로벌 기업이든 간에, 회사에서 잘못될 수 있는 모든 것을 파악할 수는 없다. 사실, 최고 컴플라이언스 책임자나 최고 감사 책임자와 같이 상근常勤으로 업무를 수행하는 사람도 모든 비행을, 심지어 모든 중대한 비행조차도 파악할 입장에 있지 않다.

물론, 이사회의 모니터링 역할은 중요하며, 효과적으로 수행되어야 한다. 그러나 이사회는 올바른 조언과 상담, 그리고 필요할 경우 고위 경영진에 대한 지도指導도 제공해야 한다. 모니터링 책임만을 수행하는 이사회는 회사 공동체, 즉 경영진, 주주, 투자 대중 및 이사들 자신을 속이는 것이다. 극단적으로 말하자면, 회사의 전략 및 비즈니스 운영에 충분한 주의를 기울이지 않는 이사회는 궁극적으로는 모니터링할 기업이 남아 있지 않음을 발견하게 될 수도 있다.

결코 균형 잡힌 관점을 잃지 않았던 이사회들도 있지만, 다수의 이사회들은 모니터링이 중점 쪽으로 추가 기울어져 있다. 새로운 요구에 대한 과잉 반응이나 개인적 평판 및 책임에 대한 이사들의 우려로 모니터링이 중심 무대를 차지한 것이다.

많은 이사회들은 그 이후 보다 균형 잡힌 시각을 회복했으며, 아직 그렇지 않은 이사회들은 수행해야 하는 중요한 역할들을 상기해야 할 때이다. 이사들은 단순한 모니터 요원들이 아니라 상담자, 비평가, 지지자, 선정인選定人, 승인자, 채택자이다. 이사회는 임원들을 선택하고, 평가하며, 보상한다. 또한 전략 계획을 승인하고, 정책을 채택하고 증진한다. 이 모든 일들은 주의 의무 및 충성 의무를 나타낸다. 이사회는 주주 가치를 향상시키려는 경영진의 노력을 감독할 책임이 있는데, 세상의 모든 일과 마찬가지로 이 일에도 적절한 균형이 필요하다.

이쯤 했으니 감시견이라는 단어가 이사회의 역할이라는 맥락의 어휘 사전에 끼어들지 않기를 바란다. 사실은 기업 거버넌스에 대해 글을 쓰거나 강연하는 사람들, 또는 이사들이나 거버넌스 이슈에 관하여 영향력이 있는 사람들에게 이 용어를 사용하지 말도록 정중히 요청하고 싶다.

사회적 책임

사회에 대한 기업의 의무와 이러한 의무가 적절히 이행되게 하는 이사회의 책임에 관한 질문들이 떠오르고 있다. 다수의 대기업그다지 크지 않은 대기업은 부분적으로는 회사가 주州 또는 사회에 그 존재를 빚지고 있으므로 좋은 기업 시민이 되어야 한다는 전제에 기초하여, 사회적 필요에 대해 어느 정도의 책임을 수용해 왔다. 회사가 관련 법규를 준수해야 한다는 데에는 의문이 없지만, 이러한 의무를 어느 정도까지 넘어서야 하는지가 이슈 거리이다.

기업의 사회적 책임은 대개 경제적, 환경적, 그리고 사회적 사안과 같은 분야의 초점에서부터 시작하며, 넓은 범위의 회사 행동까지 확장될 수 있다. 상당히 많은 회사들이 오랫동안 이 문제에 주의를 기울여 왔는데, 최근에는 그러한 기업들이 늘고 있다. 기업의 사회적 책임이라는 넓은 주제에 관해, 특히 지구의 반대편에 있는 견해들을 비교해 볼 때에는 견해가 서로 갈린다. 보다 넓은 사회적 역할에 관하여 회사와 이사회의 책임을 잘 이해하는 데 사용할 수 있는 한 가지 하부 주제를 살펴보기로 하자.

회사의 기부 활동

많은 회사들이 가치 있는 자선 사업에 기부한다. 이는 확실히 크게 칭찬할 만하다. 몇 년 전에 함께 강연을 한 이후 이따금 만나고 있고, 내가 경험이 있고 깨어 있는 이사로 존경하는 벳시 앳킨스Betsy Atkins는 이 주제에 대해 소신을 가지고 있다. 뉴욕 타임즈에 실린 글에서 벳시는 이렇게 말한다. "회사가 자산을 소유자인 주주들을 위해서라기보다 사회적 목적을 위해 사용하는 것은 무책임한 행동이다." 벳시는 회사는 책임을 질 의무, 즉 모든 법규를 준수하고 질 좋은 제품을 만들어 윤리적인 방식으로 판매하며, 주주들에게 투명한 재무 정보를 제공할 의무가 있다고 주장한다.

또한 벳시는 주주들이 원할 경우 자신이 신봉하는 대의명분을 위해 자기 돈을 쓸 수는 있지만 그것은 개인의 선택이어야 한다고 덧붙였다. “저는 투자 대중이 영리를 위한 상장 기업 투자를 기부라는 사회적 대의명분의 일부로 여긴다고 생각하지 않습니다. 기업의 사회적 책임이라는 개념은 도전 받고 주의 깊게 조사될 가치가 있는 개념입니다.”

나도 벳시의 말에 동의하며, 오랫동안 공적이나 사적으로 유사한 말을 해 왔다. 이를 보다 구체적으로 설명해 보겠다. 어떻게 정의되든, 좋은 시민이 된다는 데 잘못된 점은 없으며, 그렇게 하는 것이 회사의 성공에 참으로 중요하다. 본질적인 가치가 있고, 안전하며, 시장에서 받아들여지는 제품 생산은 가치 있고 중요한 목표이다. 오늘날 다수의 회사들이 매출, 시장 점유 및 수익성을 증대시키기 위해 자사 제품을 “환경친화적으로 바꾸고” 있다. 안전과 바람직한 근무 환경은 채용하고 싶은 직원을 끌어들이고, 공동체와 좋은 관계에 있는 회사들은 지역 사회에서 인정받으며, 온실 가스와 기타 오염 물질 및 쓰레기를 줄이는 회사들은 존중 받고, 흔히 이에 관련한 긍정적인 영향을 누리기도 한다. 투자자들은 명확하고 의미 있는 재무 정보 및 관련 정보를 공시하는 회사에 대해서는 리스크가 감소된다고 생각하며, 일부 투자자들은 환경이나 기타 사회적 책임을 수행하는 회사에 투자하는 방향으로 움직이기도 한다.

확실히 이러한 움직임들은 여러 가지로 긍정적인데, 사회적으로 책임 있는 인간관계와 공급자와의 관계, 그리고 환경과 기타 의제가 잘 수행되면 회사의 이익에 긍정적인 영향을 줄 수 있다는 것도 그 중 한 가지 이유이다.

나는 이 주제에 대한 전문가라고 생각하지는 않지만, 이에 대해 조금은 안다고 생각한다. 나는 전 직장에서 여러 해 동안 기업의 사회적 책임에 관한 선도 기업 중 하나인 스미스오브라이언SmithOBrien과의 합작회사에서 기업 고객들에게 기업의 사회적 책임에 관한 서비스 제공을 이끌었다. 스미스오브라이언의 CEO 닐 스미스Neil Smith와 나는 그 후 좋은 친구가 되었다. 닐은 지금도 왜 올바른 기업의 사회적 책임 정책 및 관행이 모든 회사에 경제적으로 타당성이 있는지에 대해 귀가 따가울 정도로 말한다. 예를 들어, 제조 공정의 유해 오염 물질 제거가 어떻게 생산 비용을 낮출 수 있는지, 작업장의 근무 환경 개선이 어떻게 근로자들의 성과를 향상시킬 수 있는지 등에 대해 설명한다. 나는 닐과 개인적으로 만날 때에는 각자 좋아하는 야구팀인 양키스와 레드 삭스에 대해 얘기하려고 하지만, 소용없는 경우가 많다.

그러나 여기에서 논하고 있는 이슈는 회사가 자산을 내어 줄 책임이 있는지 여부에 관한 것이다. 벳시 앳킨스와 마찬가지로, 나는 일반적으로 그렇지 않다고 믿는다. 그러나 한 가지 중요한 예외가 있다. 회사 자산 기부가 더 많은 매출이나 더 높은 이익 또는 주주들의 수익률을 증대시킬 경우라면, 나도 이를 적극적으로 지지한다. 기부 품목이 재고 제품이든 현금이든, 그 투자에 대한 수익률이 긍정적일 경우라면, 무슨 수를 써서라도 이를 행하라. 그리고 확실히 기부가 이들 목표를 달성하거나, 최소한 그러할 합리적인 가능성을 제공해 주는 경우도 있다. 이는 처음에는 관계를 개시하거나 공고하게 하여 나중에 더 많은 비즈니스 관계로 발전하는 등의 간접적인 유익일 수도 있고, 진정한 보답을 제공해 줄 수도 있다. 따라서 기부가 합법적이고 윤리적으로 건전한 한, 그러한 기부를 한다 해서, 또는 이를 확대하여 사회적 목적을 달성하기 위해 고안된 방식으로 운영한다 해서 잘못된 것은 없다.

그러나 CEO나 고위 경영진, 또는 때로는 이사가 다른 동기를 가지고 있는 경우가 있다. 특정인에게 환심을 사거나, 달리 사회적으로 이익을 보기 위한 것일 수도 있고, 내가 네게 주면 너는 내게 준다는 상호 관계를 확립하려는 것일 수도 있다. 단순히 이타심에서 선호되는 대의명분을 돕는 것일 수도 있다. 또는 회사의 평판과 공동체 내의 입지를 강화하려는 것일 수도 있다. 이 마지막 경우에만 기부가 적절할 수 있으며, 이 경우에도 향상된 회사의 평판이 주주에게 진정한 경제적 이익이 된다는 판단이 내려질 경우에만 적절하다.

이사회의 책임

이사회는 회사의 자원이 현명하게 사용되도록 할 책임이 있기 때문에 기부 및 기타 기업의 사회적 책임 활동들도 예외는 아니다. 고위 경영진이 자주 이런 요청을 하고, 일반적으로 처음에는 좋은 취지인 듯한 이 요청을 이사회가 승인하는 점에 비추어 볼 때, 이는 특별히 주의를 기울여야 하는 분야이다. 확실히 아주 적은 금액까지 감시하고 승인해야 하는 것은 아니다. 그러나 기부 금액이 커지거나, 상당한 금액을 지속적으로 기부하겠다고 약속할 경우에는 주의를 기울여야 한다.

모범적인 관행은 금액 기준에 대한 가이드라인과 함께 어떤 기부가 적절하고, 부적절한지에 대해 이사회에서 승인한 명확한 정책을 갖는 것이다. 앞에서 언급한 바와 같이 기업이 법규를 준수함으로써 책임 있는 기업 시민이 되는 것은 중요한 일이다. 그러나 회사의 돈을 남에게 내주거나 달리 사용하는 문제에 있어서는 올바른 당사자에게 책임 있게 행동한다는 점을 명심해야 한다. 이 경우에 책임을 지게 되는 대상은 회사와 주주이다. 어떤 지출이 주주들에게 이익이 될 것 같으면, 회사의 주머니를 열어라. 그렇지 않을 경우, 그 돈은 주주들에게 이익이 될 가능성이 가장 높은 곳에 투자하고, 자선이나 기타 사회적 목표들은 주주들에게 맡겨야 한다.

지난 몇 년 동안 다수의 회사들이 점점 더 기부를 구체적으로 파악할 수 있는 회사의 목표와 연결시키고 있다는 증거가 많다.

잠재적인 함정들

이사회가 효과적으로 책임을 수행할 좋은 입장에 있으려면, 자신이 감독하는 회사에 필요한 지식, 기술 및 경험을 갖추고 있어야 한다. 우리는 많은 회사의 이사회들이, 예컨대, CEO 및 고위 경영진을 선정하고, 올바른 전략을 갖추며, 효과적인 실행을 위해 조직, 재무 및 인적 자원이 바르게 배치되는 일을 잘 수행하고 있다는 것을 안다. 그러나 대부분의 이사회들은 다양한 이유로 이 일을 하는 데 애를 먹고 있다.

한 가지 이유는 이사회의 주의를 요하는 이슈들을 세밀히 조사하고 이에 대해 토론하는 데 충분한 시간을 할애하지 않기 때문이다. 이사회 회의장에 가 보면, 일부 이사들은 일정이 빽빽하게 잡혀 있어서 이사회 의안에 대해 필요한 시간과 주의를 기울일 수 없거나 그럴 용의가 없어서 회사의 성공이나 실패를 좌우할 리스크, 이슈, 사건들을 적절하게 심사숙고하지 않은 채 처리하게 된다.

이사회 의안들은 대개 예상되는 필요 및 과거의 패턴에 기초하여 회의 일보다 훨씬 전에 정해진다. 교통/숙박 편이 마련되고 회의 당일 전후의 다른 일정을 조정한다글로벌 기업에서 이사회를 개최할 경우 일부 이사들은 해외 출장이 필요할 수도 있음 - 역자 주. 사정이 이렇다 보니, 이사회에 일정한 시간이 정해지고, 토론 시간은 미리 정해진 시간에 짜 맞추게 된다. 물론, 위기 때에는 이사들의 헌신 정도가 크게 높아져서 다른 사항들은 이에 맞춰 조정된다. 그러나 특히 현재의 규제 환경과 이해관계자들의 높아진 기대 수준에 비추어 볼 때, 이사회 및 하위 위원회 회의를 위해 마련되는 시간이 충분하지 않은 경우가 너무도 흔하다. 일부 이사회는 회의 일정에 추가적인 토론을 요하는 사안을 다루는 완충 시간을 넣어 두는 것이 유용하다는 것을 발견했지만, 이러한 관행이 일반화되지는 않았다.

이사회의 책임에 할애하는 연간 총 시간이 최근에 배로 늘어서 약 250시간에 달한다는 사실을 보여 주는 데이터가 나온 데서 알 수 있듯이, 이사들의 시간에 대한 요구가 계속 증가한다는 사실이 이 상황을 악화시킨다. 추가된 시간의 대부분은 컴플라이언스와 관련된 요건들로부터 확대된 모니터링 의무 때문이다. 그러나 할애하는 시간은 급증했지만, 주주 가치를 창출하거나 파괴하는 중요한 전략 및 이에 관련된 사안들에 대한 주의가 모니터링에 대한 주의와 항상 보조를 맞춰 증가하는 것은 아니다.

내 경험에 의하면, 상장 회사 이사의 대부분은 아닐지라도, 다수의 사람들이 방대한 책임에 걸맞은 필수적 전문성, 특성 및 성격을 갖추고 있을 뿐만 아니라, 회사의 성공을 견인하는 데 필요한 시간과 에너지를 쏟고 있다. 그들은 필요한 경우 CEO와 고위 경영진들이 수립된 성장 목표 및 수익 목표를 달성하도록 인도, 상담, 조언한다. 그러나 실제로는 이에 미치지 못하는 이사들도 있다.

이사들은 중요한 이슈에 대해서는 충분할 정도로 깊이 조사해야 한다. 이사들은 이사직을 수용함으로써 이미 자신의 평판을 내걸었고, 수임인fiduciary으로서의 의무를 수행할 책임을 받아들인 것이다. 모든 이사회 위원들은 회사가 성공하도록 충분한 주의diligence로써 일할 의무가 있다.

이제 이사회가 빠져들 수 있는 여러 함정들을 살펴보기로 하자. 우리는 이를 데이비드 레터맨David Letterman의 톱 10top-10 방식과 같이, 성공에 있어 가장 큰 위협은 마지막에 다룰 것이다.

10. **거버넌스 등급의 희생물이 됨** 이사회는 일정 종류의 등급을 제공하는 다수의 기관이 유포한 점수들을 알고 있다. 그리고 투자자 집단이 이들 등급을 향후 회사 실적의 정확한 지표로 여긴다면 더 많은 주의를 기울일 것이다. 그러나 이러한 상관관계는 아직 증명되지 않았으며, 등급에 지나치게 주의를 기울인다면 역효과가 날 수도 있다. 이는 극소수의 예외는 있지만, 사용되는 기준이 이사회 회의장에서 무슨 일이 일어나는가에 대한 지식보다는 공개적으로 입수할 수 있는 정보에 입각하기 때문이다. 등급을 매기는 과정에서 획득한 일부 정보는 일부에서 제안하듯이 이사회의 유효성에 대한 창문 역할을 하는 경우도 있다. 그러나 이사회가 주식 가치를 증대시키는 책임을 수행함에 있어서 실제로 얼마나 잘하고 있는지가 외부적으로 개발된 점수를 끌어올리는 것보다 더 중요하다.

9. **잘못된 성과 척도를 봄** 이사회는 경영진에 의해 제공된 데이터를 검토하는 데, 이 데이터가 조사할 올바른 정보인 경우가 많다. 하지만 그렇

지 않을 경우에는 이사회가 수정할 필요가 있는 것을 수정하기에 너무 늦었다는 것을 깨닫기 훨씬 이전에 실적이 악화되고 가치가 잠식되는 경우가 너무도 많다. 과거의 재무와 주가 데이터는 충분하지 않다. 척도들은 회사의 전략과 정렬을 이뤄야 하며, 회사가 실제로 어떻게 하고 있는지 실시간으로 평가할 수 있으려면 핵심적인 비재무 데이터를 포함한 충분히 앞을 바라보는 척도여야 한다.

8. **이사 선임에 있어 불충분한 규율**discipline 동일한 이사들이 동일한 이사회 석에 오랫동안 앉아 있는 데에는 나름대로의 장점이 있지만, 중대한 단점도 있을 수 있다. 이전에 올바른 이사회 위원이었던 사람이 지금은, 그리고 보다 중요하게는, 앞으로는 그렇지 않을 수도 있다. 그러나 무계획적인 신임 이사 선임은 올바른 이사회 구성을 보장해 주지는 않는다. 이사 선임 과정은 사려 깊은 필요 분석 및 기량 조합을 요구한다. 이사들은 새로운 이사회 위원 선임 프로세스 고려를 원할 뿐만 아니라, 회의장을 둘러보고는 이 위원들이 함께 일하고 싶은 사람인지, 그리고 필요할 경우 싸움도 불사할 것인지 묻기를 원할 것이다.

7. **잠재적인 책임에 몰두함** 오늘날의 이사회와 각각의 이사들은 점점 더 개인적인 책임에 대해 우려하고 있기 때문에 충분히 그럴 만하다. 이사에 대한 시장의 기대는 그 모두를 충족시키기가 불가능할 정도로 높아졌다. 그리고 아직 검증되지 않은 연방 정부의 신규 규제, 점점 더 소송에 의존하는 사회, 그리고 많은 이사-임원 배상 보험의 한도 등을 고려할 때, 이사들이 책임에 대해 우려하지 않을 수 없다. 그러나 회사가 올바른 전략과 이의 실행 계획을 가지도록 하는 것, 적절하고 정렬된 평가 척도, 전략적 및 경제적으로 건전한 비즈니스 파트너, 효과적

인 윤리 · 통제 · 컴플라이언스 프로그램, 건전한 재무 보고, 분별 있고 효과적으로 동기를 부여하는 보상 프로그램 등 이사회의 근본적인 책임에 주의가 기울어져야 한다. 솔직히, 이사회가 핵심적인 책임을 잘 수행하고 회사가 성공적이면, 애초에 소송을 제기 당할 가능성이 별로 없다.

6. **뻔뻔하게 기관 투자자를 무시함** 상당한 양의 회사 주식을 소유한 사람들은 더 많은 정보를 얻기 원하고, 또 이를 기대하기 때문에 이를 무시하는 이사회는 화를 자초하게 된다. 언론 매체가 관여하면 집중 조명을 받기 때문에 이사회와 회사에 강력하고 오래가는 두통거리가 될 수도 있다. 이사회는 기관 투자자들이 무엇을 해야 하는지 결정하도록 내버려 둬서는 안 되지만, 주요 주주들에게 이슈를 제기하고 제안을 하도록 허용하면 그리고 제공된 모든 정보가 공정 공시 규정 및 다른 규칙들을 준수하도록 하면 이러한 투자자들이 자신의 구미에 맞는 투표권을 행사하지 않으면서도 거버넌스 프로세스에 참여하게 할 수 있다.

5. **사전에 중요한 리스크에 대해 보고 받는 것이 아니라 실제로 문제가 터지고 난 뒤에 보고 받음** 많은 이사회들이 리스크에 중점을 두는 중요성에 대해 많은 말을 하면서도, 사태가 심각하게 잘못될 수도 있는 가능성이 있는 분야에 대해 미리 보고 받기보다는 "나쁜 일"이 터지고 난 뒤에야 그에 대해 보고를 받게 된다. 이사들은 핵심적인 계획과 전략적 목표들을 이탈시킬 수 있는 리스크들이 어디에 놓여 있는지 미리 알기 원하며, 이러한 리스크들이 조기에 파악되고 적절히 관리되기를 원한다.

4. **최고 경영자가 중대한 리스크가 뭔지 안다고 가정함** 이사회가 회사가 직면하는 핵심적인 리스크들에 대해 보고 받을 수 있는 합리적인 가능성

이 있으려면, 경영진이 새로 출현하는 리스크들을 파악할 수 있는 프로세스를 갖추고 있어야 한다. 따라서 효과적인 이사회는 회사가 각각의 경영진이 리스크를 파악, 분석 및 관리하고, 상부로 소통하는 효과적인 리스크 관리 프로세스를 갖추도록 한다. 이사회는 그러한 프로세스 및 문화를 통해서만 가장 중요한 리스크들과 관련 조치들이 적시에 이사회에 보고되고 있다고 안심할 수 있다.

3. **규칙에 과도한 중점을 두고 중요한 다른 책임에는 충분한 주의를 기울이지 아니함** 거래소와 SEC의 새로운 법률 조항에 엄청난 주의가 기울여지고 있기 때문에 이러한 요건들을 준수하게 하는 것은 중요하다. 그러나 앞에서 언급한 바와 같이, 이러한 규칙들은 형식, 구조 및 공시를 다루기 때문에 이사회가 모든 규칙들을 준수하면서도 효과적이지 않을 수도 있다. 이사회는 확실히 자신의 책임을 수행하고, 새로운 규칙 및 컴플라이언스 요건 배후의 기본적인 계기인 경영진에 대한 효과적인 견제와 균형 역할을 해야 한다. 그러나 이사회는 하나의 단위로서 효과적으로 운영되어, 주주 가치를 증대시키기 위해 경영진에게 필요한 조언, 상담 빛 지도도 세공해야 한다.

2. **나쁜 전략에 서명함** 다수의 이사회들이 회사의 전략을 승인하기 전에, 때로는 회사 외부에서 합숙하거나, 시장, 경쟁 상황 및 기타 관련 정보들을 검토하면서 전략 계획을 주의 깊게 평가한다. 그러나 너무도 많은 이사회들이 충분히 깊이 파고들지 않는다. 그들은 경영진의 전략 실행 계획을 검토하여 이 계획이 필요한 조직 구조, 자원 할당 그리고 이 계획의 실제 성공 여부를 좌우할 핵심 관리자들의 수용 자세에 의해 지지되는지 판단하지 않는다.

1. **CEO에 관해 나쁜 결정을 한다.** 이사회의 가장 중요한 책임은 올바른 CEO를 선임하는 것이라 해도 무방하다. 그러나 이는 또한 제대로 하기가 가장 어려운 결정이기도 하다. 이 선택이 잘된 것이었는지 여부는 나중에야 알 수 있다. 변화 주기를 너무 늦게까지 기다리는 이사회들이 있는가 하면, 어떤 이사회들은 너무 빨리 방아쇠를 당기는 것 같다. 일을 제대로 하는 이사회들은 자기 회사와 그 필요, 회사가 운영되고 있는 환경, 그리고 회사의 문화와 방향을 안다. 이사회는 회사를 필요한 곳으로 움직이게 하는 데 필요한 사람의 기준을 주의 깊게 정하고, 바람직하기로는 미리 건전한 경영 승계 계획을 세워서 내부 및 외부에 넓은 망을 치며, 가장 중요한 점으로서 회사를 이끌어 갈 올바른 사람을 선택할 통찰력, 직관, 그리고 판단력을 가져야 한다. CEO를 선정하면 이사회는 올바른 동기부여와 성과 척도를 제시하고, CEO가 일을 할 수 있도록 돕기 위해 방임도 아니고 지나치게 세세한 간섭도 아닌 올바른 수준의 감독을 제공한다.

이처럼 이사회가 빠져들 수 있는 심각한 함정들이 있다. 이후의 장章들에서는 이들 중 몇 가지에 대해 보다 깊이 살펴보고, 이사회의 감독 책임을 올바로 수행하기 위해서는 무엇이 필요한지에 대해 앞에서 논의한 내용을 보다 구체적으로 설명한다.

Governance
Risk
Management
And Compliance

Chapter 11

전략 수립과 리스크 관리 감독

Overseeing Strategy and Risk Management

Chapter 11

Overseeing Strategy and Risk Management

앞에서 이사회의 주의를 필요로 하는 영역을 간략히 살펴보았다. 이제 회사와 주주들에게 상당한 가치를 부가할 수 있는 이사회 감독 책임의 핵심 영역에 대해 보다 깊이 살펴보기로 한다. 이번 장에서는 전략 수립과 리스크 관리에 있어서 이사회의 역할을 다루고, 12장에서는 CEO 보상, 승계 계획 및 위기관리에 대해 논의한다. 그리고 13장에서는 내부 및 외부 보고 목적상의 성과 측정을 다룬다.

전략

전략이라는 단어는 이사회 회의장에서 리스크라는 말만큼이나 자주 등장한다. 이사들은 회사가 효과적인 전략을 가지도록 하는 것이 올바른 최고 경영자를 뽑는 것 다음으로 중요한 자신들의 책무임을 인식한다. 전략 수립 프로세스에는 공통점이 있기는 하지만, 이 프로세스는 기업체 수만큼이나 다양하다. 이 주제에 관한 많은 책과 자료들이 나와 있기 때문에 여기에서 논의하려는 내용은 논문은 아니다. 여기에서는 이사회가 전략 수립에 대한 감독 책임을 이행함에 있어서 효과가 있는 핵심 요소들과 효과가 없는 요소들에 집중한다.

문맥상, 대다수의 이사들이 이사회가 전략에 대해 주의를 덜 기울인다는 점을 인정한다는 사실을 주목할 가치가 있다. 2009년 NACD전국 기업임원 협회 조사에 따르면, 전략 수립 및 감독은 이사회의 거버넌스에 있어서 가장 중요한 이슈로 평가되었지만, 자신의 이사회가 이 분야에서 매우 효과적이라고 응답한 비율은 20%에도 미치지 못했다.

대부분의 이사회 회의장에서 고위 경영진은 전략 계획을 설명하고, 이사회의 동의를 얻기 위해 이 계획에 대해 이사들과 토의한다. 때로는 전략 컨설턴트들이 전문성을 제공하여 시장, 경쟁자, 경제적 세력, 리스크 및 관련 지표와 같은 사안의 관련 정보와 함께, 잘 알려진 SWOTstrengths, weaknesses, opportunities, threats; 강점, 약점, 기회, 위협 분석에 입각한 전략 계획 수립을 도와주기도 한다. 이 전략 계획을 하루나 이틀짜리 회의에서 다듬거나 때로는 상당한 변경을 해서, 궁극적으로 성공을 위한 청사진으로서의 전략 문서를 채택한다.

이러한 접근법에 본질적으로 잘못된 점은 없다. 실로, 이러한 접근법은 회사를 앞으로 나아갈 수 있게 하는 잠재력을 가진, 잘 짜인 계획을 수립할 토대를 제공하는 경우가 많다. 그러나 보다 효과적인 이사회들은 이보다 더 나아가서 추가적인 중요한 고려 사항에 중점을 두는 프로세스를 따른다. 그러나 피해야 할 몇 가지 장애물을 먼저 살펴보기로 하자.

함정들

CEO들은 일관되게 전략을 최고 우선순위로 여기지만, 때로는 이사회의 기여가 결여되어 있을 수 있어 가장 개선이 필요한 분야이다. 『기업 거버넌스와 이사회–무엇이 효과를 가장 잘 발휘하는가』[23]는 경영진–이사회의 역동성이 어떻게 아래와 같은 CEO로부터의 다양한 역기능적 관행에 빠지기 쉬운지를 묘사한다.

- 전략 토론 시 통제 정도가 높은 의제를 설정하여 이사들이 중요한 이슈에 대해 우려를 표명하기 어려운 환경을 만듦.
- 다른 가능성을 배제할 정도로 하나의 전략에 외골수로 매달리고, 선택된 경로에 대한 전적인 공감을 표하지 않는 이사들을 용인하지 아니함.
- 과거의 실수를 인정하기 꺼려하여 형편없는 전략에 매달리다 회사의 정체를 초래함.

이사들은 또한 경영진이 수립한 전략에 공격적이고 건설적으로 도전을 제기하기 꺼림으로써 부정적인 기여를 하는 경우도 있다. 이는 이사들이 충분히 준비되지 않았거나, 이사회에서는 이용할 수 있는 시간과 자원이 부족한 반면 경영진은 관련 산업과 회사에 대해 잘 알고 있고, 게다가 그들은 시간과 자원도 충분하다는 것을 불편하게 생각할 수 있기 때문이다.

결정적인 성공 요인들

효과적인 전략 수립은 전략이 회사 가치의 동인, 비즈니스 계획, 그리고 주주 가치 창출을 위한 계획 실행과 명확하게 정렬되게 해 준다. 이사들은 채택될 전략이 뛰어난 주주 가치 창출로 이어질 것이라고 확신할 필요가 있다. 전략은 회사의 장기적 생존 가능성을 확보하거나, 기업 결합, 파트너십 또는 기타 거래에 대한 결정적인 필요를 파악해야 한다. 전략 계획은 또한 주주 가치 창출이 어떻게 측정될지도 명확히 정의해야 한다.

이 모든 것이 어렵기는 하지만, 말로 표현하기는 상대적으로 쉽다. 그러나 회사의 전략 개발 및 검토 시 경영진과의 효과적인 파트너십을 통해 성공 가능성이 향상된다. 이러한 균형은 이사회가 경영진이 전략 및 실행 계획에 대해 궁극적인 책임을 진다는 점을 인식하고, 그들을 충분히 신뢰하면서, 전략 수립 과정에서 통찰력, 지식, 판단 및 분석 기술을 제공할 때 가장 잘 유지된다. 따라서 이사회는 경영진이 리스크, 성장 및 수익 목표 내에서 성공 가능성이 높은 전략을 만들어 내는 것과 관련된 중요한 모든 요소에 대하여 깊이 있게 고려 및 평가하도록 적절히 지원하는 환경을 강화해야 한다. 또한 이사회는 본질적이고 건설적인 질문과 도전을 제기해야 한다.

제안된 전략이 현재의 경제 및 경쟁 환경 하에서 일리가 있는지 판단함에 있어서, 때로는 간과되기도 하는 핵심 요소들을 면밀히 살펴보는 것이 매우 중요할 수 있다. 그 중 한 가지를 들자면, 효과적인 이사들은 제시된 전략뿐 아니라 전략 개발 프로세스에도 초점을 맞춘다. 그들은 경영진에 의해 제공된 정보 검토 외에도, 제공되지는 않았지만 필요한 정보가 있으면 이를 제공하도록 요구한다. 그들은 이 전략에 내재된 중요한 가정, 주요 상호 의존 관계, 자원, 테크놀로지에 대한 시사점, 그리고 세계화, 전자 상거래, 획기적 테크놀로지 및 혁신, 그리고 산업의 수렴 등의 경쟁 지형을 형성하는 힘과 같은 사안을 살펴본다. 그들은 환경 및 상품과 금융 시장에 대한 글로벌 규제 등이 주는 시사점을 이해하며, 변화되는 경쟁 규칙에 초점을 맞춘다.

이사회는 경영진에게 문의하여 고려되었다 포기된 다른 전략과 선택된 전략의 장단점 및 결정된 근거를 알아내는 것이 중요하다.

또 다른 중요한 요소는 경영진과 이사회가 직접 머리를 맞대고 경영진이 작성한 전략 초안의 변경 정도를 상의하는 것이다. 변화가 운영상의 정렬alignment에 국한될 것인가, 아니면 회사가 새로운 시장/제품에 중점을 두도록 위치를 조정할 것인가, 또는 현행 업계 관행을 뛰어넘는 획기적 발전 전략을 포함하여 완전히 새로운 비즈니스로 탈바꿈하는 것을 시사하는가? 경영진의 계획과 이사회의 기대가 다르다면 문제가 생기게 되어 있다.

전략의 성공 가능성은 이사회의 주의를 요하는 이러한 요소에 의존한다. 그리고 이외에도 한 가지 요소가 더 있다. 그것은 바로 전략을 효과적으로 실행하기 위한 전략 실행 계획이 사용되어야 한다는 것이다.

실행 및 측정

모든 전략 계획의 좋고 나쁨은 실행에 달려 있음은 잘 알려져 있다. 그러나 불행하게도, 경영진의 전략 계획 실행의 유효성에 대한 이사회의 감독에는 별로 주의를 기울이지 않는다. 우리는 이사회가 실행 계획을 전혀 모르고 있거나 그저 대충 보고 받는 경우를 봐 왔다.

이사회는 전략 그 자체에 주의를 기울이듯이 실행 계획에도 주의를 기울여야 한다. 이사회는 실행 계획과 관련된 중요한 질문을 해야 한다. 회사가 이 전략을 수행하는 데 필요한 재무적 및 인적 자원을 보유하고 있는가? 회사가 이 계획을 성공적으로 실행할 위치에 있고, 또 그렇게 조직되어 있는가? 핵심적인 관리자들이 어느 정도로 전략 수립에 관여하고 있으며, 성공적인 실행에 전념하는가? 실행할 능력이 있는가?

또한 진척도를 측정하는 적절한 척도 개발이 성공의 열쇠이다. 전략 계획의 실행이 개시되기 전에 핵심 성과 지표나 기타 적절한 척도들과 관련된 도구들이 정해져야 한다. 그리고 경영진 및 이사회가 전략의 궤도를 수정할 필요가 있는지 판단할 수 있도록 이 척도들을 추적 관리해야 한다. 또한 이 척도들은 고위 경영진의 동기부여, 성과 측정, 그리고 보상의 근거가 된다. 전통적인 재무적 척도에 더하여, 성과 척도들은 운영 성과에도 초점을 맞춰야 하며, 과거의 기간, 동료 집단, 경쟁자, 그리고 달리 정해진 벤치마크와 관련하여 계획 및 예산 대비 실적을 용이하게 비교할 수 있어야 한다. 중요한 사항으로서, 척도들은 회사가 어디로 가고 있는지의 견해를 제공해 주는 선행 지표를 포함하여 앞을 내다보는 것이어야 한다. 성과 척도에 대해서는 12장에서 자세히 다룬다.

다시 강조하지만 전략은 매우 중요하나 전략 달성을 위한 현실적인 계획이 없으면 소용이 없다. 이사회는 실행 계획에 대해 알고 있을 뿐만 아니라, 이에 대해 안도할 필요가 있다.

실시간 조정

때로 간과되는 또 다른 영역 중 하나는 비즈니스 환경의 불확실성 및 변화 가능성이다. 우리는 지금쯤이면 비즈니스 주기가 전보다 더 현저하고 더 오랜 기간에 걸쳐 있기는 하지만, 이 주기cycle는 여전히 존재한다는 점을 배웠어야 한다. 그럼에도 불구하고, 오늘날 대부분의 전략은 비즈니스 주기 상 현재의 국면이 계속되리라는 예상에 뿌리를 두고 있다.

일부 회사들은 변화하는 경제적 시나리오에 따라 다른 조치를 취하는 다양한 전략 및 실행 계획을 사용할 때의 이점을 인식하게 되었다. 그러나 실제로는 유연한 전략을 가지고 있는 회사는 극소수인데, 경제 성장 주기에 적절한 전략은 후퇴기에는 효과를 발휘할 가능성이 낮기 때문에 경영진은 신속하게 전략을 재고하여 필요시 이를 수정할 필요가 있다. 경영진은 경쟁 환경을 재평가하여 경기 하강에 대한 고객, 경쟁자, 또는 핵심 공급 업체들의 대응을 예기豫期하고, 수요, 생산 및 서비스 용량에 대한 영향을 고려해야 한다.

이사회는 경영진과 협력하여 전략의 토대를 이루는 가정을 재평가하고 어떠한 방향 변화가 필요한지 결정해야 한다. 노련한 이사들은 경제 주기의 한 국면만 접하고 다른 국면은 접하지 못했을 수도 있는 최고 경영자에게 특히 유익한 조언을 제공해 줄 수 있음을 인식해야 한다.

리스크 관리

이사들이 가장 원하지 않는 것은 서프라이즈surprise이다. 그들은 혹시 빙산이 있을 경우 이 빙산이 경영진의 레이더 스크린에 나타나고, 자기의 회사라는 배는 효과적으로 항해할 거라고 안심하면서 발을 쭉 뻗고 잠을 자기를 원한다. 이전의 장들에서 우리는 리스크 관리가 무엇인지,

그리고 무엇이 아닌지와 어떻게 효과적으로 실행되는지에 대해 대략적으로 살펴봤다. 이제 리스크 관리 프로세스 감독에 있어서 이사회의 책임에 대해 자세히 살펴보자.

확실히 리스크, 리스크 관리 또는 전사 리스크 관리라는 말이 등장하기 이전의 이사회 회의는 시간이 별로 소요되지 않았다. 주요 은행의 이사회가 기관이 직면하는 리스크를 적절하게 이해하고 모니터하지 못했다는 느낌이 수그러들지 않고 있는 점을 고려할 때, 다른 회사의 이사회도 자사의 리스크를 더 잘 이해할 필요가 있을 것이다.

불행하지만 실제로는 리스크를 다루는 이사회의 접근법은 경영진에게 회사가 직면하는 상위 5개 또는 10개의 리스크를 보고하도록 요청하는 경우가 흔하다. 리스크 평가가 수행될 때, 대개 가장 중요한 이슈에 주의를 집중하기 위해 고안된 등급 또는 우선순위를 사용한다. 그러나 리스크 관리에 대해 잘 아는 이사들은 리스크 평가 결과는 누가 수행했든, 곧 낡은 정보가 되어 버리는 일정 시점의 모습point-in-time snapshot에 지나지 않는다는 것을 안다. 그들은 또한 상위 10개 리스크는 경영진이 알고 있는 것에 대해서만 말해 줄 뿐, 커다란 피해를 가져올 수 있는 가능성이 있는 리스크를 빠뜨릴 수도 있음을 안다.

참으로 효과적인 이사회는 경영진이 모든 중요한 리스크를 파악, 분석, 관리 및 보고하기 위해 전체 조직에 내면화된 프로세스를 만들고 이 일을 지속적이고 적극적으로 해 나가기를 바란다. 어떤 리스크들이 진정으로 큰 피해를 줄 수 있는지를 가장 잘 알 수 있는 사람은 바로 시장 및 고객, 공급 사슬supply chain, 생산, 그리고 기타 프로세스에 가장 가까이 있는 관리자들이다. 노련한 이사들은 CEO가 효과적인 리스크 관리 프로세스가 갖춰져 있다고 말하고, 또 CEO는 그렇게 믿고 있을지라도, 보다 깊이 들여다보면 리스크 파악 및 관리에 있어서 커다란 구멍이 나 있다는 사실이 드러날 수도 있음을 안다.

CEO에게 질문하기

이사회가 리스크 관리에 대해서 CEO에게 어떻게 접근하는가? 핵심적인 이슈를 파악하는 데 있어서 효과가 좋은 방법 중 하나는 몇 가지 간단한 질문을 하는 것이다.

- 회사가 직면하는 중대한 리스크들은 무엇이며, 당신과 경영진 팀은 이에 대해 어떻게 대처하고 있는가? 전에 물어봤음직한 합리적이고 직설적인 이러한 질문들은 긍정적인 토론의 토대를 갖추게 해 주며, 또한 CEO가 핵심적인 리스크 및 리스크에 대한 대응에 관한 의미 있는 정보를 제공할 수 있게 해 준다. 대개 리스크를 가장 잘 관리할 수 있는 조치에 대한 문답이 오가며, 이사회는 궁극적으로 이러한 리스크들을 관리하기 위한 계획에 마음이 놓이게 된다.
- 당신은 중요한 리스크가 잘 다뤄지고 있음을 어떻게 아는가? 이 질문은 대개 토론이 더 재미있어지는 부분인데, 대부분의 경우에 CEO는 자신에게 직접 보고하는 임직원들이 핵심적인 리스크를 관리하고 있으며, 이 리스크가 어떻게 다뤄지고 있는지 효과적으로 소통하고 있다고 답변한다. 또한 CEO는 내부 감사 또는 다른 부서 직원들의 리스크 평가에 관해 말할 수도 있다.
- 전에 리스크, 즉 회사에 해를 입힐 수 있는 잠재적 문제로서 파악되지

않았는데 뒤늦게 밝혀진 특정 사안에 대해서는 어떠한가? 그리고 새롭게 떠오르는 리스크에 대해서는 어떠한가? 당신은 그러한 리스크가 적시에 파악되고 있음을 어떻게 아는가? 이때 쯤이면 CEO가 방어적일 수도 있는데, 이는 좋은 조짐이 아니다. 그러나 CEO는 회사의 리스크 파악 프로세스의 실상이 어떠한지에 대해 사려깊고 현실적이어야 한다. 효과적인 리스크 관리 프로세스가 갖춰져 있지 않으면, 중요한 리스크들이 적시에 파악되어 효과적으로 관리되고 있으며, 앞으로도 그러할 거라는 주장을 유지하기 어렵다.

- 이사회는 모든 중요한 리스크들이 적시에 보고되고 있다는 것에 어떻게 마음을 놓을 수 있는가? 이는 앞의 질문에 이어지는 합리적인 것이기 때문에 답도 앞의 답과 같을 것이다. 회사에 효과적인 리스크 관리 프로세스가 없다면, 이사회는 필요한 정보를 받고 있다고 안심할 수도 없고, 그렇게 느껴서도 안 된다. CEO가 모르는 것을 이사회가 알 가능성은 아주 낮다.

이사회의 책임

이제 회사가 직면하는 리스크 관리와 관련된 책임을 수행하기 위해 이사회가 필요로 하는 것이 무엇인지 살펴보자. 간단히 말해, 이사회는 CEO와 고위 경영진이 다음과 같이 하고 있다는 데에 마음을 놓을 수 있어야 한다.

- 중요한 모든 리스크들을 적시에 파악, 분석 및 관리함에 있어서 역할과 책임을 인식한다.

- 중요한 모든 리스크들을 적시에 파악, 분석 및 관리하는 효과적인 리스크 관리 프로세스를 갖춘다.
- 회사가 수용할 수 있는 리스크 수준이 무엇인지를 보여 주는 리스크 성향에 대한 이사회의 견해를 이해하고, 이를 조직의 리스크 용인 수준과 연결시킨다.
- 리스크들이 어떻게 관리되고 있는지에 대한 적절한 정보 및 분석과 함께 중요한 리스크들을 이사회에 적시에 보고한다.
- 이사회에 리스크에 대한 포트폴리오적 견해를 제공한다.

그렇다면 효과적인 리스크 관리 프로세스는 무엇인가? 다양한 의견들이 있지만, 이전의 장들에서 논의된 효과적인 전사 리스크 관리가 그 중 하나임은 확실하다. 이를 위해서는 아래와 같은 기본적인 사항들 외에도, 구조와 규율이 필요하다.

- 회사가 비즈니스 목표들을 달성하는 데 부정적인 영향을 줄 수 있는 잠재적 가능성을 파악하기 위한 프로세스
- 장단기적 발생 가능성 및 발생 시 영향이라는 관점의 리스크 평가
- 리스크 용인 수준과 관련하여 리스크에 대한 대응책을 결정하고, 이를 효과적으로 집행함
- 리스크에 대하여 각각의 실체entity 차원의 포트폴리오적 견해를 취함
- 리스크를 회사의 리스크 성향 이내로 관리함
- 성과 모니터링

기본적으로는 이것이 전부이다.[24] 최근에 리스크 관리의 책임이 이사회에 있다고 말하는 저자나 연사들이 있는데, 이는 잘못됐다. 회사 경영의 궁극적인 책임이 이사회에 있는 것은 사실이지만, 이사회는 CEO를 선정하고 감독을 제공함으로써 책임을 이행한다. 따라서 이사회에는 매일매일의 관리가 아니라 감독에 대한 책임이 있으며, 리스크 관리에 대한 감독은 위에서 설명한 방식을 따를 때 가장 잘 수행될 수 있다.

드러커 원칙들

나는 최근에 전사 리스크 관리에 있어서 회사들이 경험했던 어려움들에 대해 이사회에 통찰력을 제공해 줄 목적으로 쓰인 논문 하나를 접했다이 논문은 내 동료 중 한 명이 공동 저자였다. 이 논문은 전설적인 경영 이론가 피터 F. 드러커에 의해 설명된 원칙들을 언급하면서, 이 원칙들이 ERM에 어떻게 적용될 수 있는지 묘사한다.[25]

드러커 원칙	ERM의 적용
지식의 시대에 기업들은 과학적 관리를 넘어설 필요가 있다.	전문화를 통한 결과 향상을 구하는 데서 벗어나 ERM은 통합을 보다 강조한다. 즉, 별개의 부분으로부터 전체로 옮겨 간다.
모든 회사의 사업에 대한 견해와 전략은 고객으로부터 시작할 필요가 있다.	이는 ERM 프로그램에도 해당하기 때문에 ERM 프로그램은 회사가 어디로 가기를 원하는지, 그리고 그 이유는 무엇인지를 확실히 할 필요가 있다.
전체적(holistic)이고 체계적(systematic)으로 하는 것이 중요하다.	사람을 과학에 통합시키고, 계속적으로 변화하는 환경 하에서 회사를 인도하는 공유된 견해를 보유하는 것이 중요하다.

나는 와튼 스쿨Wharton School을 마치고 뉴욕 대학교 경영 대학원에서 MBA 과정을 밟을 때, 고급 경영 세미나 과정에서 드러커 교수의 지도를 받는 행운을 누렸다. 내가 풋내기 학생이었던 그 시절에도 드러커 교수

는 이전에는 다른 모든 사람의 눈에 감춰져 있었지만, 그가 말하고 나면 명백해지는 비즈니스에 관한 귀중한 진리들을 찾아내 분명하게 말하는 놀라운 능력을 지닌, 참으로 특별한 사람이었다.

위에서 언급한 논문에는 피터 드러커가 ERM에 대해 특별히 언급했다는 암시가 전혀 없으며, 내가 아는 한 그는 그런 말을 한 적이 없다. 이렇게 말한 다음에, 나는 그가 아직도 우리 곁에 있다면 ERM에 관해 어떠한 단순한 진리를 제시할지 짐작해 보고 싶다.

- 리스크 평가에 대해서는 잊어버려라. 리스크 평가는 ERM과 별로 관련이 없다.
- ERM은 조직 전체에 걸쳐 내면화되어야 한다.
- ERM은 어느 한 부서에 의해 수행되는 것이 아니다. 그것은 회사의 모든 관리자들이 마음으로 받아들여야 한다.
- ERM은 역할 및 책임을 명확히 해야 하며, 조직 상하 간에 마음이 열려 있고 신속한 소통이 이뤄져야 한다.
- ERM은 일상적인 비즈니스의 필수적인 부분이 되어서 모든 사람들의 판단 및 의사 결정을 향상시킬 필요가 있다. 그것은 부가물이 아니라, 비즈니스가 수행되는 방식이다.

드러커 교수님이 듣고 있다면 제 말에 동의해 주기를 희망한다.

말이 엇갈리는 경우

나는 아마 독자들도 마찬가지일 것이다 이사들과 고위 경영진이 어떤 사안에 대해 토의하여 합의에 도달한 것처럼 보였는데, 나중에 보니 서로 다른 얘기를 하고 있었던 경우를 봐 왔다.

불행하게도, ERM에는 전문 용어들이 가득 차 있기 때문에, 이사들이 비교적 수준이 높기는 하지만, 무엇을 의미하는지에 대한 공통의 이해를 확보하는 것이 중요하다. 리스크 용인 수준 및 리스크 성향이라는 말을 예로 들 수 있다. 전문가조차도 실수할 수 있음을 보여 주기 위해, 내가 COSO의 ERM 보고서가 작성될 때 COSO 위원회 위원이었던 사람과 최근에 나눴던 대화를 언급하고자 한다.

그 대화에서 리스크 성향이라는 용어에 대한 혼동이 생겨나서, 그 사람은 이 말을 보다 낮은 차원에서 사용되는 리스크 용인 수준라는 말이 사용돼야 할 곳에 사용했다. 기억을 환기하자면, COSO ERM 프레임워크는 리스크 성향을 "이사회 차원에서 한 기관이 가치를 추구하는 과정에서 수용하고자 하는 리스크의 양"이라고 정의하는 데 비해서, 리스크 용인 수준은 보다 낮은 차원에서 "특정 목표 달성과 관련하여 받아들일 수 있는 변화의 정도로서, 관련된 목표를 측정하는 것과 동일한 단위로 측정하는 것이 가장 좋다"고 한다. 개별적인 리스크들은 한 부문의 리스크 용인 수준 이내임에도 불구하고, 이를 모두 합산하면 전체적으로 회사의 리스크 성향을 초과하게 되는 상황을 주의할 필요가 있다.

COSO의 보고서에는 각 용어가 무엇을 의미하는지에 대해 자세히 말해 주는 내용이 많지만, 여기에서 그 내용들을 지루하게 나열하지는 않겠다. 여기에서의 요점은 위에서 언급한 대화나 특정 용어들이 아니라, 이사회 및 경영진이 서로 효과적으로 소통하는 것의 중요성이다.

이사회의 책임은 어디에 놓여 있는가

일부 이사회는 뉴욕 증권거래소의 상장 기준에서 제안된 바와 같이 리스크 관리에 대한 감독 책임을 감사위원회에 부여한다. 어떤 이사회는 별도의 리스크 위원회를 설치했는가 하면, 이사회 전원 회의가 책임을 지는 곳도 있다. 각각의 접근법에는 장단점이 있다. 대부분의 이사회 이슈들과 마찬가지로 모든 조직에 들어맞는 한 가지 방법은 없으며, 어떤 방법을 택할 것인가에 관한 결정은 회사의 소속 산업 및 비즈니스, 이사회 구성 및 문화, 그리고 기존 위원회들의 책임들에 좌우될 것이다. 예를 들어, 규제 수준이 높은 회사나 리스크가 높은 활동을 하는 회사는 별도의 리스크 위원회가 가장 효과적일 것이다.

감사위원회는 이 책임에 대해 처음에는 얼굴을 붉힐 수도 있으나, 이 분야에서 이 위원회가 많은 일을 하고 있는지에 대해 먼저 고려해 보는 것이 유용하다. 일부 이사회들은 책임을 나누기도 하는데, 예를 들어, 재무 보고 및 법규 준수와 관련된 리스크는 감사위원회에 의해, 재무 리스크는 재무위원회에 의해, 그리고 다른 모든 리스크들은 이사회 전원 회의에 의해 감독되게 한다. 이렇게 할 때의 장점은 각각의 리스크 범주에 대해 보다 더 집중하게 되고 위원회 사이에 역할을 적절히 분담하게 된다는 점이다. 그러나 이 방법의 단점은 서로 관련된 리스크들을 적절히 다루지 못하며, 일부 리스크들은 어느 위원회의 관할에도 해당하지 않는 경우가 생길 수 있다는 점이다.

내 경험에 비춰볼 때, 감사위원회는 이미 막대한 업무 부담을 안고 있으며 기존 책임의 일부를 소홀히 하지 않고서는 감독 범위를 확대하는 것이 실제적이지 않다는 이유만으로도, 재무 보고 및 이와 관련된 내부

통제 감독과 관련된 재무 보고 리스크를 다루는 외에는 리스크 관리를 감독하기에 가장 적절하지 않은 곳이다.

전사 차원에서 리스크를 다루기 위한 별도의 리스크 위원회가 더 효과적인 경우가 많다. 이 위원회는 회사의 리스크 관리 프로세스에 대한 감독을 제공하며, 재무 보고와 관련된 리스크에 대해서는 감사위원회와 긴밀히 협력한다. 별도의 리스크 위원회가 있을 경우, 한 이사가 리스크 및 감사위원회 모두에 참여하여 두 위원회의 조정을 도와주는 것이 유용할 수 있다. 현재까지는 이렇게 하는 이사회들은 별로 없다. 최근의 한 연구에 의하면 포춘 500대 기업 중 별도의 리스크 위원회를 설치한 회사는 겨우 4%에 지나지 않는다. 그러나 대규모 금융기관에 대한 도드-프랭크법의 요건에 따라 이 비율은 상승하게 될 것이다.

다른 유형의 리스크를 다루는 별도의 이사회 하위 위원회 설치는 최근의 피저 코프Pfizer Corp.의 법적 분쟁 해결에 의해 박차가 가해질지도 모른다. 이 회사가 한 자회사의 불법적인 마케팅에 대하여 유죄를 인정하고 법무부의 형사 및 민사 소송을 해결하려고 23억 달러를 지급하기로 합의 했다. 그 후에 이사회 및 특정 고위 임원들이 피저 코프가 특정 약품을 인가 받지 않은 용도로 실시한 불법적인 마케팅을 막지 못함으로써 수임인의 의무를 위반했다며 고소한 주주 대표 소송을 해결하기로 합의했다. 이 합의의 핵심적인 요소는 피저가 규제 컴플라이언스를 감독하는 이사회 하위 위원회를 설치하기로 한 합의인데, 이 위원회는 의약품 마케팅 규칙뿐만 아니라, 메디케어Medicare: 미국의 65세 이상 노인 의료 보험 제도와 메디케이드Medicaid: 65세 미만의 저소득층과 장애인을 위한 미국의 의료 보조 제도 규정들, 해외부패방지법, 해외의 마케팅, 임상 시험 및 제조 품질 관리, 그리고 식품의약청에 대한 약품 안전 보고도 다룬다.[26] 이러한 한 회사의 새로운 컴플라이언스 위원회가 이사회 감독이 리스크 유형별로 나눠지게 하는 계기가 될지는 두고 볼 일이다.

그러나 이사 전원이 참여하는 이사회에서 중점적으로 다루는 방식을 유지하기 위해 하위 위원회를 가지고 있지 않은 이사회들에게는 회사의 리스크 관리 프로세스 전체를 감독할 책임을 자신이 지는 방식이 채택될 가능성이 더 높다.

진실 외면하기

리스크 관리에 대한 논의를 마치기 전에, 어느 리스크가 중대한 문제로 실현된 경우에 어떤 조치가 필요한지를 고려해 보는 것이 유용하다. 해당 이슈를 다루기 위해서 뿐만 아니라, 향후의 리스크 관리 프로세스를 향상시키기 위해서 이 문제를 완전히 이해하는 데 도움을 주기 위해 어떤 정보를 구할 필요가 있는가?

몇 년 전에 쓰인 기사 "조직들이 알고 싶어 하지 않는 것들이 해를 끼칠 수 있다What Organizations Don't Want to Know Can Hurt"[27]는 무엇을 피해야 하는지를 알려 주는 좋은 예를 보여 준다. 이 기사는 칼리지 보드College Board가 SAT미국의 대학 진학 능력 기초시험 채점에 많은 오류가 있다는 것을 인지한 후 벌어진 사건에 초점을 맞춘다. 이 회사의 사장은 사태의 원인 규명은 "그리 중요하지 않으며", 통제를 개선하여 향후의 문제를 잡아내는 것이 중요하다고 말한 것으로 전해졌다. 이 회사가 고용한 컨설팅 회사의 실무반장engagement leader도 그의 입장을 지지하며, 향후 채점 시스템이 더 잘 작동하도록 하거나, 오류를 잡아내는 좋은 안전망을 두는 데 과거의 문제를 들춰낼 필요는 없다고 말했다. 그는 계속해서 이렇게 말했다. "종이를 젖게 한 것이 비였는지, 누군가가 커피를 쏟았는지 몰라도 됩니다… 그리고 우리가 잘못될 수 있는 모든 것을 끄집어내려 한다면, 몇 년, 아니 평생을 이곳에서 보내야 할 것입니다. 그러나 문제를 파악할 통제가 갖춰지고, 잘못 채점된 답안지를 다시 채점하는 것이야말로 귀사가 진정으로 원하는 바일 것입니다."

왜 잘못되었는지를 조사하는 것이 불필요하고, 무엇이 잘못될 수 있는지 깊이 파고드는 것은 시간이 너무 소비되므로 그렇게 할 필요가 없다는 말들은 매혹적이다. 이 말은 채점의 문제가 발견되고 다시 채점을 하는 한, 확실히 회사의 신뢰성과 생존 가능성에 가장 중요한 것으로 보이는 채점의 문제는 상관없다고 암시한다. 이 회사는 "다시 채점"함으로써 "향후의 문제들을 잡아내는 것"은 애초에 채점 오류가 일어나지 않도록 방지하는 조치를 취하기보다는 문제가 발생한 뒤에 채점의 중대한 문제를 탐지하는 데 만족한다는 것을 의미한다.

이에 대해 웃어넘긴다면 당신도 그들과 동류同類인 셈이다. 확실히 뒤도 안 돌아보고, 앞도 내다보지 않는 것은 생존 가능한 대안이 아니다. 둘 중 하나만 하는 것도 정답이 아니다. 둘 다 필요하다. 그러한 경우에 경영진이 무엇이 잘못되었는지, 그리고 직접적인 원인 및 근원적인 원인이들은 다른 경우가 흔하다이라는 견지에서 왜 잘못되었는지를 주의 깊게 알아내야 한다. 무엇이 잘못되었는지를 알아낼 경우에만, 어떤 리스크가 있는지 인식할 수 있으며, 그럴 때에만 향후 중점적으로 관심을 기울일 필요가 있는 추가적인 리스크를 살펴볼 수 있다.

문제의 근원에 접근하기

유용한 가이드라인 역할을 할 공통점이 있기는 하지만, 무엇이 잘못되었는지를 배우는 가장 좋은 방법은 상황에 따라 다르며, 또 달라야 한다. 칼리지 보드의 채점 오류 사태에서와 같이 실수에 기인한 경우에는, 때로는 유능한 컨설팅 회사와 같은 외부의 도움을 받아 내부 조사를 실시하는 것이 가장 좋은 방법일 수 있다. 올바른 기법을 사용한다면, 무엇이 잘못되었으며 왜 잘못되었는지를 파악하고 경영진이 근본 원인 분석을 실시하고 어떤 시정 조치가 필요한지 결정할 수 있는 위치에 있게 될 것이다. 그럴 때에 경영진은 장단기적으로 관리할 필요가 있는 다른 중대한 리스크들을 파악하는 리스크 관리 기법을 채용할 수 있다.

실수 이상의 뭔가가 일어난 듯한 경우에도 무슨 일이 일어났는지 파악하는 것이 필요하지만, 이때에는 초점이 달라질 필요가 있다. 대부분의 경우 문제의 근원에 다다르기 위해서는 독립적인 당사자가 필요하다대개 독립적인 법무 법인이 때로는 수사관이나 다른 컨설턴트의 도움을 받아서 조사를 수행한다. 사기가 발생한 경우에는 사기의 정의상 속이려는 의도가 있다. 그러나 노골적인 사기가 없고, 단순히 경영진이 알려 하지 않고 집단적으로 외면했던 것이 문제의 근원인 경우에도 독립적인 당사자의 도움이 필요할 때가 있다.

앞에서 언급한 기사는 머리기사를 장식한 다른 회사들도 언급하는데, 여기에서도 경영진이 알고 싶어 하지 않는다는 공통적인 주제를 다룬다. 사기 혐의로 기소되었다가 지금은 서거逝去한 엔론의 전 CEO 켄 레이Ken Lay는 세론 왓킨스Sherron Watkins 개발 담당 부사장이 제기한 경고에 관하여 세부 내용을 알려 하지 않았던 것 같다. 레이가 조사를 개시하기는 했지만, 이를 오랫동안 거래해 오던 법무 법인에 맡겼으며, 조사 대상도 좁은 범위로 한정하였다. 그리고 머크Merck 사의 임원들은 진통제인 바이옥스Vioxx에 문제가 있음을 보여 주는 임상 시험 결과를 깊이 조사하지 않은 것으로 알려졌다. 다른 예들도 많지만, 이미 말한 것만으로도 충분하다. 경영진들은 많은 경우에 좋은 의도로 뒤가 아니라 앞을 바라보려는 경우가 너무도 많다. 그리고 비난과 소송을 피하려는 욕구는 세부 사항을 덮어 두려는 강력한 동기로 작용할 수 있다.

어떤 문제가 추악한 머리를 쳐들 때 그 이유를 알아내는 것이 필수적이라는 사실은 천재가 아니어도 알 수 있다. 이 기사는 무엇이 잘못되었는지를 알아내고, 치명적인 실수로부터 교훈을 배우며, 프로세스와 프로토콜을 개선하기 위해 조사를 수행하는 항공 및 의약과 같은 분야에 대해 얘기한다. 전국 교통안전위원회는 비난이 아니라 개선에 초점을 맞춤으로써 그렇게 한다. 이와 유사하게, 대부분의 병원들이 실수를 분석하고 이로부터 배우기 위해 사망률과 질병 발생률에 대한 학술회의를 개최한다.

많은 기업들도 이를 시행하여 잘못된 것들로부터 배운다. 그들은 과거로부터 배우는 것과 앞으로 더 잘하는 것 중에서 선택하지 않는다. 그들은 두 가지를 다 해서, 하나가 다른 하나를 지원하도록 한다. 그리고 무엇이 주요 문제를 일으켰는지 알아내거나 다음에 일어날 만한 재앙의 원천을 파악하는 데 평생이 걸리지도 않는다. 참으로 효과적인 리스크 관리는 리스크를 분석하고, 순위를 매기며, 발생 가능성이 가장 높고 잠재적인 영향이 가장 큰 리스크들을 다룬다.

누구도 어느 회사가 필요하지도 않고 생산적이지도 않은 세세한 사항까지 파고들 것으로 기대하지 않는다. 그러나 리스크를 효과적으로 파악, 평가 및 관리하는 회사들은 서프라이즈가 적을 것이다. 그리고 문제가 발생했을 때, 그들은 무엇이 잘못되었는지를 찾아내고, 향후 더 큰 기회를 포착하여 큰 보상을 받을 위치에 있게 된다.

리스크에 대해 알고 싶어 하지 않던 대부분의 경영자들은 무시가 개인적으로나 직업적으로, 자신과 자사와 이해관계자들에게 얼마나 값비싼 대가를 치르게 할 수 있는지를 혹독하게 배우게 되었다.[28]

현재 다수의 이사회들이 전략 개발 및 실행과 리스크 관리 감독 책임을 잘 수행하고 있다. 그리고 이는 정말이지 로켓 과학이 아니다. 이는 회사의 현황이 어떠한지, 어디로 가기를 원하는지, 그곳에 어떻게 도달할 계획인지, 그리고 어떠한 위험과 기회가 있는지에 대해 깊이 있게 아는 것과 관련이 있다. 모든 회사의 이사회들은 이러한 핵심적인 책임을 올바로 수행할 필요가 있다.

Chapter 12

CEO보상, 승계 계획 그리고 위기관리

CEO Compensation, Succession Planning, and Crisis Management

Chapter 12

CEO Compensation, Succession Planning, and Crisis Management

앞에서 언급한 바와 같이, 올바른 CEO를 선정하는 것보다 더 중요한 이사회의 책임은 없다. 이번 장에서는 이와 관련이 있는 주제인 CEO를 효과적으로 동기부여하고 적절하게 보상하는 문제와 CEO 승계 계획에 대한 효과적인 관행을 다룬다. 그리고 위기를 다룸에 있어서 이사회의 역할로 이번 장을 끝맺는다.

CEO 보수

우선 명백한 것으로부터 시작해 보자. 여러 해 동안 주주들, 특히 활동주의자인 대형 기관 투자자들은 CEO 보수 현황에 대해 공개적으로 목소리를 높였다. 일부 주주들은 「네트워크」라는 영화에서 뉴스 앵커가

"나, 뚜껑 열려서 이 짓 더는 못해 먹겠습니다!"라고 소리 지르는 것과 유사한 반응을 보인다. 단지 화만 난 사람들도 있다. 캘리포니아 공공 부문 근로자 퇴직 시스템의 한 임원은 이렇게 말했다. "우리는 보수에 대해 반대하는 것은 아니지만, 실패에 대한 보수, 단지 과시만 하는 것에 대한 보수는 확실히 반대합니다." 주주들은 최고 경영자에 대한 보수와 주가의 관계에 대해 화가 났을 뿐만 아니라, CEO와 일반 직원들의 보수 사이의 격차 심화를 지적하며, 이 현상이 직원 사기에 미치는 영향과 보다 넓은 맥락의 사회적 시사점에 관한 의문을 제기한다.

경영진의 보수에 대한 관심이 일련의 정부 관리들 및 일반 대중으로부터 폭넓게 확산된 점을 인식한 이사들은, 성과에 대한 의미 있는 인센티브와 과도한 리스크를 취하거나 회사가 정한 목표를 달성하지 못했음에도 막대한 퇴직 급여를 지급하는 것 사이에서 책임 있게 행동하기 위해 애쓰고 있다. 그러나 진정한 성과 보상을 실행하고 장기적 성공의 희생 하에 단기적 성과에 대해 강조하는 것을 피하면, 동기도 부여되고 좋은 성과를 유지할 수도 있지만, 이는 말하기는 쉬워도 행하기는 어렵다. 그리고 규제 상의 공시 요구가 계속 확대됨에 따라, 이러한 결정들은 투명한 상황에서 이뤄진다.

확실히 피해야 할 함정들이 있다. 이제는 대부분의 이사회들이 CEO에게 막대한 퇴직 급여를 지급할 수 있는 경영권 변동 또는 기타 CEO 해임 시의 보상 조항들을 이해하고 관리할 필요가 있음을 인식하고 있다. 그들은 제안된 보수 관련 조항에 앞면이 나오면 CEO가 이기고, 뒷면이 나오면 주주들이 지게 되는 동전 던지기와 같은 상황에서 고위 경영자가 회사 전부를 도박에 거는 리스크를 취할 수 있는 구조가 있는지 주의 깊게 살펴본다.

그러나 아직도 도전 과제들이 남아 있다. 이사회와 보상위원회는 CEO와 기타 고위 경영진의 보수를 어떻게 회사의 전략과 정렬시킬 것인지를 다루고, 올바른 성과 척도가 갖춰지도록 해야 한다. 이는 어렵기는 하지만, 확실히 달성할 수 있는 일이다.

어쩌다 이지경이 되었나

왜 보수가 통제를 벗어나게 되었는지에 관하여 여러 주장이 제기되었다. 그 중 한 가지 이유는 이사회와 보상위원회는 CEO와 경영진이 고용한 보상 컨설턴트가 적절하다고 말하는 것에 단지 도장만 찍어 왔기 때문에 CEO에게는 사실상 상사가 없다는 점이다. 이사들이 어떻게 선정되고 대우되는지와 CEO의 힘 사이의 경계선이 모호한 것이 이렇게 되는 근본 원인이라는 주장이 있다. 또 다른 이유로는 CEO의 보수가 과세대상에서 제외되기 위해서는 성과 보상이어야 한다는 몇 년 전의 세법 개정이 엉뚱한 결과를 내었다는 주장이 있다. 이 조항이 CEO의 보수를 제한하기 보다는 CEO들 사이에 누가 더 많이 받는지 경쟁을 촉발하게 만들었다.

게다가, 여러 요인들이 합해져서 CEO의 보수를 끌어올렸는데, 동료집단과의 비교를 매우 중시한 점과, 자사의 CEO는 성과가 좋은 최고 임원들 중 상위 4분의 1은 아니더라도 50% 이내에는 들어야 한다는 이사회의 신념도 이에 일조一助한 요인이다. 즉, 이사회는 올바른 CEO를 선정할 막중한 책임이 있다는 사실이 잘 알려져 있기 때문에, 이사회가 일을 잘하고 있다면 이 회사의 CEO는 성과가 좋은 사람이어야 한다는 것이다. 이는 물론, 이사회들이 자사의 CEO는 평균 이상이며 따라서 이에 합당한 대우를 받아야 한다고 믿고, 이에 따라 CEO의 보수를 계속 끌어올리는 워비곤 호수Lake Wobegon 신드롬어느 소설의 이야기 무대인 워비곤 호숫가에 사는 남자들은 모두 잘 생겼고, 여자들은 아름다우며, 아이들은 평균 이상의 능력을 가진 것으로 묘사된 데에서 유래하여, 대다수 사람들이 자신이 다른 사람보다 낫다고 생각하는 현상을 가리키는 말. 위키피디아 백과사전 워비곤 호수 효과에 대한 설명에서 따옴 – 역자 주을 낳았다. 또한 CEO가 정말로 효과적으로 주주의 부를 증대시킨다면, 그 CEO는 그만한 보수를 받을 자격이 있다는 주장도 있다.

그래서 주주들이 자기 회사의 주가가 신통치 않은데 수천만 달러 심지어 수억 달러라는 막대한 금액이 지급되는 것을 보게 될 때, 어떻게 이런 괴리가 발생할 수 있는지 알고 싶어 했다. 그들은 위에서 언급한 주장들을 지적했는데, 이 질문에 보다 충분히 대답하기 위해서는 관련된 역사를 깊이 고려할 필요가 있으며 그렇게 할 가치도 있다.

1990년대로 돌아가 보면, 기관 투자자들과 기타 활동주의자 주주들은 주식 시장 전반의 상승으로 CEO에 대한 보상이 치솟자, 이에 대해 때로는 요란하게 견제구를 날렸다. 그들은 CEO들이 주주들의 희생 하에 무임승차하는 것에 경악했다.

다수의 이사회들이 이러한 항의를 듣고는 행동을 취했다. 그들은, 최소한 부분적으로라도, CEO의 보상과 주가의 연계를 푸는 대신, CEO에 대한 보상액을 결정하는 일련의 다른 방법들과 척도들을 마련했다. 그들은 이 조치가 주식 시장이 강세를 보일 때 CEO의 보수가 자동적으로 오른다고 비난을 받던 상황을 피하는 데 도움이 될 것으로 생각했다.

그러나 그 뒤에 주가가 아닌 다른 척도들과 연결되도록 재설계된 보수 패키지로 인해 주식 시장이 하락세를 보일 때에도 보상액은 올라가는 결과를 초래해서 또다시 주주들을 화나게 했다. 그들은 보상위원회가 어떻게 그런 조건에 동의할 수 있는지 물었다. 주주들은 아마도 보상이 주가와 연계되었던 과거의 격렬한 항의를 잊었던 것 같다.

그럼에도 불구하고, 그러한 분노의 일부는 정당화되지 않는다고 말하기는 어렵다. 몇 년 전의 에퀼러Equilar 보고서에 따르면, 조사 대상 중 10대 금융 회사의 CEO들은 1년 동안 총 3억 2천만 달러를 받은 반면, 550억 달러의 손실을 기록했고, 2천억 달러가 넘는 주주 가치를 파괴했다. 주가가 오른 회사들의 경우, 주가 상승은 뛰어난 CEO 때문이 아니라, 석유 회사들이 당시 배럴당 140달러에 달하던 유가 덕을 봤기 때문이라는 불만이 터져 나왔다.

그리고 실적 부진으로 쫓겨난 홈 디포Home Depot의 CEO 로버트 나델리Robert Nadelli가 2억 1천만 달러의 보수 패키지를 받은 사례도 자주 인용된다. 이 사례에서 홈 디포의 이사회는 교훈을 배운 것 같다. 나델리 후임자의 보수 패키지는 성과에 훨씬 더 밀접하게 연계되었다. 이로써 우리는 경영권 변경 또는 기타 CEO 해임 시의 보상 조항이라는 이슈를 대하게 되는데, 대부분의 전문가들은 이 금액이 감당할 수 없을 정도가 돼버렸다고 말한다.

동시에 주주의 이해와 CEO에 대한 보수가 보다 더 잘 정렬을 이루는 증거도 있다. 컨설팅 회사 머서Mercer가 포춘 1000대 기업을 대상으로 실시한 연구는 이듬해의 CEO 보수액이 유의미하게 감소했음을 발견했는데, 미국의 50개 대기업이들의 매출액 중간 값은 662억 달러임 CEO들의 직접적인 보수 총액은 15.8% 삭감되었다.

기업가Entrepreneur로서의 CEO

기업 거버넌스에서 영향력이 큰 사람에 속하는 델라웨어 대학교의 찰스 엘손Charles Elson은 이 상황을 "우리는 임원들에게 기업가적인 리스크를 취하라고 요청하지도 않으면서, 마치 기업가에게 하듯이 보수를 지급하고 있다"고 묘사했다. 클린턴 행정부의 노동부 장관이었던 로버트 라이시Robert Reich도 이 주제에 대해 영향력 있는 것으로 잘 알려진 사람이다. 로버트 라이시는 몇 년 전에 월 스트리트 저널 의견 난에 포춘 500대 기업 CEO들의 보수는 1960년대에는 평균적인 근로자 보수의 20배에서 30배 사이였는데, 최근에는 364배로 올랐다고 말했다.

그러나 놀랄 만한 점은 오랫동안 노동의 형평성에 관여해 온 로버트 라이시가 "성층권成層圈처럼 높은 수준의 CEO 보수"가 왜 실제로 그럴 만한 가치가 있는지 설명한다는 것이다. 그는 40년 전의 대기업 CEO는 대부분 "안정적인 소수 독점의 시대에 다루기 쉬운 경쟁자들, 커다란 노동조합, 예측 가능한 시장, 그리고 활기 없는 주가라는 환경 하에서 표준화된 대량 생산 시스템을 책임지는 관료였다." 그러나 현대의 회사는 독과점은 거의 사라지고, 진입 장벽이 낮으며, 경쟁자들은 "전 세계의 저가 공급자와 해외 외주에 접근하게 해 주는 글로벌 공급과 판매망"을 모색하는 한편, 고객과 투자자들을 빼내가는 환경 가운데에서 운영된다. 그리고 이들 경쟁자들도 "동일한 조건으로 새로운 투자를 위한 자본을 모을 수 있다."

로버트 라이시는 현대의 회사가 두각을 나타낼 수 있는 능력은 CEO에게 의존하기 때문에 CEO는 "충분히 영리하고, 냉혹하며, 경쟁 우위를 가져올 지렛대를 당겨야 한다."고 말한다. 표준적인 CEO 교과서가 없고, 능력이 입증된 CEO 풀pool이 작으며, 재앙적 결과를 가져올 수 있는 잘못된 CEO를 뽑기 싫어서 이사회들은 점점 더 많이 지급할 용의를 갖게 된다. 라이시는 나달리와 같은 극단적인 예외를 제외하면, CEO에 대한 높은 보수는 "대개 투자자들에게 그럴 가치가 있다"고 말한다.

핵심에 다가서기

이처럼 CEO 보수 이슈에 대한 다른 관점들이 있는 것을 고려할 때, 우리는 이를 몇 가지 핵심적인 질문들로 요약할 수 있다.

- 이사회가 최고 경영자가 스스로의 보수 패키지를 정하도록 허용하는가, 아니면 이사회가 주주에게 최상의 이익이 되는 방향으로 협상하는가?

이 질문의 답은 우리가 어떤 회사에 대해 말하고 있느냐에 의존한다. 확실히, 일부 이사회들은 아직도 과거의 테두리를 벗어나지 못해서, 이사회 의장 겸 CEO가 보수 패키지에 부적절한 영향을 행사하고, 이사회와 CEO 사이의 관계가 너무도 편해서 진정한 협상보다는 그저 고무인을 찍기만 하는 결과가 초래된다.

그러나 경험에 의하면 오늘날 다수의 회사와 대부분의 상장 회사들은 그리고 상장 대기업들은 확실히 더 이상 이런 식으로 처신하지 않는다. 이 회사들의 이사회와 보상위원회는 독립적인 이사들로 구성되어 있는데, 이들은 CEO와 긴밀하게 협력하기는 하지만 독립적인 정신 자세를 갖고 있다. 그들은 자신들의 충성 및 주의 의무를 이해하고 이를 받아들이며 회사와 주주들의 이익을 맨 위에 놓는다. 그러나 CEO의 보수를 정하는 것은 매우 어려운 과제인데, 다른 회사에서 실적이 좋고 성공적인 사람을 데려 오고자 할 때에는 특히 그렇다. 그런 사람을 곧 부여될 수 있는 스톡 옵션이 포함된 거액의 보수 패키지 및 직업의 안정성에 대한 건전한 근거를 제공해 주는 과거의 성공 기록을 놔두고 자기 회사로 오라고 설득할 필요가 있는 것이다. 회사 세계의 이러한 실상을 알고 있는 이사들은 이를 매우 실제적인 방식으로 다룰 필요가 있다. 이는 흔히 성과가 신통하지 않을 경우 일정 형태의 경영권 변동 또는 기타의 해임 시 보상에 대한 합의를 요한다. 이사회가 올바른 균형을 얼마나 잘 유지하는지는 논란의 여지가 있다. 그러나 그들은 이 문제를 다뤄야만 한다.

내부에서 승진시킬 때 보수에 대한 협상은 한결 쉽다. 해당 경영자가 외부에서 좋은 평판을 얻고 있는 희귀한 경우를 제외하면, 보상위원회는 주주와 CEO의 이해를 정렬시킬 수 있는 적절한 인센티브와 함께, 현재의 보수보다 일정 수준 높은 금액을 책정할 수 있다. 이때의 협상 프로세스는 훨씬 더 간단해지고 모든 당사자에게 만족스럽게 마무리되는 경향이 있다.

위에서 제기한 문제로 되돌아가 보자. 나는 오늘날의 환경에서는 대대수의 이사회 및 보상위원회들이 CEO와 보수 문제를 협상한다고 믿는다. 그들은 CEO에게 신세지고 있지 않다. 또한 어떤 회사들은 다른 회사들보다 이 일을 더 잘하고 있다고 말해도 무방하다.

- **임원 보수에 대한 주주 투표 제도**say-on-pay**가 이룰 수 있는 것은 무엇인가?**

몇 년 전에 나는 이 열차가 이미 역을 떠나서 돌아오지 않을 거라는 글을 썼다. 아플락Aflac이라는 미국 회사는 주주들에게 임원의 보수에 대해 구속력이 없는 투표권을 준 최초의 회사 중 하나였는데, 곧이어 다수의 회사들이 그 뒤를 이었다. 그리고 현재에는 도드-프랭크법으로 임원 보수에 대한 주주 투표 제도가 시행되고 있다.

투자자들은 영국과 호주에서는 임원 보수에 대한 주주 투표가 오랫동안 보편적으로 인정돼 왔다고 말한다. 영국 최대 회사의 CEO 보수가 최근 일 년 동안 33% 오르기는 했지만, 대부분의 사람들은 이러한 투표가 CEO 보수를 제한하는 데 도움이 되었다고 믿는다. 확실히 계속 오르기만 하는 CEO 보수에 염증을 느낀 주주들은 이러한 권고적 투표를 환영했는데, 어떤 이들은 이를 CEO 보수 결정에 실제적으로 참여하는 첫 번째 단계로 보고 있다.

그러나 투자자들을 달래고 그들의 생각을 얘기하도록 하는 것이 좋은 일이기는 하지만, 나는 거버넌스에 대한 다른 전문가들과 마찬가지로 임원 보수에 대한 주주 투표가 그다지 좋은 아이디어는 아니라고 생각한다. 주주들이 제한된 정보와 회사 전략에 대한 이해 부족 상태에서 CEO의 보수를 이사회보다 더 잘 결정할 거라는 주장은 별로 타당성이 없다. 확실히 주주들은 더 많은 정보를 제공 받아야 하며, 현재 더 많은 정보 제공이 요구되지만, 그렇다고 그들이 보상에 관하여 충분한 정보에 입각한 판단을 내릴 길은 없다. 이는 이사회의 일이며, 그 일을 가장 잘할 수 있는 위치에 있다. 이렇게 말은 했지만, 공통의 이해를 가진 대주주들과 보수에 관한 의미 있는 토론이 있을 경우에는 그들의 의견이 환영 받아야 한다. 이에 대해서는 16장에서 자세히 다룬다.

• 향후의 CEO 보수는 어떤 방향으로 갈 것인가? 그리고 이 방향에 일리가 있는가?

CEO 보수는 몇 가지 방식으로 발전할 가능성이 있다. 보상위원회에 대한 조명은 확실히 그들이 어떻게 운영되는지에 대해 영향을 주고 있으며, 현재 독립적인 위원회 구성, 보상 컨설턴트 사용 및 공시 요구에 관한 규칙들이 있다. 다수의 이사회 보상위원회들은 CEO의 이해와 주주들의 이해를 보다 더 잘 정렬시키고 수행하고 있다. 그들은 양도 제한 주식restricted stock, 성과 옵션, 그리고 장기의 부여 기간 등과 같은, 보다 나은 보상 요소 조합을 사용하는 보수 패키지를 개발하는 데 더 많은 주의를 기울이고 있다.

회사의 전반적인 CEO 보수 수준이 올라갈지 아니면 반대일지는 아무도 알 수 없다. 내 감으로는 보수 수준이 최소한 안정될 것으로 생각된다. 그러나 어쨌든 이해관계들이 보다 잘 정렬되고 CEO들과 주주들의 부富 사이의 상관관계가 보다 밀접해지리라고 기대할 수 있다. 중요한 요소로서 경영권 변경 및 해임 시의 지급 규정에 훨씬 더 주의를 기울일 거라고 기대할 수 있다.

• 이사회 및 보상위원회는 자신의 일을 올바로 하기 위해 무엇을 할 수 있으며, 해야 하는가?

내 견해로 이에 대한 대답은 간단하다.

- **진정한 협상** 보수가 의미 있는 협상을 통해 정해지는 것이 매우 중요하다. CEO 또는 어느 누구도 자신의 보수를 좌우하거나 부당한 영향을 행사하도록 허용되어서는 안 된다. 보상위원회는 자체의 보상 컨설턴트를 두고 권위 있게 행동하는데 필요한 정보를 갖출 필요가 있다. 물론, 이러한 토의는 진심에서 우러나와야 한다. 어차피 CEO와 이사회는 신뢰와 협력 관계가 유지될 필요가 있다. 그러나 협상은 협상이어야 한다. 우리 모두가 아는 바와 같이, 만일 조건이 나쁘다면 거래를 깰 준비가 되어 있지 않다면 협상을 하는 것이 아니다. 확실히 토론이 그 지경까지 가서는 안 되지만, 교착 상태에 이르면 그것도 하나의 대안이 될 필요가 있다.
- **진정한 성과 보상** 다수의 이사회 보상위원회들은 진정한 결과에 대해 보상하는 일을 훨씬 더 잘해 오고 있다. 위에서 설명한 이유들로 인해, 이는 단지 CEO의 보수를 주가와 연계시키는 문제도 아니고, 시장에서 회사의 주식을 어떻게 평가하는지를 완전히 무시할 수도 없다. 성과는 회사에 특유한 많은 요인에 기초하여 측정될 필요가 있다. 전략적 계획과 명확한 정렬이 이뤄져야 하며, 장기적인 주주 가치를 견인하는 전향적인 기준들이 사용되어야 한다.[29] 그리고 보수 패키지는 구성 요소들이 올바르게 혼합되어야 하기 때문에 이에는 대개 기본 급여와 보너스, 그리고 양도 제한 주식, 성과 옵션과 진정으로 CEO와 주주들의 이해를 정렬시키며 뛰어난 성과에 대한 올바른 동기부여와 책임성을 제공하는 보수 패키지에 따른 수령 권한 부여 일정vesting schedule들이 포함된다.

특히 중점을 둬야 할 분야는 경영권 변경 또는 해임 시의 지급 규정이기 때문에 성공적이지 못한 최고 경영자에게 터무니없이 막대한 횡재를 안겨 주는 것을 피하기 위해 이를 주의해서 정해야 한다. 이러한 규정들은 시나리오 분석과 스트레스 테스트를 거쳐서 합리적으로 예상할 수 있는 어떠한 경우에 대해서도 적합하게 해야 한다. 이와 동시에 주주의 이익이 되는 방향으로 계약이 맺어져서 CEO들의 인센티브가 저하되어서는 안 되는데, 어느 연구에 의하면 이러한 경우가 너무도 많다. 다우 존즈 투자 은행가 및 주주 가치 자문Dow Jones Investment Banker and Shareholder Value Advisors에 의해 2009년 12월 기준으로 조사된 S&P 1500 소속 기업의 임원 보수 데이터 분석에 의하면, CEO들의 78.9%는 주주들에게 25%의 웃돈을 주는 조건으로 인수될 경우 상당히 손해를 보게 된다자신이 보유한 주식 가격의 5% 이상 손실을 보게 된다. 그리고 46%의 CEO들은 그러한 인수 조건에서라면 자신의 부가 50% 이상 하락하게 된다. 그래서 인센티브가 이중으로 깎이는데, 이사회들은 이를 바로잡을 필요가 있다.

- **투명성** 주주들에게는 CEO의 보수에 대해 의미 있는 정보를 받을 권리가 있으며, 이사회와 보상위원회는 이를 제공할 책임이 있다. 새로운 SEC 공시 규칙은 쉬운 용어로 적절한 정보를 제공하도록 요구한다. 이 규칙은 경쟁자를 이롭게 할 수 있는 공시를 피할 필요가 있다는 점도 감안하는 데, 이 목표들을 모두 달성할 수 있는 여지가 있다.

CEO 승계 계획 수립

우리가 확실히 아는 것 한 가지는 모든 회사들이 언젠가는 새로운 CEO를 필요로 한다는 것이다. 정해진 퇴임일이 가까워 오는 경우를 제외하면, 이사회는 그날이 언제일지 알지 못하는데, 다수 회사들의 경우 그날은 예상했던 것보다 빨리 온다. 실적이 기대에 못 미치거나, 큰 위기로 최고 경영자의 변화가 필요해지거나, CEO의 건강이 악화되거나, 더 나은 곳을 찾아, 일신상의 이유로, 또는 단순히 은퇴하기 위해 CEO가 자발적으로 회사를 떠나게 되어서 이사회가 새로운 리더를 구해야 할 입장에 처하게 될 수도 있다. 운이 좋으면, 이사회가 광범위한 선임 프로세스를 밟을 충분한 시간을 가질 수도 있다. 그러나 CEO의 사임이 경악스러울 만큼 갑자기 이루어져 신속하고 단호한 행동이 필요해지는 경우도 흔하다.

다른 회사에서 무슨 일이 일어났는지 잘 알고 있음에도, 대부분의 이사회들이 CEO의 사임, 특히 예기치 않은 사임에 대처할 준비를 하지 않는다. 최근의 조사에 의하면 응답자의 69%는 CEO 승계자가 지금 준비될 필요가 있다고 말한 반면, 54%만이 임원들이 그 역할을 하도록 양성하고 있으며, 39%는 이렇다 할 내부의 후보자가 없다고 한다. 흥미롭게도, 이 연구는 이사회는 CEO 승계 계획 수립에 연간 2시간만을 사용함을 보여 준다.[30]

어디에서부터 시작해야 하는가? 확실히 이사회는 시간이 이사회 편일 경우의 선임 프로세스를 정해 둘 뿐 아니라, 갑작스러운 CEO 변경이 필요할 경우 누구를 그 자리에 앉혀야 할지도 고려해야 할 것이다. 내부 선임 대 외부 영입 이슈와, 내부에서 어떻게 양성할지와 외부에서 어떻게 찾아낼지의 이슈가 있다. 긴급한 상황이 발생하기 전인 지금 무엇을 고려할 필요가 있는지 살펴보기로 하자.

돌연한 사임

모든 이사회는 즉시 최고 경영자 자리를 승계할 사람을 한 명 이상 정해둬야 한다는 것을 알고 있다. 이 후보자는 보다 철저한 탐색이 진행되는 동안 임시로 그 자리를 메우거나, 차세대 지도자가 될 수도 있다.

흥미롭게도, 2004년에서 2008년 사이에 300개 회사들의 CEO 교체를 연구한 인력 소개 업체인 스펜서 스튜어트Spencer Stuart는 다음과 같은 사실을 발견했다. "이사회들은 새로운 CEO로 영입할 사람을 아무도 발견할 수 없고, 내부적으로도 양성되지 않은 경우 어쩔 수 없이 자신들 가운데에서 물색하는 경우가 있기는 하지만, 그렇게 CEO가 된 이사회 위원들은 다른 어떤 형태의 CEO들보다 실적이 좋았다." 이 회사는 최초에 사장이나 COO 역할을 하다 잠재적인 CEO로 선정된 임원들은 CEO가 되고 난 뒤에는 실적이 신통치 않았다는 것을 발견했다. 이 회사는 또한 실적이 좋은 회사들은 내부에서 승진하는 것이 낫고, 위기에 직면했을 때는 외부에서 영입하는 것이 바람직하다는 사실도 발견했다.

이사회 위원들 중에서 최고 경영자 자리에 앉힐 사람을 물색하는 이러한 경향을 지지하는 다른 조사 결과도 있는데, 이 조사에서는 이렇게 지명된 사람이 종종 영구적으로 CEO직을 수행하고 있음을 보여 준다.

인력 소개 업체인 하이드릭 & 스트러글즈Heidrick & Struggles에 따르면 2010년 10월 중순을 기준으로 그 이전 15개월 동안에 포춘 1000대 기업 중 13명의 이사들이 영구적인 CEO로 임명되었으며그 전년에는 4명만이 임명되었음, 이외에도 3명의 이사들이 임시 CEO로 임명되었다.

이 회사는 이를 이사회가 CEO 부재 상황에 신속하게 개입할 수 있도록 회사를 잘 아는 사람을 임명하기 원한다고 설명한다. "이사회 위원그 위원 자신이 이전의 CEO인 경우도 적지 않다에게 CEO직을 제안함으로써, 이사회는 아주 신속하게 움직이고 즉각적인 결과를 낼 수 있다… 이사들은 여러 해 동안 이사회 석상에서 이슈들을 토론해 왔기" 때문에 외부 고용에 비해 리스크를 줄일 수 있다.

신속하게 행동할 필요에 직면한 이사회들은 내부 인사를 승진시키거나, 신속하게 설득할 수 있는 외부의 후보자를 이미 정해 뒀을 수도 있다. 사용 가능한 대안을 활용할 수 있을지 여부는 이사회가 곧이어 설명하게 될 부분에서 묘사하는 승계 계획을 얼마나 성공적으로 수행하느냐에 달려 있다.

시간 여유

한때는 후계자 선정이 현 CEO의 영역에 속하던 시절이 있었으나, 최근에는 이사회가 효과적인 승계 프로세스를 갖추는 경향이 있다. 확실히 CEO는 여전히 최고 경영자 직을 승계할 수 있는 임원 양성에 있어서 핵심적인 역할을 하고 있지만, 이사회 전원 위원회 또는 선임/거버넌스 보상위원회 등의 하위 위원회가 이 프로세스를 넘겨받고 있다.

다양한 접근 방법이 있지만, 이사회가 승계 문제를 다룸에 있어서 효과가 있었던 몇 가지 공통점을 찾아볼 수 있다.

- 이사회가 회사의 소속 산업, 비즈니스, 경쟁 및 규제 상의 환경, 소비자 시장, 전략, 문화, 기타 요인들에 비춰서 회사에 필요한 기량, 경험 및 개인적 특성을 정한다. 회사의 현재 위치에서뿐만 아니라 전략 계획에 따른 회사의 미래 모습에서도 무엇이 필요한지를 정하는 데 중점을 둔다.
- 현재의 CEO에게 위에서와 같이 정해진 기준을 충족시키는 핵심 그룹

을 찾아내고 양성할 책임이 부여된다. 이에는 관리자들에게 필요한 경험과 통찰력을 제공할 충분한 역할과 책임이 주어지며, 최고위급의 전략적 이슈 및 관련 이슈들에 대해 노출되도록 하는 임원 개개인의 개발 계획이 포함된다. 잠재적인 후보들에 대해서는 현직 CEO와 인사 담당 최고위직 임원, 때로는 선정된 임원들이 이들을 지도함에 있어서 일정 역할을 담당하고, 개발에 있어서의 진전을 추적 관리한다.

- 이 프로세스가 조직 전체로 적용되어, 모든 단계의 관리자들이 필요할 경우 부하 직원들을 승진시킬 수 있도록 필요한 지식과 기술을 가진 자신의 차하위次下位 부하 직원을 채용, 개발 및 평가하는 유사한 조치를 취한다.
- 이사회가 잠재적인 CEO 승계자들의 장점과 약점을 이해한다. 이는 이사회 및 하위 위원회 회의, 회의 전의 식사를 통해 자연스럽게 이루어지거나 다른 만남을 통해 추가적인 정보나 통찰력을 얻을 수도 있다. 때로는 간과되기도 하지만 중요한 점 하나는 먼저 해당 후보자가 진정으로 최고 경영자 자리를 원하는지를 알아내는 것이다. 대부분은 최고 자리를 원하지만 그렇지 않은 경우도 있다.
- 이사회의 프로세스에는 고려해야 할 회사 외부의 임원들을 찾아내는 것이 포함된다. 직접적인 접촉은 대개 가능하지도 않고 바람직하지도 않지만, 외부로부터의 후보자 명단을 업데이트해 두면 탐색이 시작될 때 유용한 출발점이 될 수 있다.
- 의사 결정을 내릴 때가 되면, 현직 CEO는 자문 역할을 한다. 활발하게 활동하고 있는 이사이며 거버넌스 분야에 오랜 경험을 지닌 전문가인 리처드 코피스Richard Koppes는 이 점을 아주 설득력 있게 지적했다. 그는

> 이상적으로는 후임 CEO에 관한 의사 결정을 내릴 때가 오면 독립적인 이사들은 먼저 CEO가 참석한 상태에서 회의를 개최하고, 궁극적으로는 이 일은 이사회의 책임이므로 그 다음에는 CEO가 참석하지 않은 상태에서 회의를 개최하는 것이 좋다고 말한다.

CEO에게 향후의 후보자를 찾으라는 역할이 주어질 경우, 이에 대한 성공 정도를 CEO의 성과 평가의 한 요소가 되게 해서 이에 관한 책임 관계를 분명히 해야 한다.

내부 승진과 외부 영입에 관한 이슈는 오랫동안 논의되어 왔다. 확실히 모든 회사들에게 적용되는 답변은 위에서 인용한 연구 결과를 포함하여 이곳에서 말하기에는 너무 많은 요인들에 좌우된다는 것이다. 내부의 후보자 중에서 후계자를 정할 때의 유리한 점으로는 해당 조직 및 그 비즈니스와 운영, 사람 및 도전 과제에 대한 지식과 보다 저렴한 보수를 들 수 있다. 외부 인사는 내부 후보자들이 갖지 못할 수도 있는 다른 종류의 지식과 통찰력, 그리고 비전 및 기술을 가져온다. 각각의 장점 목록은 계속 이어진다.

최근의 한 연구는 내부에서 승진한 CEO들이 외부 영입인사들보다 유의미하게 좋은 성과를 낸다는 결론을 내렸다. 그 연구의 저자 중 한 명은 내부에서 승진한 CEO들과 외부에서 영입된 CEO들 모두 취임 시 변화를 가져왔음이 밝혀졌다고 말한다. 그러나 "외부에서 영입된 CEO들이 더 큰 변화를 주도할 가능성이 있다… 우리는 더 큰 변화가 더 나은 변화를 의미하는지 알고 싶었다."

그러나 이 연구는 그렇지 않음을 보여 준다. "변화가 너무 크면 회사가 자신의 정체성과 핵심 역량에서 벗어날 수도 있다." 이 연구 결과에 의하면 산업 평균 대비 자산 수익률은 처음에는 유사하지만, 3년 후에는 외부에서 영입한 최고 경영자들이 더 큰 변화를 주도한 결과 더 나쁜 실적을 보였다.

이 저자는 이렇게 말한다. "내부에서 승진한 CEO들은 회사에 더 깊이 뿌리를 내리고 있기 때문에 회사의 핵심 역량과 주요 약점들을 더 잘 이해하고 있다… 그들은 회사의 핵심 역량을 해치기보다는 보완하는 방향으로 변화를 주도할 가능성이 더 크다." 이 저자는 또한 외부에서 영입한 CEO들은 직원이나 임원진으로부터 지원을 받지 못할 가능성도 있다고 추측한다.[31)]

이 연구를 지지하는 다른 연구 결과도 있다. 1988년에서 2007년까지 20년 동안에 걸쳐 S&P 500 기업 중 금융기관이 아닌 회사를 대상으로 연구를 수행한 연구자들은 내부의 후보자만을 CEO로 앉힌 회사들이 외부 인사를 그 자리에 앉힌 회사들보다 의미 있는 실적을 보였음을 발견했다. 내부적으로만 CEO를 승진시킨 36개 회사애보트 래보러토리스(Abbott Laboratories), 베스트 바이(Best Buy), 카터필라(Caterpillar), 콜게이트-팔모리브(Colgate-Palmolive), 듀퐁, 엑손, 페덱스(Fedex), 혼다, 존슨 컨트롤스(Johnson Controls), 맥도널드, 마이크로소프트, 나이키, 유나이티드 테크놀로지 등이 이에 속한다를 찾아낸 이 연구는 이 회사들이 ROA자산 수익률, ROE자본 수익률, 투자 수익률, 매출 및 이익 성장률, 주당 이익, 성장률, 그리고 주가 상승률 등 모든 면에서 다른 회사들을 앞섰음을 발견했다. 이 연구는 또한 외부에서 CEO를 영입한 S&P 500 소속 비금융회사 중 위의 36개 회사와 동일하거나 나은 20년간의 실적을 보인 회사가 없음도 발견했다.

그리고 이 연구는 회사의 실적 이외의 분야도 살펴본다. 이 연구는 외부에서 영입한 CEO들의 연봉, 보너스, 주식 인센티브를 포함한 총 보상액이 65% 높았음을 발견하고 외부 영입 비용이 내부 승진 비용보다 높다는 주장을 확인하였다. 또한 "외부에서 영입한 CEO 10명 중 4명은 재직 기간이 2년 미만이었으며, 거의 2/3는 4년 안에 회사를 떠났는데, 대부분이 두둑한 전별금餞別金을 챙겼다."[32)]

도전 과제

내부 승계 계획에 따른 명확한 역할이 정해지고 현직 CEO와 이사회가 각각 최고 경영자 직을 승계할 수 있는 임원 군을 정하는 데 초점을 맞출 경우에도 CEO 역할을 맡을 수 있는 특성, 기술, 지식 및 경험을 지닌 사람을 유지하기가 어려울 수 있다. 그리고 자신은 후계자가 대기하고 있는 것을 원하지 않는다는 사실을 잘 숨겨 두는 CEO들도 있다.

회사가 두 명 이상의 임원을 후보자로 올려놓아서, 건강하지 않은 경쟁이 조장되어 팀워크를 해치는 경우 핵심 임원을 유지하는 데 문제가 생길 수도 있다. 다른 한 편으로는 한 명의 황태자를 정해 두면 유망한 임원들이 궁극적으로 CEO 후보 자리를 얻기 위해 더 나은 기회를 찾아서 회사를 떠나는 수도 있다. 신임 CEO를 외부에서 영입한 전력前歷이 있는 회사들에는 또 다른 문제들이 발생한다.

물론, 회사의 문화에 따라서는 다른 회사들보다 인재들을 잘 유지하는 회사들도 있지만, 이는 어쨌든 쉬운 일이 아니다.

위기관리

완벽한 세계에서는 효과적인 리스크 관리 프로세스를 갖추고 효과적으로 운영되는 회사들은 참사慘事를 일으키는 예기치 않은 사건에 직면할 가능성이 낮다. 그러나 우리는 완벽한 세계에 살고 있는 것이 아니라서, 효과적인 ERM 프로세스조차도 커다란 피해를 일으킬 수 있는 리스크들이 경감될 수 있을 것이라는 데 대해 절대적 확신이 아닌 합리적 확신만을 제공해 줄 수 있다.

독자들도 매우 귀중한 평판과 생존 자체가 위험에 처해진 회사에 무슨 일이 일어날 수 있는지, 그리고 일어났는지에 관하여 신문의 머리기사를 읽어 보았을 것이고, 또 이에 대해 알고 있을 것이다.

사고로 위기가 초래될 수 있기 때문에, 이러한 사고의 몇 가지만 예를 들자면 제너럴 퍼블릭 유틸리티General Public Utility의 스리마일 섬Three Mile Island. 1979년에 미국 원자력 산업 역사상 최대의 사고가 이곳에서 발생함 - 역자 주, 유니온 카바이드Union Carbide의 보팔Bohpal. 1984년 인도 보팔 시에서 일어난 가스 누출 사고로 수만 명의 사상자와 12만 명의 후유증 피해자를 낳은 환경 재난 사고 - 역자 주, 엑손의 밸디즈 호Valdez. 1989년에 사상 최악의 기름 유출 사고를 일으킴 - 역자 주, BP의 디프워터 호라이즌Deepwater Horizon 등을 생각하기만 해도 이러한 사고로 인한 위기의 심각성을 알 수 있다. 위기는 또한 자연재해, 제품 결함, 적대적 인수 시도, CEO의 이직離職, 사기적 재무 보고, 소송, 규제 당국의 조사, 재무 상태 악화 그리고 많은 다른 사건들로 인해 야기될 수 있다. 보기 12.1에서 볼 수 있는 바와 같이, 회사들이 직면하는 위기의 범주와 그 빈도는 변하는데, 사무직 범죄, 부실 경영, 인명 사상死傷 사고, 소비자 활동주의, 부품 결함 및 회수recall, 그리고 노동 분쟁 등이 주요한 범주들이다.

범주	1990	2009
설비 피해	5.5	7.0
인명 사상 사고	4.8	11.0
환경	7.8	2.0
집단 소송	2.2	7.0
소비자 활동주의	2.8	9.0
제품 결함 및 회수	5.4	8.0
차별	3.3	3.0
임원 해고	1.3	1.0
재무적 피해	4.2	5.0
적대적 인수	2.6	0.0
노동 분쟁	10.3	8.0
부실 경영	24.1	16.0
성희롱	0.4	1.0
내부 고발자	1.1	1.0
사무직 범죄	20.4	18.0
직장 폭력	3.8	4.0

[**보기 12.1** 위기 유형 비교(각 연도별 총 위기 중 백분율)]
출처: 위기관리 협회(Institute for Crisis Management), 2010

위기관리 계획 수립하기

이곳의 논의에서 한 가지만을 취한다면, 그것은 미리 계획을 세워두지 않을 경우 위기가 닥치면 이를 잘 다루지 못하게 될 것이라는 점이어야 한다. 경영진과 이사회에 그러한 정도의 속도와 영향을 지닌 사건들에 순전히 반사적이고, 따라잡는 식으로 대응하다가는 위기가 신속하게 재앙으로 바뀔 수 있다. 어떤 형태의 위기 사건이 발생할지 예상하기는 불가능하겠지만, 위기관리 태세를 갖출 수는 있으며, 이는 모든 회사에게 필수적이다.

대부분의 거버넌스와 관련된 사안들과 마찬가지로, 경영진에게는 일반적으로 위기관리 계획을 수립하고 테스트하며 이를 유지할 책임이 있으며, 이사회나 지정된 위원회 또는 이사가 이에 대해 직접적인 감독을 제공한다. 위기관리 계획은 위기가 닥쳐올 때 CEO 또는 다른 고위 경영진이 이의 관리에 참여할 수 없는 경우또는 그들이 위기의 원인에 관련된 경우를 상정하여, 이사회가 위기관리 계획이 그러한 경우도 다룰 수 있을 만큼 충분히 유연하다는 데 대해 마음을 놓을 수 있어야 한다.

위기관리 계획에는 다음 사항들이 포함되어야 한다.

- 다양한 부문을 대표하는 사람들로 위기관리 팀을 구성하고, 선정된 이사회 위원들이 리더십 역할을 하게 하며, 계획 실행에 대한 책임 관계를 명확히 한다. 의사 결정 역할을 하는 위기관리 팀원들에 대한 조언자로 법무 및 홍보/커뮤니케이션 부서 직원들이 포함되어야 한다.
- 현재의 고위 경영진이 더 이상 그 역할을 수행할 수 없을 경우 누가 해당 비즈니스 부문을 이끌지 결정한다.
- 통상적인 회사 설비 이용 가능 여부에 따라 위기대응 기간 동안에 사용될 설비를 정한다. 많은 위기관리 계획들이 필요할 경우 회사 건물 외부에 위기 대응 본부 역할을 할 "상황실"을 설치한다. 비상사태 대응 계획contingency plan과 통신 및 IT 지원이 갖춰져야 하며, 비상 연락망 및 채널이 준비되고 이를 이사회 위원이들은 위기 시에는 이사회 참석 및 할애 시간이 기하급수적으로 확대된다는 점을 인식해야 한다 및 모든 관련 당사자들과 소통하여야 한다.
- 모든 책임자 및 이사, 임원, 고객, 거래처, 채권자, 투자자, 제휴 파트너, 그리고 다양한 언론 매체들에게 중앙 집중적이고 일관된 메시지를 전하는 대변인을 정한다. 미디어 대응 요령 교육 또는 보충 교육은 매우 중요하다. BP의 토니 헤이워드Tony Heyward는 CEO의 말이 얼마나 부

정적이고 해를 끼칠 수 있는지에 대한 실례實例이다.

- 특화된 법무 법인, 위기관리 법인, 미디어 컨설턴트, 재무 자문, 기타 지원을 미리 확보해 둔다.
- 잠재적인 위기 사건의 성격에 따라 제공될 정보의 형식 및 내용, 정보 제공 대상자, 제공 시기에 대한 계획을 미리 수립해 둔다.
- 전개되는 상황을 평가하고, 적절하고 일관된 메시지가 전해지기 위해 사용될 위기관리 팀과의 소통을 추적, 모니터, 조직화할 방법을 정한다. 소셜 네트워킹, 블로그, 기타 인터넷 기반 소통 수단에서 말하는 것들을 알아내는 프로토콜을 수립하여 향후의 메시지 전달에 도움이 될 수 있는 토대를 제공하는 것도 유용하다.

다른 비상사태 대응 계획에서와 마찬가지로 위기관리 계획도 정기적으로 검토, 테스트 및 업데이트되어야 한다. 불행하게도, 다른 이슈들이 우선순위를 차지하여, 필요한 위기관리 계획과 이 계획의 타당성 재검토가 생략되는 경우가 흔하다. 필요시 위기관리 계획이 실제로 작동되게 하기 위해 점검 항목들을 미리 정해 둘 필요가 있다.

위기가 닥쳐올 경우

계획을 잘 수립해 두면 위기가 닥쳐올 때 회사는 이 계획을 시행하기만 하면 된다. 위기관리 팀은 빠르게 변하는 사건에 신속하게 대응할 필요가 있을 테고, 어떤 계획도 모든 잠재적 가능성을 다 고려할 수는 없기에, 이는 지나친 단순화일 수도 있다. 그러나 세심하게 사전 계획을 수립해 두면 갑자기 재앙을 가져올 수 있는 상황에 대응해야만 할 경우에 매우 중요한 지침을 제공해 준다.

많은 전문가들은 주된 대변인이 CEO이건 지정된 이사회 위원이건 간에 가급적 자주 무슨 일이 일어났는지와 관련 상황, 그리고 어떤 조치가 취해지고 있는지에 대해 공개적으로 발표하는 것이 중요하다고 강조한다.

신뢰성credibility이라는 말은 자주 사용되는 핵심 단어인데, 올바른 정보가 올바른 방식으로 전해지면 모든 당사자들이 해당 회사가 무슨 일이 일어났으며, 어떻게 진행되고 있으며, 그 영향은 무엇인지, 그리고 모든 당사자들을 보호하기 위해 무엇을 할 필요가 있는지를 알고 있고, 또 그 일을 하고 있다고 믿는 것이 정당화될 수 있다.

NACD전국 기업 임원 협회의 블루리본 위원회의 보고서, 「리스크 감독 - 격동의 시기에 대한 이사회의 교훈들Risk Report-Board Lessons for Turbulent Times」은 이를 잘해 낸 애쉬랜드 오일Ashland Oil, 존슨 & 존슨, 엠파이어 블루 크로스 & 블루 쉴드Empire Blue Cross & Blue Shield, 인텔, 그리고 루슨트Lucent 등을 지적한다. 이 보고서는 또한 "적시에 대응하지 않음으로써 궁극적으로 이러한 실수로 큰 고통을 겪었던" 회사들도 강조한다.

이처럼 곤욕을 치른 몇 개 회사들을 열거하자면 앤더슨, 아처-대니엘스-미들랜드Archer-Daniels-Midland, 뱅커스 트러스트, 그리고 액손 등이 있다. 이 명단에 BP와 도요타, 그리고 존슨 & 존슨을 둘러싼 보다 최근의 사건들도 추가할 수 있다.

으레 그렇듯이, 무엇을 해야 하는지 탐색할 때 하지 말아야 할 목록들을 살펴볼 수 있다. NACD 보고서는 그러한 목록을 제공하는데, 경험이 풍부한 이사이자 이 위원회의 공동 의장인 노만 어거스틴Norman Augustine이 그 자료를 제공하며 "위기를 재앙으로 바꿀 수 있는 손쉬운 12 단계"를 보여 준다.

1. 문제가 있다는 증거가 분명히 잘못되었을 거라고 가정한다.
2. 증거가 많아질 경우, 문제를 덮는다.
3. 변호사들이 대응 전략을 관리하게 하고, 아무 것도 인정하지 않는다.
4. 문제들이 알려지면, 이를 최소화한다.
5. 결코 후회하는 모습을 보이지 않는다. 누군가 다른 사람을 비난한다. 비난 대상이 희생자라면 더 좋다.
6. 충분한 시간을 가지고 문제를 해결한다.
7. 책임 있는 최고위직 임직원이 숨어 있게 한다.
8. 언론 매체를 공격한다.
9. 정치인들을 화나게 한다. 지지될 수 없는 입장을 취하면 더 좋다.
10. 초점을 규제 당국의 잘못으로 이동시킨다.
11. 자신의 입장을 자주 바꾸고 스스로 모순되게 행동한다.
12. 돈을 절약하는 데 우선순위를 둔다. 그렇게 하면 나중에 많은 금액을 잃을 수 있다.

보다 자세한 정보를 원할 경우에는 NACD의 보고서를 깊이 연구할 가치가 있다. 의사 결정 프로세스를 포함하여 의사 결정에 대한 문서화의 중요성과 회사가 지급 불능 상태로 돌입할 경우 이사의 수임인으로서의 책임fiduciary responsibility은 오로지 주주에 대한 책임으로부터 채권자에 대한 책임으로도 옮겨진다는 점을 명심하는 것이 유익하다. 또한 후속 조사를 통해 위기로부터 교훈을 얻는 것도 중요하다. 필요할 경우 이러한 주제들에 대해 연구해 볼 가치가 있다.

Governance
Risk
Management
And Compliance

Chapter 13

성과 측정과 보고

Performance Measurement and Reporting

Chapter 13

Performance Measurement and Reporting

회사의 실적을 효과적으로 측정할 수 있는 능력은 전략 실행의 추적 관리 및 CEO와 기업 운영의 다른 측면들에 대한 성과 평가에 매우 중요하다. 또한 측정은 회사의 외부에 대한 재무 실적 공표에도 내재되어 있다. 이번 장에서는 이에 관한 이사회의 감독 책임 범위, 그리고 대내외용 성과 측정에 대한 효과적인 관행들을 살펴본다.

성과 척도

올바른 척도가 사용되게 하는 것보다 이사회에 더 큰 도전 과제는 아마 없을 것이다. 앞에서 언급한 바와 같이 성과 척도는 전략과 그 실행의 유효성을 추적 관리하고, 최고 경영자와 경영진에게 동기를 부여하고,

이들을 공정하게 보상하는 데 있어서 매우 중요하다. 성과 척도가 이러한 거버넌스 요소들을 함께 묶는 필수적인 접착제로 여겨질 수 있어야 한다는 것이 이사회의 이러한 책임에 있어서 핵심 사항이다.

주주들이 이사회에게 성과에 대해 보상하라고 오랫동안 강력하게 요구해 온 배경에 비추어, 이사들은 올바른 척도를 사용하기 위해 애쓰고 있다. 그러나 이는 쉽지 않은 일이라서 많은 이사회들이 여전히 이 목표를 향해 분투하고 있다. 이사들은 또한 도드-프랭크법과 SEC 규정들의 새로운 성과 관련 공시 요구를 어떻게 하면 가장 잘 준수할 수 있을지 결정해야 하는 과제도 안고 있다.

자주 사용되는 구절인 "측정하는 것을 얻게 된다"는 말에는 핵심이 담겨 있다. 측정 대상이 잘못되면 참혹한 결과가 초래될 수 있다. 조직 전체에 걸쳐 전략 목표와 관련 비즈니스 목표들이라는 바른 대상을 측정하면 관리자들이 동기부여되고 회사의 목표 달성을 위해 협력할 것이다.

대부분의 거버넌스 이슈들과 마찬가지로 모든 조직에 적합한 하나의 방식은 없으며, 확실히 성과 측정도 예외는 아니다. 따라서 각각의 이사회들이 자신의 측정 목표를 가장 잘 달성할 수 있는 방법을 결정해야 한다. 이렇게 말은 했지만, 경험에 의하면 이곳에서 설명하는 접근법은 어느 이사회들에게나 큰 도움이 된다.

그것은 모두 연관 관계에 관한 것이다

투자자들은 궁극적으로 대개 이익, 주당 이익, 현금 흐름, 그리고 다양한 부가 가치 및 수익률 등에 의해 결정되는 주가가, 자신들의 투자에 대해 월등한 투자 수익률을 가져다주지는 않을지라도, 적정한 수익률을 제공해 주기를 원한다. 이러한 재무적 척도들은 경쟁사 및 동료 그룹과 비교되고, 산업 및 투자자 그리고 애널리스트의 취향과 모델에 따라서는 향후 전망에 주안점을 두고 많은 추가적인 재무 정보를 사용하여 회사의 실적을 평가한다. 이러한 시장 지향적 재무 척도들은 경영진과 이사회가 회사의 실적을 평가하는 데 유용하기는 하지만, 이는 단지 출발점일 뿐이다.

재무적 척도 이외의 분야를 살펴보면, 일부 회사들은 여러 가지 평범한 척도들을 사용하여 성과를 평가한다. 그러나 특정 회사의 구체적인 상황을 겨냥한 다른 접근법이 있는데, 일반적으로 이러한 접근법이 보다 더 효과적이다. 이 방법은 회사 가치의 동인driver들로부터 시작하여 적절한 요소들과 연결시켜 응집력이 있는cohesive 측정 프로세스를 형성하는 토대를 제공한다.

경영진 및 이사회는 자기 조직의 재무 실적의 동인들을 알고 있는데 이들은 매출액, 매출 성장, 영업 이익률, 운전 자본, 부채 비율, 자본 비용, 그리고 성장 기간 등에 중점을 두고, 전략 계획이 이러한 동인들과 정렬을 이루게 한다. 예를 들어, 전략은 신상품 또는 서비스 개발, 신시장 개척, 새로운 유통 채널 개발, 인수를 통한 성장, 생산 프로세스 혁신 또는 효율성 증대, 조달 개선, 전략적 제휴 등과 같은 사안에 중점을 둘 수 있다.

전략 및 성과 목표들은 리스크에 기반을 두어야 하기 때문에, 이러한 연계에 있어서 또 다른 단계는 관련 리스크를 파악, 평가 및 관리하는 것이다. 예를 들어, 인수를 통한 성장 전략을 채택할 경우, 인수 대상 기업의 정보의 신뢰성, 실사due diligence 프로세스, 경쟁자들의 목표 및 지위, 그리고 시너지, 문화, 통합을 둘러싼 이슈들과 관련된 리스크에 주의를 기울여야 한다. 전략적 의도가 바람직한 리스크–보상 관계 하에서 현실적으로 달성할 수 있는 수준으로 설정되게 하려면, 기회와 리스크들이 파악되어 다루어져야 한다.

리스크 관리 계획이 갖춰지면 성과 척도들이 정해질 수 있는데, 성과 척도들은 흔히 특정 범주의 맥락에서 정해진다. 예를 들어, 고객이라는 범주 안에 시장 점유율, 적시 인도 비율, 반송, 고객 만족, 기존 제품의 사용 연한, 브랜드 인지도, 그리고 관련 추세선 및 벤치마크 비교 등의 성과 척도가 포함될 수 있다. 신제품 판매, 제품의 품질, 그리고 판매 및 투자 회수까지의 시간 및 제품 생산 가능 기간 등 제품 수명 주기, 그리고 신규 특허 수와 신규 파이프라인 수로 측정되는 혁신 등을 척도로 사용하는 연구 개발이 또 다른 범주에 속할 수 있다. 오퍼레이션도 하나의 범주가 될 수 있는데, 이 범주에는 구매 비용, 생산 비용, 고장 시간, 사이클 타임, 보관 및 유통, 관련 물류비용 등의 척도가 포함된다. 인적 자본이라는 범주에서는 채용, 개발, 유지, 만족, 내부 충원 비율, 직장 환경 요인 등의 척도를 사용할 수 있다.

여기에서 중요한 점은 전략 계획 및 관련 리스크와의 명확한 연관 관계이다. 연관 관계를 고려한 다음에는 CEO로부터 시작하여 하위 직급 임직원들을 동기부여시키고 성과를 보상하는 척도들을 정할 수 있다. 최상위 차원에서는 척도에 주주 총 수익률, 매출 성장률, 자산 수익률 등과 같은 재무 지표들이 포함될 수 있지만, 특정한 전략 목표와 핵심적인 모든 책임들을 다루는 스코어카드도 포함되어야 한다. 조직의 하부로 내려갈수록 보다 단편화되기는 하지만, 척도들은 항상 비즈니스 부문의 목표 및 전반적인 회사의 전략과 직접적으로 연결되어야 한다.

또한 성과 척도들이 회사의 특수한 문화, 환경 및 지향점에 맞춰서 정해지게 하는 것이 매우 중요하다. 신제품 개발을 강조하는 대형 제약회사라면 테스팅 프로토콜, 식품의약청 승인 과정, 그리고 의료 전문가 시장과 고객 시장의 적시적인 수용과 관련된 척도들에 중점을 두고 싶을 것이다. 사무용품 및 일반 고객용 물품을 개발하는 회사는 신제품 개발 및 관련 혁신 지표들을 측정할 것이다. 항공사는 부하load 요소, 연료비, 고객 충성도, 그리고 직원 만족 등을 강조할 것이다. 그리고 소매업자는 고객 서비스 만족과 전자 상거래의 매출을 측정할 것이다.

불행하게도, 이러한 지표들을 가치 측정을 위해 주주들이 사용하는 재무 지표에 다시 연계시켜야 한다. 이런 의미에서 이 프로세스는 빙 돌아서 제자리로 온다고 할 수 있다.

척도 유형의 조합

재무적 및 비재무적 척도들에 덧붙여, 평가 프로세스에는 단기 및 장기, 절대적 및 상대적, 그리고 질적 및 양적 요소들이 포함되어야 한다. 각각의 척도들은 나름대로의 목적이 있으며, 일반적으로 이러한 요소들 사이에 균형 잡힌 조합이 가장 좋다. 척도들은 범위로 표시될 수도 있는데, 이때 최저는 거의 받아들일 수 없는 성과를, 그리고 최대는 기대를 능가하는 성과를 나타낸다. 일부 척도들은 외부의 경제적 요인 등에 따라 조정될 수도 있다.

척도에는 실적 면에서 후행 척도와 선행 척도 모두가 포함되어야 한다. 뒤를 돌아보는 것은 책임과 보상이라는 측면에서 유용하다. 그러나 향후의 실적을 미리 말해 주는 척도들이 중요하다. 예컨대, 반복 구매, 브랜드 충성도, 신제품 교차 판매 등의 고객 만족 척도는 이런 면에서 매우 귀중하다. 기량 평가, 고과 평가, 그리고 승진승급률 등에 의해 평가할 수 있는 인력 개발도 유용하다. 고객 주문 및 신제품 목록, 사이클 타임도 향후의 실적 추정에 사용될 수 있다.

충분한 수의 척도들을 가지는 것이 중요하기는 하지만, 일부 회사들은 너무 많은 것들을 측정함으로써 참으로 중요한 사안에 대한 주의가 분산되는 함정에 빠지기도 한다. 척도의 숫자를 관리할 수 있는 수준으로 유지할 필요가 있다.

이사회의 감독 역할

이사회는 척도 개발이나 측정 프로세스의 책임을 지지 않는다. 이는 경영진이 할 일이다. 그러나 이사회는 경영진이 실적을 추적 관리 및 모니터하고 필요시 신속한 시정 조치를 취하게 하기 위해 의미 있는 척도들을 정하고, 위에서 개략적으로 설명한 바람직한 형태의 연관 관계를 확보하는 프로세스를 사용하게 할 책임이 있다.

이사회의 역할은 또한 자신이 신뢰할 수 있는 측정 정보를 수령하여 감독 책임을 수행할 수 있는 위치에 있다는 데 대해 마음이 놓이게 되는 것도 포함한다. 이사회는 정해진 척도들이 왜 그리고 어떻게 일리가 있는지에 대해 경영진과 논의할 필요가 있다. 이사회는 목표로부터의 이탈 및 추세선을 포함하는, 미리 정해진 양식으로 측정치들을 보고 받기 원할 수도 있다. 측정 정보가 어떤 방식으로 제출되건, 이사회는 자신이 적시에 올바른 정보를 받고 있다는 점과 경영진이 지적하는 이슈가 되는 영역과 이에 대한 경영진의 계획에 대해 알 필요가 있다. 척도를 개선하거나 대체할 필요가 있을 때에도 이사회에 알릴 필요가 있다. 결국은 이사회가 효과적인 전략 실행 및 발표된 목표 달성 진척도에 대한 의미 있는 감독을 제공하기 위해 필요로 하는 정보를 이사들에게 제공하는 프로세스가 확고하게 갖춰져 있음을 알 필요가 있다.

이 일은 쉽지 않다. 그러나 이 일이 바로 이사회 감독 업무의 핵심 부분이다.[33)]

재무 보고

우리는 시장이 회사들의 실적 및 전망에 관한 정보를 얼마나 간절히 고대하며 이에 강력하게 반응하는지를 날마다 목격하고 있다. 물론, 재무 보고 프로세스 및 이에 따른 재무제표, 그리고 이의 공표를 감독하는 일은 이사회의 핵심적인 책임이다. 재무 보고는 아마도 이사회의 다른 역할들보다는 다소 평범한 일이라고 여겨지는 듯하지만, 이 일의 중요성은 이사회 내부 및 외부 모두에서 잘 이해되고 있다.

대외적인 재무 보고를 감독할 이사회의 책임은 오랫동안 감사위원회에 위임되어 왔으며, 감사위원회는 이사회 전체 위원회를 대신하여 이 역할을 수행한다. 그러나 최근에는 거버넌스의 규제가 연방 정부 차원으로 옮겨감에 따라, 감사위원회 자체가 이 위원회가 무엇을 할 필요가 있는지를 정하는 법률과 규정을 가진 독립된 실체entity가 되었다.

이사회의 감사위원회 위원 역을 맡는다는 것은 오늘날의 비즈니스 환경에서는 가장 도전적인 역할이라는 점에는 의문의 여지가 없다. 책임이 확대되었고, 시장의 기대가 높아졌으며, 스트레스 수준도 높아졌다. 2002년의 사베인-옥슬리법과 이에 관련된 SEC 규정 및 증권거래소 기준들이 제정된 이후, 감사위원회 위원들은 커진 역할로 어려움을 겪고 있다. 처음에는 감사위원회 직무 수행에 별 어려움이 없을 것으로 생각했던 경험이 많은 이사들조차도 감사위원회 활동의 프로세스 및 범위라는 이슈와 씨름하고 있다.

실상은 다수의 감사위원회들이 현재 법규로 요구되는 사항들을 오랫동안 실천해 왔다. 그들은 위원회의 위원들이 필요한 기술과 독립성을 갖추고, 내부 고발자 프로세스가 갖춰지도록 하며, 회사의 내부 및 외부 감사인의 작업에 중점을 둬 왔다. 여러 해 동안 경영진을 참석시키지 않은 채 위원회 위원만으로 회의를 개최해 온 감사위원회들도 있었다. 그들은 필요할 경우 조언자 역할을 하고 감사위원회 자체의 성과에 대해 정기적으로 평가한다. 현재는 이러한 관행들이 법률, 규정 또는 규칙으로 의무화되어서 일률적으로 채택되었다. 달리 말하자면, 이전에 그러한 수준에 완전히 도달하지 못했던 감사위원회들도 이제는 도달해야 할 필요가 있는 곳에 가 있게 되었다. 새로운 의무에 주의가 기울여지고 있으며, 컴플라이언스는 협상이 불가능한 것으로 여겨지고 있다.

그러나 감사위원회에 컨설팅을 해 본 내 경험에 의하면, 감사위원회 위원들은 요건을 준수하고 있음에도 불구하고 여전히 자신의 역할과 씨름하고 있다. 즉, 그들이 위원회 회의장에서 실제로 무엇을 해야 하는지가 아직도 확실하지 않다. 이는 대부분의 위원들이 숙달되고 헌신적인 임원들임에도 불구하고 여전히 개인적인 책임에 대해 우려하고 있다는 사실에 의해 복잡해진다. 엔론과 월드콤의 전직 이사들이 자신들의 법적 조치를 해결하기 위해 개인 주머니에서 돈을 끄집어내도록 강제되자 이러한 불안이 고조되었는데, 아직도 불안이 완전히 해소되지 않고 있다.

이곳에서는 감사위원회에 어떤 의무가 있는지, 가장 효과적인 위원회들이 자신의 역할을 어떻게 생각하는지 그리고 그들은 자신의 책임 범위에 어떤 경계선을 긋는지 살펴본다.

책임 범위

구조와 형식 문제라고 부를 수 있는 것들이들 중 일부는 위에서 설명했음 외에도, 다양한 규칙들이 감사위원회에게 아래의 사항에 주의를 기울이도록 요구한다.

- 연례 및 분기 재무제표
- Form 10-K의 경영진 의견 및 분석Management Discussion and Analysis; MD&A
- 추정 재무 정보를 포함한 실적 발표
- 애널리스트와 신용 평가 기관에 제공된 재무 보고 및 이익 안내
- 리스크 평가 및 리스크 관리에 관한 정책
- 외부 감사인의 지정, 보수 및 감독
- 비감사 업무 수행에 대한 사전 승인을 포함한 감사인의 독립성, 그리고 감사 법인의 품질 관리 시스템 및 그 결과에 대한 이해
- 내부 감사 부서의 성과
- 핵심 회계 정책 및 대안적 회계 원리들, 그리고 이들이 의미하는 것과 감사인이 선호하는 취급 방법에 대한 경영진과의 토의와 이해

이 목록이 완전한 것은 아니며, 특정 회사의 산업, 비즈니스 모델 그리고 상장된 거래소에 따라 다뤄져야 할 다른 영역들도 있다. 예를 들어, 뉴욕 증권거래소는 감사위원회의 목적에 재무 보고 사안만이 아니라 회사의 법률 및 규제 상의 컴플라이언스 감독을 포함시키고 있다. 그리고 이 거래소 규칙의 관련 주석에도 불구하고, 리스크 평가 및 리스크 관리에 대한 정책을 논의할 필요는 광범위하게 해석될 수 있다.

감사위원회 위원들은 위원회의 책임 범위가 전통적으로 경영진의 역할이라고 여겼던 영역으로 확대되었음을 인식하고 있다. 예를 들어, 외부 감사인의 지정 및 보수는 현재 감사위원회의 직접적인 책임인데, 이는 감사위원회의 전통적인 감독 역할을 넘어서는 것이다. 감사위원회는 내부 고발자 프로세스를 위한 절차 수립establish을 감독할 책임이 아니라이 책임 하에서도 대부분의 감사위원회는 논리적으로 절차 확립에 관여하겠지만, 이를 직접 수립할 책임이 있다사베인-옥슬리법의 용어는 "수립establish"이다.

또한, 경영진과 감사인 사이에 재무 보고에 대한 의견이 일치하지 않을 경우 이를 해결할 책임이 있다. 해결을 감독하기만 하는 것 아니라 자신이 직접 "해결"해야 한다. 그리고 감사인이 감사가 아닌 업무를 수행할 경우 이를 승인할 책임이 있다. 이러한 책임들은 비상근非常勤 감독 기구를 경영진의 위치로 옮겨 놓았다.

감사위원회는 무엇을 해야 하는가? 예상할 수 있는 바와 같이, 이에 대한 대답에는 여러 측면이 있다. 우선, 대부분의 감사위원회들은 이미 의무적인 컴플라이언스 요건들이 완전히 충족되고 있는지 점검해 오고 있다. 이에는 위원회 구성, 독립성, 규정charter, 임원회의, 연례 평가 등의 구조와 형식 문제가 포함된다. 둘째, 실제적인 역할을 보면, 다수의 감사위원회들이 위원회의 책임 범위를 4가지의 넓은 기본적 책임 범주로 고려하는 것이 유용하다고 생각한다.

1. **재무 보고** 이 책임에는 연례 및 분기 재무제표, 감독 당국에 공시, 실적 발표, 추정 정보, 실적 가이드 등의 재무 보고에 대한 감독이 포함된다.
2. **외부 감사** 이에는 감사에 관여하는 수석 파트너와 관리자 및 기타 파트너를 포함하여 회사의 감사인에 대해 아는 것이 포함된다. 아는 것이라 함은 그들이 무엇을 하고 있는지, 그들의 견해는 무엇인지, 그들은 어떻게 생각하는지에 대해 진정으로 아는 것을 의미한다. 감사위원회 위원들은 감사의 범위와 접근방법에 대해 안심할 수 있어야 하며, 효과적이고 시의 적절하게 소통되게 해야 한다. 이에는 감사가 아닌 서비스 승인, 관련된 감사의 품질 문제 처리를 포함하여 감사의 독립성을 확인하는 것도 포함된다.
3. **내부 감사** 이 범주에서는 내부 감사 방법론 및 테스트 계획에 대한 지식 습득, 효과적인 소통 채널 확보, 감사 자원 및 예산의 질과 깊이 검토, 그리고 보고 체계reporting line가 적절하고 감사인의 객관성이 보호되도록 하는 것 등을 요구한다.
4. **내부통제** 감사위원회의 책임은 재무 보고에 대한 내부통제의 유효성에 대한 연례 보고를 나타내는 사베인-옥슬리법의 섹션 404와 분기 보고에 관한 섹션 302 준수에 대한 감독으로 확장된다.

다수의 감사위원회에 과중한 부담이 지워져 있을 수도 있다는 측면에서, 감사위원회는 위원회의 규정에 명시되어 있건, 이사회에 의해 부과되었건 간에, 다른 책임들이 오늘날의 환경에서 일리가 있는지 자문自問해야 한다. 일부 감사위원회는 전사 리스크 관리 및 법규 준수뉴욕 증권거래소의 상장 기준에서 묵시적으로 요구함, 기업의 사회적 책임, 재무 및 비재무 IT 시스템의 신뢰성, 그리고 특별 조사와 같은 사안에 대한 감독 책임을 지고 있다.

법규 및 내부 정책 준수와 관련하여, 다수의 감사위원회들이 내부 고발자 채널뿐 아니라, 집행 임원, 이사, 그리고 모든 직원들에 대한 행동강령을 감독할 책임을 지고 있다. 그들은 특수 관계인과의 거래 적정성 검토, 집행 임원의 보수 검토, 또는 유동성과 담보 요건 또는 기타 계약상의 보증 준수에 대한 모니터를 요청 받을 수도 있다. 감사위원회는 또한 사베인-옥슬리법에 의해 요구되는 재무 보고의 내부통제 보고를 넘어, 법규 준수뿐만 아니라 회사의 오퍼레이션 통제에도 초점을 넓히도록 기대될 수도 있다.

확실히, 이러한 사안들의 감독 책임은 이사회 차원에서 중요하다. 그러나 나는 이사회가 이 책임들 중 일부는 다른 하위 위원회에 넘기고, 일부는 전원 위원회에 남겨두는 방안에 대해 진지하게 고려해 보라고 조언하고 싶다. 가장 좋은 출발점은 재무 보고 및 관련 통제, 그리고 감사 프로세스와 직접 관련되지 않은 책임부터 시작하는 것이다. 예를 들어, 다수의 이사회들이 실적에 영향을 줄 수 있는 광범위한 리스크들을 회사가 어떻게 파악하고 관리하는지에 감독을 제공할 리스크 위원회를 설치했다현재 대형 금융기관에는 의무사항이다. 특별 조사는 달리 지정된 위원회에 의해 수행될 수 있다.

요점은 간단하다. 오늘날의 높아진 규제 환경에서 감사위원회에 요구되는 모든 의무들을 수행하기란 대부분의 감사위원회에게는 벅찬 과업이다. 감사위원회에게 필수적으로 중요한 책임을 수행할 수 있게 하기 위해서는 의무사항이 아닌 많은 책임들이 제거되어야 한다.

위원회의 운영에 관해서 감사위원회는 관련 정보를 입수하고 책임을 효과적으로 수행할 수 있도록 회의를 조직하고 필요한 시간을 할애해야 한다. 확실히 감사위원회는 지난 수년 동안 회의의 횟수 및 시간, 정보 요구, 경영진 및 감사인과의 소통, 회의 참석 이외에 위원회 활동에 할애하는 시간 등을 늘려 왔으며, 모든 주제들이 다뤄질 수 있도록 위원회의 연간 활동 계획도 미리 준비해 두었다. 그러나 특정 주제를 논의하거나 알려지지 않은 사건을 논의하는 데 정확히 얼마나 많은 시간이 소요될지 예측하기란 어렵다. 감사위원회 위원들은 주의를 요하는 새로운 이슈들이 등장하리라는 것을 알지만, 어떤 일이, 언제 발생할지는 모른다. 그러한 사안을 다루는 시간도 계획에 반영되어야 한다.

집행

감사위원회와 컨설팅 일을 해 본 내 경험에 의하면, 감사위원회 위원들은 아직도 자신의 감독 책임을 수행하기 위해 회사의 세부 사항에 얼마나 깊이 개입해야 할지를 놓고 씨름하고 있다. 대부분의 위원들은 너무 깊이 들어가기를 원하지 않는다. 위원회 위원들은 자신의 역할은 감독 책임이며, 경영진을 들볶으면 역효과를 낼 수 있다는 것을 인식하고 있다. 그러나 그들은 또한 시장, 주주, 규제 당국, 그리고 법률 시스템의 기대도 알고 있다.

다수의 감사위원회 위원들이 "경영진이 보고하는 사안에 대해 얼마나 깊이 이해하고, 얼마나 안도할 필요가 있는가?"라는 기본적인 질문을 놓고 계속 씨름하고 있다. 그들은 자신이 매우 중요한 역할을 한다는 것을 알지만, 동시에 감사위원회는 비상임 기구로서 경영진과 감사인들이 상근하면서 다루고 있는 상세한 사항들을 파고들 위치에 있지 않다는 것도 아주 잘 알고 있다. 그럼에도 불구하고 감사위원회 위원들에 대한 기대는 높으며, 이로 인해 실제로 개인적 평판 및 배상 책임 문제가 불거질 수도 있다. 물론 공식적 기준이나 명확한 규칙은 없지만, 다수의 감사위원회들이 최선의 방책이라고 생각하는 것이 무엇인지 살펴볼 수는 있다.

요긴한 관점

감사위원회 위원들은 물론 이사회 위원들이며, 이는 효과적인 감사위원회의 성과에 요긴하다. 이 이사들은 이사회 회의 석상에서 회사의 전략 및 전략 실행 계획, 조직 및 자원 할당, 성과 측정, 그리고 완료되었거나 예상되는 거래transaction와 같은 사안들을 논의한다. 그들은 이를 위해 금년도의 계획, 실적, 리스크 및 관련 조치에 관한 정보를 받는다. 그들은 회사가 속한 산업 및 회사의 비즈니스 모델, 그리고 회사가 어떻게 돈을 버는지와 어느 부분에 운영상의 취약점이 있는지를 안다.

이사회 차원의 이러한 정보는 감사위원회 위원들이 자신의 감독 역할을 잘 수행하게 하는 데 요긴하다. 이 정보는 경영진에 의해 작성된 재무 보고서의 내용 및 형태를 고려하는 근거와 맥락을 제공해 주며, 감사위원회가 어떤 종류의 공시가 필요한지를 포함하여, 회사의 재무 보고서에 무엇이 소통되어야 하는지를 인식할 수 있는 위치에 서게 해 준다. 효과적이려면 감사위원회 위원들은 이러한 지식을 마음에 간직하고 위원회 활동을 수행함에 있어서 이를 충분히 활용해야 한다.

정보의 원천에 도전하기

감사위원회가 다양한 원천으로부터 정보를 입수하는 것이 중요하다. 물론 경영진은 이사회의 중요한 정보의 원천이지만, 감사위원회는 이 정보에 대해 감사를 시도할 수 없으며, 그래서도 안 된다. 그러나 위원회 위원들은 이러한 데이터를 자신들이 회사 및 그 관리자들에 대해 알고 있는 것들의 맥락 안에서, 그리고 다른 정보의 원천과 관련하여 고려할 필요가 있다.

- **경영진** 감사위원회의 주된 정보원은 대개 최고 재무 책임자, 재무 담당 이사, 최고 회계 책임자, 그리고 회사의 운영 및 활동과 관련 재무 데이터에 대해 명확한 견해를 가지고 있는 사람들이다. 이러한 임원들은 깊은 지식 및 통찰력을 갖고 있으며, 재무제표와 규제 당국의 제출 자료, 추정 정보, 실적 발표 등을 준비하는 직접적인 책임이 있다. 확실히 이곳에서는 높은 수준의 신뢰를 필요로 한다. 실로 감사위원회가 재무 관리의 고결성에 대해, 즉각적인 조치를 필요로 하는 훨씬 큰 문제들이 있기 마련이다.

  신뢰가 쌓이게 되면, 감사위원회 위원들은 숫자와 공시 이면을 바라보고, 다양한 전후 관계의 데이터를 이용한 깊이 있는 논의에 들어가기를 원할 것이다. 숙달된 감사위원회 위원들은 단지 별 문제가 없는지 물어보는 것실제로 몇 년 전에는 일부 위원회들이 그러한 방식을 취했다이나 대립적인 심문과 같은 극단적인 방법은 효과가 없다는 것을 안다. 단순히 경영진에게 특이사항이나 논의할 사항이 있는지 물어보는 것만으로는 충분하지 않다. 그것이 출발점이 될 수는 있지만, 단지 출발점에 지나지 않는다. 일부 위원회들은 소련에 대한 레이건Ronald Reagan 대통령의 공식 입장이었던 "신뢰하지만 확인한다"는 철학을 사용한다. 그러나 경영진은 정치적 이념이 다른 진영에 속한 것이 아니라, 동일한 팀의 일원으로 존재하고 있으므로, 이러한 입장은 이 맥락에서는 지나치게 냉소적일 수도 있다.

몇 년 전에 감사위원회 세계에서 유행하게 된 용어인 건설적 회의론이 보다 적절하다. 건강한 분량의 생산적 대화와 결합된 경영진에 대한 많은 신뢰가 필요하다. 그러한 긍정적인 상호작용은 투자자들이 회사의 과거 실적 및 향후 전망에 대해 정보를 입수한 상태에서 결정을 내릴 수 있게 하기 위해, 경제적 실제를 반영하고 모든 관련 공시들을 담고 있는 재무 보고서를 산출하는 데 도움을 줄 수 있다.

사베인-옥슬리법, SEC 규정, 그리고 주식 거래소 상장 규정의 형태로 많은 규정 및 규칙들이 쏟아져 나온 이후, 다수의 감사위원회 위원들은 회의 석상에 문자적으로 체크 리스트를 가져와서 나열된 질문을 하고, 이에 대한 답을 들은 후, 체크 박스에 표시했다. 이러한 접근법은 별로 실질을 달성하지 못했다. 모든 핵심 사항들이 다뤄졌는지 확인하기 위해 회의 중이나 회의 끝 무렵에 체크 리스트를 점검하는 데는 확실히 아무런 해害가 없으며, 위원회들이 흔히 그렇게 하고 있기는 하지만, 순전히 체크 리스트에 의해서만 운영되는 것은 역효과를 낸다.

일부 위원들은 질문을 하고 난 다음에는 이에 대한 대답을 완전히 이해하지 못하면서도, 다른 후속 질문을 해서 무식이 들통날까 두려워 다음 질문으로 넘어간다고 알려져 있다. 그러나 뒤로 되돌리는 것은 위원회의 근본적인 의무이다. 예를 들어, 경영진이 어떻게 제시된 재무제표에 이르게 되었는지에 대해 건강하게 정보가 교환되는 대화가 필요하다. 재무제표에 반영된 가정, 추정, 그리고 판단에 대한 분석이 매우 긴요하다. 경영진은 이 숫자에 대해 어떤 근거를 가지고 있는가? 어떤 대안들이 고려되었는가? 더 높은 이익과 주당 이익이 되는 쪽으로의 편향偏向이 있는가? 다른 숫자가 회사의 실적을 보다 잘 반영하지는 않겠는가? 경제적 실제를 보다 잘 소통하는 추가 정보나 다른 제시가 있는가? 이런 질문 및 관련 질문들을 할 필요가 있으며, 감사위원회는 대답이 완전히 납득할 만하다고 안심될 때까지 계속 후속 질문을 해야 한다.

- **외부 감사인** 외부 감사 법인은 매우 중요한 정보의 원천이다. 감사위원회 위원들은 감사 방법론 및 접근법을 이해하고, 상당한 주의가 기울여진 분야와 그렇지 않은 분야를 조사하기 원할 것이다. 위원회 위원들은 어떤 도전들이 제기되었으며, 차이가 궁극적으로는 해결된 경우에도 어떤 실체적인 이슈들이 경영진과 감사인의 견해 차이를 야기했고, 어디에서 어려운 판단이 내려졌는지 이해해야 한다.

경영진과 감사인이 회계 원칙 및 그 적용에 관해 서로 다른 결론에 이른 경우, 감사위원회는 이를 이해할 필요가 있다. 감사위원회는 감사인에게 회계원칙의 적용이 회사의 사실 및 상황에 부합하는지, 그리고 어떠한 대안적 회계원리가 고려 및 폐기되었는지에 관해 질문해야 한다.

감사위원회는 회의에 경영진을 참석시키지 않고 외부 감사인만을 참석시킬 때의 이점을 충분히 누려야 한다. 이 회의는 핵심 이슈와 우려사항에 대해 솔직하게, 그리고 충분히 논의하고, 경영진으로부터 받은 정보와 비교할 수 있는 훌륭한 기회를 제공한다. 그리고 위원회 위원들은 감사인들이 위원회와 소통함에 있어서 얼마나 밀도 있고 솔직하게 얘기하는지 감을 잡을 수 있게 될 것이다.

- **내부 감사** 내부 감사인들도 감사위원회에 오퍼레이션 일반뿐 아니라 재무 보고 이해에 있어서 요긴할 수 있는 정보를 제공해 줄 위치에 있다. 최고 감사 담당 임원 또는 일반 감사인general auditor이라 불리기도 하는 최고 감사 책임자는 조직의 윤리적 가치 및 고결성을 포함하는 통제 환경뿐 아니라, 신뢰할 수 있는 재무 보고의 기본 토대 역할을 하는 다른 문화적 사안들에 대해 잘 알아야 한다.

  이곳에서도, 완전하고 자유로운 소통이 있어야 한다. 내부 감사 부서는 회사의 인력 및 활동에 대해 완전한 접근권을 가져야 한다. 실로, 감사위원회의 핵심적인 책임 중 하나는 내부 감사의 역할, 역량, 예산, 범위 등을 이해하고, 부적절한 제약이 없도록 하는 것이다. 감사위원회는 내부 감사의 발견 사항들에 대해 보고 받을 뿐 아니라, 이를 감사위원회가 경영진 및 외부 감사인으로부터 들은 내용과 결부시켜야 한다.

- **다른 원천들** 애널리스트, 신용 평가 기관, 그리고 기타 제3자들로부터도 중요한 정보를 얻을 수 있다. 이러한 시장 참여자들은 경영진 및 감사인들과는 다른 관점을 가지며, 이를 통해 제출된 재무정보 검토 시 고려할 가치가 있는 독특한 통찰력과 관점을 제공한다.

회사 내의 다른 사람과 회사와 거래하는 상대방의 정보도 무시되면 안 된다. 확실히 상담 전화help line나 내부 고발자 채널을 통한 정보가 귀중할 수 있다. 고객, 공급자, 채권자, 그리고 규제당국의 불만을 포함한 정보는 뭔가를 깨우쳐 줄 수 있다. 감사위원회가 여기에서 아주 상세한 사항들을 자세히 살펴볼 시간은 없지만, 위원회는 재무 보고에 수정이 필요하다는 신호를 줄 수도 있는 정보의 성격을 알아야 한다.

고문

감사위원회는 고문advisor을 둘 권리가 있으며, 많은 위원회들이 고문을 정규적으로 회의에 출석시키기로 결정했다. 이에는 두 가지 견해가 있다. 일부 위원들은 변호사의 조언에 따라 회계 원리 및 실무에 밝은 고문을 위원회에 출석시켜서 올바른 질문을 하고 제공된 정보를 분석하는 데 도움을 주며, 위원회에 조언을 제공하게 하는 것이 필수적이라고 믿는다. 어떤 사람들은 그것은 불필요하며, 지나치다고 믿는다. 그들은 특히 어려운 회계 이슈를 다루는 특별한 경우에만 고문이 필요하다고 주장한다.

그 가치가 어떻든 간에, 감사위원회에 대한 내 충고는 상시적으로 고문을 채용하는 것은 불필요하며, 좋은 아이디어가 아니라는 것이다. 그 이유는 고문을 출석시키면 때로는 토론이나 심지어는 결론 형성까지도 고문에게 맡기는 경향이 생기기 때문이다. 게다가 감사위원회는 이미 고문의 자극이 없어도 현안 이슈들을 이해하고 이를 효과적으로 다룰 수 있는 위원들로 구성되어야 한다. 그렇지 않을 경우, 위원회의 구성이 재고되어야 한다.

그리고 확실히 많은 위원회 위원들이 위원회가 점점 더 진실로 필요한 기술을 갖고 있는 위원들로 구성되었다는 데에 안도할 수 있도록 누가 위원회에 참여하고 있는지 알기 원한다. 이것이 위원회 위원들이 훈련을 통해 회계사가 될 필요가 있다는 것을 의미하는 것은 아니지만, 감사위원회에서 재무 전문가로 알려진 위원을 포함한 위원회 위원들은 사안들을 다룰 수 있을 정도로 재무 보고에 충분한 지식을 가져야 한다.

물론 경영진과 감사인이 복잡한 회계 사안에 동의하지 않을 경우에는 고문을 참석시키는 것이 도움이 될 수 있다.

올바른 균형

많은 인생사와 마찬가지로, 성공에는 올바른 균형이 요긴하다. 감사위원회는 감독 역할을 수행하면서 비상근으로 일하고 있지만, 이 자리가 점점 더 많은 시간을 요구하고 있음을 인식하고 있다. 앞에서 언급한 바와 같이, 조사 결과에 의하면 위원회 직을 포함한 이사회 직은 평균적으로 연간 약 250시간을 요구하는데, 이마저도 특별한 상황이나 위기가 없음을 가정할 때의 수치이다. 이는 2000년대 초의 스캔들과 이로 인한 규칙 제정 이전에 이사회 직에 할애되었던 평균 시간의 약 2배에 해당한다. 그리고 감사위원회에 소요되는 시간은 보상위원회가 빠르게 따라오고 있기는 하지만 다른 위원회에 소요되는 시간보다 많음도 밝혀지고 있다.

따라서 감사위원회는 시간을 현명하게 사용해야 한다. 감사위원회는 적절한 정보를 입수하고, 이를 기존 지식과 다른 원천의 데이터와 비교하며, 필요할 경우 해당 정보 및 결과를 따져 물어야 한다. 그러나 위원회 위원들은 유연해야 한다. 위원회는 회의 시간을 정해 놓고 할애된 시간을 제한하는 보편적인 함정에 빠지지 말아야 한다. 할당된 시간이 일을 정확히 하기에 충분하지 않을 경우, 예를 들어 이례적인 거래나 상황이 발생한 경우, 위원회는 시간을 더 낼 필요가 있다. 그러지 않을 경우 감사위원회의 책임이 너무도 중요하고, 환경이 너무도 심각하다.

감사위원회의 성과 증진하기

이제 동전의 다른 면, 즉 감사위원회가 가장 자주 접하고 있는 재무 담당 경영진 및 내부감사인, 그리고 외부 감사인 등이 감사위원회가 가장 효과적으로 운영되게 하기 위해 어떻게 정보를 제공하고 위원회를 지원할 수 있는지 살펴보기로 하자.

몇 가지 근본적인 사실을 인식해야 한다. 첫째, 감사위원회는 적절한 정보의 입수 및 검토를 위한 규율된disciplined 프로세스를 원한다. 대부분의 노련한 임원들과 마찬가지로, 위원회 위원들은 회의 시작 몇 분 전에 정보를 받는 것을 원하지 않으며, 이를 비체계적이고, 불필요하게 복잡하며, 근거가 빈약한 형태로 받아보기도 원하지 않는다. 둘째, 감사위원회 위원들은 서프라이즈를 좋아하지 않는다. 심각한 문제가 발생하고 있으면 위원회나 위원장에게 일찍 알릴수록 좋다.

경영진

앞에서 말한 바와 같이, 재무 담당 경영진은 재무제표와 규제 당국의 보고서에서부터 추정 정보 및 실적 발표에 이르기까지 감사위원회가 입수하는 모든 정보의 원천이다. 최고 재무 책임자가 중요 사항 중심으로 빠른 속도로 일하는 것과 마찬가지로, 다른 곳에 풀타임으로 고용되어 있거나 여러 이사회 및 위원회에서 일하는 감사위원회 위원들도 그렇다. 사정이 이러하다 보니, 그들은 매우 바쁜 일정을 소화하는 중에 위원회에서 다룰 보고서를 검토하기 위해 특정 시간을 할애해 둔다. 따라서 계획된 감사위원회 진행이 조금만 지연되어도 업무상의 다른 일정을 망칠 수 있다. 경영진이 이미 결정된 정보 배포 일정에 대해 미리 합의하고 이를 준수하면 위원회 위원들에게 큰 도움이 된다.

검토 프로세스에서 도움이 될 재무 보고서 초안을 둘러싼 정보의 제공은 위원회에 매우 중요하다. 예를 들어, 관리자들은 핵심적인 결정을 내리는데 사용했던 정보 중 어떤 정보가 재무 보고서에 반영되어야 할지를 고려해야 하는데, 이는 감사위원회 위원들이 관련 사안을 효과적으로 고려하는 데 요긴할 수 있다. 사용된 회계원리와 이 원리들이 어떻게 적용되었는지가 위원회 위원들에게 필수적이다. 따라서 경영진은 재무제표에 사용된 회계원리와 이들의 시사점에 대해서뿐만 아니라, 고려되었던 다른 원리와 적용 방법 및 이들이 기각된 이유도 제공해야 한다. 경영진은 또한 위원회에세 회사에서 사용된 원리들이 주요 경쟁자들이 사용한 원리에 비해 어떠한지도 알려 줄 필요가 있을 것이다.

확실히 모든 회사의 감사위원회 위원들은 이 역할을 새로 하는 사람들조차도, 역사적 재무제표는 그저 역사적일 뿐임을 알고 있다. 그들은 숫자에 영향을 미치는 많은 가정과 추정, 그리고 미래에 관한 판단들이 있음을 안다. 경영진은 숫자의 이면에 무엇이 놓여 있는지, 그리고 경영진이 어떻게 제시된 숫자에 이르게 되었는지 위원회에 충분히 공개할 필요가 있다. 이곳에서도 고려된 대안들이 제공되어야 하며, 실제로 사용된 가정, 추정 및 판단에 대해서도 논의할 수 있게 해야 한다.

또한 어떤 정보가 위원회에 미리 제공되어야 하고, 어떤 정보가 회의 석상에서 배포되어야 하는지의 질문도 중요하다. 이에 대한 대답은 위원회의 선호도에 따라 좌우되겠지만, 일반적으로는 대부분의 데이터 및 관련 분석이 회의 전에 제공되어야 한다. 이로써, 위원회 위원들은 미리 정보를 소화해 내고, 이슈들과 근거 데이터, 그리고 숫자 이면의 근거들을 이해하는 기회를 가지게 됨으로써, 실제 회의 석상에서는 적절한 영역에 대해 더 깊이 파고들 수 있게 된다. 소통 형태는 복사한 종이 문서, 보안이 적용된 웹사이트, 또는 전자 형태가 되었건 간에 경영진과 위원회 사이에 서로 합의되어야 한다.

앞에서 언급한 바와 같이, 감사위원회는 다른 원천의 정보도 필요로 하기 때문에 경영진은 대개 재무 분석가, 신용 평가 기관, 그리고 외부의 원천으로부터 적절한 정보약점까지 포함하여 있는 모습 그대로뿐 아니라, 고객, 공급자, 그리고 회사와 상호작용하는 다른 당사자들로부터 입수한 정보를 제공하는 가장 좋은 위치에 있다. 이 정보는 위원회에게 재무 보고서에 담긴 정보에 대한 추가적인 맥락을 제공해 주는 귀중한 역할을 한다. 일부 회사들은 때때로 저명한 투자 분석가들을 초대하여 회사의 재무 보고에 대한 추가적인 관점을 제공해 주고, 위원회 위원들의 질문에 답하게 한다.

경영진은 회의 자체에 대해서 대개 위원회 위원장과 협력하여 미리 연간 회의 일정, 회의 의제, 그리고 필요 정보 및 정보 제공 시기를 미리 정해둠으로써 위원들에게 도움을 줄 수도 있다. 회사에 따라서 이 역할은 비서실, 기업 거버넌스 책임자, 또는 CFO실이 수행할 수도 있다. 누가 이 역할을 담당하건, 담당자는 위원회의 필요를 충족시키기 위해 위원장과 열린 소통 채널을 유지하기를 원할 것이다.

이제, 확대된 역할 및 위원회가 운영되는 환경에 비추어, 감사위원회가 모이는 횟수와 각 모임에 할애하는 기간을 늘리고 있다는 데에는 의문이 없다. 이제 더 이상 이사회 전체 회의 직전에 한두 시간 모이는 감사위원회를 계획해 두지 않는다. 감사위원회의 광범위한 책임을 효과적으로 수행하기 위해서는 충분한 유연성을 두고 적정한 시간을 배정해야 한다.

위원회 모임이 어떻게 진행되는지에 대해서도 중요한 변화가 일어났다. 감사위원회 회의는 이제 더 이상 대부분의 시간을 경영진의 발표에 할애하면서 재무 담당 경영진이 지휘하지 않는다. 일부 회사들이 충분한 토론을 불가능하게 하는 데 이용되어 온 접근법은 핵심적인 사안들에 대해 충분하고 깊이 있는 토론을 촉진하는 접근법으로 대체되었다. 위원회 위원장이 의제와 일정을 미리 재무 담당 경영진과 상의하고, 회의 석상에서 회의를 주재한다. 이제 경영진이 관련 정보를 미리 제공하고 회의 석상에서는 간략하게 발표함으로써, 위원회는 중요한 사안들에 대해 필요한 만큼 깊이 있게 탐구할 위치에 있게 되었다. 경영진은 이러한 접근법이 감사위원회 위원들의 안도 수준을 향상시키고, 나아가 과거에 경영진과 위원회 위원들 사이에 존재했던 긴장의 일부를 해소한다는 것을 알게 된다.

외부 감사인

책임이 더 커진 것은 말할 것도 없고, 역할이 더 명확해지고 확대됨에 따라 감사위원회 위원들은 점점 더 외부 감사인을 중요한 지원 시스템으로 보고 있다. 감사위원회는 무엇이 진정으로 적절한지에 관해 감사인과 위원회 사이의 충분하고 자유로운 소통을 기대한다. 감사인은 재무 담당 경영진과 기술적인 문제들을 토론하고, 잠정적인 결론에 도달한 다음에는 이 사안들을 감사위원회 앞으로 가져올 필요가 있다. 직접적이고 솔직한 토론으로 감사위원회의 도전이 무엇이며, 이 도전이 어떻게 처리되었는지에 대해 명확히 알 수 있도록 해야 한다. 또한 시기가 매우 중요하기 때문에 필요할 때마다 정보를 교환하는 것이 좋다.

감사인은 핵심 회계 원리, 이에 관련된 경영진의 추정 및 판단, 그리고 공시의 적정성에 대한 회계법인의 평가를 제공하리라고 기대된다. 독립적인 평가자로서 감사인은 감사위원회에 주요 주관적 이슈들에 대해 건전한 판단을 제공해야 한다. 이에는 재무 보고가 기술적으로 적절한지뿐만 아니라, 관련 정보를 투자 공동체에 유용한 형태로 명확하고 완전하게 공시하는지도 포함된다.

계획을 미리 잘 세울수록, 감사위원회와 감사인 사이에 무엇을, 어떤 형태로, 그리고 언제 소통해야 하는지에 대해 의견이 잘 일치되어서, 감사인이 감사위원회의 의무 완수를 지원하는 방향으로 감사 책임을 수행하게 해 줄 것이다.

내부 감사

회사의 내부 감사 기능은 감사위원회의 중요한 눈과 귀 역할을 할 수 있다. 내부 감사는 풀타임으로 상시적으로 일하며, 적절한 감사의 범위와 방향을 통해 위원회에 재무 보고 프로세스에 관한 중요한 정보를 제공할 수 있다. 재무 보고에 대한 내부통제에 중점을 둔 내부 감사의 관점은 감사위원회가 재무 보고에서 주의가 필요한 이슈뿐만 아니라, 회사

통제 프로세스의 장점 및 약점에 대해 고려할 때에도 요긴할 수 있다.

외부 감사인와 마찬가지로, 내부 감사의 범위 및 테스트 계획에 관해 최고 감사 책임자와 감사위원회 사이에 명확한 소통이 이뤄져야 한다. 중점 감사 대상으로 삼을 수 있는 대상이 많기 때문에 감사위원회는 내부 감사가 재무 보고와 운영상 및 컴플라이언스 활동들에 대해 어느 정도로 살펴보고 있는지 완전히 알고 있어야 한다. 과거에는 다수의 감사위원회 위원들이 실제로는 그렇지 않은 데도 내부 감사가 재무 보고 프로세스를 광범위하게 살펴볼 거라고 가정했다. 현재에는 감사위원회가 내부 감사의 임무 및 발견 사항에 대해서와 이러한 발견 사항이 해당 조직에 어떠한 의미가 있는지에 대해 보다 명확하게 이해하고 있다. 내부 감사는 어디에 그리고 어떻게 시간과 자원을 사용하고 있는지 명확히 소통함으로써 위원회에 도움을 줄 수 있다.

여기에서도 소통의 시기가 중요하다. 나는 다수의 최고 감사 책임자들에게 중요한 문제가 있을 수노 있는 사안들을 언세 감사위원회에 보고해야 하는지 질문을 받았다. 문제들이 최초로 파악되었을 때 보고해야 하는가, 문제의 범위에 대해 보다 명확해졌을 때 보고해야 하는가, 아니면 조사를 통해 모든 구체적인 사항들이 제공된 뒤에 보고해야 하는가? 내 전형적인 대답은 명확하다. 첫째, 최고 감사 책임자는 위원회 위원장과 그러한 정보가 언제 제공될지에 대해 미리 토의하고 이에 대해 명확히 이해하고 있어야 한다. 둘째, 일반적인 원칙으로서 위원회 위원장에게 가능한 빨리 통보할수록 더 좋다.

내가 함께 일해 본 대다수의 감사위원회 위원장들은 잠재적으로 중요한 문제들이 발생하면 가급적 빨리 이를 알고 싶다고 말한다. 또한, 그들은 추가 정보가 입수되고 평가가 이루어지면 이에 대해서도 통보 받기를 원한다. 이런 방식으로 감사위원회는 내부 감사의 접근법에 동의하거나 필요시 방향을 제시할 수 있다. 만일 문제가 별일 아니라고 판명될 경우에는 훨씬 더 좋다. 그러니 감사위원회 위원장이 달리 지시하는 경우를 제외하고 내부 감사는 잠재적으로 중대한 이슈를 제기하기 전에 추가 정보 입수를 기다리는 유혹을 피해야 한다.

앞에서 언급한 당사자들뿐 아니라 내부 감사에도 관련 있는 한 가지 이슈는 비공개 회의private meeting라는 주제이다. 경험에 의하면 감사위원회가 다른 사람들은 참석시키지 않은 채 경영진, 외부 감사인, 그리고 내부 감사와 별도로 모이는 이러한 회의는 참으로 귀중하다는 것을 보여준다. 여기에서도 각 당사자가 거리낌 없이 의견을 제시하여 감사위원회 위원들이 관련 정보가 호도되지 않고 보고되고 있다는 데에 안도할 수 있게 해야 한다.

그리고 그것이 감사위원회가 효과적으로 운영되게 하는 가장 결정적인 방법이다. 감사위원회가 필요로 하는 정보를 진실하고, 완전하며, 올바른 형식으로, 그리고 적시에 입수하게 하라. 감사위원회는 그럴 때에만 그 역할을 효과적으로 수행할 수 있는 위치에 서게 된다.

감사위원회에 관한 추가적인 정보를 원하면 최근에 PWC에 의해 업데이트된 『감사위원회의 유효성 - 무엇이 가장 효과적인가』를 읽어보기 바란다.

Chapter 14

효과적인 이사회 만들기

Building an Effective Board

Chapter 14

Building an Effective Board

귀사의 이사회는 올바른 이사들로 구성되어 있는가? 이사들이 구성원들의 면면을 살펴보고 나면, 동료 이사들이 성공적으로 함께 일할 수 있는 사람들이며, 필요한 경우 평판이나 개인의 자산까지도 그들의 손에 맡기고 함께 싸우러 갈 수 있는 사람이라고 확신해야 한다. CEO와 경영진, 그리고 주주들도 회사에 감독을 제공하는 사람들이 이 일을 잘하고 있다는 점을 확신할 필요가 있다.

이사회의 질에 대해 여러 해 동안 의회 지도자들, 규제 당국, 주주, 그리고 일반 대중이 관심을 가져왔는데, 최근의 금융 시스템이 와해 직전까지 이르게 되자 관심이 부쩍 늘었다. 뉴스위크 지에 실린 한 기사는 이사회를 맹렬히 비난했다.

> 2008년의 금융 시스템 실패는 단순히 상식, 규제, 그리고 리더십의 방대한 실패만이 아니었다. 이는 또한 기업 거버넌스의 실패였다… [이사회들은] 만일 자동차 엔진이 고장 나면 최소한 속도라도 늦추기 위해 엔진에 달려 있는 조정 장치 역할을 하라고 존재하는 것이다. 이상적으로는 그들은 회사에 모니터링, 조언 그리고 접촉을 제공해 주고, 회사가 성장하도록 도와준다. 그러나 최소한 이사회는 회사가 폭발하지 않도록 막아줘야 한다.[34)]

이 기사는 이사회 구성에 대해 이렇게 말한다. "불행하게도 이사회는 CEO와 출신 배경이 같은 협소한 집단이다. 그들은 CEO가 바라보는 것과 동일한 방식으로 세상을 바라본다."

금융 시스템의 와해를 겨우 면하고 나서 "이사회로 하여금 이사 선임 당시에 이사로 선임된 사람이 해당 회사의 이사로 적합하다고 판단하게 한" 각각의 이사의 특정 경험, 자격, 특성, 또는 기술들을 공시하도록 요구하는 SEC 규칙이 제정되었다. 또한 각각의 이사회 위원들 또는 이사 지명인이 과거 5년 동안 상장 회사나 등록된 투자회사의 이사로 재직한 경력, 그리고 집행 임원, 이사, 그리고 이사 지명인이 지난 10년 동안 법적 조치에 연루된 내역도 공시된다.

기본적으로, 이 모든 것들은 현재의 또는 후보로 지명된 이사회 위원들이 왜 해당 직무에 적합하다고 여겨지는가로 집약된다. 그러나 공시되는 정보의 증가가 어느 정도는 투명성을 개선시켜 주기는 하겠지만, 어느 누구도 이로부터 이사회가 일을 잘 수행해 내리라고 명확한 판단을 내릴 수는 없다. 실제로는 이사회 회의 석상에 있어야만 일을 참으로 잘

하고 있는지 정보에 입각한 판단을 내릴 수 있다.

객관적으로 보기

이사회들은 오랫동안 이사회 구성에 대해 고려해 왔는데, 공시 규칙은 특히 현재의 구성이 오늘날의 도전 과제에 필요한 요소들을 갖추고 있는가라는 관점에서 그렇게 할 추가적인 계기를 제공해 주었다. 앞으로 누가 이사회 좌석을 차지할지 고려함에 있어서, 이사 선임 위원회 및 거버넌스 위원회도 어느 이사가 역할을 제대로 수행하지 못하는지, 그럴 경우 필요한 변화를 어떻게 가장 잘 이뤄낼 수 있을지에 초점을 맞추고 있다.

대부분의 이사회스펜서 스튜어트의 연구에 의하면 S&P 500 기업 중 74%에는 임기 또는 나이 제한이 있어서, 시간이 지나면 이사를 교체해야 한다. 이러한 접근법은 이사회 구성을 새롭게 하고, 새로운 사고思考의 흐름을 제공해 준다는 점에서 이해할 만하다. 그러나 경험에 의하면, 이러한 접근법은 몇 가지 이유로 최선이 아닐 수도 있다. 먼저, 우리는 최상의 이사들이 단순히 오래 재직했다거나 자의적으로 정해진 나이에 도달했다는 이유만으로 배제되는 것을 봐 왔다. 둘째, 이사회 리더가 부담이 되지 않는 이사들을 내보내기보다는 차라리 임기가 나이 제한에 걸릴 때까지 참아주는 경향이 있다.

쉽게 실행할 수 있는 명확한 프로세스를 갖춘 연례 이사회 평가가 더 효과적이다. 이 점이 중요한데, 평가는 허약한 이사들을 강한 이사들로 교체하여 이사들이 이사회 석상에서 더 많이 기여할 수 있게 하는 것을 목표로 할 때 가장 유익하다. 그러나 어느 이사나 과거의 성과에 대해 감사를 표하고 이사직에서 물러나게 해야 할 필요가 있는 상황도 있을 수 있다. 그리고 어느 이사가 물러나 달라는 요청을 받을 때, 그녀는 현실을 인식하고 마음 편하게 물러나는 경우도 흔하다.

하나의 예를 들자면, 대규모 상장 회사의 비상임 의장이 너무 유사한 배경과 협소한 관점을 가진 이사들로 채워진 이사회 구성을 어떻게 변화시킬지 내 조언을 구했다. 우리는 여섯 명의 이사를 해임할 논거를 개발했다. 그들과의 예비적 대화에 이어서 우리는 특별 이사회에서 이 아이디어를 제시했다. 6명 모두, 우리가 제시한 논거와 회사에 대한 이득을 인식하고서 이러한 변화에 쉽사리 동의하고 사직서를 제출했다.

이사회 평가에 관한 추가적인 내용은 잠시 후에 다루기로 한다.

방향 전환

앞에서 언급한 뉴스위크 기사는 이렇게 계속된다. "환멸을 느낀 대부분의 이사회 위원들은… [자신들은] 대부분의 회사에서 CEO에게 완전히 장악되었다[고 말한다]. CEO들이 이사들을 선택했거나, 최소한 이사직에 임명되는 것을 승인했다. 그들이 이사들의 재임명, 보수, 급여, 이사회에 제공되는 거의 모든 정보, 이사들의 하위 위원회 배정, 의제를 통제한다." 이는 재미있는 관점으로서, 몇 년 전에는 너무도 많은 회사에 해당하는 말이었다. 그러나 오늘날 이사회의 역학dynamics은 매우 다르다. 대다수의 이사들이 독립적이며, 비공개 회의 및 이사회 의장과 CEO의 역할 분리 또는 강력한 선임 이사로 인해 이사회의 역학이 바뀌었다. 확실히 다수의 회사에서 이사회 의장 겸 CEO가 중대한 힘을 행사하지만, 이제 더 이상 절대적인 힘을 갖지 못한다.

힘이 어떻게 이동했는지에 관한 일화가 있다. 어느 이사 선임 위원회 위원장이 자기 회사의 이사회는 CEO가 추천하는 후보는 고려 대상에서 제외한다는 엄격한 정책을 가지고 있다고 말했다. 물론, 이사 선임 위원회에서 정한 후보자 명단은 CEO와 논의하겠지만, CEO에 의해 선정되지는 않는다. 4장에서 언급한 바와 같이, HP의 새로운 CEO가 새로운 이사회 위원을 정했을 때 인스티튜셔널 쉐어홀더 서비스Institutional Shareholder Services는 이에 반대하여 주주들에게 이사 선임 위원회 및 거버넌스 위원회 위원 3명에 대한 투표를 유보하도록 권고했다.

과거에는 다수의 대기업들이 고위 정치인, 군軍, 학계, 그리고 공연 예술계 출신의 유명 인사들을 찾았다. 그러나 제왕적 CEO 선임이 대체로 경험이 있고 기술이 뛰어난 관리자 선발에 길을 내준 것과 마찬가지로, 이사회의 이사 선임 위원회도 화려한 이름은 덜 찾고 있으며, 대신 이사회 석상에서 필요한 가치를 더해 줄 수 있는 지식, 전문성, 경험, 판단 및 기량을 가져올 이사 후보에 초점을 맞추고 있다.

이 맥락에서, 이사회 구성에 어떤 추세가 있었는지 좀 더 깊이 살펴보는 것도 재미있다. 몇 년 전에는 많은 회사의 이사회 의석이 다른 회사들의 현직 CEO들로 채워졌는데, 이 중에는 최고 경영자에 의해 선정된 사람도 흔했다. 그리고, 위에서 시사된 바와 같이, 일부 이사회들은 어느 정도 CEO에게 장악 당하기도 했지만, 이사들이 CEO가 다루는 이슈들을 이해할 뿐만 아니라, 귀중한 상담을 제공해 줄 도전 과제들을 인식하고 그렇게 할 통찰력과 경험을 갖춘 긍정적인 경우가 더 많았고, 현재에도 그렇다. 이 사람들이 CEO와 오랫동안 알고 지냈다는 사실은 좋은 업무 관계를 강화하고, 서로 신뢰하고, 어려운 사안을, 특히 어려운 시기에 성공적으로 다룰 수 있게 해 준다는 면에서 중요한 이점이 될 수도 있다.

최근에는 여러 이유로 중대한 변화가 생겼다. 무엇이 독립적인지에 관한 규칙과 가이드라인들이 제정되고 있는 가운데 이사회는 이제 더 많은 독립적 이사들로 구성되어 있으며, 관점이 다른 사람들을 함께 모을 때의 가치도 인식하게 되었다. 나아가, 이사회가 자사의 CEO에게 대부분의 시간은 자사의 업무에 사용되어야 하기 때문에 타사의 이사직은 한두 개 이내로 제한하라고 요구함에 따라, 이사직을 수행하는 CEO의 숫자도 감소되었다. 최근의 조사에 의하면 S&P 500 기업 중 절반이 넘는 회사의 CEO들이 회사 외부의 직책을 보유하지 않고 있다.[35)]

또한, 몇 년 전에 이사회의 초점이 컴플라이언스나 모니터링 역할로 옮겨가게 되었는데, 다수의 적극적인 CEO들은 이러한 사안에 필요한 시간을 할애하기를 원하지 않았다. 대부분의 경우에 이러한 이사회의 의석은 비즈니스 부문장이나 다른 고위 임원들로 채워졌었는데, 외부 이사직 수행은 기업 거버넌스에 경험을 제공하고 임원들이 자기 회사에서 최고 자리를 노려볼 수 있는 위치에 서는 데 도움을 준다.

이사회 구성 변화에 영향을 주는 또 다른 이유는 감사위원회에 부과된 부담이다. 감사위원회에는 1인 이상의 재무 전문가가 있어야 하며, 모든 위원회 위원들은 일반적으로 재무 보고 사안에 대해 보다 많은 지식이 있어야 한다. 특히 이 목적을 위해 더 많은 CFO나 고위 공인 회계사 경험을 가진 인물들이 채용된다. 보상, 국제 영업, 또는 테크놀로지 등에서와 같은 다른 특화된 기술을 가진 이사회 위원에 대해서도 유사한 움직임이 보이고 있다.

점점 더 많은 이사회들이 자신의 위원 구성을 더욱 다양화해서, 다른 방법으로는 얻을 수 없는 중요한 관점을 추가하기를 원한다. 예를 들어, 여성의 시각을 더해서 회사의 산업, 생산 라인 또는 고객 기반이 직면하고 있는 핵심 이슈들에 귀중한 통찰력을 제공한 것처럼, 그 결과는 긍정적일 수 있다. 중요한 요소로서, 최근에 여성 이사들로부터 들은 피드백에 의하면, 그들은 최소한 두 명의 여성 이사들이 이사회에 참여하여 서로의 의견을 보완할 경우 이사회에 더 많이 기여한다고 생각하고 있다.

더 나은 이사회 만들기

그렇다면 어떻게 하면 최고의 이사회가 만들어질까? 원칙적으로는 무엇이 효과가 있는지는 아주 간단하다. 이사회를 회사의 산업, 비즈니스, 사람, 그리고 중요한 이슈들을 이해할 수 있는 지식, 경험, 그리고 기술을 갖춘 사람, 서로 협력하여 필요한 조언, 상담, 그리고 필요할 경우 경영진에 대한 지도를 제공해 줄 사람, 그리고 그들의 모니터링 역할을 수행할 사람들로 구성하면 된다. 이러한 이사들은 독립적으로 생각하고, 적절한 이슈를 제기하며, 이 이슈들을 충분히 토론하고, 합의를 이끌어 내고자 한다. 그리고 그들은 회사가 성공적으로 그 사명을 달성하고 바람직한 성장과 주주들이 기대하는 수익을 제공하기를 열망한다. 이는 실로 시야가 넓은 관점으로, 이사회에 올바른 사람을 데려 오는 것은 상당한 생각과 주의, 그리고 노력을 요한다.

대부분의 이사 선임 위원회들은 때로는 외부의 지원을 받아서 이사회 위원들이 어떤 기준을 충족시켜야 하는지를 정하고, 이 기준에 비춰 볼 때 현재의 이사들이 어떠한지를 판단하기 원한다. 이들은 대개 가로 열에 개인적 특성과 대인 관계상의 특성 및 기술을 포함한 바람직한 기술 및 기타 속성들을 포함하는 기준을 적시하고, 현재의 이사회 위원들을 세로 행에 적는 표를 사용한다. 그 다음에 특정 기준 충족 여부나 양적 또는 질적 척도, 또는 이 기준을 충족시킴에 있어서 상대적 강점을 보여주는 순위를 나타내는 표시들로 이 표의 칸을 채운다. 이는 정해진 범주 대비 강점 및 약점을 결정하여 강화가 필요한 부분을 찾아내는 것을 목표로 한다.

그러나 포함시켜야 할 다른 중요한 요인들이 있다. 이사 선임 위원회는 CEO와 고위 경영진에게 조언, 상담과 지도를 제공해줌에 있어서 협력할 이사회 구성을 원할 것이다. 그러나 배경, 관점, 그리고 아이디어에 있어서 다양성이 필수적이기 때문에 이는 결코 똑같은 사고思考를 의미하지 않는다. 그러나 이는 이사회에 매끄럽게 들어와서 논쟁과 토론을 증진하지만, 경영진에게 명확한 방향을 제시해 추가 합의를 형성하는 방식으로 필요한 강점을 제공해 줄 수 있는 새로운 위원을 원한다는 것을 의미한다.

지금까지의 회사 위치나 현재의 위치에서 필요한 기술과 특성이 아니라, 수용된 전략적 방향에 기초하여 회사가 나아가고 있는 곳에 필요한 기술과 특성에 초점을 맞추는 것이 중요하다. 물론, 특정 회사에 알맞은 이사회를 만듦에 있어서 고려해야 할 많은 다른 요인들이 있다. 이에는 특정 후보가 재직하고 있는 이사회의 수, 다른 의무들, 에너지 수준 등이 포함된다. 이사들이 재직할 수 있는 적절한 수의 이사회에 대해 대략적인 규칙이 있기는 하지만, 해당 이사가 상근으로 고용되어 있는지, 아니면 은퇴했는지에 따라 항상 예외적인 경우가 생기게 되어 있다. 몇 달 전에 활발하게 한 회사를 경영하고 있는 CEO인 내 친구가 두 개의 비상장 기업 이사회 위원직에다 4번째 상장 회사 이사회에 합류할 거라고 말했다. 불행하게도 나는 그의 마음을 돌리지 못했다.

확실히 통하는 한 가지 방식이 모든 곳에 통하지는 않으며, 이사회들은 각자 자사와 회사 상황, 경영진, 그리고 필요를 가장 잘 다룰 수 있도록 이사회를 구성하기 위하여 세심하게 재단해야 한다. 이와 동시에 몇 가지 원칙들이 일반적으로 적용된다. 이사 선임 위원회 위원들 또는 회사의 이사회 구성에 영향력이 있는 사람들을 위해 이사회가 조심할 필요가 있는 몇 가지 사례를 소개한다.

- **선임권자 이사회**constituent board 나는 몇 년 전에 이사들이 선임권 소유 기관constituent ownership body에 의해 임명되는 어느 은행의 이사회와 일할 때 이 용어를 처음으로 사용했다. 이에 반하는 법적 요건에도 불구하고, 이사들은 그들이 선임권자 그룹의 최상의 이해에 부합한다고 생각하는 방향으로 행동했다. 그들은 서로를 이해하고 사이가 좋은 것 같았지만, 중요한 비즈니스 이슈들에 대해서는 동의할 수 없었다. 그 결과 전략적 방향에서부터 은행의 규제 당국을 다루는 데에 이르기까지 중요한 사안에 대해 경영진에게 방향을 제시해 줄 수 없었다. 결국 그 은행은 극심한 어려움을 겪다가 다른 조직으로 흡수되었다.

  또 다른 예로는 이사들이 소유 기관이나 주州의 고위 관리에 의해 선출되는 어느 대형 조직을 들 수 있다. 제대로 기능을 하지 않는 이사회에 꼭두각시와 같은 인물을 원한다면, 이거야 말로 제격이다. 이 이사회 위원들은 마이크에 대고 말할 뿐 아니라모든 이사회 회의는 대중에 공개되고, 회의 진행 내용은 나중에 발표하기 위해 녹음된다 위에서 말한 은행의 이사회와 마찬가지로 자신을 지지한 그룹의 입장을 강력히 지지한다. 너무도 자주 일어나는 결과는 이사회가 개최되는 동안에 비유적으로뿐만 아니라 문자적으로 한바탕 손가락질을 하고 고함을 지르는 것이다. 이 조직은 이사회가 이렇게 했기 때문이라기보다 이렇게 했음에도 불구하고 일반적으로 실적이 좋았지만, 최근에는 수익에 타격을 입고 규제 당국의 조사 대상이 되었다.

- **반체제 이사**dissident director 일부 이사회에는 한두 명의 이사가 특수한 의제를 제기하기도 한다. 이러한 이사들은 때로는 명확하게 드러난 회사의 병폐를 치료할 수 있고, 그러한 이사들은 무질서해진 이사회를 제자리로 돌아가게 할 수도 있다. 그러나 이러한 이사들은 너무도 자주 자신이 제기한 이슈에만 초점을 맞추고 이사회가 다룰 필요가 있는 실제적인 이슈에서 눈을 떼게 한다. 이로 인한 일반적인 결과는 불필요한 불화와 갈등으로 인해 이사회가 경영진에게 명확한 방향을 제공하지 못하게 되는 것이다.
- **가족 지배** 나는 상당히 큰 상장 회사임에도 이사회 의석의 과반을 창업 가족 구성원으로 채웠던 회사와 일한 적이 있다. 이 회사는 해당 산업 내에서 월등한 시장 점유를 보이며 좋은 실적을 내고 있었지만, 장기적인 지속 가능성과 성장에 필요한 원대한 관점을 제공하기에는 이사회가 너무도 편협했다. 이 경우, 가부장이었던 비상임 의장이 이 문제를 파악하고 가족들을 소외시키지 않으면서 변화를 관리할 수 있는지 물

었다. 왜 변화가 회사에 이익이 되는지에 대해 이사회에서 토의를 거친 뒤에, 가족 이사들은 이사회를 재구성할 필요를 진심으로 받아들여서 이 이야기는 행복한 결말을 맺었다.

- **종이 이사회** 우리는 명문가의 저명인사들이지만, 진정으로 회사의 필요에 연결되어 있지도 않고 서로 잘 알지도 못하는 이사들로 구성된 이사회들을 봐 왔다. 이 이사들은 대개 회사나 회사의 이슈들에는 관심 없이 비행기를 타고 이사회 회의장에 나타날 것이다. 이러한 이사회의 일부는 잘해야 경영진에게 방해가 되지 않는 것이 고작이고, 최악의 경우에는 신속하고 단호한 결정을 필요로 하는 심각한 문제들을 인식하지도 못한다.
- **벤처가 지배하는 이사회** 상장 직전의 회사 또는 최근에 상장한 회사들은 대개 회사의 생애 주기의 다음 단계에 필요한 균형과 기술을 얻기 위해 이사회 구성을 변경한다. 그러나 때로는 이사회가 벤처 자본가에 의해 계속 지배되기도 한다. 이에는 장단점이 있다. 좋은 측면으로는 회사의 경영진, 필요, 이슈에 대해 잘 알고 있고 회사의 성공에 중대한 이해관계가 걸려 있는 이사들이 있다는 점이다. 나쁜 측면으로는 회사가 어느 단계에 있느냐에 따라서 조기 출구 전략에 한눈을 팔면서 다른 주주들과는 다른 곳에 중점을 둘 수 있다는 점이다.

이사회의 평가

이사회에 대한 정기적인 평가 프로세스는 이사들이 개인적으로나 전체적으로 효과적인 이사회가 되는 데 필요한 기술과 특성을 가진 이사들로 구성되고, 효과적으로 운영되는 데 중요한 사항이다. 오늘날 S&P 500 기업의 이사회 중 96%가 연례 평가를 실시한다.[36] 뉴욕 증권거래소의 요구로 평가를 실시하는 이사회도 있고, 주주 자문 그룹들의 지침, 거버넌스 모범 관행에 대한 인식, 또는 단순히 회사와 주주들에게 더 많은 가치를 부가하려는 욕구에 의해 평가하는 곳도 있다. 어떤 이유에서건, 이사회 및 그 하위 위원회의 성과에 대해 정기적으로 평가하는 것은 좋은 일이다. 이 프로세스를 잘 수행하면, 이사회가 더 강해지고 중요한 감독 책임을 보다 더 효과적으로 수행하게 할 수 있다.

'잘 수행하면' 이라는 주의사항을 주목하기 바란다. 이사회 평가에 다양한 접근법이 취해지는데, 그 중 일부 방법은 다른 접근법보다 상당히 효과적이다. 무엇보다도, 보다 나은 이사회를 만들려면 평가 프로세스가 긍정적이고 건설적인 것으로 여겨져야 한다. 만일 어떤 이사가 그 직무를 필요한 만큼 효과적으로 수행하지 않고 있을 경우, 이 프로세스는 그 사람을 보다 나은 이사가 되게 할 수 있어야 한다. 이렇게 말은 했지만, 특정 이사의 성과가 미흡하거나 효과적인 이사회의 성과에 필요한 다른 특성 및 기술에 대한 필요 때문에 이사회 구성의 변화가 바람직하다고 여겨지는 경우도 있다.

다음은 보다 보편적인 평가 방법들이다.

- **이사회 회의 석상의 토의** 이는 단순히 이사회 회의 중에 따로 시간을 떼어서 이사들이 이사회가 어떻게 하고 있는지에 대해 토론하는 것이다. 이 논의는 대개 이사회 의장이나 선임 이사가 있을 경우 선임 이사, 또는 선임/거버넌스 위원회 위원장이 주재한다. 이 회의는 정해진 의제

나 형식이 없이 진행되어, 이사들 각자가 이사회 및 하위 위원회들의 성과를 어떻게 보는지, 그리고 어떻게 성과를 개선시킬 수 있다고 생각하는지에 대해 자신의 견해를 밝히게 할 수 있다. 또는 미리 토의 의제를 정해 두고, 이사들에게 특정 성과 요인에 초점을 맞추게 할 수도 있다.

- **설문지** 이는 대개 이사회를 위한 설문지 하나와 각각의 하위 위원회를 위한 보충 설문지 하나씩을 개발하여 실시한다. 설문 내용은 일반적으로 최고 법무 책임자나 회사의 거버넌스 책임자가 기안하고, 배포 전에 미리 이사회나 하위 위원회의 리더들, 또는 때로는 모든 이사들의 검토를 받는다. 이 설문지를 이사들에게 전자적 수단이나 종이 문서로 보내면 그들은 일반적으로 익명으로 서면 평가를 제공한다. 그러면 그 결과가 취합되어 이사회의 토론을 위해 제공된다.
- **인터뷰 기반 평가** 이사회 위원들 및 리더들과 미리 검토된 인터뷰 가이드를 이용하여 이사회 리더나 이를 지원하는 컨설턴트가 각각의 이사들을 인터뷰하여, 이사들로부터 정해진 주제에 대한 의견을 듣는다. 대화는 비밀리에, 익명으로 진행된다. 결과들이 취합되면 이사회에 제출되어 토의된다. 이 방법에서는 일반적으로 이사회가 향후의 수정 사항을 결정하는 행동 계획이 마련된다.

이사회들이 위의 세 가지 방법의 요소들을 결합하여 사용하는 경우도 있지만, 이 방법들이 가장 보편적인 이사회 평가 방법이다.

장점 및 단점

대부분의 프로세스에 있어서와 마찬가지로, 각각의 이사회 평가 방법들에는 장단점이 있다.

- **토의** 이사회 회의 석상의 핵심적인 토의의 이점은 간단하다는 것이다. 대화는 직접적이고, 미리 준비할 사항이 별로 없으며, 이사회들 입장에서 볼 때 회의 시간 이외에 시간을 할애할 필요도 거의 없다. 그러나 토의라는 접근법에는 치러야 할 대가도 있다. 즉, 개방적이고 솔직한 토론이 불충분하다는 점이다. 비록 이사들이 재능이 있고 자기 의견을 피력하는 데 주저하는 사람들이 아니지만, 이사회 운영의 결함에 관해 이슈를 제기하는 사람은 많지 않을 것이다. 경험에 의하면 이사들은 의제로 올라 있는 이슈에 대해서는 기꺼이, 그리고 솔직하게 얘기하지만, 이사회의 성과 등 민감한 사안을 꺼내는 데는 주저한다.
- **설문지** 확실히 이 방법에는 할 일이 많다. 서류를 작성하여, 김도힌 후, 이를 배포해야 하며, 결과를 모아서 취합하고, 궁극적으로 이에 대해 토의해야 한다. 익명성을 약속함으로써 민감한 이슈 제기를 주저하는 것을 어느 정도 완화할 수 있다. 그러나 이사들 편에서는 익명 및 비밀보호라는 우려가 남아 있는 경우가 있어서, 일부 이사들은 자신의 진정한 생각을 밝히기를 피한다. 자신의 글이 궁극적으로 다른 이사나 회사 구성원들에 의해 또는 외부의 당사자들에 의해서도 읽혀질 수도 있음을 우려해 이사들은 대개 설문지 프로세스를 충분히 이용하지 않기 때문에 이사회의 자체 토의는 이사회의 성과를 개선하는 완벽한 방법이 되지 못한다.
- **인터뷰** 대개 인터뷰 가이드 개발은 설문지 개발보다 노력이 덜 든다.

이는 숙달된 면담자에 의해 이용될 경우, 인터뷰 가이드는 대화를 위한 프레임워크 역할을 하므로, 특정 질문들의 긴 목록인 설문지보다 덜 상세하기 때문이다. 그러나 인터뷰 일정 수립 및 실행에는 시간이 더 오래 걸리며, 전체적인 노력은 다른 두 가지 방법보다 더 소요된다. 이 방법은 이사들이 자신은 익명으로 얘기하고 있으며, 자신의 말이 이사회 리더나 다른 사람들에 의해 분석되지 않는다는 것을 알기에, 자유롭게 얘기할 수 있게 해 준다. 인터뷰 프로세스의 일반적인 결과는 잘 다뤄질 경우 향후 이사회의 성과에 의미 있는 차이를 가져올 수 있는, 진정으로 중요한 이슈들에 대해 이사회가 듣게 된다는 것이다.

어떤 접근법이 효과가 있는가

이 영역에서는 일반적으로 받아들여지는 모범 관행이 없다고 해도 무방하다. 각각의 이사회마다 독특하며, 위의 세 가지 접근법에 나름대로의 장단점이 있음을 고려할 때, 각각의 특수한 필요에 입각하여 어떤 방법이 가장 좋을지 결정해야 한다.

그러나 나는 한 가지 접근법이, 최소한 높은 가치를 부가하는 평가를 수행할 노력을 기울일 준비가 되어 있는 이사회들에게는, 최대의 가치를 가져온다고 믿는다. 다른 접근법들도 상장 기준 및 거버넌스 가이드라인을 충족시키기는 하지만, 익명성과 비밀이 보장되는 환경 하에서 이사들을 솔직하게 인터뷰하는 것이 이사회에 가장 통찰력이 있고, 의미가 있으며, 실행할 수 있는 정보를 제공한다.

인터뷰 방법을 효과적으로 실행함에 있어서, 아래의 프로토콜을 따르는 것이 가장 좋다. 이 방법들은 전체 이사회 차원뿐 아니라, 하위 위원

회에도 적용될 수 있고, 또 실제로도 자주 적용되고 있으며, 이사 개개인에 관한 정보도 수집된다.[37)]

- **인터뷰 가이드** 이 가이드는 이사의 독립성, 이사회 구성, 회의 형식, 위원회 구조, 그리고 기타 컴플라이언스 이슈 등 이사회의 성과에 관련이 있는 이슈들을 다뤄야 한다. 그러나 이 가이드는 이사회가 하나의 그룹으로서 얼마나 잘 운영되고 있으며 경영진과 어떻게 원활히 상호작용하는지도 다뤄야 하기 때문에 이사회에 CEO 및 고위 경영진에게 조언, 상담 및 지도를 제공해 줄 책임을 얼마나 잘 수행하는지에 중점을 둬야 한다. 이 책임에는 경영진의 전략 개발, 경영진이 회사에 설정하는 기조, 회사의 리스크 관리 방식, 그리고 조직이 이용하는 성과 기준 등에 대한 감독 등이 포함된다. 이 책임에는 또한 CEO에 대한 평가 및 승계 계획 수립, 외부 당사자에 대한 재무 및 비재무적 보고, 그리고 잠재적인 합병 및 인수가 포함된다. 가이드가 가장 효과가 있으려면, 가이드가 구조화된 설문지가 아니라, 프레임워크, 즉 이사들이 자유롭게 얘기할 수 있는 출발점을 제공해 주는 주제들을 밝혀 주는, 중점 주제라 불리는 프레임워크여야 한다.
- **인터뷰** 면담자는 이사에게 각각의 주제에 대해 다룰 수 있도록 해야 하지만, 문답식 접근을 피하는 것이 중요하다. 이사가 자신이 중요하다고 생각하는 것에 대해 말할 수 있고, 필요할 경우 얘기를 보다 정교하게 하고 또 새로운 방향으로 갈 수 있도록 인도하는 자유 토론으로부터 가장 적절한 정보가 나온다. 인터뷰 가이드 상에 나와 있는 중점 주제들을 모두 다루는 것은 그다지 중요하지 않다. 그보다는 해당 이사가 가

장 중요하다고 생각하는 특정 이슈들을 끄집어내는 것이 더 중요하다. 외부 당사자가 이 정보를 입수할지도 모른다는 우려는 문서 보관 프로토콜에 의해 다뤄질 수 있기 때문에 평가 프로세스가 완결되면 모든 인터뷰 문서들을 폐기하는 것도 좋은 방법일 수도 있다.

- **면담자** 인터뷰는 선임 위원회나 거버넌스 위원회, 또는 선임 이사에 의해 수행될 수 있다. 그러나 대부분의 경우, 선임 이사의 일정은 일련의 인터뷰를 수행할 충분한 시간을 내기 어려운 실정이다. 그리고 그러한 이사회의 리더들이 긍정적으로 여겨지는 경우에도 이사들이 이들에 의해 인터뷰될 경우 완전히 솔직해지지 않을 수도 있다. 컨설턴트인 저자의 잇속을 차리는 것으로 들릴 수도 있지만, 일반적으로 노련한 외부의 컨설턴트를 고용하여 인터뷰 프로세스를 정하고 인터뷰를 수행하는 것이 가장 효과적이다.
- **분석** 인터뷰 결과에 따른 정보는 이사회가 조치를 취할 수 있게 해 주는 형태로, 객관적이고 주의 깊게 취합 및 분석되어야 한다. 특정 개인으로부터 나온 것으로 여겨질 수 있는 특유한 말이나 어구는 배제되어야 한다. 또한 정보는 이해를 증진시키고 의사 결정을 내릴 수 있는 위치에 있는, 가장 적절한 사람에게 제공되어야 한다.
- **조치 계획 수립** 분석이 완료되면 이사회는 이 정보를 고려하여 이사회의 접근법, 프로토콜, 그리고 성과의 어느 측면에 어떤 변경이 바람직한지 결정할 수 있는 위치에 있게 된다. 흔히 인터뷰 및 그 이후의 분석을 수행한 사람이 이 분석 결과를 발표하고 이사회가 무엇을 해야 하는지에 대한 논의를 이끄는 것이 효과적인 경우가 있다. 이사회 위원들이 자신의 견해를 밝히고 조치 계획에 대한 합의에 이를 수 있게 하려면

상당한 시간이 필요하다.

이사회의 자체 평가에 비해 이러한 인터뷰 접근법의 가장 중요한 이점은, 이사들이 자신들과 동료들이 진정으로 중요한 정보를 회의 석상에 가져와서 이사회 강화를 위한 계획을 개발한다는 것을 안다는 점이다. 조치들은 회사의 책임자들이나 외부 당사자들이 추천하지 않고, 이사 자신들이 향후 이사회의 유효성과 효율성을 향상시키기 위해 무엇을 해야 하는지 스스로 결정한다. 많은 이사회들은 이 접근법이 컴플라이언스 연습으로 간주될 수도 있는 것을 상당한 가치를 제공하는, 진정으로 효과적인 프로세스로 성공적으로 변화시켰음을 발견했다.

요점

요점은 이사회가 전체적으로 CEO 및 고위 경영진에게 귀중한 조언, 상담, 그리고 지도 및 모니터링을 제공해 줄 수 있는 배경, 지식, 기술, 경험 그리고 기타 특성들을 지닌 인물들로 구성될 때 가장 바람직하다는 것이다. 이사회 구성은 회사의 산업, 비즈니스, 상황 및 필요를 반영하고 이에 부합해야 한다. 특히 어려운 시기에는 이사들이 일을 잘할 수 있는 수완과 강인함을 지녀야 한다.

이사들이 적의 없이 토론하고, 효과적인 이사회 회의장의 역학을 확실하게 하며, 서로 협력하여 일할 수 있다는 것도 중요한 요인이다. 이사들은 모든 주주들에게 최대의 성공 가능성을 주기 위해 다른 이사들 및 경영진과 협력할 필요가 있다.

올바른 이사회 구성은 언제나 회사의 성공에 매우 중요한 요소이지만 오늘날에는 그 중요성이 과거 어느 때보다 더 크다. 이사나 경영진의 관점에서 이사회의 회의 석상을 둘러봤을 때, 이 자리를 차지하고 있는 이사들이 일을 잘할 수 있는 자질이 있고, 그럴 만한 위치에 있다는 것을 확신하고 싶을 것이다. 당신과 당신의 동료들, 그리고 주주들은 그럴 만한 자격이 있다.

Chapter
15

이사회의 함정 피하기

Avoiding Board Pitfalls

Chapter 15

Avoiding Board Pitfalls

이사회 직무는, 특히 오늘날처럼 경쟁이 치열하고 툭 하면 소송을 제기하며 시장과 주주들의 기대가 계속 증가하는 듯한 환경에서는 매우 도전적인 일이다. 이번 장에서는 모든 이사회들이 직면하는 도전적인 의사결정들뿐만 아니라, 일부 회사들의 이사회가 빠지게 되는 함정들, 이를 둘러싼 환경들, 그리고 어떻게 유사한 실수를 피할 수 있는지에 대해 살펴본다.

친구 따라 강남 가기

친구 따라 강남 가기는 메릴 린치에 일어난 일과 관련이 있기는 하지만, 이는 BOA의 메릴 린치 인수 전이든, 후이든 반드시 메릴 린치에 관한 이야기만은 아니다. 그보다는 문제로 이어질 수 있는 이사회의 관행과 관련이 있다. 만일 당신이 나만큼 오래 고위 임원 및 이사회와 함께 일을 해 왔다면, 당신은 회사의 실적에 직접적으로 영향을 줄 수 있는 문제가 있는 행동들을 목격했을 것이다. 실로, 머리기사를 장식했던 주요 회사들의 많은 도산 원인은 이러한 행동상의 특징에 거슬러 올라갈 수 있는데, 나는 이를 '친구 따라 강남 가기' 신드롬이라 부른다. 이의 두 개의 당연한 귀결로서 모범 관행 및 집단 사고가 있다.

기업이 그 임무를 수행하고, 성장, 이익 및 수익률 목표 달성을 향해 나아가려면 리스크를 떠안아야 한다. 또한 경쟁은 유능한 사람들과 조직들에게서 최선의 결과를 가져오기에 본질적으로 좋은 것이다. 이와 유사하게, 좋은 성과를 내는 조직에 대한 벤치마킹은 측정 및 개선에 유익한 도구이다. 이 모든 것은 자명하다.

조직들이 때로는 극적으로 실패하게 되는 지점은, 건강한 경쟁 욕구가 이례적으로 높은 리스크와 궁극적으로 높은 비용이 따를 가능성에도 불구하고, 동료 집단의 실적에 필적하려는 집착으로 변하게 될 때이다. 그러한 상황에서는 전 재산을 건 내기에 지게 되는 결과로 귀결될 수도 있다. 이전 장들에서 언급했던 예들을 포함하여 즉각적으로 마음에 떠오르는 예들은 남들을 따라 하다가 재앙적인 결과를 초래했다는 맥락에서 살펴볼 수 있다.

- 보다 최근의 예로는 무엇보다 베어 스턴스, 리먼 브라더스, 그리고 메릴 린치와 같은 주요 투자 은행들의 붕괴이다. 고위 임원들이 CDO 시장에서 경쟁자들이 벌어들인 막대한 돈을 탐욕스럽게 바라본 것이 그

들을 망하게 한 이유 중 하나이다. 규제 당국의 제한들이 풀리고 레버리지가 치솟자, 유동화된 자산을 모으고, 포장하여 되파는 것에 대한 끝이 없어 보이는 수요가 생겨났다. 물론 이 회사들은 VaR 모델과 다른 리스크 관리 절차를 사용했다이러한 기법들이 얼마나 잘 사용되었는지에 대해서는 뒤에 설명한다. 그러나 부적절한 행동의 동기를 제공하는 보상 프로그램과 규제 당국 및 이사회의 감독의 결함으로, 고위 경영진은 규모를 더 키우려는 목표에 맹렬한 속도로 돌진했다.

- 주택 가격이 계속 오르지 않는 한 원리금을 계속 상환할 가능성이 거의 없는 사람들에게 소위 NINJAno income, no job, no asset. 소득, 직업, 자산이 없는 사람들라 불리는 대출과 기타 모기지를 취급한 컨트리와이드 파이낸셜, 워싱턴 뮤추얼, 기타 은행, 모기지 브로커들에게서도 유사한 행태를 보게 된다. 여기에서도 탐욕과 기관 및 관리자에 대한 선급금이 동력이었다. 효과적인 감독은 거의 없는 채로 더 많은 돈을 벌었다.
- 2000년대 초에, 당시 5대 회계법인 중 하나로 업계 내외에서 크게 존경을 받았던 아서 앤더슨이 곤욕을 치르고, 궁극적으로 문을 닫았다. 이 도산에는 많은 이유가 있었지만, 내 생각에는 한 가지가 매우 치명적이었다. 중요한 소송에서 컨설팅 사업부를 상실한 앤더슨의 경영진은 이 회사의 자문 사업을 재건하기로 작정했다. 경영진의 치명적인 결정들 중 하나는 고객과 보다 나은 관계를 발전시킨다는 맥락에서, 고객에 보다 가까운 감사 의견이 내려지도록 허용한 것이었다. 그 뒤 엔론이 와해되었는데, 이 사건에서 앤더슨의 회계 감사 담당 파트너라는 한 개인이 앤더슨의 해당 국가 소재 사무소의 보다 나은 기술적 지식 및 비즈니스 판단을 뒤엎고 엔론의 재무제표를 승인하는 결정을 내리고,

이어서 치명적인 서류 파괴에 연루되었다.

- IT 기업의 전성시대에 통신 회사들은 월드콤의 엄청난 성장을 목격했다. 그들은 월드콤을 따라잡기 위해 자신의 전략을 수정하여 브로드밴드 용량을 더 넓히기 위한 투자를 크게 늘렸다. 그러나 경쟁사인 월드콤이 홍보한 소위 성장이라는 것의 대부분은 사기적인 재무 보고의 결과였다. 이는 아무도 필요로 하지 않는 용량에 돈을 쏟아 부은 회사들에게 아무런 도움이 되지 않았다.
- 보다 최근에는 대학교의 기금을 운용하는 관리자들이 하버드 및 예일대학교 펀드 등의 수익률을 부러운 듯이 바라보고 있었다. 신탁 관리자와 동창들은 이렇게 물었다. "우리는 왜 그렇게 하지 못하는가?" 점점 더 많은 돈이 다수의 대안 투자에 부어졌고, 더 높은 수익을 올렸지만 리스크도 커졌다. 그 이후 이들 중 많은 펀드들이 황폐화되었고, 이제 학교들은 학생들에게 지급하는 장학금을 대폭 삭감할 필요가 있게 되었다. 리스크가 너 높은 두자 수단에 투자했다가 극도의 기금 결핍에 시달리고 있는 주 및 기타 지방자치 단체 기금도 마찬가지이다.
- 그리고 물론 시장이 좋든 나쁘든 해마다 10%에서 12% 이상의 수익을 올리는 동료들과 친구들을 본 투자자들도 있다. 행동을 취하는 데 약간의 어려움이 있기는 했지만, 그들은 이를 견뎌냈고 마침내 이처럼 뛰어난 투자 수단에 진입하는 데 성공했다. 불행하게도, 이 펀드 운용을 지휘한 사람은 버니 매도프Bernie Madoff였는데, 우리는 이 투자에 무슨 일이 일어났는지 알고 있다.

이 모든 상황에는 나름대로 특수한 슬픈 세부사항들이 있겠지만, 이러한 재앙적인 비즈니스 결정들을 하나의 공통적인 실로 연결할 수 있다. 그것은 경쟁자들이나 친구들이 쥐떼처럼 절벽으로 돌진하는 것은 아랑곳하지 않고 그들을 따라잡으려고 무리수를 뒀다는 것이다.

모범 관행들

모범 관행들best practices에 대해서는 뭐라고 말할 수 있을까? 어쨌든, 결국 모범best이라는 데에는 의문이 없지 않은가? 불행하게도 이 용어와 선도적leading 또는 첨단 관행leading-edge practice 등과 같은 말은 실제로는 보편적인 관행이거나, 이러한 관행들이 실제로 성공을 견인한다는 증거는 별로 없지만 어쨌든 성공적인 조직들이 사용하는 관행들을 묘사하는 데 사용되는 경우가 너무도 흔하다. 소위 모범 관행을 따른다는 것은 남들의 성공으로부터 배우는 것으로 여겨질 수도 있지만, 남들이 하는 것을 맹목적으로 따라 할 잠재적 함정도 있다.

뻔뻔하다는 위험을 무릅쓰고 2000년에 내가 지휘하여 펴낸 『기업 거버넌스와 이사회 - 무엇이 가장 효과적인가』라는 책을 지적하고자 한다. 배경을 조금 말하자면, 이 프로젝트는 처음에는 이사회의 관행에 관한 광범한 조사에 초점이 맞춰졌다. 그러나 내가 이 책의 저술 책임을 넘겨받았을 때, 실제로는 보편적인 관행 조사는 회사 임원 사회에 유익을 주지 못한다는 점이 분명해졌다. 조사 및 동료 그룹과의 비교에 중점을 두는 책들이 이미 너무도 많이 나와 있었기 때문에 우리는 방침을 바꿨다. 대신에 서문에서 밝힌 바와 같이 이 책은,

> … 세계 각처의 가장 숙련되고, 요령이 있는 이사들로부터의 직접적인 의

견을 구했다. 이들의 의견과 기업 거버넌스의 사상적 리더들의 아이디어, 그리고 이사회 위원들에 대한 조사 및 선도적 기업 및 그들의 이사회에 컨설팅을 제공한 PWC의 경험을 바탕으로, 우리는 모범 중의 모범을 한 데 모았다. 이는 "모범 관행"이라 불릴 수도 있겠지만, 실제로는 어떤 이사회도, 심지어 최대의 자본을 갖추고 가장 성공적인 회사들의 경우에도 이곳에서 제안하는 모든 것들을 활용하지는 않는다. 분명히 밝히자면, 이 보고서는 보편적인 기준을 설정하는 것이 아니며, 최소 기준을 설정하는 것은 더욱더 아니다. 이는 이사회가 가장 효과적으로 주주 가치를 향상시키는 최고 수준의 기준을 정한다. 따라서 일부 이사회들은 이에 필적하려면 훨씬 더 높이 뛸 필요가 있음을 발견하게 되는 반면, 최고의 이사회들은 보편적 탁월함이라는 목표에 보다 쉽고 신속하게 도달할 수 있을 것이다.

실로, 이 출판물은 가장 성공적인 관행에 기반을 두었으며, 이사회의 성과를 더욱 향상시키기 위해 필요한 것들로 확장되었기 때문에 시간의 검증을 거친 책이다.

여기서의 요점은 참으로 성공적인 경영진과 이사회는 확실히 남들이 무엇을 하고 있는지를 알고는 있지만, 무리를 따라가는 함정에 빠져들지는 않는다는 것이다. 그들은 보편적인 관행들의 목적을 인식하며, 성공을 견인하는 보다 효과적인 방식으로 운영한다.

CEO의 보수를 고려해 보자. 우리는 다수의 이사회들이 모범 관행이라 불리지만 실제로는 동료 집단의 비교를 CEO 보수 결정에 있어서 중심 요소로 사용하는 보편적 관행에 지나지 않는 것을 따르고 있었다는 것을 안다. 그 결과는 워비곤 호수 효과로 귀결되어, 모든 CEO가 평균

보다 높은 보수를 받게 되었다. 여기에서의 가정은 이사회가 일을 잘하면, 그 회사의 CEO는 정의상 평균보다 나을 거라는 것이었다.

올바른 동료 집단에 대한 비교는 유용한 도구가 될 수 있지만, 보다 효과적인 이사회는 또한 보상을 회사의 전략적 계획에 직접적으로 연결시킨다. 적절한 성과 기준은 단기 수익이 아니라 장기적 수익 및 주주 가치에 동기를 부여한다. 보상은 시장의 현실을 반영하기는 하지만, 이사회에서 승인한 리스크 성향과 정렬시키면서 특정 목표를 달성했는지 여부에 좌우된다. 물론 우리가 너무도 자주 봐 왔던 이상한 지급을 회피하기 위해 경영권 변동 및 기타 퇴직 시의 급여도 미리 숙고되고 시험된다.

이와 유사하게, 몇 년 전에는 보상위원회들이 회사의 경영진이 고용한 보상 컨설턴트에 의존하는 것이 보편적이었다. 그러나 그 당시에도 일부 이사들은 보상위원회가 자체적으로 컨설턴트를 고용하여 잠재적 이해 상충을 피하는 것이 훨씬 더 일리가 있음을 알고 있었다. 한때에는 모범 관행으로 여겨지던 것들이 현재에는 피해지고 있다. 경영진과는 독립적인 보상 컨설턴트 사용이 보다 우수하다는 것이 널리 받아들여지고 있다. 이러한 경우, 소위 모범 관행이라 불리는 것들이 전혀 모범이 아니라는 데에는 의문이 없다.

집단 사고

남들 따라 하기의 또 다른 필연적 결과 중 하나는 집단 사고groupthink인데, 이 또한 경영진뿐 아니라 이사회를 문제에 빠뜨릴 수 있다.

예일 대학교 경제학 교수인 로버트 쉴러Robert Shiller는 최근에 전문가

패널이 어떻게 엄청난 실수를 저지를 수 있는지에 대한 글을 기고했다. 그는 예일 대학교의 심리학자인 어빙 재니스Irving Janis가 1972년에 쓴 『집단 사고Groupthink』라는 책을 지적했다. 쉴러에 의하면 이 책은 패널들이 끊임없이 자기가 한 말의 적절성과 유효성에 대해 염려하며, 자신이 공통되는 의견으로부터 너무 벗어나면 심각하게 고려되지 않으리라고 믿는다고 설명한다. 그들은 집단이 지니고 있는 가정에 부합하는 방식으로 자신의 의견을 표현할 수 없을 경우, 자신의 개인적 의문을 스스로 검열한다.

금융 시스템 위기

쉴러의 글은 주로 현재의 금융 시스템 위기가 다가오도록 허용함에 있어서 집단 사고가 어떻게 중요한 역할을 했는지에 초점을 맞춘다. 그는 전 연방 준비 위원회 의장 앨런 그린스펀이 의회에서 "금융 재앙이 발생히리리라는 것을 모르고서 금융시장이 적절하게 스스로를 규율하리라고 생각하는 잘못을 범했다"고 인정했는지에 주목했다. 아마도 가장 흥미로운 점은 그린스펀이 연준의 자체 모델과 경제 전문가들 모두 이 위기를 예측하지 못했다고 주장하여, 최소한 어떤 사람들에게는 아무도 이 위기를 예측할 수 없었다고 생각하도록 시사했다는 점일 것이다.

그러나 그러한 가정은 실로 곧 거품이 터질 것이라고 경고한 많은 사람들의 말과 모순된다. 쉴러도 그렇게 경고한 사람들 중 한 명이다. 그리고 우리는 얼마나 많은 저명인사들이 경고를 지적하는 기사를 게재했는지 봐 왔다. 앞에서 언급한 바와 같이, 찰스 바우셔Charles Bowsher는 십 년 전 미국 감사원장으로 재직할 때, 급속하게 성장하는 파생상품 시장의 위험과 미국의 대형 딜러 중 하나라도 갑자기 도산할 경우 어떻게 시장에 유동성 문제가 야기되고 연방 예금 보험에 가입한 은행들 및 전체 금융 시스템에 리스크를 가져올 수 있는지에 대해 말했다.

몇 년 뒤에 상품 선물 거래 위원회Commodity Futures Trading Committee; CFTC 의장 브룩슬리 본Brooksley Born은 규제되지 않는 파생상품 거래가 "연방 기관들이 이에 대해 모르는 채 규제를 받는 시장, 또는 참으로 경제 전체를 위협한다"고 말했다. 보도에 의하면, 그녀는 규제조치를 취할 계획이었는데 그린스펀과 다른 관리들이 의회를 설득하여 CFTC의 규제 권한을 동결하였다고 한다. 그리고 알려진 바와 같이, 펠릭스 로하틴Felix Rohatyn은 파생상품을 "잠재적인 수소폭탄"이라고 불렀으며, 워런 버핏은 파생상품을 "지금은 잠복해 있지만 잠재적으로 치명적인 위험을 안고 있는 금융 대량 살상 무기"라고 칭했다.

쉴러로 돌아가 보면, 그는 뉴욕 연방 준비 은행의 경제 자문 패널 위원으로 그곳에서 의견을 자제할 필요를 느꼈음을 지적했다. "나는 주식시장 및 주택 시장에서 발달되고 있다고 믿었던 거품에 대해 경고했지만, 아주 부드럽게 말했으며, 껄끄러운 견해를 표명하기가 난처했다. 합치된 의견으로부터 너무 벗어나면 해당 집단으로부터 따돌림 받을 수도 있다고 생각되며, 해당 집단에서 쫓겨날 위험도 있다."

이사회 회의장의 집단 사고

이사회 위원들은 집단 사고라는 개념이 너무도 실제적이며 개인 및 집단의 행동에 극적인 영향을 준다는 것을 잘 알고 있다. 나는 이사들, 특히 특정 이사회의 신참 이사들이 리더 역할을 하거나 보다 높은 지위를 지니고 있는 위원들의 입장과 다른 견해를 표명함에 있어서 극도로 조심스러워 하는 것을 직접 목격했다.

신참 이사들은 때로는 오리엔테이션 시간에 처음 1년 동안은 말을 하지 말고, 이사회 석상의 역학에 대한 감을 잡기 위해 그저 듣기만 하는 것이 현명하다는 말을 듣기도 한다. 하지만 그러한 충고는 다소 잘못된 것이다. 확실히 새로운 이사들은 입을 일찍 열지 않는 것이 현명하지만, 그들도 동일한 수임인이고, 주의 의무를 이행하기 위해 최선을 다할 책임이 있다.

신참 이사들이 어떻게 처신해야 하는지는 차치하더라도, 합의가 형성되는 듯해 보일 때에는 집단사고가 등장할 수 있다. 확실히 이사회 회의장에는 시간 제약 및 적절한 프로토콜이 있다. 그러나, 중대한 이슈들은 다른 관점 및 입장들에 대해서도 고려하기 위해 건강한 토론 및 논쟁을 필요로 한다.

이사가 진징으로 자신의 견해에 주의가 기울여지도록 히기 위해 성공적으로 사용할 수 있는 전술 중 하나는 먼저 다른 이사회 위원들과 개인적으로 대화하여 그들의 입장을 시험하고 그들이 회의 석상에서 자신을 지지할 지를 판단하는 것이다. 그러한 사적인 대화는 한때에는 부적절한 것으로 여겨졌으나, 현재에는 동료 이사들과 관계를 맺고 처음에는 주류로 여겨지지 않았을 수도 있는 아이디어들을 고려할 수 있게 해 주는 긍정적인 방식으로 받아들여지고 있다.

성공적인 이사회들은 집단 사고를 피하고, 이사들 모두에게 자신의 생각을 표명하고 대안적인 조치에 대한 여지를 남겨 두며, 중요한 이슈들은 몇 번에 걸쳐 토의함으로써 사안에 대한 모든 측면들이 세심하게 고려되도록 한다. 이러한 접근법은 매우 빠듯한 일정으로 핵심적인 결정들이 신속하게 이뤄져서 일부 이사들을 불평하게 하고, 오도된 결정으로 이어져 나중에 이 결정을 폐기할 필요가 생기게 되는 일이 너무도 흔한 이사회와 대조된다.

경영진도 다르지 않다

당신이 경영진 역할을 수행하고 있을 경우, 다른 견해를 가지고 있는 사람이 자신의 입장을 밝히기를 삼가는 것을 자주 보고 있는가? 예를 들어, 나는 어느 전문 서비스 회사의 매니저 한 사람이 의사 결정이 내려지기는 했지만 그렇게 결정된 이유를 설명하지 못한다고 화를 내면서 회의장에서 나오는 걸 본 기억이 있다. 그 사람은 말할 기회가 있었지만 집단의 분위기에 눌려 견해를 밝히지 않았다.

집단 사고에 대한 특히 좋은 사례가 어느 주요 금융회사의 CEO와 그에게 직접 보고하는 사람들의 회의에서 발생했다. 짧은 토의 후에 CEO는 그의 입장을 제시하고 다른 안건으로 넘어가려 했다. 그러나 몸짓 언어와 다른 지표들은 최소한 일부 참석자들은 CEO가 말한 입장이 조직에 최선이라고 확신하지 않는다는 것을 명백하게 시사했지만, 상사와 반대 입장을 표명하는 것을 불편해 했다. 나는 고문이었기 때문에 반대 의견을 말할 수 있는 위치에 있었다. 앞의 안건으로 돌아가서, 내가 이 이슈를 둘러싼 윤리 문제와 CEO가 정한 길을 갈 경우 불리한 결과의 가능성이 있음을 설명하고 난 뒤 긴 침묵이 흘렀다. 궁극적으로 최고 법률 책임자가 먼저 새로운 길에 찬성하는 의견을 밝혔고, 다른 사람들도 동의를 표했으며, 나중에는 CEO도 새로운 방향에 동의했다. 집단 사고를 거절하자 보다 사려 깊은 토론이 벌어졌고, 궁극적으로 성공적인 결론에 다다랐다.

확실히, 우리는 다수의 회사에서 컴플라이언스 책임자, 리스크 책임자, 감사 담당 임원 등이 주저하지 않고 황제는 벌거숭이라고 말하거나 다룰 필요가 있는 위험을 지적하는 것을 봐 왔다. 이 사람들은 필요한 경우 올바른 경영진또는 이사회에까지 적절하게 이슈를 제기하도록 훈련된 사람들이다. 그러나 우리는 불행하게도 보다 나은 비즈니스 결정을 내리는 데 도움이 될 수도 있었던 견해들이 입 밖에 꺼내지지 않는 경우를 너무도 많이 봐 왔다.

확실히, 관리자들은 팀 플레이어가 되고 일단 결정이 내려지고 나면 이를 지지할 필요가 있다. 그러나 여기서의 논점은 다양한 의견을 듣는 올바른 장場이 존재하여 최종 결정이 이뤄지기 전에 좋은 아이디어들이 나올 수 있도록 하느냐 여부이다.

주요 정보 입수하기

모든 기업의 이사들은 감독 책임을 효과적으로 수행하기 위해서는 적절한 관련 정보를 필요로 한다는 것을 안다. 그러나 그 정보가 정확히 무엇이어야 하며, 어떤 형태를 띠어야 하는지, 그리고 이들이 어디에서 와야 하는지를 알기란 쉽지 않다. 불행하게도, 이사회들이 이 이슈에 충분히 중점을 두지 않다가, 뜻밖의 사태에 접하고 비싼 대가를 치르게 되는 일이 너무도 흔하다.

회사의 책임자 및 이사회 관련 업무를 하는 직원들뿐 아니라 이사회 위원들에게도 진정으로 중요한 정보를 어떻게 효과적으로 소통할지를 생각해볼 가치가 있다. 이에는 다른 관점들이 있다. 이사회는 자신이 적절한 정보를 받고 있는지에 대해 관심이 있고, 고위 임원들은 자신들이 올바른 정보를 보내고 있는지에 신경을 쓴다. 이들은 동일한 동전의 양면에 해당하며, 한편이 없으면 다른 한편도 작동할 수 없다. 이사회 위원의 입장에서부터 시작하기로 하자.

이사들의 입장

이사들은 CEO와 고위 임원들로부터 회의 석상에서나 또는 별도의 모임을 통해 대부분의 관련 정보를 입수한다. 그들은 회의 전에 미리 작성된 이사회 준비 자료로부터 중요한 정보를 얻는데, 이때 중요한 이슈들에 대해서는 주의를 끌 수 있는 표시를 하는 것이 좋다. 그러나 불행하게도, 문서로 작성된 정보가 적정하지 않은 경우가 너무도 많다. 내가 컨설팅 서비스를 제공해 준 일부 이사회들예컨대, 어느 유틸리티 산업의 회사 및 운송 회사이 받고 있던 이사회 회의 자료에는 필요한 분석은 없이 데이터만 나열되어 있었고, 기술적인 전문 용어에 대한 설명이 없었으며, 이사회의 주의를 요하는 관련 사안들을 명확히 강조하지도 않았다.

기록된 정보가 이사들의 필요 및 기대를 충족시켜야 하지만, 제공된 정보의 이면에 무엇이 있으며 의사 결정에 무엇이 진정으로 중요한지에 대해 경영진으로부터 필요한 고차원의 통찰력을 이끌어내는 것은 직접적인 대면 토론과 질문 그리고 도전이다.

모든 이사회 및 이사들은 경영진에 의해 제공된 정보의 질에 대한 감을 가지게 된다. 경영진의 고결성integrity이 문제가 되는 경우는 거의 없고, 이는 일반적으로 당연한 것으로 간주된다. 이렇게 말은 했지만, 이사들은 자신들에게 제공된 정보가 전부인 듯이 보여도 그렇지 않을 수도 있다는 것을 인식해야 한다. 여러 이유로 이러한 상황이 발생할 수 있다.

전직 SEC 위원이었고 현재 여러 회사의 이사회 위원인 필 로흐너Phil Lochner는 기꺼이 말하는 CEO조차도 이사들이 알 필요가 있는 숫자, 사실 및 기타 정보를 가지고 있지 않을 수 있음을 지적한다. 또한 CEO는 부하 직원들로부터 고의적으로 오도될 수도 있다. 로흐너는 나아가 고위 경영진이 "유리잔에 금이 가서 액체가 새고 있는데도, 항상 선의로 잔이 반이나 차 있다고 생각하는 낙관주의자들"로 구성되어 있을 수도 있다고 말한다.

노련한 이사들은 회사의 CEO들이 이사회를 정직하게 대하리라고 합리적으로 기대할 수 있지만, 계류 중인 계획이나 결정에 대해 이사회의 지지를 얻으려 하는 자연스러운 경향도 기대할 수 있다. 앞에서 언급한 바와 같이, 이사들은 정직성뿐만 아니라 솔직함, 즉, 직접적이고 편견이나 편향이 없는 소통도 기대한다. 그리고 그들은 경영진이 기꺼이 말하는 것, 즉, 정직하고 솔직할 뿐만 아니라, 완전하고 균형 잡힌 그림을 제공해 주기를 원한다.

경험이 많은 이사들은 고위 경영진이 전체 이야기를 말하는 것을 주저하여 불확실성과 의심으로 이어지는 상황을 만나기도 한다. 이러한 사안에 대해 이사회와 비즈니스 부문 임원은 물어 봐야 될 필요가 있는 모든 질문에 대해 이해해야 한다고는 생각하지 않는다. 그들은 사람들이 자신이 알고 있고 이사들이 알 필요가 있는 정보를 말해 주기를 원한다. 이사들은 그들이 무엇이 사실이고 무엇이 의견인지, 그리고 그러한 의견의 근거는 무엇인지를 명확히 밝혀주기를 원한다. 완전하고, 정직하며, 편향되지 않은 정보를 가지고 기꺼이 나아오는 사람들과 소통할 때, 이사들은 즉각적으로 그 정보에 대해서 신뢰할 뿐 아니라 향후 그 사람이 가져오는 정보에 대해서도 신뢰하게 된다.

이를 좀 더 요약해 보자. 이사들은 건전한 판단을 내릴 수 있도록 자신들이 정확하고, 적절한 정보를 수령하고 있으며, 논의할 이슈에 대해 완전한 그림을 받고 있다는 데에 자신 있어야 한다. 이사회에 정보를 제공하는 고위 임원들은 임원들의 정보가 신뢰할 만한지 여부에 대해 이사회가 가지고 있을지도 모르는 의심을 불식시키기 위해, 자신들이 기꺼이 말하고 있음을 확실히 해야 한다.

적신호가 없을 경우에는 이사들은 경영진에 의해 제공되는 정보를 믿어도 되며, 경영진이 말하는 것에 대해 감사를 실시할 필요는 없다. 그러나 이사들은 경영진이 얼마나 잘 소통하는지에 관계없이, 회사 내부로부터 입수하는 자료가 전부가 아니라는 점도 인식해야 한다. 이사회는 다양한 원천으로부터 정보를 입수하여 경영진이 제공하는 정보를 시험 및 보완하며, 경영진이 보지 못하는 사각지대死角地帶가 있을 경우 이를 채워야 한다.

보완적 자료의 원천으로 옮겨가기 전에, 언급할 가치가 있는 경영진/이사회의 소통 이슈가 한 가지 더 있다. 이상하게 들릴지 모르지만, 경험에 의하면 CEO가 이사회에서 단순히 이사회에 정보를 통보하는 것인지, 해당 사안에 대해 이사회의 지침이나 지도를 구하는 것인지 충분히 명확하지 않을 수도 있다. 같은 차원에서 결론에 도달했는지, 사후 관리 조치가 필요한지에 대해 명확히 하지 않은 채 토론이 마무리될 수도 있다. 이처럼 기본적이고, 실제적인 사항들은 손쉽게 교정될 수 있다.

어디를 볼 것인가

이사들이 자신의 회사, 산업, 회사가 그 안에서 운영되고 있는 보다 넓은 사회-정치-경제적 환경에 무슨 일이 벌어지고 있는지에 대해 알기 위해 어디를 보아야 하는가? 로흐너는 다음과 같은 목록을 제시한다.[38)]

- **증권 분석가의 보고서** 이 보고서들은 해당 회사에 관한 외부의 시각을 제공해 주기 때문에 이사들은 이를 읽어볼 필요가 있다. 이사들은 "하나의 관점에 동정적인 분석가들만이 아니라 다양한 관점의 분석가들"이 쓴 보고서를 읽어 보기 원할 것이다.
- **언론 매체** 여기에서는 이사들이 종이 매체 및 전자 매체 모두에 대해 중립적인 기준을 정해 둘 수 있다.
- **업종 간행물**trade publications 회사의 산업을 다루는 간행물들은 회사의 주요 고객 및 공급자 그리고 전반적인 시장 상황 등 다른 곳에서는 쉽게 구할 수 없는 통찰력을 담고 있는 경우가 있다.
- **인터넷 정보** 점점 더 온라인 스토리, 채팅룸, 블로그 등 전통적인 매체 개념에 속하지 않던 곳에서 재미있는 정보를 발견할 수 있다. 모든 것을 다 찾아볼 수는 없고, 또 회의적인 눈으로 읽어야 하기는 하지만, 목표를 정하고 접근하면 유익할 수 있다.
- **투자자의 피드백** 주주들 및 투자 은행들에 대한 발표를 들어 보면, 특히 경영진이 질문에 어떻게 대응하는지에 초점을 맞추면 귀중한 정보를

얻을 수 있다.

- **주주들로부터의 소통** 위임장 등의 코멘트뿐만 아니라 정기 주주총회나 연례회의에서 입수한 피드백으로부터도 정보를 얻을 수 있다.

또한 로흐너는 비영리 기관, 업계, 경제 연구소, 이사 교육 프로그램, 외부 인사 초청 강연, 전문 서적 및 신문, SEC 보고 자료 및 공적 영역에 있는 기타 정부 보고서, 컨벤션 및 무역 박람회, 그리고 소매 점포의 고객 등과 같은 정보의 원천도 언급한다.

물론, 어느 이사에게도 이 모든 잠재적인 정보의 원천들을 깊이 파고들 충분한 시간이 없다. 그러나 회사와 회사가 그 안에서 운영되고 있는 환경에 대한 통찰력을 얻기 위해 최소한 이들 중 일부를 들여다보는 노력을 기울일 가치가 있다. 경영진이 독립적인 원천으로부터 나온 적절한 정보를 더 많이 제공할 수 있게 될수록, 이사들은 그들의 일을 더 잘할 수 있는 위치에 서게 된다. 그리고 그들은 무엇이 일어나고 있는지에 대해 완전한 그림을 그리려는 경영진의 노력을 더욱더 인정하게 될 것이다.

외부로 나가기

이사들은 점점 더 다양한 원천과의 직접적인 접촉을 통해 정보를 얻는다. 이사회들과 일해 본 내 경험에 의하면 이사들이 밖으로 나가 회사의 관리자, 일반 직원, 고객, 그리고 회사와 거래하는 거래 상대방으로부터 직접 정보를 입수하는 뚜렷한 추세가 있다. 어느 고객사의 이사회는 이사회가 열리는 곳에 위치한 공장에 방문하여 공장 운영을 관찰하고 직원들과 직접 대화하는 식으로 온건하게 시작했다. 다른 이사회들 중에는 회사의 제품이 팔리고 있는 소매 점포에 방문하여 판매원 및 고객들로부터 직접 의견을 듣는 프로그램을 오랫동안 시행해 오고 있는 곳도 있다.

여기에서도 이사들은 시간을 효율적으로 사용하여야 하며, 제한된 가용 시간으로부터 최대의 유익을 얻기 위해서는 현장 방문이 주의 깊게 계획되어야 한다.

결론

이사들은 회사를 성공적으로 감독하는 위치에 서기 위해서는 관리할 수 있는 형태로 충분하고, 적절한 관련 정보를 입수해야 한다. 이 일이 도전적이기는 하지만, 이사들은 무엇을 알 필요가 있는지, 아직 알지 못하는 것은 무엇인지, 그리고 이 간극을 어떻게 메울 것인지를 결정해야 한다. 결국 가장 중요한 것은 어떤 추가적인 정보가 입수되어야 하는지를 결정하고 이 정보가 올바른 형태로, 올바른 시기에 입수되게 할 필요가 있는 것은 이사회라는 점이다. 이사들이 수임인의 책임을 이행할 수 있는 능력은 이 일을 올바로 하는 것에 달려 있다.

경영진의 관점

이제 동전의 반대 쪽, 곧 최고 경영자와 고위 경영진이 이사들의 감독 활동에 도움을 주기 위해 어떤 정보를 제공해야 하는지를 살펴보자.

앞에서 말한 바와 같이, 이사회에 제공되는 가장 중요한 정보는 이사회 회의나 CEO로부터 나온다. 경험이 있는 CEO들은 대부분의 이사들은, 특히 그들 중 많은 이들이 자신이 전직 또는 현직 CEO들이기 때문에, 단어 이면에 있는 메시지를 읽을 수 있을 만큼 똑똑하고, 노련하며, 통찰력이 있고, 판단을 흐릴 수 있는 압력과 동기를 잘 아는 사람들이라는 것을 인식한다. 효과적인 CEO들은 이사회에 대한 소통이 복잡하지 않고, 정확하며, 완전하고, 솔직하며, 터놓고 말하는 것이 되도록 하기 위해 공을 들인다.

최고 경영자는 당연히 자신의 현재 실적 및 새로운 전략과 조치에 대한 이사회의 승인을 원하는 데, 우리는 일부 최고 경영자들이 있는 그대로의 진실이 필요함에도 불구하고 자신의 계획에 대해 긍정적인 채색을 하는 함정에 빠져드는 것을 봐 왔다. 대부분의 이사들은 이러한 은밀한 노력을 꿰뚫어 보며, 이에 대해 회의와 불신을 키울 뿐이다. 그러한 사탕발림 노력을 보게 될 경우, 그들은 처음부터 터놓고 말하기의 중요성만 강조할 뿐 이를 실천하지는 않는다고 생각하면 된다.

핵심 참모 직원

이사회 및 하위 위원회에 보고하는 다른 고위 임원들도 감사위원회는 재무 보고, 내부통제 및 이에 관련된 정보를, 보상위원회는 급여 · 연금 · 건강 보험 데이터, 성과 평가 및 승계에 관한 정보를, 감사위원회나 리스크 위원회 또는 전체 이사회는 리스크 및 리스크 관리 정보를, 그리고 이사회는 전략에 관한 정보를 정확하고 적절하게 받아 보기를 원한다는 것을 알게 된다. 그러나 이사회가 원하는 정보 이외에도 고위 직원들은 이사회가 무엇을 필요로 하는지도 고려해야 한다.

그러한 생각은 다가오는 이사회와 위원회 회의를 위한 자료를 담고 있는 회의 자료로부터 시작해야 한다. 이사들은 과거 실적 및 향후 예상실적, 이슈, 리스크, 기타 이사회가 정보에 입각한 현명한 결정을 내리는 데 도움이 될 만한 모든 것에 대한 완전한 그림을 제공해 주는 정보를 필요로 한다. 매우 중요하고, 종종 상당한 개선을 필요로 하는 것 중 하나는 향후의 회의에서 고려될 진정으로 중요한 이슈들에 대해 명확한 로드맵을 제공하는 것이다. 회의 자료는 대개 많은 데이터와 분석을 담고 있는데, 핵심 사안에 주의가 기울여지도록 하는 것이 필수적이다. 참모 직원들이야말로 이에 대해 알고, 이 이슈에 이사회의 초점을 맞추도록 촉진할 수 있는 최선의 위치에 있는 사람들이다.

컴플라이언스 책임자

회사의 최고 컴플라이언스 책임자는 일반적으로 CEO와 이사회에 보고할 것으로 기대된다. 그러나 너무도 흔히 컴플라이언스 수장首長이 개인의 결점 때문이 아니라, 컴플라이언스 프로세스가 구성되고 책임이 할당되는 방식 때문에 지지받을 수 없는 입장에 처해 있다.

그가 최고 법무 책임자이건 다른 사내 변호사이건, 또는 다른 전문가이건 간에, 모든 관련 법규를 준수하게 할 책임을 지는 컴플라이언스 책임자를 예로 들어 보자. 이 사람은 대개 행동 강령 및 관련 정책들을 가다듬고, 실제 또는 잠재적 미 준수 사례를 모니터하며, 경영진 회의, CEO, 감사위원회 또는 전체 이사회에 정기적으로 보고할 것이다. 보고서에는 대개 내부 고발자 채널을 통해 들어온 정보, 신규 및 기존 소송 사건, 취해진 시정 조치 등이 포함된다.

이 정보가 이사회에 유용하기는 하지만, 이러한 환경에서 일해 본 사람에게 명백한 한 가지 중요한 문제는 컴플라이언스 책임자가 조직의 법규 준수를 보장할 책임을 질 수 있다는 그릇된 생각이다. 컴플라이언스 책임자는 효과적인 컴플라이언스 프로세스를 만들 책임을 지는데, 이에는 책임이 필요한 곳에 놓이게 하는 것이 포함된다. 즉, 컴플라이언스 책임은 비즈니스 라인 및 스탭 부서의 리더들로부터 시작해서 조직 전체에 할당되어야 한다. 컴플라이언스 책임자는 이 프로세스를 지원 및 모니터하고, 보고 체제가 경영 구조상의 상부에 적절한 정보를 제공하게 하며, 관리자들이 새로운 법규 및 이 법규가 해당 관리자의 업무 영역에 어떻게 영향을 주는지에 관한 정보를 수령하게 한다.

이러한 맥락에서 CEO와 이사회는 컴플라이언스 프로세스가 어떻게 작동하는지, 정보가 어떻게 경영 구조에 흐르고 있는지, 그리고 어느 곳에서 병목 현상이나 붕괴가 일어날 수 있는지 등을 알 필요가 있다. 최고 컴플라이언스 책임자는 이사회를 위해 비즈니스 라인 및 스탭 부서의 경영진이 컴플라이언스 책임을 어느 정도로 수용하고 또 이를 이행하고 있는지를 포함한 관련 정보를 취합함으로써 중추적인 역할을 할 수 있다.

리스크 책임자

바로 앞에서 설명한 내용이 최고 리스크 책임자에게도 적용된다. 앞에서 언급한 바와 같이, 리스크 책임자는 리스크 파악, 분석, 관리 및 보고 책임을 져서는 안 된다. 그보다는 최고 리스크 책임자는 조직에 효과적이고 효율적인 리스크 관리 프로세스가 존재하도록 할 위치에 있다. 리스크 관리를 조직의 구조 안에 구현하는 일의 본질적인 성격으로 인해, CEO 및 이사회에 대한 보고는 경영 관리 구조를 통해 제공되는 것이 가장 좋다. 최고 리스크 책임자는 비즈니스 라인 및 스탭 부서의 보고를 모니터하고, 중요한 리스크들이 보고되지 않을 때에는, 자신이 이사회가 알 필요가 있는 것들을 보고하는 대비책이 될 수 있고 또 그래야만 하는 위치에 있어야 한다.

컴플라이언스 책임자의 경우와 마찬가지로 이사회는 어디에 책임이 놓여 있는지와 이사회가 수령하는 정보의 원천이 어디인지를 인식해야 한다. 그러나 이사회는 또한 이 프로세스가 어떻게 작동하고 있으며, 이 프로세스가 마땅히 있어야 할 곳에 가 있게 하기 위해 무엇이 필요한지도 알 필요가 있다.

추가적인 정보

이미 언급한 바와 같이, 이사회는 회사 안에서 무슨 일이 일어나고 있는지에 관한 정보를 필요로 할 뿐만 아니라, 정치, 사회, 경제적 요인과 경쟁자 · 소비자 · 공급자 등과 같은 산업 전반에 관한 맥락도 필요로 한다. 이 부분이야말로 경영진이 거버넌스 책임자나 비서실의 지원을 받아 이사들이 필요로 하는 정보를 제공하는 귀중한 서비스를 제공할 수 있는 지점이다. 그들은 예컨대 다음과 같은 정보를 제공할 수 있다.

- 회사에 우호적인 보고서 및 비판적인 보고서 모두를 포함한 애널리스트의 보고서
- 산업 및 시장에 관해 중요한 통찰력을 제공해 주는 특정 부문의 업종 간행물
- 회사, 회사의 제품, 평판 등에 가장 관련이 있는 인터넷 사이트에 대한 링크

• 회사 소유주들에게 가장 중요한 사안에 통찰력을 제공해 주는 주주들로부터의 소통

고위 임원들은 대개 이사들에게 유용한 다양한 정보의 원천을 알고 있다. 고위 경영진은 이사회에 적절한 정보를 제공할 좋은 기회를 가지고 있으며, 또 그렇게 하는 것이 좋다. 물론 중요한 것은 양이 아니라, 중요한 이슈에 대한 명확한 방향이 포함된 질이다.

이사회가 스스로 찾아보게 하기

대부분의 이사들이 회사에 관한 직접적인 지식을 더 많이 얻기 위해 회의장 밖으로 나가고 있는데, 경영진은 이에 소요되는 시간을 가장 가치 있게 보내도록 하려는 촉매와 촉진자가 될 수 있다.

그러나 해야 할 일과 하지 말아야 할 몇 가지 중요한 일이 있다. 긍정적인 인상을 제공하기 위해 이사들을 미리 선택된 곳으로 보내지 마라. 이는 재앙에 이르는 길이다. 이사들은 이를 인식하게 될 것이고 경영진에 대한 신뢰에 의문을 제기할 것이다.

보다 효과적인 방법은 회사 내부 및 외부의 여러 곳을 제시하여 각 이사들에게 정보 수집을 위해 가장 매력적이라고 생각되는 장소를 선정하게 하는 것이다 손쉽게 접근할 수 있게 하되, 회사 사람들과 자유롭고 개방적이며 모니터되지 않는 소통이 이루어지게 하기 위해 가능한 한 방문은 조직화되지 않아야 한다. 회사 및 회사 경쟁자의 소매 판매점을 방문할 경우, 이사들이 자기 신분을 감추고 판매원 및 고객들과 직접 대화하는 것이 가장 효과적이다. 방문 대상이 회사 설비나 고객이건 또는

공급자이건, 이사들이 가급적 나팔을 불지 않고 도착해서, 기꺼이 질문에 답하고 이슈들에 대해 토론할 사람에 쉽게 접근하는 것을 목표로 해야 한다.

이사회는 임원들의 인성 및 그들의 말과 행동을 포함하여 경영진을 진정으로 신뢰할 수 있게 되기를 간절히 원한다. 이번 장은 이사회 위원들에게 부화뇌동하지 말도록 촉구하는 것으로 시작하였다. 이제 CEO에 대한 이사회의 신뢰라는 맥락에서, 그리고 동음이의어同音異義語를 사용한다는 위험을 무릅쓰면, 우리는 휴렛팩커드HP의 마크 허드Mark Hurd에게 무슨 일이 일어났는지 알고 있다. 경영진이 그러한 신뢰가 잘 보존되는 방식으로 일하는 것이 절대적으로 최선의 방책이라고 말해 두는 것으로 충분하다.

HP 이사회의 정보 누설

앞에서 우리는 HP의 이사회가 CEO 마크 허드와 어느 여성 컨설턴트와의 부적절한 관계에 관해 알게 되었을 때 어떻게 했는지, 그리고 이 사건에서 배울 수 있는 교훈은 무엇인지에 대해 초점을 맞췄었다. 몇 년 뒤에 HP 이사회에서 일어난 일도 잊어서는 안 된다. 이 사건은 앞의 사건과 다르기는 하지만, 동등하게 중요한 교훈을 제공한다. 당시의 뉴스 보도는 다음과 같다.

누설

기억을 되살리자면, 한 명 이상의 HP 이사회 위원에 의해 비밀 정보가 언론 매체에 누설되고 있다는 증거가 있었다. 정보 누설 자체가 다른 커다란 실수로 이어진 첫 번째 실수였다고 지적할 수 있다.

우리는 이사들이 회사에 충성 의무를 갖고 있음을 알고 있는데, 이는 간단히 말하자면 이사들이 회사와 주주들의 이익을 자신의 이익보다 앞에 둬야 함을 의미한다. 이사들은 신의에 입각하여 성실하게 행동해야 한다. 이사로서 취득한 회사에 관한 모든 정보에 대한 비밀을 엄격하게 유지하는 것이야말로 이 책임에 아주 결정적인 요소이다. 달리 행동하면 이사회가 회사의 이슈들을 솔직하게 다룰 수 없게 되며, 효과적인 이사회의 성과를 위해 필요한 이사들 간의 신뢰가 파괴된다. 심각한 사안을 가볍게 말한다는 위험을 무릅쓰고 비유하자면, 이사회는 다음과 같은 라스베이거스의 광고와 같이 운영되어야 한다. "라스베이거스에서 일어난 일은 밖으로 가져가지 마세요!"

회사 정보 누설은 회사에 잠재적 책임을 지울 수 있다. 한 가지 이슈는 중대한 미공개 정보의 선택적 공시를 금지하는 증권거래위원회의 공정 공시 규정 위반으로 기소될 수 있는지 여부이다. 언론 매체에 대한 정보 제공에 관해서는 예외가 있지만, 한 명의 기자에게 정보를 누설하는 것은 보도 자료 배포와는 다르다. 확실히, 보도 자료 배포 또는 Form 8-K 자료 발표와 같은 보다 공식적인 정보 공개가 보편적인 관행이다. 아무튼, 정보를 누설한 이사가 의도적인 비행에 관여하기로 결심했거나 법률을 위반한 경우 법적 책임을 질 수 있다.

조사

정보 누설그런데, 이 누설은 이전의 이사회 의장이자 CEO였던 칼튼(칼리) 피오리나(Carleton(Carly)

Fiorina)의 임기 중에 발생했던 누설이 계속 이어진 듯하다이 발생했음을 알게 된 이사회 의장 패트리샤 던Patricia Dunn은 조사에 착수했다. 그녀는 이 조사 책임을 내부 인사에 부여했고, 이 과제는 회사의 보안 담당 이사 또는 최고 법무 책임자에게 맡겨졌다. 누구에게 맡겨졌는지는 명확하지 않았는데던은 밀접하게 관여하지 않았다고 말했다, 이는 부분적으로는 자신이 조사 대상에 포함되어 있기 때문이었다. 그러나 이 조사가 알려졌을 때 그녀가 회사의 최고 윤리책임자/고위 변호사 및 다른 내부 인사들과 접촉하고 있었던 것 같다.

독자들은 HP에서 조사 회사를 고용했는데, 이 회사는 또 다른 회사를 고용했고, 이 회사가 일반적으로 속임수를 써서 전화 녹음 등과 같은 개인 정보를 입수하는 용건 위장 pretexting에 관여한 것으로 알려졌다는 것을 기억할 것이다. 용건 위장의 윤리 및 적법성은 아무리 좋게 봐 줘도 의문시되며, 주에 따라서는 위법일 수도 있는데, 캘리포니아 주 검찰총장은 자신은 "범죄가 저질러졌다"고 믿는다고 말했다. 연방 법률도 관여되어 규제 당국이 사체 조사를 수행했으며, 최소한 한 곳의 의회 소위원회에서 이 사안에 대해 청문회를 열었다.

HP의 조사 결과는 조지 키워스George Keyworth를 지목했는데, 그는 자신이 기자에게 제공한 정보의 성격에 이의를 제기했지만 자신이 누설의 진원임을 인정했다고 한다. 던은 이 결과를 이사회에 보고했으며, 이사회는 키워스에게 사직서를 제출하도록 요청했다. 그는 자신은 주주들에 의해 선출됐으므로 이사직을 유지하겠다고 하며 이를 거절했다. 이사회의 동료이자 협력자인 토마스 퍼킨스Thomas Perkins는 키워스에 대한 사임 요청에 격분해서 이사직을 사임했다. 그의 사임 이유에 대한 보도는 상충되는데, 어떤 기사는 퍼킨스가 던에게 이 사안을 다른 이사들에게 알리지 말고 은밀하게 다루도록 요구했다고 하고, 다른 기사는 그가 이미 부적절한 조사 기법을 알고 있었고 이에 대해 항의하고 있었다고 말한다. 이 시점에서 우리가 확실히 말할 수 있는 것은 이사회 의장이 이사회에 이 조사의 결과를 알리는 것에 대한 우려는 잘못된 것 같다는 것이다. 이사회가 왜 이런 종류의 정보에 대해 보고 받지 않아야 하는지 상상하기 어렵다.

두 번째 실수

우리가 HP 이사회 회의장 안팎에서 일어난 일을 다 알 수는 없지만, 그 조사는 처음부터 부적절하게 처리되었다는 데에는 의문의 여지가 없다. 왜 이사회 의장이 회사의 내부 인사에게 이사회 위원들에 대해 조사하라고 지시했는지 이해할 수 없다. 이사회나 거버넌스 위원회 또는 감사위원회규정에 의해 그러한 조사를 수행할 책임이 있는 곳가 조사를 시작하는 것이 일반적인 관행이다. 그리고 이사회나 위원회가 원할 첫 번째 사항은 최고 법무 책임자나 회사가 일상적으로 거래하고 있는 법무 법인이 아니라 독립적인 법무 법인에 이 일을 맡기는 것이다. 그리고 이사회나 위원회는 이 조사 및 진행 경과를 모니터할 필요가 있다. 이러한 접근법을 취할 경우, 조사가 객관적이고, 법률의 테두리 안에서, 그리고 적절한 감독 하에서 수행되리라는 점을 믿고 안심할 수 있다.

실수가 끝났는가?

그렇지 않은 것 같다. 엉뚱한 이사가 사임한 것 같다. 본인이 언론에 정보를 누설한 것을 인정했고, 그 정보가 비밀 정보라는 증거가 나와 사안이 복잡해졌다면, 정보를 누설한 이사는 사임하는 것이 정상적일 것이다. 그러나 최소한 처음에는, 이 일은 일어나지 않았다. 상당히 오랜 뒤에야 키워스가 이사회에서 물러났다.

그것이 두 번째 실수라면 3(a)번째 실수는 다른 이사인 퍼킨스가 사임한 것이다. 일반적으로 회사에 위기나 다른 중대한 문제가 발생하면, 이사들이 모여 이 문제를 해결하고 모든 것을 제자리로 돌려놓기 위해 일한다. 어느 이사가 사임하는 것이 일리가 있는 경우도 있지만, 이 건은 이에 해당하지 않는 것 같다.

이보다 더 나빠질 수 있을까?

HP에게는 불행하지만 상황이 그렇게 되었다. HP가 퍼킨스의 사임을 공개하는 적절한 보고서를 제출했지만, HP가 사임에 대한 완전하고 정확한 설명을 제공했는지에 대한 의문이 제기되었다.

이는 최소한 두 가지 문제를 제기했다. 하나는 SEC 보고가 부적절했을 수 있다는 것이었다. 다른 하나는 적절한 공시 통제 및 절차가 결여돼 있음을 시사할 수도 있다는 것이었다. 독자들이 기억할지 모르겠지만, 사베인-옥슬리법은 섹션 404 이외의 통제도 요구한다. 이 법의 섹션 302는 회사가 SEC에 보고하는 모든 정보의 정확성을 확보하는 데 도움이 되는 통제 및 절차를 유지하도록 요구한다. 부적절한 보고가 발생했다면, 그러한 통제가 의심스럽다고 생각할 수 있을 것이다.

여파

물론 CEO 마크 허드는 이전에 발표되었던 이듬해 1월이 아니라 그

즉시 이사회 의장직을 물려받았으며, 던은 이사회 의장직뿐만 아니라 이사직에서도 물러났다.

문제는 이것이다. 그처럼 혹독한 시련을 겪은 이사회가 어떻게 조직을 추스를 수 있는가? 이사들 상호간의 상호 존중과 신뢰가 없을 경우 CEO에게 가치를 부가하는 조언, 상담 및 방향을 제공하고 CEO를 모니터하는 일을 효과적으로 수행하기란 불가능하지는 않을지라도, 확실히 어려운 일이다. 이사회가 해야 할 첫 번째 일은 위원들을 점검하여 이사회가 향후에는 효과적으로 기능을 발휘하게 하기 위해 어떤 변화가 필요한지 정하는 것이라고 생각할 수 있다.

나는 오랫동안 대부분의 경우 한 사람이 CEO와 이사회 의장 역을 겸하는 것을 옹호해 왔다. 그 이유 중 하나는 회사의 내부 및 외부에서 명확히 이해되는 강력한 리더십 및 하나의 권위를 증진하기 위함이었다. HP 이사회 및 회사의 핵심 직원들 사이의 지위와 이사회 소위원회라는 막중한 자리의 뛰어난 업무 처리에 근거해 볼 때 허드는 이 일에 적임자였으며, 최근의 사건에도 불구하고, 그의 실적은 이 일을 잘 수행할 능력이 있음을 입증했다.

한 가지 주의할 점으로는 이 사건에 대해 최초로 언급할 때 나는 당시에 허드가 조사에 직접적으로 관여했다거나 여하한 불법행위에 대해 알고 있다는 징후가 거의 없었음을 지적했다. 그는 HP의 행위에 대해 사과하고, 내부통제 프로세스 및 실행이 와해됐고, 실수가 저질러졌으며, 누구보다 자신에 의해 적신호가 무시되었다고 인정하면서 다시는 이런 일이 발생하지 않도록 하겠다고 말해서 점수를 땄다. 그러나 현재 그가 실제로 조사에 관여하였다는 주장이 있다. 최근에 그가 HP를 떠난 이상, 이제 이 이슈에 대한 논의는 무의미하다.

또 다른 누설 – 그는 무슨 생각을 하고 있었는가?

보다 중요한 것으로 그는 이에 대해 조금이라도 생각이 있었을까? 우리는 지금 다국적 기업의 최상부에 있던 라자트 굽타Rajat Gupta에 대해 말하고 있는 중이다. 그는 갈레온 그룹Galleon Group의 설립자인 라지 라자라트남Raj Rajaratnam이 내부자 거래 혐의에 대한 심리에 들어가기 직전에 그에게 불법적으로 내부 정보를 건네 준 혐의로 증권거래위원회에 의해 기소되었다라자라트남은 그 뒤에 사기 및 공모에 대한 14개 죄목으로 유죄 판결을 받았다. 하버드 경영대학원을 졸업하고 전직 맥킨지 사McKinsey & Co.의 수장이었던 굽타는 골드만 삭스, 프록터 앤 갬블 그리고 미국 항공의 모회사인 AMR의 이사회 위원이었다.

그는 무슨 짓을 저질렀는가? 물론 그는 유죄로 입증되기 전에는 무죄이며, 언론 보도에 따르면 변호사는 그가 아무런 잘못도 저지르지 않았다고 말한다. 그러나 SEC의 말은 이와 다르다. SEC는 굽타가 라자라트남에게 골드만 삭스와 P&G의 실적에 관한 정보를 미리 알려 줬다고 한다. 게다가 SEC는 굽타가 워런 버핏의 50억 달러 투자를 골드만의 이사회가 승인했다는 내부의 최신 정보를 갈레온의 수장에게 전화로 알려 줬다고 주장했다. 이 주장에 따르면 두 사람 사이에 수차례 통화가 있었고, 갈레온이 수백만 달러의 이익을 챙길 수 있었다. 특히 이 두 사람에게 골치 아픈 것은 SEC가 수많은 통화 녹음 기록을 가지고 있다고 말한다는 점이다. 라자라트남 심리 초기에 굽타가 와초비아Wachovia 및 AIG와 같은 회사의 인수에 관한 골드만 이사회의 민감한 토의의 상세한 내용들을 라자라트남에게 알려 주는 통화 기록 하나가 법정에서 재생되었다. 심리에서 녹음된 전화 통화 내용을 들은 골드만의 CEO 로이드 블랭크페인Lloyd Blankfein은 굽타가 회사의 비밀 정책을 위반했다고 증언한 것으로 보도되었다.

녹음은 강력한 증거이므로 잠시 모든 혐의가 사실이라고 가정하자. 여기서 적절한 질문은 이것이다. 이 사건이 굽타가 이사로 있는 회사의 이사회에 대한 불명예인가? 그런데, 보도에 따르면 그는 골드만 이사회의 재선임 신청을 하지 않았고, 보다 최근에는 P&G 및 AMR의 이사회에서 사임했다고 한다. 입수할 수 있는 정보에 기초한 내 대답은 "아니오"이다. 확실히 그 혐의가 사실일 경우 SEC 집행 위원회의 한 이사의 말이 적절하다. "굽타는 선도적인 상장 회사들의 최고의 신뢰를 받는 영예를 누리고 있었는데, 가장 민감하고 가치 있는 비밀을 공개함으로써 그러한 신뢰를 배반했습니다." 그러나 이사회 차원에서 부정행위를 예방하기 위해 무엇을 할 수 있었으며, 무엇을 해야 했을까?

우리는 이사회가 CEO와 고위 경영진이 무엇을 하고 있는지와 회사의 내부통제 시스템을 제대로 감시하는 것이 중요하다는 것을 잘 알고 있다. 우리는 컴플라이언스 책임자, 리스크 책임자, 그리고 내부 감사 부서의 중요성도 잘 알고 있다. 그러나 누가 이사회에 대해, 특히 정보를 언론 기관에 누설한 HP 이사 사례와 이곳에서 발생되었다고 주장되고 있는 사례에서와 같이 그들의 행동이 회사 자체의 바깥에서 벌어지고 있을 경우, 이사회를 감시하는가?

잠재적인 비행을 가장 잘 파악하고 관리하기 위해 이사 후보에 대해 철저히 조사하고, 동료 이사들을 잘 알며, 효과적인 이사회 및 내부 감사 프로세스를 유지하는 외에는 즉각적인 답이 없다. 이례적인 고결성과 윤리로써, 그리고 회사와 주주의 최선의 이익을 위해 행동하는 주요 회사들의 수많은 이사들이 있기에, 나는 크게 염려하지 않아도 된다고 믿는다. 그러나 그러한 일이 벌어졌고, 앞으로도 벌어질 가능성이 있음은 주의할 가치가 있다.

Governance
Risk
Management
And Compliance

Chapter 16

힘이 어디에 놓여 있는가

Where the Power Lies

Chapter 16

Where the Power Lies

주주들이 화가 났다는 것은 자명하다. 그들은 불투명하거나 나쁜 재무 보고, 터무니없어 보이는 CEO 보상, 포이즌 필poison pill; 적대적 인수 합병 시도가 있을 때, 기존 주주들에게 시가보다 싼 가격에 지분을 매수할 수 있는 권리를 부여해서 적대적 인수 합병 시도를 어렵게 하는 방어 수단. 네이비 지식 백과 – 역사 주, 시차 임기세, 그리고 이사회가 자신의 일을 하고 있지 않다는 인식에서 나오는 모든 것들에 대해 화가 나 있다. 어떤 이들은 이의 근본 원인은 이사회와 CEO의 관계가 너무도 편안해서 이사들이 합법적인 주주들의 필요에 관심을 기울이지 않기 때문이라고 말한다.

금융 시스템이 와해될 뻔 했던 와중에 자신들이 투자한 회사가 수십억 달러의 손실을 입어서 이사회가 경영진이 하고 있는 일을 감독할 책임에 실패했다는 신호를 보냈을 때, 주주들의 우려는 부글부글 끓는 수준을 넘어 폭발할 지경에까지 이르렀다. 그리고 제너럴 모터스의 CEO가 어느 기자에게 "나는 이사회로부터 전폭적인 지지를 받았다. 우리가 무엇을 하고 있는지에 대해 말하고 이에 대한 예상 시간표를 제시하면, 그들은 '그 결과가 어떻게 되는지 알려 달라' 고 했다"고 말했을 때, 주주들은 낭패스러워 머리를 흔들었다.

그러나 주주들이 상당한 권리를 얻는 방향으로 상황이 진전되었는데, 이러한 전개는 주주, 경영진, 이사회, 규제 당국 등에 상호 이익이 되는 방향으로 나아갈 것이라고 생각할 수도 있을 것이다. 아직까지는 변화에 대한 요구가 거세지기만 하는 것 같다.

이번 장은 힘과 누가 이를 휘두르는지에 관한 내용이다. 이사회가 회사에 막대한 비용을 초래하는 결정을 하거나 수익을 극대화하려 하지 않는다고 믿는 주주들은 자신들이 개입하여 상황을 바로잡을 수 있는 힘을 더 가져야 한다는 입장을 견지한다.

주도권 다툼

이사회와 주주 사이의 전쟁은 성공이나 실패, 변화하는 목표 및 기회, 그리고 상대방의 행동 등에 따라 달아올랐다 식기를 반복하며 오랫동안 맹위를 떨치고 있다. 어떤 이들은 이를 전쟁으로 보지 않고, 이사회와 주주의 역할은 주주 가치 향상이라는 공통의 목표 아래 계속 발전하고 성숙할 것으로 본다. 아마도 개인의 관점과 현재 비즈니스 주기의 어디에 있느냐에 따라 두 견해 모두 맞는 말일 것이다.

나는 이 주제에 대해 말을 하거나 글을 쓰는 것이 지뢰밭으로 들어가는 것과 같음을 알게 되었다. 지식이 있는 사람들은 강력한 의견을 갖고 있고, 이에 대해 얘기하는 것은 편안한 사교 모임이 되어야 할 장소에서 정치 얘기를 꺼내는 것만큼이나 격렬한 논쟁을 일으킬 위험이 높다. 그럼에도 불구하고, 이 이슈에 대해 모든 당사자들이 서로 이익을 볼 수 있는 방안을 모색할 가치가 있다.

주주, 이사회, 경영진 사이에 힘이 어떻게 나눠져 왔는지에 대하여 역사를 살펴볼 필요는 없고, 주주들은 회사의 주인들이고, 이사회는 경영진을 고용하고 감독하며, 경영진은 관리를 책임진다고 말하는 것으로 충분하다. 아주 간단하다. 그렇지 않은가? 모든 것이 잘 돼 가는 동안은 간단하다. 그러나 주주들이 나쁜 일이라고 믿는 일들이 회사에 발생하면, 그들은 조치가 취해지기를 원한다. 이는 우리에게 회사의 주인들이 이사들의 멱살을 잡고 그들을 내쫓는 것을 포함해서 얼마나 많은 것을 할 수 있는지, 할 수 있어야 하는지, 그리고 어떤 영향을 줄 수 있는지에 관한 질문을 제기한다.

주주 활동주의

우리는 기관 투자자들이 싸움에 끼어들기 오래 전부터, 수십 년 동안 상황을 개선시키기 위해 조치를 취하는 것을 봐 왔다. 몇 년 전에 나는 가장 기본적인 주주 권리라도 얻기 위해 애쓰는 루이스Lewis와 존John, 길버트Gilbert 형제와 시간을 보낼 기회가 있었다. 그들은 엑손Exxon, 당시에는 Esso의 1차 주주총회에 참석했던 얘기를 들려줬다. 그 회의는 뉴저지New Jersey의 어느 차고에서 약 30명이 참석한 가운데 열렸는데, 주주들은 아주 형편없는 대우를 받았다고 한다. 그런데, 이 형제들은 잔소리꾼들이 아니었고특히 루이스는 절실히 필요한 개혁을 이루기 위해 주식회사 시스템 안팎으로 일했던 주주 권리의 진정한 대변인이었다.

입법 프로세스, 정부 규제, 주식 거래소 규칙 제정, 그리고 사법 시스템을 통해 차츰 추가적인 진전이 이뤄졌다. 일부만 예로 들자면 이사회 및 핵심 위원회 위원의 독립성, 의장과 독립적인 위원들의 미공개 회의, 경영진 보상에 대한 공시 확대, 감사위원회의 재무 전문가 배치, 이사회에 대한 평가, 강화된 재무 보고 및 기타 공시와 같은 사안들이 확립되었다. 이러한 조치들로 이사회가 경영진에 대한 감독을 강화하고 주주들이 이사회의 프로세스 및 의사 결정에 대해 더 잘 이해하도록 도와주며, 이사회가 보다 더 책임을 지게 되는 위치에 서게 하였다.

그러나 점점 더 많은 것들이 요구되었고, 지금도 요구되고 있다. 주주들은 현재 위임장 권유에 대한 접근권, 임원 보수에 대한 투표say-on-pay, 브로커의 의결권 배제 등으로 더 큰 힘을 얻었으며, 이사의 과반수 선출, 모든 이사들의 연례 선출, 적대적 인수 합병 방어 수단 해체 등과 같은 사안을 계속 추진하고 있다.

그 과정에서 많은 긍정적인 개선이 이뤄졌지만, 주주 활동주의는 때로는 자체의 생명을 가진 듯하다. 나는 일부 활동주의자들은 조명을 받는데 익숙해졌을 뿐 아니라, 스스로 임명된 주주 사회의 대변인 역할을 즐기고 있다고 믿는다. 이런 주장을 지지할 증거는 없지만, 많은 활동주의자들과 상당한 시간을 보낸 나는 이러한 상황이 현실이라는, 그다지 어렵지 않은 징후를 봐 왔다.

이렇게 말은 했지만, 모든 주주들이 같은 입장을 취하는 건 아니다.

많은 이들이 재무적 구조조정이나 경영진 교체에 관심을 기울이는 단기적 처방에 초점을 맞추는 듯하지만, 장기적 관점을 취하는 듯한 주주들도 있다. 투자자들의 돈을 여러 해 동안 묶어 둘 수 있는 일부 활동주의자 회사들은 전략 및 비즈니스 운영을 개선하기 위해 노력하면서 두드러진 행동을 취하지 않고 있다.

최근의 성과

주주들이 최근에 얻은 성과로는 SEC에 의한 강화된 신규 공시 요건이 있다. 이 요건은 보상 정책과 이 정책이 리스크에 미치는 영향, 이사 및 이사 후보의 자격, 이사회의 리더십 구조, 보상 컨설턴트와의 잠재적 이해 상충과 같은 사안들과 관련이 있다. 이 새로운 제안들은 어느 정도는 많은 금융 시스템을 몰락시켰던 금융기관들의 이사회의 실패에 대한 대응의 일환이며, 대부분은 긍정적인 것으로서 투자자들 사이에서 널리 받아들여지고 있다.

일부에서는 이 공시들은 부담스러운 것이 아니며, 회사와 최고 법무 책임자, 비서실, 그리고 컴플라이언스 책임자들은 필요한 정보를 얻을 수 있는 위치에 있다고 말해 왔다. 이 말은 대부분 공정한 평가일 수도 있지만, 이러한 조치가 몇 가지 불안을 야기할 수도 있다. 이에 대해 좀 더 자세히 살펴보자.

보상 논의 및 분석

보상 논의 및 분석 공시 조항의 범위가 확대되어 "직원들에 대한 회사의 전반적인 보상 정책이 어떻게 회사의 리스크 및 리스크 관리에 영향을 줄 수 있는 인센티브를 조성하는지에 관한 정보"가 요구된다. SEC는 그러한 공시가 투자자들이 회사의 인센티브가 직원들에게 과도한 리스크를 취하도록 유혹할 수 있는지 아는 데 도움이 될 수 있다고 말한다. 확실히, 이 제안은 추가적인 공시를 필요로 하는 상황을 정확하게 제시한다. 최근의 역사에 기초해 볼 때, 이 규칙은 합리적이며 이치에 맞는다. 파산했거나 인수된 주요 투자은행들의 보상 정책이 거대한 월가의 실패에 중요한 역할을 했다는 증거가 있다.

그러나 개념적 토대에서 실패의 동인과 특수한 인과관계를 구별하기란 만만치 않다. 예컨대, 메릴 린치와 골드만 삭스의 보상 정책이 판이해서 그들이 다른 행태를 보였는가? 또는 한 회사의 임원들은 지각이 있어서 CDO라는 시류時流에서 벗어났고, 다른 회사에서는 그렇지 않았는가? 완전히 다른 결과를 보인 이 두 회사의 공시가 제안된 규칙 하에서라면 판이하게 달랐을까라는 의문을 제기할 수 있다.

AIG가 회사의 무릎을 꿇게 했던 런던 기반 금융 상품 부문에 관해 뭐라 공시했을까? 그 회사 자체가 이 부문의 활동에 리스크가 별로 없다고 생각했는데, 이 부문의 보상 정책을 뭐라 공시했을지 상상해 보면 참으로 흥미롭다.

이렇게 말은 했지만, 나는 실제로는 이 새로운 규칙이 더 나은 방향으로 행동을 바꿀 수 있다고 믿는다. 이에 대해서는 잠시 후에 좀 더 설명한다.

강화된 이사 및 후보 공시

SEC 규칙은 신임 이사나 현직 이사 모두에 대해 이사회 위원 후보들의 "특정 경험, 자격, 특성, 또는 기술"의 공시를 요구한다. 이 공시에는 후보의 특정 전문성 및 왜 이 사람의 서비스가 회사에 유익을 줄 수 있는지에 대한 설명이 포함된다. 다른 공시 사항에는 해당 후보와 관련된 일정 기간 동안의 법적 절차가 포함된다. 이 조항의 목적은 투자자들이 특정 이사 및 전체적으로 본 이사회가 회사에 적절한지 판단하는데 도움을 주기 위함이다.

회사의 소유주들이 점점 더 이사회 의석에 앉을 후보들을 지명하거나 다른 방식으로 누가 이사에 임명되는지에 대해 영향을 줄 수 있게 됨에 따라, 주주들이 정보에 입각한 판단을 내리기 위해 필요한 정보를 갖는 것은 이치에 부합한다. 보다 많은 관련 정보를 갖는 것이 좋은 일인지 여부에 대해서는 어느 누구도 합리적으로 의문을 제기하지 못한다. 그러나 어느 개인이 몇 구절의 글에 근거하여 해당 후보가 투자자의 최선의 이익을 대표하도록 선정되어야 하는지에 대하여 의미 있는 판단을 내리기에 충분할 만큼 아는 것이 가능한지 의문을 제기할 수 있다.

연관된 적절한 비유를 하자면, 상원이나 하원 의원 선출 시 한쪽 분량의 후보자의 배경 및 기술에 대한 설명에만 근거하여 투표하는 것과 유사하다고 할 수 있다. 이러한 공직 선거에서는 토론, 연설, 뉴스 보도, 사설, 논평정치 광고는 차치하고라도 등이 있는데, 이러한 경우에도 누가 최선의 후보인지를 결정하는 것이 만만치 않을 수 있다. 그래서 이사 선출 프로세스가 어느 정도까지 정치화될지 의문이 제기된다.

보상 컨설턴트

또 다른 요건은 보상 컨설턴트와 관련이 있다. 컨설턴트들이 임원 및 이사 보상 결정이나 권고를 넘어서 추가적인 서비스를 제공할 경우, 해당 서비스에 대한 설명 및 컨설턴트에게 지급한 수수료를 포함하도록 공시가 확대된다.

이는 SEC가 "컨설턴트의 임원 보수 권고의 객관성에 의문을 제기할 수도 있는 이해 상충의 외양外樣, 또는 리스크"라 묘사하는 것과 관련이 있다. 이는 오랫동안 논란거리였기 때문에 이러한 공시가 아주 유용할 수 있다. 솔직히, 특정 사례에서 보상 컨설턴트의 객관성에 대한 의문이 정당화되는지 여부에 관계없이내 경험에 의하면 최근에는 별로 우려할 필요가 없다, 나는 내 고객 이사회들에게 일반적으로 어떠한 문제도 피해 가기 위해 필요할 경우 다른 회사를 이용하는 것이 최선이라고 조언한다.

리더십 구조

이제 회사의 리더십 구조와 왜 이 구조가 회사에 최선인지, 그리고 이사회 의장이 CEO를 겸하는지 여부 및 그 이유에 대한 세부적인 설명이 제공될 필요가 있다. 그리고 선임 이사 및 그 역할에 관한 정보도 요구된다. 흥미롭게도 SEC는 이 규정이 이사회의 리더십 구조에 관한 의사 결정에 영향을 줄 의도가 아니라고 말한다.

그러나 나는 이 공시가 어떻게 전개될지 궁금하다. 농담조로 말하자면, 나는 "우리 회사의 CEO는 최근에 내부에서 승진되었으므로, 풋내기인데 의장직을 맡기에는 검증되지 않았다고 믿습니다. 그러나 몇 년 안에 우리는 그에게 의장직도 부여하여 한때 우리 회사에 한 명의 권위와 리더십이 있었던 시절로 복귀할 가능성이 높습니다."와 같은 진술을 생각할 수 있다. 의심할 나위 없이 다른 공시 시나리오도 생각할 수 있으며, 변호사들이 궁극적으로 어떤 안을 들고 나올지 흥미롭다.

리스크 관리에 있어서 이사회의 역할

이제 우리는 몇 가지 좋은 규칙을 갖게 되었다. "리스크 및 리스크 감독의 적정성이 최근의 시장 위기에서 수행한 역할"에 관해 명시적으로 밝히도록 한 SEC의 규칙은 회사의 리스크 관리 프로세스에서 이사회의 역할에 관한 정보를 요구한다. 이는 회사가 어떻게 "회사가 직면한 주요 리스크를 관리함에 있어서 이사회의 역할 및 이사회와 경영진 사이의 관계를 인식하는지"에 대한 설명을 필요로 한다. 이러한 정보는 이사회가 전체 이사회에 의해 이 책임을 수행하는지 여부, 리스크 관리자가 누구에게 보고하는지, 이사회가 리스크를 관리하는지 여부 및 관리할 경우 어떻게 관리하는지 등과 같은 사안을 다룰 것이다.

나는 이것이 경영진과 이사회가 리스크를 다루는 방식의 변화를 견인할 잠재력을 갖고 있기 때문에, 이를 공시 요건 중 가장 중요한 요소라고 믿는다. 이 영역의 공시가 그 자체로는 별 유익을 제공하지 않는다. 그러나 이러한 공시가 회사의 지도자들에게 리스크를 효과적으로 파악, 분석 및 관리하기 위해 실제로 무엇을 하고 있는지에 대해 어느 때보다 더 진지하게 고려하도록 촉구할 가능성이 있다.

보상 정책이 조직에서 리스크가 관리되는 방식에 어떤 영향을 주는지에 대한 공시는 리스크가 무엇인지, 이 리스크들이 어떻게 관리되는지, 그리고 이 리스크들이 회사의 전략, 성과 측정, 경영진의 인센티브 및 보상에 어떻게 연결되는지에 대한 평가를 필요로 한다. 이사회가 리스크를 관리하기 위해 무엇을 하는지 공시한다는 것은 이사들이 경영진이 리스크를 관리하기 위해 무엇을 하고 있는지 및 이사회가 어떻게 감독 책임을 진정으로 수행하고 있다고 안도할 수 있는지에 대해 보다 깊이 조사할 필요가 있음을 의미한다.

햇빛은 가장 좋은 살균제라는 말이 있는데, 여기에서도 이 말을 기억할 가치가 있다. 요구되는 공시들이 그 자체로는 많은 것을 달성하지 않겠지만, 경영진 및 이사회가 거울을 보고 자기 조직을 보다 깊숙이 파고들어 긍정적인 공시를 위해 필요한 일을 하게 하는 촉매제가 될 가능성이 있다.

물론, 표준 문안이 지배하고 의미 있는 변화가 일어나지 않을 가능성도 있다. 회의론자는 이곳에서도 그렇게 될 수 있다고 말하지만, 낙관론자는 이 기회를 포착하여 리스크가 보다 효과적으로 관리될 것이라고 말한다. 어떤 결과가 나올지는 시간이 말해 줄 것이다.

도드-프랭크법의 의결권 규정

이러한 성과에 더하여, 임원 보수에 대한 투표, 브로커의 의결권 배제, 보상위원회 및 보상 컨설턴트의 독립성 기준, 임원 보상과 회사 실적 사이의 관계 · CEO에 대해 지급된 보상과 다른 모든 직원들의 중간 보수 사이의 비율 · 회사 주식 지분의 헤지에 대한 신규 공시 의무, 사베인-옥슬리법의 조항을 넘어서는 환수 규정 등 주주들의 희망 사항 목록에 있던 많은 사항들이 실현되었다.

경영진과 이사회는 "독립성"과 "회사 실적"에 무엇이 포함되는지, "모든 다른 직원들"에 대한 보수의 중간 값에 어떤 비용이 포함되어야 하는지 결정하기 등과 같은 많은 영역에서 이 요건들을 다루기가 만만하지 않을 것이다. 세부 규정들이 곧 정해지겠지만, 이 규정들이 어느 정도로 구체적일지는 아직 정해지지 않았다.

그러나 10장에서 언급한 바와 같이, 도드-프랭크법 안에서 주주들의 희망 사항 목록 중 가장 큰 사항은 다름 아닌 주주들의 의결권 위임 권유에 대한 접근이다. 도드-프랭크법이 제정되기 얼마 전에, SEC가 주주들에게 의결권 위임 권유를 할 수 있는 방안을 고려했었다. 확실히 금융 시스템이 거의 와해될 뻔했던 시기의 이사회의 행동그리고 이의 결여이 이사회의 CEO 보수 처리에 대한 고질적인 불만과 결합되어 이 조치를 증진하는데 영향을 주었다. 그리고 SEC가 확실한 권한을 얻게 되자, SEC는 곧바로 조치를 취했다.

SEC의 규칙이 미국 상공 회의소와 비즈니스 라운드테이블에 의한 법적 도전을 이겨낸다면, 한 명의 주주 또는 일군一群의 주주들에게 최소 1인에서 최대 이사회 정원의 25%까지 후보를 지명할 수 있도록 허용할 것이다. 주주 선임에서 투표권을 행사할 수 있으려면 주주들은 의결권 있는 주식 총수의 3% 이상을 3년 이상 계속 보유하고 있어야 한다. 따라서 이사회 정원이 12석인 회사의 대주주들은 3명의 이사를 지명할 수 있다.

이 규칙에 대해 공공 및 민간 분야의 연·기금과 같은 기관 투자자들은 축배를 들었다.

주주들의 최선의 이익?

주주와 이사회가 어느 한 가지에 동의할 수 있다면, 그것은 회사의 성공적인 장기 실적이라는 목표일 것이다. 이를 염두에 두고, 의결권 위임 권유에 대해 뭐라고 말하는지 살펴보자.

- 어느 전직 SEC 위원에 따르면 이 규칙은 "기업 거버넌스를 불안정하게 하고 자본 형성과 투자자 보호에 줄 수 있는 유익을 훨씬 능가할 수 있는 역효과를 낼 조짐을 보인다." 그는 새로 선출된 이사들이 회사가 아니라 그들을 지명한 주주들에게 충성을 보일 수도 있다고 주장한다. 예를 들어, 노동조합과 공적 연금은 "흔히 SEC에서 만든 투자자 특권을 이용하여 이익 극대화와는 다른 의제를 추구한다."
- 어느 컨퍼런스 보드 블로그는 거버넌스 분야에서 활발히 활동하는 변호사들이 이 규칙은 상장 기업 이사들의 역할을 정치화할 것이라고 말하는 논평을 게재했다. 이사들은 "매년의 선거 사이클에 대처하느라 특수한 형태의 정치인들로 전환되고", 활동주의자들이 "막대해진 힘으로 연례 선거 사이에도 특별회의를 소집할 수 있는데, 이사들은 거버넌스 활동주의자들에게 충분히 불만족스러웠나면 이 회의에서 불신임 투표에 직면할 수 있다." "평생 연마한 기술을 사용하여 자신이 경력의 막바지에 가치를 부가하기 원하는 이사들은 이제 도날드 트럼프Donald Trump의 리얼리티 쇼의 견습생처럼, 공개적으로 해고될 수 있는 처지에 놓이게 되었다." 각각의 투자자들은 "결국 큰 손해를 볼 수 있는데 이는 일반적으로 가장 큰 기관 투자자들만 이 새로운 규칙을 이용할 수 있는 위치에 있다는 이유만이 아니라, 의결권 위임 권유가 대부분 그늘 속에서 작동하기 때문이다. 대형 기관 투자자인 주주들의 투표 의사 결정을 통제하는 이들은 흔히 내용 및 기조에 있어서 주주를 위한 가치 창조에서 벗어난 기업 거버넌스 의제 및 대중 영합주의자에 의해 사로

잡혀 있다. 더구나 기관 투자자들 중 많은 이들은 노동조합 및 거대한 공무원 연금을 운영하거나 관리자를 임명하는 정치인들의 특별한 이해에 의해 통제된다." 그들은 예를 들어, "우리는 해외의 공장 건설보다 훨씬 비싸다 하더라도 미국에 공장을 짓기 원한다"거나 "우리는 보다 비싼 친환경 에너지에 투자하기를 원한다"라는 신호를 어렵지 않게 보게 될 것이다.

- 비즈니스 라운드테이블은 다음과 같은 의견을 피력한다. "이 규칙은 효과적인 개혁이기는커녕, 특별한 이익 집단에게 협소한 의제를 추구할 수 있도록 허용하고 시장의 단기적 초점을 악화시키며 우리나라의 경제 회복이 위태로운 시기에 실행 가능한 해결책 보다는 불확실성을 더하게 될 것이다… 이 새로운 연방 권리는 장기적인 주주 가치 창출을 장려하기보다 이사회와 이사들의 손을 묶고, 비용을 증가시키고 12,000천 개가 넘는 비금융 상장 회사들에 추가적인 불확실성을 조성함으로써, 미국 기업들의 장기 성장에 초점을 맞출 수 있는 능력을 질식시킬 것이다. 비즈니스 리더들로서 우리는 이 조치에 강하게 반대하며 금융 규제 개혁의 실행을 둘러싼 많은 중요한 조치들 중 첫 번째 사안이 우리나라를 그처럼 위험한 길로 이끈다는 데 대해 극도로 실망했다."
- 월 스트리트 저널에 발표된 한 의견은 3% 소유 규칙은 독단적이며 1주 1표 원칙에 반한다고 말한다. 이 글은 이 규칙의 진정한 수혜자는 소액 주주들이 아니라, "흔히 그들의 협소한 정치적 이익을 전체 주주들의 이익보다 위에 두는 정치가들이나 노동조합 간부들에 의해 큰 영향을 받는 정치적 의제를 지닌 대형 공적 연금 펀드"들이라고 주장한다. 이 글은 예를 들어, "CalPERS캘리포니아 공무원 퇴직 연금의 의장이 당시에 파업

중이던 세이프웨이SafeWay 노동조합의 상무를 겸하고 있어서 이 노동조합을 지원하기 위해 세이프웨이에 대한 CalPERS의 투자를 이용"한 사례를 지적한다. 또한 이 글은 이 규칙에 반대했던 SEC 위원 캐들린 캐이시Kathleen Casey가 이사들에게 주주가치 극대화를 위한 수임인 의무가 있다는 오랫동안 이어져 온 가정으로부터 벗어났으며, 새로운 의결권 위임 프로세스는 "일부 이사들을 경영진의 적대자로 만들" 위험이 있음을 지적한다.

좋은 의도

확실히 의결권 위임 규칙의 배후에는 좋은 의도가 있다. 우리는 민주주의 사회에서 살고 있으며, 민주적 기관들의 유익을 가치 있게 여긴다. 비판자들은 회사의 소유주들은 누가 이사회에서 자신들을 대표해야 할지 결정함에 있어서 실제로 거의 아무런 목소리도 낼 수 없는데, 이사회가 스스로 영속시켜야 하는지 묻는다.

그러나 그러한 의결권 위임 권유에 반대하는 주장들에도 가치가 있으며, 그들의 예측은 모두 너무도 실제적이다. 나는 단지 개념적인 견지에서뿐 아니라, 경험으로부터도 이렇게 말한다. 나는 회사의 이사회 회의장에서 많은 시간을 보내며, 좋은 경우, 나쁜 경우, 추한 경우들을 봐 왔다. 자격이 있고 독립적인 선임 위원회가 훌륭한 이사들을 찾아내 일련의 적절한 특성 및 기술을 지닌 결속력 있는 이사회를 구성하고, 이사회는 합심하여 경영진에 대한 매우 효과적인 감독과 지도를 제공하는 곳에서는 좋은 쪽으로 진행된다.

그러나 나는 추한 경우도 봐 왔다. 공공부문이든 민간부문이든, 이사회가 선임권자 집단constituent group에 의해 선출되거나 임명되는 경우 재앙적인 결과가 나타난다. 이러한 이사들의 행동은 자신을 이사로 앉힌 사람들에게 자신이 그들의 의지를 수행하려 한다고 비춰지게 하는 증거가 된다.

선임권자에 의해 정해진 이사회 또는 다른 방식으로 특정 주주들의 대의에 초점을 맞추는 이사회는 종종 최악의 일을 한다는 것이 현실이다. 나는 특정 선임권자 집단에 의해 임명된 이사들이 기본적인 수임인 책임을 수행하지 못하는 사례들을 봐 왔다. 이사들은 충성 의무를 이행하도록 요구된다. 그들은 회사와 주주들의 이익을 자신의 이익보다 우위에 둬야 한다. 그들은 주의 의무, 합리적으로 정보에 입각한 의사 결정을 내릴 의무가 있기 때문에 이와 관련된 강조 사항으로 신의에 따라 행동하고 경영상의 판단을 고려할 의무가 있다. 그러나 이러한 이사들은 자신이 소수의 특정 주주들의 이슈가 아니라 회사와 전체 주주들의 최상의 이익에 부합하도록 행동할 책임이 있다는 것을 인식하지 못하는 듯하다. 반체제 이사dissident director가 있을 경우, 그 사람은 기껏해야 다른 이사들과 CEO 편에서 볼 때 눈엣가시에 지나지 않으며, 최악의 경우 이사회 회의 석상에서 혼란을 조성하고 분열을 야기하며, 이사회가 주요한 비즈니스 이슈에 집중하지 못하게 하는 경우가 흔하다.

대주주들은 의결권 위임 사안에서 그들의 주장을 인정받아 중대한 승리를 차지했다. 그리고 이 사안의 중대성은 표면적으로 드러난 것보다 심각한데, 이는 그들이 지명한 사람들이 이사회 의석을 차지하지 못하는 경우에도, 새롭게 부여된 힘이 이사회에게 각각의 선임권자의 목표를 만족시키는 행동을 취하도록 영향을 주는 쪽으로 은밀하게 사용될 것이기 때문이다.

이전의 시스템은 완벽했는가? 아니다. 그러나 새로운 시스템은 훨씬 덜 완벽하다. 이 새로운 규칙을 채택한 SEC 표결은 3:2였으며, 향후에는 보다 잘 아는 사람들이 득세할 것이다. 확실히 앞으로 보다 나은 거버넌스 프레임워크가 있어야 하며, 나는 주주 사회가 진정으로 중요한 것은 회사의 모든 소유주들의 장기적 가치 창출임을 인식하기를 바란다.

한편, 이사회는 의결권 위임 권유가 수반하는 잠재력에 비추어 이사 적격성 요건과 이사 자격 공시를 주의 깊게 조사하기 원할 것이다. 그러나 넓게 보면, 이사들은 특히 중요한 이슈들을 더 잘 이해하기 위해 어떻게 하면 주요 투자자들과의 소통 통로를 가장 잘 형성하거나 향상시킬 수 있을지 연구할 것이다. 새로운 의결권 위임 권유만이 아니라, 의무화된 임원 보수 투표 및 의결권 위임 자문 회사들의 영향력 증대도 이의 동인에 포함된다. 예를 들어, 인스티튜셔널 쉐어홀더스 서비시스Institutional Shareholders Services; ISS는 디즈니의 이사회에 몇 명의 임원들과의 고용 계약에서 세금 보전tax gross-up 조항을 빼도록 하고, GE의 이사회에 CEO 제프 이멜트Jeff Immelt의 스톡 옵션에 새로운 조건을 삽입하여 옵션 부여를 추가적인 성과 척도에 연결시키게 하는데 성공적으로 영향을 줬다고 보도되었다. 또한 ISS는 존슨 앤 존슨을 겨냥하여 CEO 윌리엄 웰든William Weldon의 보수 패키지에 반대표를 행사하도록 요구하고 있으며, 미국의 주, 카운티, 자치단체 공무원 연맹이 이에 가세하여 제품 품질 문제를 개선하기 위한 웰든의 노력에도 불구하고 "그는 회사를 이처럼 어려운 처지로 몰아넣은 사람 중 하나"라고 말하고 있다.

이사회와 경영진은 경연장이 균형이 맞춰졌음을 인식하고 어떤 우려가 있고 어떤 요구가 나올 수 있는지를 배우게 돼서 아마도 전에는 전혀

하지 않았던 방식으로 주주들에게 다가서게 될 것이다. 그리고 이는 불필요한 대립을 피하기 위한 신중하고 선제적인 행동을 가능하게 할 것이다. 일부 회사들의 이사회는, 특히 경험이 많은 기업 거버넌스 책임자가 있을 경우, 이러한 노력의 선봉에 서는 경영진에게 의존한다. 마가렛 페기 포란Margaret (Peggy) Foran은 오랫동안 그러한 역할을 해왔다. 아마도 그녀는, 여러 해 전에 피저Pfizer에 재직할 당시, 주요 주주들과 성공적으로 접촉한 최초의 인물일 것이다. 현재 푸르덴셜의 최고 거버넌스 책임자인 포란은 회사 소유자들과 장기적인 관계를 구축하고 있으며, 다른 회사들도 유사한 거버넌스 책임자 직위를 만들었고, 이를 고려하는 회사들도 많다. 일부 CEO들도 이에 가세하여 주요 주주들을 직접 만나고 있다.

핵심적인 경영진과의 소통 통로를 뛰어 넘어, 일부 회사들의 이사회들은 메시지가 명확히 전달되게 할 목적으로 이사회와 주요 주주들 사이의 직접적인 소통 통로를 설치하고 있다. 소통 통로들은 완전 공시 규정뿐 아니라 시간 제약이라는 현실도 반영하고, 비밀 유지 합의하에 또는 이사들은 듣기만 하는 방식으로 진행되겠지만, 그럼에도 불구하고 영향력이 있는 주주들에게 그들의 관심 사항을 소통할 수 있게 해 준다는 점에서 긍정적으로 작용할 가능성이 높다. 캘리포니아 주 교사 퇴직 시스템CalSTRS의 앤 쉬한Anne Sheehan과 ISS의 패트릭 맥건Patrick McGurn은 열린 대화를 하면 의결권 위임 권유나 기타 제안 가능성이 낮아진다고 말했다.

그러나 일부 회사에 있어 시간은 그들 편이 아니다. CalPERS는 최근에 자신이 다른 곳보다 실적이 저조한 것으로 간주하고 있는 회사들의 이사회를 재구성하기 위해 자격이 있는 이사 후보들을 찾아내 줄 회사를 고용했다고 발표했다.

어디에 선을 그을 것인가

"당신이 무엇을 원하는지 주의하라"는 말을 자주 듣는데, 이 말은 이 상황에서 새겨들을 가치가 있다. 주주 활동주의자들은 그들이 무엇을 원하는지, 그리고 무엇을 성취하려 하는지 극도로 주의해야 한다. 미국 기업들이 왜 성공해 왔으며 계속 성공할 수 있는지를 살펴보면, 일부 활동주의자들이 추구하는 종류의 변화들이 역효과를 낼 수 있음을 알 수 있다.

경험에 의하면 회사들은 뛰어난 경영진의 리더십 아래에서, 그리고 마찬가지로 뛰어난 이사회가 모니터링 역할을 수행하면서도 탁월한 조언, 상담과 지도를 제공할 때 성장하고 번창한다. 일부 이사회들은 특히 새로운 법규들이 그들의 컴플라이언스 및 모니터링 의무를 상당히 강조한 시기에 이 일을 잘 해오지 못했던 것이 사실이다. 그러나 이사회들은 회사가 직면한 도전과제들을 다룰 수 있는 위치에 있으며, 대부분의 이사회들은 자신의 책임을 효과적으로 수행해 왔다.

내 견해로는 주주들에게 정보나 정보에 입각한 판단을 내릴 능력 없이 의사 결정을 내리게 허용하는 것에 대해서 주의해야 한다. 회사와 주주들은 이사회가 하라고 맡겨진 일을 하고, 이 일을 잘할 수 있는 권한과 능력을 유지할 때 번성한다. 이는 이사회가 올바른 배경을 갖추고, 동료들 및 경영진과 협력하여 성장 및 수익을 견인할 수 있는 특질을 지닌 올바른 사람들로 구성되었을 때 일어난다. 그들은 지식, 리더십 역량, 경험 및 경영상의 판단을 이용하여 회사가 올바른 전략, 올바른 리더십, 그리고 주주 가치를 성장시킬 올바른 프로세스를 지니도록 한다.

앞에서 언급한 바와 같이, 우리는 이사회에 반체제 이사나 하나의 주제에만 몰두하는 이사가 들어오는 사례를 봐 왔다. 이러한 이사회들은 곁길로 벗어나고, 오랫동안 경영진에게 필요한 지침과 지도를 제공하지 못하고, 대신 경영진에게 일치하지 않고 때로는 모순되는 목소리를 낸다. 이사 선출 프로세스가 제한된 개인적 의제를 가진 소수 투자자들에게 장악되는 상황을 피해야 한다.

임원 보수에 대한 주주 투표제가 있음에도 불구하고, 일부 활동주의자들이 보수 결정권을 원하는 물밑 움직임이 있다. 명백한 질문은 이러한 결정들이 주의 및 충성 의무를 지고 성실하게 행동할 의무가 있는 회사의 이사회 및 보상위원회에 의해 가장 잘 이뤄질 수 있는지 여부이다. 이사회와 보상위원회는 실적 및 회사의 전략과 연결된 동기부여 요소들을 자세히 바라본다. 그들은 경쟁적 시장의 현실을 인식하며, 자격이 있는 독립적 보상 전문가들의 지원을 받는다. 그들이 보수 문제를 결정할 가장 좋은 위치에 있는가, 아니면 외부에서 바라보는 일군의 주주들이 그러한 위치에 있는가?

물론, 일부 이사회에는 나쁜 의사 결정을 내리고 보상에 관해 의미 있는 협상을 하지 못한 사례들이 있었으며, 사람들은 이 시스템이 망가졌다고 말할 수도 있을 것이다. 그러나 경험에 의하면 그렇지 않으며, 솔직히, 보상에 조명이 비춰지고 강화된 공시가 새롭게 요구되고 있으므로 우리는 보상 결정 프로세스에서 보다 세심한 주의가 기울여지는 것을 보게 될 것이다. 대체로 나는 지식이 없는 주주들이 이러한 종류의 결정을 해서 회사에 최선의 리더를 고용하거나 유지하지 못하게 될 가능성이 있다는 생각에 당혹감을 느낀다. 그리고 이사들도 향후의 선거에서 유보 투표를 하겠다는 위협에서 벗어나지 못한다.

내가 이 주제에 대해 처음으로 말하는 것은 아니다. 대부분의 식자識者

들이 그렇게 하고 있는 것과 같이 이 문제에 대해 가장 경험이 많은 사람 중 하나는 잘 알려진 사내 변호사 마틴 립톤Martin Lipton이다. 이사회 후보 지명 프로세스에 대해 그는 이렇게 말한다. "가장 중요한 기준은 역량이다. 이사회는 적절한 비즈니스 및 산업의 경험을 지닌, 자격을 잘 갖춘 사람들로 구성돼야 한다. 두 번째 중요한 고려사항은 협력 관계이다. 여러 갈래로 분열된 이사회는 제 기능을 제대로 하지 못하는 이사회이다. 회사의 이사회는 진영이나 당파 그리고 내부 분열 없이 단합된 일체가 되어 일할 때 일을 가장 잘하게 된다."

올바른 균형 찾기

주주 활동주의자들은 이사회 위원들은 CEO와 너무 가까워서 필요할 때 엄한 요구를 하지 않을 것이라고 되풀이해서 주장한다. 그러나 실세로는 CEO와 가까운 관계에 있는 이사들조차도 실적이 변화를 필요로 함을 시사할 경우, 주저하지 않고 최고 경영자를 해고해 왔다. 최근에는 미국 전역의 기업들에서, CEO들이 재임 기간이 5년도 안 되는 기록적인 속도로 바뀌었다. 물론 주주 활동주의자들이 임명한 이사들이라면 CEO를 보다 정규적으로 내쫓았겠지만, 그것이 회사의 최상의 이익인가? 아니면 이사회와 CEO가 공고한 관계를 가지고 최선의 전략과 실행 방안을 선정하기 위해 일하는 가운데 이사회가 회사를 가장 성공적으로 만들기 위해 고차원의 조언과 상담, 그리고 필요할 경우 지도를 제공해 주는 것이 더 나은가?

의심할 나위 없이, 일부 이사회들은 이 일을 잘 수행하지 못했다. 아마도 잘못된 판단에 대해서는 비난할 수 있을 것이다. 그러나 이사회에 특정 의제를 지니고 있는 이사들, 특히 특정 주주들의 이해로 보일 수 있는 의제를 지니고 있는 이사들이 있었더라면 일을 더 잘했을 것인가? 아마도 그들은 CEO의 보수를 삭감하거나 핵심 이슈들에 대해 주주들이 더 많은 발언권을 갖도록 하는 일은 더 잘했을 것이다. 그러나 이러한 행동들이 회사를 가장 잘 운영할 수 있고 주주 가치를 성장시킬 수 있는 올바른 결정을 내릴 수 있는 기량을 가진 사람들을 유치하여 유지하는 결과를 가져올 수 있었을까?

많은 이슈들의 경우에서와 마찬가지로, 대답은 적절한 균형을 찾는데 놓여 있는데, 나는 이 주제에 대한 내용은 와일, 가셜 앤 맹그스Weil, Gotshal & Manges 법무 법인에 의해 출판된 메모에서 따왔다.[39] 나는 이 메모의 저자인 아이라 밀스타인Ira Milstein과 홀리 그레고리Holy Gregory를 알게 되어 존경하게 되었으며, 그들로부터 주주들의 권리에 있어서 균형을 찾는 것에 대한 강조가 부각되고 있음을 보라는 권고를 받았다. 이 메모에 나오는 핵심 사항들을 읽어볼 가치가 있다.

- 주주 활동주의는 지난 20년간 회사 권력의 재조정에 강력한 자극을 제공해왔다… 이 변화가 거버넌스 관행을 이론적인 이사회에 대한 경영진의 책임, 그리고 주주에 대한 이사회의 책임에 더 보조를 맞추게 하는 한, 이는 교정 성격의 변화이다… 그러나 우리는 일단 적절한 균형이 이뤄지면 변화를 위한 힘은 줄어들어야 한다고 경고한다. 그렇지 않을 경우 새로운 불균형이 초래될 것이다… 활동주의자인 주주들그리고 그들이 흔히 의존하는 의결권 조언자들은 회사는 법률에 의해 "이사회에 의해 또는

이사회의 지도하에 관리된다"는 점을 존중할 필요가 있다. 참으로 이사회에 대한 이러한 법적 권한 부여는 주주들이 향유하는 유한 책임과 병행한다…

- 주주들이 이사회가 소극적이고, 주의를 기울이지 않으며, 다루기 힘들거나 경영진에게 사로잡혔다고 일반적으로 주장할 수 있던 시절은 지나갔다… 확실히, 이사회와 경영진은 주주들이 회사가 어떻게 다스려져야 하는지에 대한 매우 합법적인 이해관계를 지니고 있다는 점을 인식하는 데 있어서 많은 진전을 보였다. 주주 편에서의 보상은 관심이 있는, 그리고 미묘한 사안에 대한 지식에 입각하여 결정을 내리는 합리적인 소유자들로서 행동하는 것이다. 이러한 사람들은 거버넌스가 양호한지를 체크 박스에 표시함으로써 판단하는 경직된 방법을 피하는 사람들이고, 자신이 판단을 내릴 책임을 의결권 조언자들에게 양도하지 않는 사람들이며, 활동주의를 위한 활동주의를 피하는 사람들이다…
- 주주들이 회사의 의사 결정에 있어서 계속적으로 더 많은 발언권을 고집할 경우, 우리는 어느 지점에서 이사의 책임에 대해 재고할 필요가 있을까? 주주들이 자신들이 주도권을 잡기에 적절한 이슈들에 대해서는 한계가 있다는 점에 대해, 즉 회사의 일들을 지도하고 관리할 이사회의 책임과 주주들에게 부여된 유한 책임과 어울리는 한계에 대해 인식하고 이를 존중하지 않을 경우 회사의 권력 구조에서 영구적인 균형을 이룰 수 있는 기회를 상실할지도 모른다.

나는 이 권고에 박수를 보내며, 이 권고가 미국의 기업들을 성공으로 이끈다는 견지에서 올바른 관점이라고 믿는다.

우리는 어디로 나아가야 하는가

확실히 모든 시스템은 개선될 수 있는데, 주주, 이사회, 그리고 경영진 사이의 힘의 공유에 관해서는 특히 더 그럴 가능성이 높다. 선이 어디에 그어져야 하는가에 대해서는 정직한 토론이 필요하다.

우리는 주주 활동주의자들이 얻은 것들이 어떻게 자아도취적으로 될 수 있는지 봐 왔다. 그들이 힘을 얻고 조명을 받는 데 성공할수록, 그들은 더욱 더 적극적으로 될 것이다. 그러나 주주들의 수중에 더 많은 힘이 부여되는 것이 보다 나은 실적 및 더 큰 주주가치로 전환되는 것은 아직 보지 못했다. 나는 올바른 사람들이 CEO와 경영진에게 최선의 조언, 상담, 그리고 지도를 제공해 주는 현재의 협조적인 이사회 시스템이 미국의 기업들에게 최대의 계속적인 성공 가능성을 제공한다고 확신한다. 우리는 이러한 이사들이 정확히 어떻게 선출되는지에 대해 논쟁할 수 있다. 그러나 현재의 시스템보다 나은 시스템을 발견하기까지는 변화를 위한 변화를 모색하거나, 올바른 결정을 할 위치에 있지 않은 주주들에게 권한을 주기 위한 변화를 가하지 말아야 한다.

Chapter 17

이사회의 구조적 이슈들

Structural Issues at the Board

Chapter 17

Structural Issues at the Board

이사회 의장과 CEO의 역할을 결합할 것인지, 분리할 것인지의 문제는 격렬한 논쟁과 격한 감정, 그리고 때로는 긴장된 관계를 만든다. 많은 기관 투자자들과 선도적인 거버넌스 전문가들, 그리고 많은 현직 이사들은 두 역할의 분리에 찬성하는 반면, 의장직도 보유하고 있는 CEO들은 그렇게 될 경우 권한 및 회사 자체가 막대한 손해를 입을 것이라고 주장한다. 이번 장에서는 이 이슈와 이사회가 최고 경영자를 어떻게 감독하는지 그리고 이사들이 어떻게 보수를 받는지와 관련된 사안들을 살펴본다.

의장과 CEO직의 결합 혹은 분리

이론적으로는 한 사람이 두 가지 역할을 해야 한다고 주장하기 어렵다. 이사회는 경영진을 포함한 회사를 감독하기 위해 구성되었고, 또 그러한 책임이 주어져 있다. 따라서 회사를 경영하는 CEO가 자신이 의장으로 있는 이사회에 의해 감독된다는 것은 믿기 어려워 보인다. 확실히 의장과 CEO를 겸하는 회사의 이사회에서는 의장 겸 CEO가 의제 및 회의 석상의 토론 방향을 결정하거나 이에 강력한 영향을 줄 수 있다.

이사회의 역할이 주로 자문이었는지 모니터링이었는지를 포함하여, 권력 구조가 어떻게 발달하여 왔는지 살펴볼 가치가 있다. 수십 년 동안 많은 회사의 이사회들이 CEO와 고위 경영진에게 주로 조언과 상담을 제공해 왔다. 이렇게 된 데에는 많은 요인이 있다. 이사회 의장직을 겸하는 제왕적인 CEO가 등장하여 동료 이사들을 선택했는데, 그 중 대부분이 CEO의 친구이자 자신들이 전직 CEO였다는 사실도 이에 포함된다. 또한 최고 책임자급의 임원들도 이사회 의석을 차지하였다. 따라서 상당한 힘이 최고 경영자의 손에 통합되었다.

그러나 엔론, 월드콤, 그리고 기타 거버넌스 실패 사례와 사베인-옥슬리법 그리고 투자자 활동주의 및 관련 사건들로 인해 추가 옮겨져 이 모델은 변화하기 시작했다. 이사회 구성이 변화됐고, 경영진에 대한 모니터링에 우선순위가 주어졌으며, 의장과 CEO 역할 분리의 추동력이 커졌다.

지난 10년 동안에는 분리 추세가 명확했다. 약 10년 전에는 S&P 회사 중 이사회 의장과 CEO를 분리하는 회사의 비율은 21%였는데, 5년 후에는 29%였으며, 현재에는 40% 수준이다. 그러나 미국의 가장 큰 회사들 중에는 역할이 통합된 것이 일반적인데, 어느 조사에 의하면 시가 상위 100대 기업 중 9%만이 집행 임원이 아닌 이사회 의장을 두고 있다.[40]

통합

회사 생활의 중요한 실제적 측면을 무시한 채 역할을 분리하는 방향으로 추가 너무 빨리 움직이는 것은 아닌가라는 설득력 있는 질문이 제기된다. 현실적으로, 압도적으로 대다수의 대규모 상장 기업들이 계속 의장 겸 CEO에 의해 경영되면서 일반적으로 좋은 결과를 내고 있다. 한 사람의 손에 권한을 부여하면 조직이 보다 민첩해지고 신속하고 단호하게 움직일 수 있게 해 주며, 회사의 내부 및 외부에 있는 모든 사람들에게 권한 또는 책임의 분리라는 이슈가 없다는 점을 말해 준다. 많은 사람들이 결정을 내려야 할 때에는 올바른 전략 수립을 독려하고, 이사회 및 고위 경영진에게 이 전략의 이점을 납득시키며, 이의 효과적인 실행을 독려할 위치에 있는 상층부의 한 사람이 이에 대한 책임을 져야 한다고 믿는다. 대외적으로는 한 목소리가 해당 기업을 위한 단일한 메시지를 내보낸다.

이사회가 경영진이 곧고 좁은 길을 유지하게 하는 데 한층 더 주의를 기울이는 것과 병행하여, 이사회에 중요한 변화가 많이 일어나 통합된 의장-CEO의 권한에 균형을 제공해 주고 있다.

- 이사회 구성이 재정렬되었다. 이제 독립적인 이사의 수가 더 많으며, 감사 · 이사 선임 · 거버넌스, 그리고 보상위원회 등 핵심 위원회들은 전적으로 독립된 이사들로 구성된다.
- 선임 이사lead director 또는 일부의 경우 수석 이사presiding director가 이사회의 여러 리더십 책임을 수행하며, 강력한 의장-CEO에 대한 균형 추 역할을 수행한다. 이 선임 이사는 이사회의 의제를 정하고 정보를 요구

할 권한이 있으며, 이사회 회의가 어떻게 운영될지 결정하는 역할을 하고, 독립적인 이사들이 의장-CEO가 원하는 것에 반할 수도 있는 어떤 조치를 취할 필요가 있는지 결정할 수 있게 해 주는 중요한 중심점이 된다.

- 독립적인 이사들은 CEO나 다른 경영자들이 참석하지 않은 가운데 정기적으로 비공개 회의를 개최한다.
- 회사가 CEO와 이사회 의장의 역할을 분리했는지 여부 및 그 이유를 포함하여 회사의 리더십 구조를 새로 공시하도록 요구한다.
- 이사회의 감독 아래 임원급이 담당하는 행동 강령 및 내부 고발자 채널이 갖춰져 있으며, 경영진과 외부 감사인은 재무 보고에 대한 내부통제의 유효성에 대해 보고한다.

역할의 통합을 지지하는 입장에서는 이러한 변화들이 이뤄져서, 회사는 집중된 권한을 지닌 강력한 CEO와 자체의 리더십을 가진 독립적인 이사회에 의한 면밀한 모니터링이라는 두 가지 장점들을 모두 지닐 수 있기 때문에 집행 임원이 아닌 의장을 둘 필요가 없다고 주장한다.

분리

그럼에도 불구하고 분리에 대한 압력이 커져 가고 있다. 2002년에 컨퍼런스 보드 블루리본 위원회의 영향력 있는 보고서가 CEO-이사회 관계를 바르게 하는 일의 중요성을 강조하고 회사들에게 의장직과 CEO직을 분리할 것을 주의 깊게 고려해 보라고 한 것이 이 주장이 힘을 얻게 된 계기가 되었다. 이 보고서는 다음과 같은 두 가지 다른 대안도 인정했다.

1. 의장과 CEO의 역할은 별도의 인물에 의해 수행되어야 하며, 의장이 거래소의 정의에 의할 경우 독립적이지 않으면 독립적인 선임 이사가 임명되어야 한다.
2. 이사회가 두 직무를 분리하지 않았거나 분리를 위한 과도기에 있을 경우, 수석 이사직을 설치해야 한다.[41]

그 이후, 다수의 회사들이 아무도, 특히 다른 사람의 돈으로 투자된 회사를 경영하는 사람은 자기 자신에게 보고해서는 안 된다는 논리를 받아들였다.

미국의 분리 추세와 병행하여 다른 많은 나라에서 의장과 CEO를 분리하는 것이 일반 규범이라는 점이 주목되었다. 워싱턴도 이를 감지하고, 때때로 분리를 요구하는 법안을 제출하였다. 의장직과 CEO직을 분리하면 보다 사기적인 재무 보고와 이와 관련된 큰 낭패, 소위 기이한 보상 패키지를 피하고, CEO가 재앙적인 결과를 가져올 수 있는 전략이나 변칙적인 거래를 하지 못하게 하는 데 도움이 된다는 견지에서 CEO에게 보다 많은 견제와 균형을 가하기 원하는 일부 기관 투자자 등을 포함한 다른 많은 곳들도 압력을 가하고 있다.

사실, 한 사람의 손에 너무 많은 힘이 있으면 그 자체에 위험이 내포되어 있으며, 생각에 흠이 있고 독립적인 이사회에 의해 견제 받지 않는 강력한 의장 겸 CEO는 재앙에 이르는 길이다. 자기 회사의 기업 거버넌스 등급 점수를 개선하거나 임원 책임 보험 보험료를 낮추기 원하는 회사들도 한 사람이 두 가지 역할을 겸하지 않는 이점을 홍보한다.

경험이 많고 매우 존경 받는 거버넌스 전문가인 아이라 밀스타인Ira

Milstein은 가장 노골적인 분리 옹호자이다. 또 다른 선도적 거버넌스 전문가인 찰스 엘손Charles Elson이 최근에 이끈 라운드테이블에서 밀스타인은 분리에 대한 이론적 논거를 나열하며 자신의 경험도 덧붙였다. "나는 지난 25년간 이사회 회의장에서 살았습니다… 그리고 한 가지가 확실하다는 것을 압니다. 테이블의 상석上席에 앉는 사람이 이사회를 주재합니다. 상석에 앉아 있는 CEO가 이사회도 주재한다면, 그 회의는 독립적인 의장에 의해 진행될 때와는 아주 다를 것입니다." 그러나 밀스타인은 분리를 강제해서는 안 되며, 두 직무를 겸하고 있는 사람들이 그 중 하나를 내놓도록 강제되어서는 안 된다고 믿는다.

일부 주요 회사들의 전직 의장 겸 CEO들도 몇 가지 추가적인 이유를 제시하며 분리에 대해 찬성 입장을 밝힌다.

- CEO들은 이사들의 의견을 이끌어 내고 이슈에 대해 합의를 이루려고 노력하는 것을 포함하여 이사회 운영에 점점 더 많은 시간을 할애한다. 이로 인해 기업을 경영할 시간이 줄어든다. 어느 CEO는 자기 회사에서는 이사회 의장직이 상근을 요하는 일full-time job임을 인식하여 사장이 CEO의 책임을 넘겨받았다고 말했다.
- 효과적인 독립적 의장이 있을 경우, 그렇지 않았을 경우 다른 이사들이 갖지 못했을 추가적인 정보 통로가 생겨서 중요한 이슈들에 대한 더 나은 통찰력을 가질 수 있게 해 준다.
- 독립적인 의장은 이사회의 목소리를 CEO에게 보다 효과적으로 낼 수 있는 위치에 있다.
- 의장은 또한 주요 주주들과 효과적인 소통 통로 역할을 할 수 있다.

「이사회의 틈새 메우기Bridging Board Gaps」라는 최근의 보고서는 이사회 의장과 CEO의 역할을 분리하는 것이 최선인지를 포함하여 이사회의 성과를 둘러싼 현재의 많은 이슈들을 다룬다. 이 보고서는 양자의 역할을 통합하는 것이 적절할 수도 있는 상황을 제시하기는 하지만, "기본적인" 옵션은 독립적인 의장이어야 한다고 결론짓는다. 이에 관한 근거와 이러한 권고 및 기타 권고에 대한 근저의 논의에 대해 관심이 있다면, 이 연구는 분명히 읽어볼 가치가 있다.[42]

함정을 조심하라

이사회 의장과 CEO직무를 분리하면 상당한 이점을 제공하지만, 이와 관련된 위험들도 있는데, 이 중 몇 가지에 대해서는 위에서 언급한 라운드테이블에서 명확히 지적하였다. 독립적 의장이 있을 경우 다른 이사들은 뒷전으로 물러나고 의장이 무거운 짐을 지는 경향이 있을 수 있다. 집행 임원이 아닌 의장 역을 수행하기도 했던 어느 대기업의 전직 의장 겸 CEO는 "다른 이사회 위원들의 권리 박탈과 각각의 모든 이사들로부터 적극적인 기여를 얻어내지 못하는 것"을 경고한다. 또 다른 사람은 이사들이 다소 게을러지고 의장에게 경의를 표하면서 덜 근면해질 수도 있다고 말한다. 그리고 두 명의 강력한 사람이 최고 자리에 있으면 CEO의 권위가 훼손되는 문제가 생겨날 수도 있다. 집행 임원이 아닌 의장이 CEO 자리도 꿰차려고 할 경우 문제가 복잡해질 수도 있다.

역할을 분리할 경우 때로는 또 다른 문제가 대두된다. 즉 자신들의 역할이나 CEO가 특정 이슈를 처리하는 방식에 불만을 품은 관리자들이 집행 임원이 아닌 의장에게 자기만 문제라고 인식하는 것일 수도 있는 사안을 설명할 수도 있다. 그러다 보니, 불만의 저류와 CEO의 권위를 훼손할 수도 있는 통로가 생겨날 수 있다.

흥미롭게도, 이 라운드테이블의 모든 참여자들은 CEO와 의장 직 분리가 강제로 이뤄져서는 안 된다고 강조한다. 그 이유는 다양하다. 상황과 개인에 따라 결정이 이뤄져야 한다고 하는 사람이 있는가 하면, 어떤 이들은 상원의 법으로 인해 거버넌스 이슈를 다뤄야 할 주법을 연방법이 대체할 것이라는 우려를 지적한다.

"올바른" 대답

모든 회사를 위한 올바른 대답은 없지만, 독립적인 의장을 지지하는 강력한 논거가 있다. 나는 오랫동안 의장과 CEO가 결합한 형태의, 조직에 있어서 하나의 권위라는 주장을 옹호해 왔다. 나는 회사의 임원이 새로운 CEO로 승진한 경우 의장직까지 부여하기 전에 새로 맡은 역할에서 어느 정도의 실직 검증 기간이 유용한 경우와 같이 두 직무를 분리하는 것이 매우 일리가 있는 경우도 언급했다. 새로 CEO에 임명된 사람이 비교할 만한 회사의 CEO나 이사직을 수행해 본 경험이 없을 경우 이러한 분리는 더욱더 이치에 맞는다. 그러한 경우, 새로운 CEO는 이사회 의장직에 대한 책임을 맡지 않은 상태에서 CEO직에 대해 충분히 배우게 될 것이고, 이사회는 CEO가 어떤 실적을 내는지 볼 수 있는 기회를 가지게 될 것이다. 그러다 시간이 지나면서 이사회가 두 직무를 CEO에게 맡겨도 되겠다고 생각하면, 그 때 양자를 결합하면 될 것이다.

분리를 고려할 수 있는 또 다른 상황은 의장 겸 CEO가 매일의 업무로부터 물러나 의장의 책임만 맡기 원하는 경우이다. 전환기도 두 역할을 분리할 좋은 이유가 될 수 있다. 의심할 여지없이 분리가 적절한 다른 상황도 있을 것이다.

앞에서 언급한 바와 같이 우리는 의장과 CEO가 통합된 모델에서 회사가 큰 성공을 거두는 경우를 봐 왔으며, 나는 이 모델이 널리 퍼져 있는 미국에서는 회사의 내부 및 외부에서 한 사람이 책임을 지고 있는 모습을 보여 주는 것이 중요하다는 입장을 오랫동안 유지해 왔다. 우리가 이를 좋아하든 싫어하든, 미국의 기업에서는 의장 겸 CEO라는 이미지와 CEO 직책만 가지는 사람이라는 다른 이미지가 존재해 왔다. 옳건 그르건, 양자는 조직의 내부와 외부에 비쳐진 권위 및 일들을 해낼 수 있는 능력이 달랐다.

그런데 몇 가지 이유로 내 견해가 바뀌고 있다. 그 이유 중 하나는 이미 두 역할을 분리한 미국의 회사들이 하도 많아서, CEO가 이사회 의장 직책도 맡지 않는 것이 더 이상 오명汚名이 아니다. 그리고 내가 최근에 의장과 CEO 역할이 통합되지 않은 회사의 이사회와 일해 본 경험에 의하면, 양 직무의 분리는 실제로 좋은 효과를 낼 수 있다. 이러한 회사들 중 한 곳에서는 CEO가 회사를 운영하고 의장이 이사회를 운영하는 오랜 역사를 보여 주고 있다. 이 회사에서는 중복되는 부분이 거의 없고, 자존심은 억제되며, 활력 및 결과는 뛰어나다. 오랫동안 훌륭한 실적을 보였던 다른 회사에서는 상황 상 CEO가 의장직을 양도하게 되었다. 그와 이사회는 아직도 변화하는 관계를 정의하고 있는 중인데, 그들은 올바른 경로에 있으며 이 이슈는 앞으로 효과적으로 다루어질 것으로 보인다.

내 견해는 또한 금융 시스템의 위기 중에 주요 금융기관들이 도산하거나 거의 와해될 뻔했던 상황을 지켜본 결과로 변하고 있다. 대부분의 회사들은 모든 책임모니터링, 자문 및 지도을 효과적으로 수행할 유능한 이사회를 필요로 한다는 것이 명백한 데, 독립적인 이사회 의장을 두는 것이 이에 대한 해법의 일부일 수 있다. 나는 하나의 모델을 강제하지는 않겠지만, 두 직무를 분리해야 한다는 주장이 보다 설득력이 있다.

양자를 분리할 경우, 올바른 사람에게 올바른 역할을 맡기는 것이 매우 중요해진다. 각자 자신의 책임, 권한, 그리고 한계를 알아야 한다. 각자 다른 사람을 이해하고 신뢰할 필요가 있다. 그리고 두 사람 모두 각자의 역할을 수행할 기술과 능력을 보유할 필요가 있다. 즉, 이사회 의장은 자신의 역할은 회사를 운영하는 것이 아니고 이사회를 운영하는 것임을 이해해야 한다.

도처의 압력에도 불구하고, 아직까지는 입법자, 규제기관, 그리고 규칙 제정자들이 미국 기업의 의장과 CEO 분리를 요구하지는 않았다. 아마도, 이들은 계속해서 시장이 무엇이 최선인지 결정하도록 할 것으로 보이기에, 앞으로도 이사회가 무엇이 회사와 주주들에게 최선인지를 인식하고서 사안에 따라 결정을 내릴 것으로 보인다.

변화하는 지형 안에서 CEO에게 힘 실어 주기

이사회가 그 책임을 가장 잘 수행하기 위해 어떻게 구성되어야 하는지에 대해 이사회와 활동주의자 주주들 사이에 오랫동안 세력 다툼을 벌여왔다. CEO와의 관계, 특히 어떻게 CEO에게 성공적으로 기업을 운영하고 회사의 목표를 달성하도록 해 주는 감독을 제공할 수 있느냐가 이 이슈의 중심에 있다.

CEO에 대한 기대와 압력은 계속 변할 것이라는 데에는 의문의 여지가 별로 없기 때문에, 어느 CEO가 모든 이해 당사자들의 요구를 만족시킬 수 있는가라는 실제적인 문제가 있다.

이사회 회의장의 반란

몇 년 전에 뉴욕 타임즈는 월 스트리트 저널 부편집장 알란 머레이Alan Murray가 쓴 이 섹션의 제목과 같은 『이사회 회의장의 반란』이라는 새 책에 대한 해설을 실었다. 뉴욕 타임즈의 기사는 머레이의 몇 가지 요점을 강조했다.

- 언론 매체는 CEO를 회사의 중심으로 묘사할지도 모르지만, 그렇지 않다. 머레이는 이렇게 말한다. "실상, CEO의 권한은 크게 약화됐으며 지금은 다른 사람이사회, 규제 당국, 연금 관리자, 헤지 펀드 관리자, 회계사, 변호사, 시민단체과 권한을 공유하는데, 이들은 모두 회사의 일에 있어서 열심히 자기 목소리를 내고 있다."
- 머레이는 추락한 저명 최고 경영자를 포함하여 "놀랄 만큼 연쇄적으로" 많은 CEO들이 물러났음을 언급한다. 각각의 경우에, CEO의 퇴임은 이사회가 더 이상 재무적이든, 관리상이든, 개인적이든 최고 경영자의 실패에 대해 눈감아 주지 않겠다는 신호였다. 머레이는 이러한 CEO의 사직이 2005년 말 기준으로 과거 5년간 CEO 교체가 126% 증가한 보편적인 추세의 일부라는 점을 보여 주는 통계 수치를 인용한다.
- 머레이는 투자자들이 "자신의 주식 시장의 부가 사라지고 거의 날마다 임원들의 배신에 관한 보도가 나오는" 데에 격분했다고 말한다. 회사의 이사들도 CEO의 비행에 대해 자신들이 개인적으로 책임을 질 수도

있다는 인식에 자극되어 반란을 일으켰다. 이사들은 깨어나도록 강요받았고 이사회 위원 자리가 "그저 수월한 명예"가 아니라 "무거운 책임"임을 깨달았다.

- 성공적인 임원들은 이제 덜 독재자처럼 행동하고, 더 다양한 이해관계자들에게 대답하는 인기 영합주의 정치인들처럼 행동한다. 노동조합 간부, 시민단체, 헤지 펀드 관리자 등 머레이가 "새로운 권력 엘리트"라 부르는 집단이 출현했다.
- CEO들, 특히 실패한 CEO들에 대한 과도한 보수에 대한 격분이 중산층 사이에 급등하고 있다. 머레이는 "CEO들에 대한 공격은 이제 겨우 대두하기 시작한 보다 크고 넓은 중산층의 반란의 최선봉일 수 있다"고 말한다.
- 상장 회사들의 이사회는 통제하기 힘들고 비효과적이라는 견해가 있으며, 이사회는 회사를 경영할 수 없다는 선 AIG CEO 모리스 그린버그Maurice Greenburg의 주장도 있다. 이 주장은 휴렛팩커드의 이사회가 피오리나를 쫓아내고, 비집행 임원 패트리샤 던을 의장에 임명한 뒤, 궁극적으로는 CEO 마크 허드에게 의장직까지 부여하여 "HP의 새로운 거버넌스 구조 실험을 끝낸" 이야기에 의해서도 지지된다.

미래에 관해서 머레이는 이렇게 말한다. "낙관주의자들은 이 격변을 겪고 난 이상 보다 반응을 보이고, 보다 민주적이고, 보다 사회적 책임을 다하는 기관들이 출현할 것으로 본다. 비관주의자들은 오늘날의 정치를 괴롭히는 동일한 병폐들양극화, 불화, 그리고 교착 상태이 나타나 회사의 발목을 잡지 않을까 두려워한다.

이 모든 것이 의미하는 바는 무엇인가?

그린버그와 허드 그리고 그 이후 AIG와 HP에서 일어난 일에 대한 언급에도 불구하고, 머레이의 관찰은 주의할 가치가 있다. 확실히, 미국 기업들에서 중대한 힘의 이동이 있었다. 한때에는 모든 것을 할 수 있었던 제왕적 CEO는 변화되었다. 그 자리에 있는 사람이 여전히 회사를 경영하는 최고 책임자이기는 하지만, 그(녀)는 이제 이사회에 보고한다. 물론 회사가 다양한 만큼 CEO들의 유형도 매우 다르지만, 확실히 힘의 이동은 실제적이다.

많은 회사의 CEO들이 여러 측면이사회, 기관 투자자, 규제 당국, 변호사 등으로부터 포위되어 있다는 것도 사실이다. 내 견해로는 가장 주요한 질문은 이것이다. 최고 경영자가 언제 회사를 경영할 시간을 낼 수 있는가?

많은 CEO들과 일해 본 나는 다양한 접근법이 채택되고 있음을 봐 왔다. 일부 CEO들은 일상적인 비즈니스 운영은 최고 운영 책임자나 다른 고위 임원에게 맡겨 두고, 자신은 전략 조율, 주요 거래 고려, 이사회 관련 업무, 그리고 핵심 신규 고객이나 관계 개발 등에 초점을 맞춘다. 또 어떤 이들은 자신의 장점과 관심이 회사의 필요와 어느 지점에서 만나는지에 따라 대내 또는 대외 업무를 수행한다.

그러나 다수의 CEO들이 이사회, 이사회의 핵심 하위 위원회, 개별 이사들, 기관 투자자, 회계사, 시민단체 등에 시간을 할애하면서도 회사 전반을 경영하고자 한다. 또한 법규 준수, 조사가 아니기를 희망하지만 감독 당국에 대한 보고서 제출, 그리고 CEO의 개인적 시간과 주의를 요하는 다른 많은 이슈들도 처리한다.

경영진, 이사회, 그리고 주주들 사이에는 적절한 균형이 있다. 그리고 기관 투자자들의 부상浮上이 어떤 사람들에게는 경영진에게 기울어진 거버넌스 구조를 시정했을지라도, CEO들이 악마화되고 주주들이 권력을 휘두르게 되는 다른 방향으로 추가 너무 빨리 움직이는 것에 대해서는 주의해야 한다.

황금 거위를 죽이지 않기

그러면 우리는 여기에서 어디로 가고 있는가? 머레이의 책에 대한 해설은 저자가 "회사들이 생존할 수 있는 기관으로서 지속할 수 있으려면 어떤 변화를 이루어야 하는지에 대해 자기의 의견을 밝히기를 극도로 꺼린다"고 말한다. 그런데 나는 회사들이 어디에 주의를 집중할 수 있는지에 대한 내 생각을 제시하고자 한다. 이는 개념상으로는 단순하지만 실행하기는 어렵다고 인정할 수 있다.

- **가치 창출** 아직 그렇게 하지 않았다면, 이사회는 때로 컴플라이언스와 모니터링에 과도하게 집중하는 데서 벗어나 CEO에게 전략과 기타 중요한 비즈니스 이슈들에 대해 가치를 창출하는 조언, 상담과 지도를 제공하는 데 충분한 주의를 기울일 필요가 있다. 애초에 회사를 경영할 올바른 사람을 고용하는 것 외에, 이는 이사회의 주요한 의무이며 회사에 최고의 가치를 가져오는 활동이다.
- **보수 책정** 이사회와 경영진은 의미 있는 실적에 대한 보수 기준을 반영하는 보상 틀에 합의할 필요가 있다. 이 프로그램은 성장과 수익이라는 장기적인 주주의 이해와 연계되어야 하며, CEO와 경영진이 이 목표를 가장 잘 달성하도록 동기를 부여하게 설계되어야 한다. 이사들은 궁극

적으로는 일반적인 주식 시장이 상승할 때 주가와 연계된 CEO의 보상이 올라가는 것에 대해서도 불평하고 회사의 단기적인 주가를 따르지 않을 수도 있는, 내부적으로 개발된 기준에 따라 CEO의 보상이 올라가는 것에 대해서도 불평하면서 엇갈리는 메시지를 보내는 주주들을 무시해야 한다. 이사회는 시간을 가지고 보상 기준을 올바르게 세울 필요가 있다.

- **소통** 이사회와 경영진은 주요 주주들이 하는 말을 주의 깊게 들어야 하며, 의미 있는 소통 통로를 제공해야 한다. 그러나 주주 등도 경영진이 이사회의 감독 하에 회사에 가장 이익이 된다고 여겨지는 비즈니스 의사 결정을 내릴 수 있게 해 줄 필요가 있다. 그들은 산업, 리스크, 시장, 상품, 그리고 경쟁자들에 대해 알고 있으며 참으로 정보에 입각한 비즈니스 의사 결정을 내릴 가장 좋은 위치에 있다.

확실히 이러한 일이 일어나게 하는 것은 기관 투자자, 규제 당국 등을 포함한 많은 다른 이해관계를 통합해내는 것과 관련이 있기에 단순한 문제가 아니다. 그러나 이는 노력할 가치가 있다. 그리고 모든 당사자들은 자신의 개인적 목표나 보복에 지나치게 몰두하여 황금알을 낳는 거위를 죽이는 지경에 이르는 상황을 피해야 한다.

이사의 보수

이사의 보수는 그리 긴급한 이슈는 아니지만 이사회의 책임이며, 여러 이유로 이사회는 이를 올바로 할 필요가 있다. 어느 성공적인 회사가 어떻게 여러 사람의 눈살을 찌푸리게 했던 새로운 보상 패러다임을 시도했는지를 가지고 이 이야기를 시작해 보자.

몇 년 전에 코카콜라는 이사회 위원에 대한 새로운 보수 지급 방법을 발표했다. 이사들은 전년에는 현금과 주식으로 125,000달러와 위원회 봉사에 대한 보수를 받았으나, 이 프로그램 하에서는 매년 주식으로 175,000달러를 받게 될 터였다. 이 새로운 계획의 문제점은 주식을 받으려면 회사의 보고된 주당 순이익이 3년간 복리로 연 8% 증가해야 한다는 것이었다. 3년 뒤에 주당 순이익이 약 26% 높아질 경우 이사들은 정해진 액수의 현금에다 배당금의 재투자 분에 해당하는 액수를 합산한 금액을 받게 될 것이다. 그러나 주당 순이익이 그보다 낮을 경우, 이사들은 한 푼도 받지 못하게 된다. 회의 참석, 위원회 봉사, 위원회 위원장직 수행에 대해서도 아무 보수도 없다. 땡전 한 푼도 말이다.

이도

"주주로서, 저는 그게 좋습니다. 저는 이사의 이해관계를 주주의 이해관계와 이보다 더 직접적으로 정렬시키는 보수 계획을 본 적이 없습니다." 이는 내 말이 아니라 워런 버핏의 말이다. 그런데 버핏은 코카콜라의 이사직을 사임할 예정이라고 발표했지만, 버크셔 해서웨이는 계속 이 회사의 최대 주주로 남을 것이라고 알려졌다.

첫눈에 보기에 이 프로그램은 아주 일리가 있어 보인다. 이사들은 회사의 실적에 직접적인 이해관계가 있다. 만일 회사가 성공하면 이사들도 보상을 받는다. 그렇지 않으면 그들도 보상을 받지 못한다. 아마도 주당 순이익과 주가는 상관관계가 있을 테고, 따라서 이사들의 부富는 주주들의 부와 같은 방향으로 가게 될 것이다.

의도하지 않은 결과

그러나 이를 다시 살펴보면, 이 접근법에는 문제가 있다. 어떤 관찰자들은 감사위원회와 이사회가 일부 비도덕적인 경영진이 했던 일, 즉 숫자를 만들어 내기 위해 부러질 지경까지 회계 방법을 잡아 늘이려 했던 일을 하게 될 인센티브가 있지 않겠느냐고 묻는다. 감사위원회는 그저 대세를 따르기만 하고 실제로 나쁜 보고서를 만들어 내지는 않을 것이다. 감사위원회가 나쁜 일이 벌어지고 있는지에 대해 확신하지 못할 수도 있고, 충분히 다그치고, 탐색하며 도전하기를 회피할 수도 있다. 이사회가 원하는 대로 해 주는 고위 관리자는 이사들에 대한 지급 기준에 대해 알고서 이사들을 도와주는 역할을 하려고 할지도 모른다.

이렇게 말은 했지만, 내 견해로는 코카콜라와 같은 회사나 미국 대부분의 상장 회사에서는 이러한 시나리오가 전개될 것 같지는 않다. 나는 대부분의 이사들과 경영진이 이러한 일이 일어나지 않게 할 만큼 충분히 높은 수준의 고결성 및 윤리적 가치를 지니고 있다고 믿는다. 새로운 보수 계획을 보도한 어느 신문 기사는 코카콜라의 거버넌스 위원회 위원장이 "저는 이사회가 175,000달러의 보수를 받기 위해 갑자기 부패할 거라고는 생각하지 않습니다. 그것은 어리석은 짓입니다."라고 한 말을 인용했다.

그러나 잠시 이 보수 지급 방법이 모든 상장 회사들이 따르는 인정된 모델이 되었다고 가정해 보자. 어떤 회사의 어느 감사위원회 위원도 3년치의 보수를 받을 수 있게 해 줄 재무 보고서를 받아들이도록 영향을 받지 않을 거라고 가정할 수 있는가? 그리고 해마다 3년 주기가 새로 시작한다는 사실을 잊지 말자. 흥미롭게도 코카콜라의 거버넌스 위원회 위원장은 재무 상태가 좋지 않아서 보수를 받지 않으면 일을 할 수 없는 신임 이사들의 경우 계약 체결시 보너스가 지급될 것이라고 말했다. 이는 대기업의 이사들조차 일부 이사들의 경우 금전상의 보상이 이사직을 수행하는 동기임을 시사하지 않는가?

그리고 기업의 고결성 및 윤리라는 넓은 이슈에 관하여, 코카콜라가 새로운 이사회 보상 방안을 발표하던 무렵에 주식 옵션 소급 부여 및 부여시기 선정 뉴스가 보도되었고, 이는 관찰자들에게 잠시 멈춰서 생각해볼 많은 이유를 제공하였다.

비판자들은 말한다

이 발표가 난 뒤에, 언론은 이사 보상 방안에 대한 많은 비판자들을 발견하였다. 이 방안에 반대하는 주장의 요지는 다음과 같다.

- 우리는 이미 경영진이 인센티브를 받기 위해 이익을 조작하는 것과 관련된 많은 문제들을 봐 왔다. 감사위원회도 이익 목표 달성에 초점을 맞춘다면, 그들이 재무 보고의 잠재적 문제들을 찾아내는 데 덜 성실해질 가능성이 있다.
- 단기적으로는 이익을 떨어뜨릴 가능성이 있는 인수에 직면할 경우, 이사들은 인수가 장기적으로 이익이 될 수 있는 경우에도 이 거래를 거부할 수도 있다.
- 이사들은 경영진처럼 행동하기 위해서가 아니라, 부분적으로는 경영

진에 대한 조언자가 되기 위해 존재한다. 이사들이 계속적으로 경영진이 제안한 바를 축복하는 대가로 보수를 받는다면 객관적이기 어렵다. 그럴 경우에는 이사들이 경영진과 같은 입장에 놓이게 된다. 그들은 객관적이고, 자기 목소리를 내는 이사회로 행동하며, 지나치게 공격적이거나 보수적인 경영진에 대한 견제가 되고, 소동에 휘말리지 않도록 운영되어야 한다.

현실

이러한 유형의 보상 프로그램에 대해 요약한 찬반 입장은 모두 타당성이 있다. 그리고 다수의 사람들이 회의 참석비와 같은 항목들을 제거하는 것이 이치에 맞는다는 데 동의할 것이다. 이사들은 이사회 회의에 참석할 의무가 있으므로 회의 참석이 전제되고, 그에 대한 대가가 보상 프로그램에 포함되어야 한다. 실로, 다수의 회사들이 회의 참석비를 삭제했으며, 언젠가는 참석비가 이사들의 연금이나 기타 보수의 길을 따르는 것을 보게 될지도 모른다.

내 생각으로는 주식 옵션으로부터 제한 주식restricted stock으로 옮겨가는 것도 긍정적이다. 이는 이사들이 주가가 좋은 실적을 보일 때 그 혜택을 받게 되지만, 실적이 나쁘면 실제적인 재무적 고통도 느낄 것이기 때문이다. 그러나 코카콜라의 보상 프로그램으로 돌아가 보면, 이는 보고된 주당 순이익에 기초한 연동된 주식 옵션처럼 보이지 않는가? 이런 경우에는 실적이 좋을 경우에는 과실을 공유하고, 나쁠 경우에는 손실을 공유하지 않게 된다. 물론, 기회비용이 발생하기는 하지만, 이때 느끼는 심리적 상실감은 손실의 경우와는 아주 다르다.

보상위원회가 잘 알고 있는 바와 같이, 어떻게 실적에 대한 의미 있는 보상을 가장 잘 달성할 수 있을지는 도전적인 과제이다. 우리는 CEO의 보수를 주식 가격에 연결시키면 임원들에게 전반적인 시장의 움직임에 대해 보상을 지급하는 결과를 가져오고, 내부적 기준에 기초하여 보수를 지급하면 주주들은 손해를 보는데 임원들은 이익을 본다는 비명을 초래했음을 알고 있다. 그리고 이사들의 보수를 다룸에 있어서도 유사한 함정이 기다리고 있다.

이사의 보수에 관한 요점

대체로 나는 이사의 보수가 전적으로 보고된 이익에만 기초하는 데 찬성하지 않는다. 나는 대부분의 이사들은 금전적인 보상을 위해 자기 영혼을 팔지 않는다는 것을 믿기 때문에, 대부분의 회사들의 이사회 회의장에서 무슨 일이 일어날지에 대해 특별히 우려하지 않는다. 그러나 나는 특정 시기에, 특정 장소에서 무슨 일이 일어날지에 대해서는 우려한다.

우리는 과거에 사기적인 재무 보고가 발생했음을 알고 있는데, 나는 이 일이 향후에도 일어날 것이라고 믿어 의심치 않는다. 예를 들어, 경영진이 회사의 내부통제 시스템을 무시한 데서 기인하는 것과 같은 나쁜 재무 보고를 예방함에 있어서 가장 중요한 내부통제는 이사회와 감사위원회에 달려 있다. 나는 이사들이 합리적으로 가능한 범위에서 최대로 객관적이어야 한다고 믿는다.

그러니 감사위원회 위원들과 실로 모든 이사회 위원들에게 일을 잘한 데에 보상을 지급하기로 하자. 나는 대부분의 이사들이 다른 곳에서 버는 것, 그들의 책임, 그리고 그들이 가져오는 가치에 근거해 볼 때 제대로 보수를 지급받지 못하고 있다고 믿는다. 이사들은 그들이 수임인의 책임을 수행하는데 기울이는 상당한 노력과 주의에 대해, 그리고 이것이 바람직하다면, 보수의 일부 구성 요소로 회사의 실적을 포함시켜 보상을 받아야 한다. 그러나 이를 올바른 방식으로, 일을 잘하게 할 올바른 인센티브를 부여하는 방식으로 하기로 하자.

나만 이사들이 제대로 보수를 받지 못하고 있다고 주장하는 것은 아니다. 윌리엄 라이드스도프William Leidesdorf는 특히 리스크 이슈에 대해 초점을 맞춘다.

> 이사들은 일에 대해서가 아니라, 내재된 리스크에 대해 충분히 보상받지 못하고 있다. 더구나 연방 정부가 개입하면서 리스크는 다른 차원을 띠게 되었다. 리스크를 고려하면서 경영상의 판단을 정확하게 행사하는 것과 델라웨어 주 법 및 자신의 윤리에 기초하여 올바른 길이라고 생각하는 모든 것을 하는 것은 같은 일이다. 그러나 이사들이 이 모든 것을 다 하더라도 연방 정부가 개입하면 과거에는 괜찮았던 것이 이제 그렇지 않게 되고, 그들이 정치적 공격 목표가 될 수도 있기 때문에 이사들은 위험에 처해지게 될 수도 있다. 그리고 아무도 승자가 되지 않는다. 이사들이 해야 할 일이란 비난 받고 파괴당하는 것뿐이다. 이는 매우 커다란 위험이다. 그래서 SEC나 델라웨어 같은 주들에 맡겨두지 않고 연방 정부가 점점 더 깊이 개입할수록, 나는 보수가 충분히 오르지 않고 있다고 생각한다. 우리나라의 이사들은 확실히 보수를 너무 적게 받고 있다.[43]

다소 확신하지 못하는 사람들도 있다. 코퍼레이트 라이브러리의 편집자인 넬 마이노우Nell Minow는 "이사들은 하는 일에 비해서는 보수를 적게 받고 있다"고 말했다. 비록 나는 이 말이 현실을 지나치게 단순화했고 과장했다고 믿지만, 전형적인 재치를 보여 준다. 필 로흐너는 보다 균형 잡힌 평가를 내리는데, 그는 "회사가 적대적 인수 합병을 겪고 있거나, 규제 당국으로부터의 공격을 견디고 있거나, 일반 대중과의 관계에 관한 악몽으로부터 회복하고자 애쓰고 있는 경우, 온 종일의 선서 증언, 잠 못 이루는 밤과 막 시작된 궤양은 말할 것도 없고, 길고 빈번한 화상 회의conference call와 회의에 대해 지나치게 적게 보수를 받는다는 데 의문의 여지가 없다"고 말한다. 그는 리더 역할을 하거나 그의 노력으로 인해 이사회의 뛰어난 성과에 기여하는 이사회 위원의 경우 회의장 밖에서의 "그들의 일과 헌신에 비해 훨씬 보수를 적게 받는다"고 덧붙인다. 그러나 그는 자료들을 읽지 않는 이사들, 또는 "이사회 석싱에 앉아 있는 동안 휴대폰을 살피는 사림들, 비행기를 잡으려고 회의 도중에 회의장을 떠나는 사람들, 또는 이사회나 하위 위원회 회의에서 침묵을 지키는 사람들은 그들이 표면상으로 수임인 역할을 하고 있는 회사에 짐이 된다." 고도 덧붙인다. 비록 내 경험에 의하면 뒤의 행태는 원칙이라기보다는 예외에 해당한다고 믿지만, 이는 참으로 타당한 말이다.

그리고 이사회 위원들의 배경, 이사들이 가질 수 있는 이사직의 수에 대한 제한, 그리고 그들이 가져오는 가치뿐 아니라 이사에 대한 기대, 주주들의 요구, 규제 당국의 명령, 개인적 책임 및 리스크가 높아지는 것을 볼 때 이사들을 전체적으로 볼 때 그들이 지나치게 높은 보수를 받는다고 합리적으로 결론을 내리기는 어렵다. 나는 그 정반대라고 믿는다.

그런데 코카콜라 사례로 돌아가 보면, 이 보상 방안은 그 이후 변경되어서 이사들의 보상을 더 이상 보고된 이익에 연계시키지 않는다. 대신 동일한 175,000달러를 일부는 현금과 일부는 주가에 기초한 주식 단위로 이연하여 지급한다. 이는 더 나은 방향으로의 변화이다.

Chapter 18

미래에 대한 전망

Looking to the Future

Chapter 18

Looking to the Future

이제 향후 거버넌스 시야에 무엇이 나타날지 살펴보자. 이 마지막 장에서 우리는 앞으로 이사회가 어떤 모습을 띨지, 그리고 그 책임을 어떻게 이행할지를 고찰한다. 이사회가 어떻게 거버넌스라는 성배를 집어 들지 가정해 보고, 거버넌스가 향후에 어떤 모습을 띠게 될지 예측해 보고자 한다.

이사회 거버넌스에 대한 새로운 모델들

지금은 회사의 이사들에게 도전적인 시기라고 말하면 절제된 표현이 된다. 주주들은 이사회에서 무슨 일이 일어나는지, 누가 이사회 의석에 앉는지에 대해 더 많은 결정권을 달라고 아우성이고, SEC는 넓은 범위에 걸쳐 확대된 공시를 요구하는 새로운 규칙들을 제정했는데, 이와 함께 더 많은 규칙들이 다가오고 있으며, 소송의 속도는 계속 누그러지지 않고 있다. 이 모든 사항들은 금융 시스템이 거의 붕괴될 뻔했던 기억이 아직도 새롭고, 경제가 아직도 깊은 침체에서 회복되지 못하고 있는 가운데에서 일어나고 있다.

이것만 해도 벅찬데, 이사들은 빠르게 변하며 경쟁이 치열한 환경 가운데에서 회사의 전략과 실적에 집중하면서도 경영진이 계속 확대되는 법규 준수 이슈를 적절히 다루고 기타 올바른 일들을 하도록 하는 모니터로서의 역할을 수행하기 위해 애쓰고 있다. 거버넌스/이사 선임 위원회, 보상위원회, 감사위원회 등이 점점 더 많은 규칙을 따라야 하고, 그 자체의 생명을 가지게 됨에 따라 위원회 활동이 확대되고 있어서 이사회 업무에 점점 더 많은 시간을 할애해야 한다. 또한 규제 당국의 조치, 인수 합병 시도나 삶을 변화시키는 회사의 사건은 위기 상황과 비슷한 환경을 만들어서 이사들의 시간에 대한 압력과 요구는 감당할 수 없는 수준이 될 수도 있다.

이사, 기관 투자자, 그리고 기타 주주들은 정당한 질문을 하고 있다. 이사회는 현재의 거버넌스 모델로 진정으로 그들에 대한 기대를 충족시킬 수 있는가? 이에 대해 부정적인 견해 하나가 부상하고 있는데, 이 견해는 오늘날의 미국의 기업 거버넌스 모델은 반드시 바뀌어야 한다고 결론짓는다. 교육, 시험 및/또는 자격 요건을 통한 이사직의 전문화와 같은 핵심이 아닌 주변적인 변화에 대한 요구도 계속되고 있다.

그러나 적어도 세 개의 새로운 이사회 모델이 상당한 개선을 제공한다고 주장되었다. 도움이 될지 모르겠지만, 이에 대해 살펴보기로 하자.

주주 권한 강화

일부에서는 이 새로운 모델이 현실로 드러나고 있다고 말할 것이다. 공시를 계속 확대하도록 요구하는 규칙들 덕분에, 주주들은 자기 회사에서 무슨 일이 일어나는지 더 투명하게 알 수 있게 되었다. 예를 들어, 우리는 보상 정책이 어떻게 리스크에 영향을 주는가, 이사 및 이사 선임 위원회의 자격, 이사회의 리더십 구조, 잠재적 이해 상충에 대한 추가적인 공시가 제공돼야 함을 보고 있다. 또한 주주들에게 이사 후보를 지명할 수 있도록 하는 안이 곧 공식 감독 규정이 될 것이라는 데에는 거의 의문이 없다.

이 모델 하에서는 주주들의 권리가 계속 확대될 것이다. 이러한 추세가 극단적인 곳까지 나아가면, 주주들이 전략 수립, 경영진의 보상, 누가 CEO가 될 것인가, 그리고 누가 이사회 석에 앉을 것인가 등과 같은 사안에 절대적이고 최종적인 결정권을 갖게 되리라고 상상할 수 있다.

회사의 주인들이 회사가 어떻게 지배되고 어떻게 운영되는지에 대해 그들이 원하는 대로 결정하는 것이 개념적으로는 매력이 있을지 몰라도, 그들의 결정이 별로 근거가 없을 거라는 게 현실이다. 간단히 말해서, 주주들은 이사회 석상에 앉아 있는 것이 아니며, 종이나 전자적 소통의 양에 관계없이 무엇이 회사와 소유주들에게 최선인지에 대해 정보에 입각한 결정을 내릴 위치에 있게 될 수 없다.

요지: 우리의 경제를 망치기 원한다면, 이 모델은 그렇게 하는 하나의 효과적인 방법이 될 것이다.

두 개의 이사회 — 모니터링 담당, 가치 부가 담당

이 접근법은 어느 이사회도 다음과 같은 두 개의 주요한 거버넌스 책임을 합리적으로 만족시킬 수 없다는 전제에 기초하고 있다. (1) 경영진과 회사가 법률, 감독 규정, 그리고 이사회의 정책 및 지시 사항을 준수하고 있는지 모니터함. (2) 회사의 이익, 성장 및 수익을 이끌어 내고 유지하도록 도움을 주기 위해 가치를 부가하는 조언, 상담, 지도를 제공함. 따라서 이 모델은 모니터링 이사회는 모니터 기구가 되게 하고, 성과 이사회는 회사의 성공을 촉진시키는 데 필요한 일을 하도록 이 책임을 둘로 나눌 것을 요구한다.

이 모델도 표면상으로는 호소력이 있다. 이사들의 책임과 기대는 커져 가지만, 시간은 제한되어 있기 때문에 이사회를 둘로 늘리면 이 부담을 더는 데 도움이 될 것이다.

그러나 이 모델에도 결함이 있다. 그 중 하나는, 이사회들은 모니터링 및 가치를 부가하는 책임 수행에 동일한 정보를 사용하기 때문에 두 개의 이사회를 두면 경영진이 두 개의 다른 기구들 다루는 데 더 많은 시간과 에너지를 사용해야 할 것이다. 두 개의 이사회가 동시에 같은 장소에 앉도록 하면 이 문제가 완화될 수 있을까? 그렇기는 하지만, 그럴 경우 어느 한쪽 이사회 위원들은 일부 논의에 대해 별로 관심이 없게 될 터여서, 이는 이사들의 시간 사용에 비효율성을 내장시키는 결과로 귀결될 것이다.

또 다른 문제는, 가치 부가 이사회가 필요한 조언과 상담을 제공해 주고, 전략 및 기타 비즈니스 이슈들에 대해 최종 결정을 내리게 될 것이기 때문에 경영진이 이 이사회를 진정한 이사회로 간주할 가능성이 있다는 것이다. 모니터링 이사회는 단지 규제 당국처럼 다뤄져야 할 귀찮은 존재로 여겨질 가능성이 있다.

상근 이사회

이사회를 상근 직무로 바꾸자는 제안들이 있었다. 논지는 간단하다. 이사회가 점점 더 많은 책임을 지게 되고, 이사회에 대한 기대는 계속 높아지는 것 같으니 이사회는 더 이상 일 년에 4회나 8회 또는 10회만 모여서는 일을 잘해 낼 수 없다. 이사회 회의, 위원회 회의, 비공식으로 수행되는 일들을 감안하면 최근에 이사회 업무에 소요되는 평균 시간은 연간 약 125시간에서 250시간 근처로 배가된 것으로 추정된다. 그런데 이는 중요한 거래나 위기로 간주될 수 있는 상황이 없음을 전제로 한 것이다. 그러나 이 주장은 계속해서 말하기를 현재 할애하는 시간으로도 이사회의 일을 적절하게 하는데 충분하지 않으므로, 상근 직책이 그 대답이라고 한다. 상근 이사회는 그들의 모니터링 및 가치 부가 책임을 효과적으로 수행하는 충분한 시간을 가지게 될 것이다. 그러나 이곳에서도 중대한 단점이 있다.

첫째, 이사들의 질이 떨어질 것이다. 지금도 현직 CEO나 다른 고위 회사 임원을 이사회에 앉히기 어려운데 이 모델 아래에서는 그렇게 할 수 없을 것이다. 은퇴할 나이에 접어든 뛰어난 사람들은 대개 상근직 업무에 더 이상 관심을 보이지 않는 경향이 있기 때문에 은퇴한 임원들이나 자격이 있는 다른 사람들을 찾는다는 것도 만만치 않을 것이다.

둘째, 경영진은 아마도 상근 이사회에 과도한 시간을 쓰고 있음을 발견하게 될 것이다. 우리는 경험을 통해서 너무 시간이 많은 이사들은 사

사건건 참견하며, 감독에서 경영으로 선을 넘을 수도 있음을 알고 있다. 모든 이사들이 상근으로 근무할 때 무슨 일이 벌어질 지 상상해 보라.

하나의 해법

나는 이 문제에 대해 절대적인 해법이 있다고 주장할 생각이 아니기 때문에, 이 소제목은 오해의 소지가 있을 수도 있다. 그러나 몇 가지 생각들은 고려해 볼 만하다.

하나의 접근법은 그저 현재의 모델을 유지하는 것이다. 이 모델은 합리적으로 잘 작동한다. 비참하게 실패했던 투자 은행들과 기타 금융기관들의 이사회는 신경 쓰지 마라. 사실은 대부분의 회사들이 무너지거나 불타지 않았으며, 감독 구조를 변화시키려면 다수의 연방 및 주의 거버넌스 법규를 변경시킬 필요가 있다. 그리고 가이드라인과 선례를 제공해 주는 판례법도 없게 될 것이다.

그러나 솔직히, 이 시스템을 버리거나 기존 모델을 유지하는 것보다 나은 방법을 찾을 수 있다. 고려할 만한 가치가 있는 한 가지 접근법은 기존 모델을 유지하되 이사들이 필요한 에너지와 주의를 기울일 수 있도록 이사회 책무에 기울이는 시간을 늘리는 것이다. 이렇게 되면 주주들의 기대를 충족시키고 잠재적인 책임을 줄이는 데 도움이 될 것이다. 이는 또한 보다 높은 보상을 요구하게 될 것이고, 이사가 합리적으로 수행할 수 있는 이사직의 수도 줄이게 될 것이다.

이와 관련된 하나의 대안은 집행 임원이 아닌 의장이나 선임 이사가 상근 업무로 옮겨서라도 이 일에 더 많은 시간을 할애하는 것이다. 추가적인 시간은 이사회의 프로세스 및 이슈들에 사용되고 경영으로의 선을 넘지 않도록 주의할 필요가 있을 것이다. 그리고 위원회 위원장과 같은 다른 이사들도 더 많은 시간을 이사회 책무에 할애하는 것이 유익할지도 모른다.

나는 이 마지막 두 가지 아이디어에는 많은 장점이 있는 반면, 단점은 거의 없다고 믿는다. 잘 작동할 수 있는 잠재력이 있는 다른 모델들도 있을 수 있으며, 나는 그러한 모델들이 나와서 고려되기를 희망한다. 이사들이 너무 얇게 퍼져 있으며 점증하는 기대를 충족시킬 매우 벅찬 과제를 안고 있다는 데에는 의문이 거의 없다. 뭔가를 해야 하는데, 한 가지 필수적인 조치는 회사의 이사들에게 쌓이고 있는 점증하는 책임 및 기대 수준을 다시 생각해 보고, 이것이 진정으로 이치에 맞는지 결정하는 것이다.

나는 지금은 현재의 시스템이 변화가 필요하다는 압박을 받고 있지만, 이 시스템에는 적절한 규칙과 기대가 있고, 오랫동안 합리적으로 잘 작동돼 왔음을 기억하라고 제안한다. 우리는 과잉 대응을 원하지 않는다. 그리고 어떤 변화가 제시되든 이러한 변화들이 진정으로 효과를 발휘하기 위해서는 실제 비즈니스 상황 하에서 면밀하게 분석되고 시험되어야 한다.

모든 것이 잘되어 갈 경우, 합리적인 기대의 균형 잡기와 이사들의 더 많은 시간 할애가 모든 사람이 이기는 가운데 회사의 실적이 더 나아지는 결과를 가져올 것이다.

건강한 거버넌스 환경

어느 새로운 모델이 효과를 발휘하려면, 이사들이 효과적인 감독 활동 수행에 방해가 되지 않고 오히려 이를 증진하는 환경에서 일할 수 있어야 한다. 우리는 지금 미래를 내다보고 있으므로, 거버넌스 성공을 가능하게 하고 이를 촉진하기 위해 환경이 발전할 필요가 있는 몇 개의 분야를 찾아볼 수 있다.

주주들의 권리

주주들이 이사 선출 및 거버넌스 이슈들에 어느 정도로 영향을 미칠 수 있는지에 대해 관심을 보이는 것은 정당하다. 동시에 회사들이 이사회 차원에서의 격변을 견뎌야 한다면 기업이나 주주들 어느 편에도 최선의 이익이 되지 않을 것이다. 주주들의 힘의 추가 너무 빨리 흔들리면, 빈번한 이사 교체, 많은 반체제 이사들, 그리고 이사회에서 합의에 이르지 못하게 되는 사태에 직면할지도 모른다. 적대적인 이사회-CEO 관계, 산만한 고위 경영진, 회사 실적 저하 등의 결과를 초래될 수도 있다. 유세나 정치 활동에 시간을 보내는 이사들과 역기능적인 이사회를 다루는 CEO들은 전혀 도움이 되지 않으며, 주의를 산만하게 하고 파괴적으로 될 것이다.

이미 언급한 바와 같이, 나는 이사들이 선임권자 집단에 의해 임명되는 이사회들을 봐 왔다. 그리고 나는 그것은 좋은 그림이 아니라고 보증할 수 있다. 그런 회사에서의 이사회 회의는 손가락질과 고함지르기 대회로 전락하고, 가치를 부가하지 못하기만 하는 것이 아니라 실제로 가치를 파괴하는 결과를 가져 온다. 이러한 이사회를 둔 곳에서는 회사가 파산 지경에 내몰려 원하지 않았던 합병에 처해지게 된 경우도 있었다. 또 다른 경우에는, 많은 노력 끝에 이사회가 자신을 개혁하고 벼랑 끝에 내몰린 조직을 건져내는 데 도움을 주기는 하였지만, 그러는 와중에 기회도 놓치게 되었다.

이사회들은 기관 투자자 주주 및 기타 주주들이 합리적인 권리를 적절히 행사하도록 허용하면서도 연속성을 유지할 수 있는 입장에 있고, 이사회 석상에 지식 및 기술의 올바른 조합이 확보되며, 어려운 이슈들이 협동적인 자세로 논의되는 환경에서 운영되어야 한다. 이사들은 서로를 신뢰할 수 있고, 회사 실적을 모니터링 함에 있어서 합의에 도달하며, 서로 간에 효과적인 업무 관계를 유지하고, 효과적으로 경영진과 협력하고 또 그들을 감독할 수 있어야 한다.

개인적인 책임 노출

소송을 일삼고 법규를 강력하게 집행하는 현대의 환경에서 이사들이 더 큰 책임에 노출되는지에 대해서는 견해가 갈린다. 한편에서는 델라웨어 형평법 법원Chancery Court 대법관Chancellor[44] 윌리엄 알렌William Allen 판사나는 이 분과 시간을 보내는 특권을 누렸다가 이사회의 경영진 감독 책임에 대해 합리적으로 높은 기준을 세웠던 캐어마크Caremark 사례가 계속 유지된다. 예를 들어, 이사들이 “씨티그룹이 서브프라임 모기지 및 유가증권으로부터 직면하는 비즈니스 리스크를 적절히 모니터링 및 관리하지 않고 '적신호들'을 무시함으로써 수임인의 의무를 위반했다”고 주장하며 그들을 고소한 씨티그룹 사건에서도 이 입장이 유지되었다. 이 사건에서 형평법원은 “원고들의 주장을 기각하여, 비즈니스 리스크를 모니터링 하지 못한 데 대한 이사들의 개인적인 책임을 주장할 때 원고들이 직면하는 '극단적으로 높은 부담'을 재확인했으며, 책임에 대한 필요조건인 신의 성실good faith 결여가 성립되려면 감독권 행사를 '지속적이거나 체계적으로 하지 못한' 것이 필요함"을 재확인하였다.[45] 다른 한편으로는, 일부 관찰자들은 법적 환경이 몇 년 전보다 예측 가능성이 다소 낮아졌다고 말한다.

그러나 이사들의 책임이 어떻게 여겨지는지에 대한 토대는 견고하다는 것이 강연, 판결, 그리고 내가 현직 및 전직 델라웨어 형평법원 판사들과 개인적으로 나눈 대화에서도 지지된다. 전직 부대법관 스테판 램Stephen Lamb은 최근에 윌리엄 챈들러William Chandler 대법관을 언급하며 이에 대하여 다음과 같은 글을 썼다.

> 최근의 금융 위기의 결과로서, 주요 금융기관들이 입었던 막대한 손실에 대한 비난을 이사회에 가하기가 쉬운 일이 되었다. 어쨌든 이 이사들은 회사의 운영에 내재된 리스크를 적절하게 예견하거나 이해하지 못했다. 그러나 챈들러 대법관은 이사회가 비즈니스 라인에 관여하여 내려진 모든 결정들, 특히 커다란 손실로 귀결된 결정들은 설사 결과가 나쁘게 나오더라도 여전히 경영상의 판단임을 상기시키기 위해 애써 왔다. 델라웨어 법을 적용하는 법원들은 결코 사후의 통찰력hindsight이라는 편향이나 사후적인 비판으로 이러한 결정들을 조사하지 않을 것이다. 이사들이 신의에 따라 적절한 조사 뒤에 행동할 것이라는 가정을 포함한 경영상의 판단 규칙은 바로 영리 기관들의 성공에 필요한 리스크 취하기를 증진하기 위해 존재한다.[46]

최근의 인터뷰에서 챈들러 대법관은 자신의 유명한 디즈니 사건 결정에 대해 말했다. 그는 이사들이 소위 모범 관행을 따르지 않은 데 대해 책임을 져서는 안 된다고 지적하면서, 이렇게 덧붙였다. "이사들이 결정을 내릴 때 존재하지 않았던 주의 의무를 지게 하면 공정하지 않고 역효과를 낳습니다… 이사들에게 당시에 존재하지 않았던 기준을 부과하는 것은 변태적인 규칙이며, 의심할 여지없이 합리적인 사람들에게 그러한 상황에서 이사직을 수행하는 것을 재고하게 할 것입니다."[47)]

자격을 잘 갖춘 이사들을 발견하기란 여전히 힘겨울 수 있지만, 확실히 이사들의 사임이 확산될 것이라던 이전의 예측은 실현되지 않았다. 그리고 이사들은 소송 및 법규 집행 리스크 때문에 사소한 일들을 점검하는 데 더 많은 시간을 쓰느라 실질적인 문제에 써야 할 귀중한 시간을 빼앗기고 있다. 확실히 경영상의 판단 규칙은 여전히 효력을 발휘하지만, 책임을 면하려면 전직 부대법관 램이 말한 것처럼 이사들이 신의에 따라 적정한 조사 후에 행동했다는 가정이 성립돼야 한다. 물론, 소송에 휘말리게 되었다는 사실만으로도 이사들의 불안과 시간 소모를 야기할 수 있다.

소송을 당한 결과 자기 호주머니에서 돈을 꺼내야 했던 이사들은 거의 없었지만, 간혹 그런 일이 발생하기도 하였으며, 앞으로도 그럴 수 있다. 잘 구성된 이사-책임자 배상 보험이 있을 경우에도 다수의 이사들이 현재의 환경 하에서는 개인적 책임에 노출되어 있다고 느낀다. 거버넌스 요건이 점차 연방 법규화됨에 따라 이러한 불안이 악화된다. 물론 이사들은 자신의 행동에 대해 책임을 져야 하지만, 다양한 그룹이 적절한 책임과 지나친 책임 사이의 올바른 균형이라고 믿고 있는 것들 사이에는 차이가 존재한다. 이 균형이 무너지면, 불필요, 비효과적, 비효율적이라는 측면의 사회적 비용이 막대해진다.

우리는 이사들이 부당하게 징벌을 받을까 봐 두려워하지 않고 기능할 수 있도록 권한이 부여된 가운데 충성 의무와 주의 의무를 만족시키고, 신의 성실에 따라 경영상의 판단을 내리는 환경을 필요로 한다. 이것이 새로운 법률, 감독 규정 또는 기타 규정들에 의해 경솔한 소송, 이에 관련된 법적 비용, 시간 및 에너지를 방지할 보호 수단을 제공해 주는 방향으로 나아갈지는 두고 볼 일이다. 그러나 역량이 있고, 지식이 있으며, 양심적인 이사들이 법적 책임에 대한 과도한 염려 없이 책임의 본질에 집중할 때 이해관계자들에게 더 큰 이익이 될 것이다.

그런데 최근에 챈들러 대법관은 내게 곧 대법관 직을 사임할 것이라고 말했는데, 그 후 이를 언론에 발표했다. 전문가들은 많은 후보들 가운데 레오 스트라인Leo Strine 부대법관이 가장 유력한 것으로 전망한다. 스트라인은 현재의 법원에서 가장 오래 근무했으며, 뛰어난 경력의 소유자로 널리 존경을 받고 있다. 그와 시간을 보내고 그의 글들을 읽어볼 특권을 가졌던 나로서는 스트라인이 후임 대법관으로 선임될 경우, 윌리엄 챈들러와 선임자들의 빈자리를 아주 잘 메울 거라고 믿어 의심치 않는다.

확대되는 요구

도드-프랭크법이 제정됨으로써 거버넌스 지형이 계속 변하고 있다. 비교적 최근에 금융 시스템이 거의 와해될 뻔한 와중에서 우리는 "이사회는 어디에 있었는가?"라는 말을 계속 듣고 있다. 이 새로운 법률은 주주들에게 상당히 더 큰 힘을 부여하고, 이사회의 거버넌스 프로세스에 대한 더 많은 공시를 요구하며, 보상위원회의 독립성을 요구하고, 특정 회사들에게는 이사회에 리스크 전문가를 둔 리스크 위원회를 두도록 요구한다. 새로운 환수 조항과 확대된 환수 조항이 있으며 내부자 고발 조항도 있다. 그리고 우리는 새로운 법률의 조항들이 어떻게 수행되어야 하는지에 영향을 주는 많은 감독 규정들이 나오리라고 예상할 수 있다.

우리는 시정할 필요가 있는 심각한 문제들을 보고 있다. 그러나 바람직한 결과들 중에는 입법화하거나 감독 규정을 통해 효과를 낼 수 없는 것들도 있다. 이사회의 좋은 성과를 입법화한다는 건 고결성 및 윤리적 가치를 입법화하는 거나 마찬가지이다. 잘 만들어진 규칙들은 도움이 될 수 있지만, 이에는 한계도 내재되어 있다.

신중하고 관리할 수 있는 요건이라는 맥락 안에서 이사회들은 과도한 제약 없이 모니터링 책임을 수행하고 경영진에게 조언과 상담, 그리고 지도를 제공해 줄 수 있는 위치에 있어야 한다. 확실히 주주들은 회사의 주인으로서 적절한 권한을 가져야 하지만, 오직 이사들만이 주주들의 장기적 이익을 위해 수임인의 책임을 수행함에 있어서 정보에 입각한 판단을 내릴 수 있는 위치에 있다.

리스크에 대한 이사회의 관점

우리는 이사회가 감독을 제공해야 하며 회사의 리스크 성향 및 리스크 관리 프로세스에 대해 안도할 수 있어야 한다는 것을 알고 있다. 이렇게 말은 했지만, 리스크 및 회사가 얼마나 많은 리스크를 취해야 하는지에 대한 이사들의 관점은 시대에 따라 변해 왔다. 몇 년 전에 엔론, 월드콤, 아델피아 및 기타 회사들이 붕괴되고, 이사회 및 하위 위원회에 영향을 주는 광범위한 새로운 법률, 감독 규정 및 규칙들이 나오게 됨에 따라 많은 회사의 이사들은 컴플라이언스에 대해 세심한 주의를 기울였는데, 이로 인해 아마도 의식하지도 못했고 또 의도하지도 않았던 결과인, 보다 리스크를 회피하는 관점을 취하는 결과가 초래되었다. 도산한 회사들의 이사들에게 무슨 일이 일어났는지를 보고서 개인적인 평판과 잠재적인 법적 책임에 대해 우려하게 된 이사들은 유사한 운명에 처해지는 것을 원하지 않았다. 그렇다고 모든 이사회들이 과잉 반응을 보인 것은 아니며, 컴플라이언스에 대한 초점은 나중에 보다 균형이 잡히게 되었다. 그 후 최근에는 금융 서비스 회사들이 확실히 과도한 리스크를 취했다. 그러나 그 당시에는 이사회 차원에서 리스크를 회피하는 것이 드물지 않았으며, 이러한 이사회의 태도가 전략 및 기회를 추구함에 있어서 리스크를 수용하려는 용의에 영향을 주었다.

오늘날 모든 회사의 이사회들에는 회사가 성장과 이익, 그리고 수익을 추구함에 있어서 리스크를 수용해야 한다는 것이 잘 인식되어 있다. 그러나 리스크의 성격이나 양은 당연히 변화한다. 미시 경제적 관점을 취하는 것이 사회에 이익이 되는지, 아니면 거시 경제적 관점을 취하는 것이 이익이 되는지에 대해서는 주의가 기울여지지 않고 있다. 미시적 관점, 즉 한 회사의 관점에서는 리스크를 적게 취하는 것이 개념적으로 이치에 잘 맞는다. 이는 평판과 개인의 자산이 걸려 있는 이사들의 관점에서 뿐만 아니라, 회사의 장기적 생존 가능성의 견지에서도 현명하다. 즉, 리스크를 적게 취하면 가능한 최고의 투자 수익률은 아닐지라도, 회사가 사업을 계속하고 장기간에 걸쳐 합리적인 실적을 유지할 수 있게 하는 데 충분한 수익률을 가져다 줄 수 있다.

그러나 거시적 관점, 즉 경제 전체의 관점에서 보면, 그 답은 달라질 수도 있다. 각각의 회사들이 안전하게 가는 것이 이치에 합당한가, 아니면 더 나은 수익률과 사회에 더 큰 이익을 제공할 가능성이 더 큰 곳에 큰 모험을 거는 것이 이치에 합당한가? 여러 회사들에 투자한 투자자들은 개별 회사들이 더 많은 리스크를 취할 때, 그렇다고 날마다 전 재산을 거는 것이 아니라 더 좋은 결과를 가져올 가능성이 높은 곳에 더 많은 리스크를 취할 때 더 나은 결과를 얻을 수도 있다.

나는 경제학자가 아니며, 나보다 이 이슈에 대해 말할 자격이 더 많은 사람들이 있다. 나도 경제학 학위가 있기는 하지만, 내가 나온 대학원을 졸업한 사람들도 전공에 관계없이 동일한 경제학 학위를 받았기 때문에 이는 사실 별 의미가 없다. 개별 기업의 실적 대 경제 전체의 실적이라는 견지에서 미시적 견해 대 거시적 견해에 대한 경험적 증거를 찾아내면 유용할 것이다.

그러한 증거가 없이는, 그리고 이에 부수하여 법률적 의무 및 이사들의 개인적 책임 이슈에 변화가 없이는, 이사회들은 계속해서 자기 회사와 주주들의 최선의 이익이 되도록 리스크 성향과 리스크 용인 수준에 대한 결정을 내릴 것이고 또 그래야 한다.

거버넌스라는 성배 붙잡기

주주, 이사회, 그리고 경영진은 회사의 주된 목적은 지속적인 토대에서 주주 가치를 부가하는 것이라는 데에 동의해야 한다. 이익, 경제적 부가 가치, 과거 실적이나 다른 벤치마크에 대비한 주가 등 어느 것으로 측정되든 간에, 가치를 부가하는 것이 회사의 주된 목적이다. 그리고 단순히 관련 법규를 준수하는 수준을 넘어 고결성과 높은 윤리적 가치에 따라 행동하는 것은 매우 중요하며, 실로 가치 부가라는 이 목표를 뒷받침한다. 어떤 이들은 다른 이해관계자들의 필요를 만족시키도록 돕는 것도 회사의 중요한 목적 중 하나라고 믿는다. 그러나 여기에서는 주주 가치 부가라는 회사의 주된 목표에 초점을 맞추기로 하자.

이사회, 고위 경영진, 그리고 기관 투자자들과 여러 해 동안 함께 일하다 보니, 주주 가치 부가라는 주장은 일반적으로 받아들여지고 있지만, 회사들이 이를 어떻게 추구하는지는 매우 다양하다는 점이 명백해졌다.

이는 모두 정렬에 관한 것이다

정렬alignment이라는 말을 자주 쓰는 것을 용납해 주기 바란다. 그러나 이 말이야말로 이 성배가 실제로 무엇에 관한 것인가에 대한 해답이다. 간단히 말하자면, 이는 목적과 관계의 일관성, 그리고 리스크에 기초한 전략, 진략 실행 계획, 조직, 자원, 실적 평가 기준, 그리고 보상들의 상호 지원성에 관한 것이다. 이 아이디어는 개념상으로는 간단하다. 그러나 실행 면에서는 매우 벅찬 과제이다. 여기에서 말하는 내용들이 이 책의 이전 장들에서 말했던 핵심 요소들을 대략적으로 요약한 것으로 비쳐질 수도 있을 것이다.

- **전략** 이 모든 것들은 명확한 비전과 시장, 상품, 경제, 현재 및 잠재적 경쟁자, 현재 보유한 역량 및 필요한 역량, 관련 리스크 등에 관한 적절하고 신뢰할 만한 정보에 기반을 둔 좋은 전략으로부터 시작한다. 회사의 사명과 연계되고 이사회 및 경영진의 지지를 받는 효과적인 전략이

기본 토대이다. 그런데 성공적으로 가치를 부가하기 위해 회사들이 따를 수 있는 전략적인 접근법들은 여러 가지가 있을 수 있기 때문에, 우리가 "올바른 전략"을 말하고 있는 것이 아님을 주목하라. 그러나 회사가 가장 높은 수준의 목적을 달성하기 위한 효과적인 전략은 매우 중요하며, 뒤따라오는 모든 것들에 대한 출발점이다.

- **실행** 우리는 정말 좋은 전략을 가진 회사들이 이의 실행에 완전히 실패하는 것을 얼마나 많이 봐 왔는가? 새로운 전략과 일관성이 있으며 이를 지원하는, 참으로 효과적인 실행 계획이 결여된 경우가 너무도 흔하다. 리스크에 기반하고 합리적으로 개략적인 수준이면서도 조직의 다음 직급 관리자들에게 충분히 구체적인 방향을 제시해 줄 수 있는 전략 실행계획이 필요하다. 나아가 이러한 관리자들은 자신들의 운영 계획이 전략 실행과 정렬을 이루게 할 필요가 있다.
- **조직** 조직들은 실행 계획 및 운영 계획을 수행하는데 필요할 경우 변화되거나 수정될 수 있도록 충분히 유연하고 역동적이어야 한다. 불행하게도, 우리는 지금은 사용되지 않는 과거의 전략을 지원하기 위해 갖춰진 조직 구조가 계속되는 것을 너무도 자주 보고 있다. 약간의 변화가 있었을지는 몰라도, 필요한 정렬을 이루는 데 필요한 의미 있는 변화는 없다.
- **자원** 유형 자산, 지적 자본, 정보 시스템, 그리고 인적 자원들은 모두 전략과 전략 실행 계획을 지원할 필요가 있다. 여기에서도, 경험에 의하면 성공적인 전략 실행을 가능하게 할 정도로 충분한 인적 및 기타 자원의 변화가 일어나지 않는다. 어떤 경우에는 변화에 대한 필요는 명확히 이해하지만, 이의 실행이 너무 느려 성공할 수 있는 능력을 배양

하기 전에 사건들이 발생한다.

- **성과 측정 기준** 당연히 성공 여부를 결정하기 위해 경영진이 사용하는 기준은 다양한 데, 이는 그럴 만도 하다. 그러나 성과 측정 시스템이 새로운 전략과 이의 실행 계획, 그리고 변경된 조직 및 자원 배치에 어울리게 하는데 필요한 만큼 수정되거나 충분히 개정되지 않는다. 시장 점유, 수익성, 또는 신상품이나 신사업과 관련된 수익, 또는 새로운 시장에의 진입 등과 같은 새로운 계획에 대해 그것이 핵심 성과 지표이든, 벤치마크이든, 아니면 기타 측정 기준이든 새로운 기준이 제시될 수도 있지만, 다른 핵심적인 활동들에 대해서는 전통적인 척도가 적절성을 잃었음에도 계속 유지되는 경향이 있다.
- **보상** 최고 경영자와 기타 고위 경영진들에 대한 보상 기준이 계약 또는 오래 전에 합의된 방식에 기초하여 해마다 동일하게 유지될 수도 있다. 예리한 독자라면 어떤 일이 초래될 지 일 것이다. 동기부여 및 보상이 새로운 전략 및 그 실행 계획과 충분히 정렬을 이루지 않는 경우가 너무도 흔하다.

우리는 좋은 데이터와 분석을 통해 이사회에서 충분히 검토한 훌륭한 전략들을 종종 보게 된다. 최상의 경우에는 경영진에 의해 고려되는 대안들도 논의되며, 각 안들에 대한 찬반 의견과 왜 대안들이 폐기되었으며, 선택된 전략이 이치에 맞는지도 설명한다. 그러나 우리는 건전한 전략과 이의 실행 계획이 있는 경우에도 위에서 설명한 다른 요인들이 적절하게 정렬되지 않는 경우를 보게 된다.

효과적인 정렬로부터 오는 이점

독자들은 정렬에 대한 이 논의가 일리가 있지만 왜 이를 성배라고 부르는지 의아하게 생각할지도 모른다. 이는 두 가지 이유 때문이다. 첫째, 참으로 효과적인 정렬을 이루기는 매우 어렵다. 이렇게 하는 회사들도 일부 있지만, 많은 회사들은 그러지 못하고 있다. 둘째, 이를 달성하면 회사와 그 구성원들, 그리고 주주들에게 보기 드문 가치를 가져다 줄 수 있다.

각각의 그룹에 대한 이득을 살펴보자.

- **고위 경영진** CEO와 다른 고위 경영진은 조직 및 자원이 성공적인 전략 실행을 가능하게 하고 이를 지원하게 하는 위치에 있게 한다. 모든 최고 책임자들이 이 실행 계획을 받아들이고, 임원들이 모두 동일한 방향으로 힘을 기울인다. 그리고 이러한 관리자들은 자신이 어떤 책임을 지며 어떻게 평가되는지를 알고, 인센티브와 보상은 전략 및 전략 실행 계획과 일관성이 있게 된다.
- **기타 관리자들** 모든 직급의 관리자들은 고위 경영진이 무엇을 기대하는지 그리고 자신의 목표가 전체적인 회사의 목표에 어떻게 연결되는지 알게 된다. 관리자들은 성공적인 전략 실행을 증진하도록 조직되고 이에 필요한 자원을 지닌다. 적절한 정렬이 이뤄지면 그들은 명확한 벤치마크와 측정 기준을 가지게 되고, 이들을 달성하기 위해 협력하도록 동기부여된다.
- **이사회** 이사회는 전략에 대해서 뿐만 아니라 회사가 전략 계획을 참으로 성공적으로 실행할 위치에 있음을 안다는 데 대해 마음이 놓인다.

이사회는 고위 경영진이 전략 및 전략 실행 계획에 대해 전력을 기울이고 있으며, 모든 직급의 관리자들이 이를 수용하고 있음을 안다. 적절한 성과 측정 기준이 있으며, 관리자들은 수립된 목표를 달성하도록 동기부여된다. 또한 보상이 잘 정렬되면, 보상위원회와 이사회는 최종적으로 성과 보상이 달성되리라고 안도한다. 모두 합의된 방향으로 정렬이 이뤄지고 리스크에 기초한, 그리고 과거의 성과와 미래를 바라보는 척도들이 혼합되고, 장단기 실적에 대한 균형이 맞춰진다. 또한 최고경영자에 대한 적절하고 효과적인 평가 기준 외에도, 이사회는 정렬된 기준 대비 다른 고위 경영진의 성과도 더 잘 알게 되어 최고 경영자 승계 계획에 대한 중요한 정보가 제공된다.

- **주주들** 의미 있는 공시를 제공하되 불필요하게 경쟁자들을 돕게 될 민감한 정보를 내 주지 않는 적절한 투명성을 통해, 주주들은 회사가 무엇을 달성하려고 하는지, 그리고 어떻게 그 지점에 도달하려고 하는지에 대해 잘 알게 된다. 이사회의 경우와 마찬가지로, 주주들은 진정한 성과 보상이 존재한다는 데 보다 더 마음을 놓을 수 있다. 보상과 전략의 적절한 정렬은 바람직한 장단기 성과와 일관성 있는 평가 척도 및 적절한 보상을 제공한다.

비밀 지도

의심할 여지없이 우리 모두는 이 성배에 이르는 길을 보여 주고 성배가 있는 위치에 커다랗게 "X"자 표시를 한 고대의 양피지 지도를 보기 원한다. 그러나 달성할 가치가 있는 대부분의 것들과 마찬가지로, 이것은 간단하지 않다. 회사마다 비즈니스, 전략, 조직, 그리고 자원이 다르듯이 이곳에 이르는 길도 회사마다 다르다.

좋은 출발점은 앞에서 언급한 바와 같이 효과적인 전략에서부터 시작한다. 그러나 전략은 현재의 비즈니스와 그 조직, 프로세스 및 사람을 무시할 수 없기에 이는 어느 정도는 반복적인 프로세스이다. 그러나 전략은 현재의 상태를 고집하면 안 된다. 수정된 전략이 현재 존재하는 것들에 의해 지원되지 않을 경우, 필요한 정렬을 달성하기 위해서는 훨씬 많은 변화가 필요하다. 이에 더하여 최고위급 경영진, 많은 직급의 기타 관리자들, 그리고 이사회 사이에 전심전력과 협력이 있어야 한다. 이를 일어나게 하려면 건전한 개념적 사고, 리더십, 그리고 세부 사항에 대한 주의와 더불어 상당한 노력이 소요된다.

그러니 내가 이 정렬을 "성배"라고 부를 만도 하다. 이를 찾는 것은 상당한 노력을 요하며 쉽지도 않다. 그러나 이 성배가 발견되면, 그 혜택은 탁월하다.

미래는 어떤 모습일까

우리는 점쟁이, 예언자, 그리고 예지력이 있다고 주장하는 사람들이 있다는 걸 안다. 이제 이 책을 마무리하면서 거버넌스, 리스크 관리, 그리고 컴플라이언스의 미래에 대해 예측해 보고자 한다. 이제 손에 수정 구슬을 들고서 이를 통해 앞으로 무슨 일이 일어날지 미래를 들여다보자.

주주들은 권한을 얻게 될 것이다

이곳을 향해 가는 열차는 이미 역을 떠났고, 더 많은 승객들이 이 열차에 타고 있다. 회사를 소유하는 사람들이 중요한 의사 결정을 내릴 수 있다는 아이디어에는 뭔가 매우 민주적인 요소가 있으며, 이미 이에 대한 소득도 있었다. 이제는 주주들이 법률에 의해 황금 낙하산 등을 포함한 임원 보상에 대해 권고적 투표를 할 수 있게 되었다. 이사회의 구성, 구조, 그리고 운영 등에 관한 사안에 대한 수많은 공시도 요구된다. 가장 중요한 요소는 주주들이 이사회 의석의 일부에 누구를 앉힐 지에 대해 투표할 수 있게 되었다는 것이다.

임원 보상에 대한 투표가 큰 영향을 주지는 않겠지만, 이사들은 장래에 유보 투표의 대상이 될까 두려워 임원 보수 결정에 주의를 기울이게 될 것이다. 위임장 권유는 더 큰 영향을 끼칠 것으로 예상되는데, 이는 자신들이 지명한 이사들을 이사회에 진출시키는 데 있어서가 아니라일부의 경우 이러한 일이 일어나겠지만, 3% 기준을 초과하는 지분을 보유한 주주 그룹이나 주주들이 무대 뒤에서 대부분의 경우 회사나 주주 일반 어느 쪽에도 이익이 되지 않는 개인적 의세를 압박함으로써 그렇게 될 것이다.

주주 활동주의자들이 얻어낸 소득들은 도취적이 될 수 있다. 그들이 힘을 얻고 각광을 받는 데 대해 더 성공할수록, 그들은 더욱 더 활동적이 될 것이다. 그러나 나는 우리가 스스로를 파괴하기 전에 현실을 직시하리라고 믿는다. 직관에 반하기는 하지만, 주주들이 수중에 더 많은 힘을 얻게 된다 해서 더 나은 실적과 주가로 이어지지 않는다. 골퍼들은 직관에 반하는 다음과 같은 개념을 이해한다. 공을 띄우려면 아래로 스윙하고, 공을 똑바로 보내려면 공을 바깥쪽으로 치며, 공을 멀리 보내려면 힘을 빼고 스윙한다. 그러니 주주들의 힘은 강해지겠지만 표준 수립기관, 규제 당국, 사법부, 그리고 이 프로세스에 영향을 주는 다른 세력들이 궁극적으로는 균형을 유지할 것이고, 올바른 재능을 지닌 올바른 사람들로 구성된 이사회가 회사와 주주들을 위해 최선의 의사 결정을 내릴 수 있게 할 것이다.

회사들은 의도하지 않았던 결과를 맞이할 것이다

도드-프랭크법의 내부 고발자 규정들이 이러한 효과의 하나가 될 것이다. 최고 컴플라이언스 책임자들이 컴플라이언스 프로그램을 강화하기 위해 열심히 일하고 있는 상황에서, 미래의 엔론, 버니 매도프Bernie Madoff, 전직 나스닥 비상임 의장으로 미국 역사상 최대의 금융사기인 폰지 사기 실행자로 알려짐. 위키피디아 사전-역자 주, 그리고 기타 악한들의 조기 발견이라는 좋은 의도를 지닌 이 새로운 법이 제정되었다. 그러나 SEC가 의미 있는 규정들을 제정하지 않는 한, 직원들은 복권과 맞먹는 규모의 보상을 기대하여 내부 소통 채널을 건너뛰고 가급적 빨리 SEC에 비행을 보고하려 할 것이다.

따라서 컴플라이언스 오피서 및 회사의 기타 책임자들은 새로운 법률 및 규정들도드-프랭크법과 관련된 규정들만 해도 500개가 넘을 것으로 예상된다을 다루기 위해 애쓸 것이다. 의도하지 않은 결과들이 더 많아질 것이고, 의회 및 규제 당국들은 이를 더디게 시정할 것이다.

규제 당국은 집행을 계속 강화할 것이다

FCPA해외부패방지법를 예로 들어 보자. 법무부는 2004년에 1,100만 달러의 형사 벌금을 부과했고, 2005년에는 1,650만 달러를 부과했다고 전해진다. 그러나 과거 2년 동안은 해마다 벌금액이 10억 달러를 넘어섰으며, 법무부 관리들은 법 집행이 보다 더 엄격해질 것이라고 말한다. 외국의 감독 당국들이 중요한 정보를 제공하고, 비리 혐의자의 고객들이 비행에 대해 고발함에 따라 법무부의 정보원도 확대되고 있다. 그리고 법무부는 규칙적으로 법률 위반자들에게 장기 징역형을 구형하고 있다.

아직 효과적인 컴플라이언스 프로그램을 갖추지 않은 회사들은 효과적인 컴플라이언스 프로그램을 갖춘 회사들은 비리 발생 예방에 도움을 받을 수 있을 뿐 아니라, 조사 시에 회사가 보다 나은 입장에 서게 될 것이라는 법무부 관리의 주장, 그리고 컴플라이언스 프로그램을 갖춘 회사가 기소에서 혜택을 본 구체적인 사례에 대한 최근의 법무부 발행 자료에 주의를 기울이게 될 것이다. 전문가들은 자진보고 또는 좋은 컴플라이언스 프로세스와 법 집행에 있어서 규제 당국의 동정compassion 사이에 실제로 상관관계가 있는지에 대한 조사를 계속할 것이다.[48]

그러나 회사들은 규제 당국의 접근을 막고 평판 및 수익 흐름을 보호하는데 도움을 주기 위해 컴플라이언스 프로그램을 광범위하게 강화기 위해 더 열심히 노력할 것이다.

CEO 보상은 올바른 규모로 될 것이다

이 말에 속지 않기 바란다. 나는 반드시 CEO 보수가 전반적으로 낮아지리라는 것을 의미하지는 않는다. 나는 그런 일은 일어나지 않으리라 생각한다. 그러나 우리가 기대할 수 있는 바는 성과 보상을 더 잘 하리라는 점이다. 이는 보기보다는 어렵지만, 이사회와 보상위원회들은 회사의 전략 계획에 연결된 올바른 성과 척도를 정할 것이고, 이 척도와 효과적인 보상 패키지가 결합하면 참으로 장기적인 주주 가치를 부가하는 경영진의 행동에 동기를 부여하게 될 것이다.

나는 모든 사람의 보수가 평균보다 많게 보일 때까지 CEO의 보수를 계속 끌어 올리는 워비곤 호수 효과가 완화되리라고 생각한다. 그리고 CEO들이 경쟁사의 보상에 관한 정보를 자신의 보수를 인상해 달라는 근거로 사용했던 과거의 공시 강화 요구 규칙과는 달리, 옵션 가치, 경영권 변동 시의 보상 및 총 보상액에 대한 전반적으로 더 나은 공시에 중점을 두는 SEC의 새로운 규칙이 보상위원회들에게 보다 합리적인 결정을 내리게 할 것이다. 그러나 나는 또한 이사회들이 회사를 가장 잘 이끌 자격과 역량을 갖춘 사람을 유치하는 데 필요한 금액을 지불하고, 특히 올바른 후보자가 매우 훌륭하고 최고 수준의 보수를 지불하는 현재의 역할을 그만두고 자기 회사로 옮겨 오라고 구애하는 데 필요한 최고의 대우를 해 줄 것으로 생각한다. 이는 평균 연봉은 그다지 변하지 않는데 반해 조직에 성공을 가져올 가능성이 가장 큰 최고의 요원들은 거액을 받고 있는 오락 산업이나 메이저 리그 스포츠와 보다 유사해질 것이다.

전반적으로 이사회들은 적정한 기준에 근거하여 보수와 성과를 정렬시키고 지나친 퇴직금 및 관련 보수를 억제하는 일을 더 잘 하게 될 것이다.

더 많은 회사들이 어떻게 리스크를 다뤄야 하는지 배우게 될 것이다

점점 더 많은 회사들이 여러 개의 리스크 관리 프로세스를 갖추던 데에서 효과적인 전사 리스크 관리 프로세스로 옮겨갈 것이다. 보다 많은 최고위 책임자들과 이사들이 리스크 관리는 리스크 회피에 관한 것이 아니라, 새로운 이니셔티브들이 성장과 수익을 견인할 수 있도록 정보에 입각한 결정을 내리기 위해 필요한 정보를 갖추는 것임을 이해하게 될 것이다. 그들은 경주용 자동차에 더 큰 브레이크가 달려 있는 것은 천천히 가려는 것이 아니라 더 빨리 가기 위해 통제를 유지하려는 것이라는 개념을 이해할 것이다.

그러나 향후 몇 년 이내에 이러한 일이 널리 확산되지는 않을 것이다. 도전적인 경제 상황과 점점 더 경쟁이 심해지는 환경을 다루느라 내부통제를 강화하려는 조치들은 보류되고 있다. 따라서 새롭게 요구되는 리스크 관련 공시의 이면에 있는 실질에 주의를 기울이게 되고 일부 회사들은 리스크 관리 프로세스를 강화하기 위해 노력하겠지만, 단기적으로 만개滿開한 전사 리스크 관리 확립을 향한 움직임을 보지는 못할 것이다. 그러나 장기적으로는 전사 리스크 관리가 대부분의 대형 조직들에서는 근본적인 프로세스가 될 것이다.

서브프라임과 유사한 재앙들이 있을 것이다

머지않은 장래에 또다시 재앙이 발생하겠지만, 재앙이 정확히 언제 발생할지 또는 어떤 형태를 띨지는 알 수 없다. 재앙은 부분적으로는 너무도 많은 기업들이 리스크를 효과적으로 식별, 평가 및 관리하지 않기 때문에 발생할 것이다. AIG, 베어 스턴스, 씨티그룹, 리먼 브라더스, 메릴 린치, 모건 스탠리 등이 커다란 손실을 기록한 핵심적인 이유는 그들이 얼마나 많은 리스크를 안고 있는지 완전히 인식하지 못했기 때문이었다.

리스크와 보상 간의 관계, 집단행동 사고방식에 대한 지식 또는 통찰력 결여로 광범위한 실패가 또다시 발생할 것이다. 저축 대부 조합 사태, 닷컴 거품, 그리고 보다 최근에는 서브프라임 위기 등을 상기해 보라. 이들 재앙에 이르는 길이 일부 회사들의 보상 시스템, 묵시적이거나 명시적인 정부 보증, 또는 기타 요인들에 기초하고 있건 아니건 간에, 재앙이 다시 닥치는 것은 일어날지 여부의 문제가 아니라 언제 발생할지의 문제라는 데에는 별로 의문의 여지가 없다. 새로 제정된 법률들과 향후 제정될 규칙들에 의해 재앙이 완화되어 주주, 납세자, 그리고 경제 시스템에 대한 피해가 줄어들기를 바랄 뿐이다.

이사회들은 계속 개선될 것이다

이사회와 이사회 산하 위원회들은 더 나은 프로세스를 갖추고 있고, 이사들은 자신의 일을 매우 심각하게 받아들이고 있다. 그들의 컴플라이언스 및 모니터링 책임, 즉 보다 나은 감사, 보상, 그리고 이사 선임 및 거버넌스 프로세스를 갖추는 것을 더 강조하게 되고, 이사회들은 경영진에게 성장과 수익을 견인하도록 조언, 상담, 그리고 방향을 제공해 주는 쪽으로 돌아오고 있다. 다행스럽게도 이러한 방향은 계속될 것이다.

대부분의 경우 역량이 뛰어난 사람들은 컴플라이언스 책임에 관한 당혹감 때문에 움츠러들지 않았으며 이사로서 그들의 지식과 경험, 그리고 경영상 판단을 행사하고 있다. 그들은 개인적인 평판과 책임에 관해 직면하는 리스크들을 잘 알고 있지만, "신의 성실good faith"과 "경영상 판단" 기준을 지지하는 사법 시스템도 알고 있으며, 점점 더 효과적으로 되어가는 이사 및 책임자 보험의 커버리지에 의해 한층 더 안도감을 느끼고 있다. 우리는 최고로 명석한 사람들이 회사의 이사직을 수행하고, 주주들은 그들의 참여로 혜택을 누리는 것을 계속 보게 될 것이다.

우리는 또한 이사들에게 요구되는 특정 전문 영역이 재무 보고와 리스크 관리현재 대형 금융기관들에게 요구되고 있음 분야의 전문성을 넘어서, 보상, 국제 비즈니스, 테크놀로지, 그리고 산업에 대한 전문성에까지 확대되는 것을 보게 될 것이다. 이사회에 전직 CEO들의 참여가 줄어들 것이고, 특히 활동적인 CEO들의 참여는 더 줄어들 것인 데, 이로 인해 도전적인 이슈들을 다루는 경험과 지혜가 줄어들게 될 것이다. 이는 그들이 맡고 있는 회사의 이사회들이, 특히 어려운 경제 여건, 격변하는 시장, 그리고 이와 관련된 전략적 방향의 변화에 비추어 자기 회사 일에 전념하도록 요구하고 있기 때문이다. 그리고 우리는 명성은 자자하지만 역량은 이사회의 필요에 필적하지 못하는 소위 이름뿐인 이사들도 덜 보게 될 것이다.

기업이 운영되고 있는 환경은 계속 도전적일 것이다

우리는 점점 더 세계화되는 환경 속에서 운영되고 있으며, 미국 기업들의 성공은 미국 및 다른 국가들이라는 세계 경제에 의존한다. 국내에서 우리는 몇 가지만 예를 들자면 막대한 재정 적자와 국가 부채, 무역수지 적자, 국가 · 주 · 지방 자치단체, 그리고 민간 부문의 연금 및 의료보장 시스템 상태 등 심각한 이슈들을 안고 있다. 우리의 경제는 전쟁을 치르고 있으며, 경제적 · 정치적, 그리고 사회적 충격을 겪고 있고, 세계의 리더로서의 우리의 영향력이 위험에 처해 있다. 자본 시장의 변동이 심할 수 있고, 세계적인 자본 유치 경쟁이 치열할 수 있다. 나는 이 모든 것들이 어떻게 진행될 수 있을지에 대해 예측하려고 시도조차 하지 않을 것이다. 그러나 나는 우리가 이러한 이슈들을 어떻게 다루느냐가 기업과 그들이 어떻게 운영되느냐에 큰 영향을 줄 것이고, 이곳에 간략히 요약한 예측들에도 영향을 주리라는 것을 안다. 나는 영원한 낙관주의자이며, 우리가 이러한 이슈들을 건설적으로 다룰 수 있는 길을 찾아내어 긍정적인 결과를 달성할 것으로 믿는다.

자, 이제 우리는 무슨 일이 일어날지 그리고 이러한 도전들에 어떻게 대처하는 것이 가장 좋은지에 대한 상당한 감을 지니게 되었다. 노력과 주의, 지성, 그리고 혁신을 계속한다면, 우리는 틀림없이 성공할 것이다.

각주

1) 일부에서는 짧게 표현하기 위해 GRC가 management를 빼고 governance, risk, compliance를 의미하기도 한다.

2) COSO, 전사 리스크 관리-통합 프레임워크, (2004). COSO는 트레드 위원회의 후원 조직 위원회이다. COSO는 또한, 회사의 내부통제 시스템 측정 기준으로 사용되며, 주주에 대한 상장 회사의 연례 보고서에서 고위 경영진과 감사인이 준거(準據)로 삼는 내부통제-통합 프레임워크도 발표했다. 사실, 나는 이 프레임워크들의 리더이자 주 저자 중 한 명이었다.

3) 이 장은 OpenPages 2010년 2월호에 실린 저자의 논문 "법규 미 준수의 높은 비용: 효과적인 컴플라이언스 프로그램의 보상 수확하기"에서 인용했다.

4) OCEG 2005 벤치마킹 연구.

5) PWC를 위해 수행한 META 그룹의 리서치.

6) 증권업협회 컴플라이언스 보고서, 2006.

7) 중소기업 경영 보고서, "규제 비용이 중소기업에 미치는 영향", W. 마크 크레인(W. Mark Crain), 2010년 컴플라이언스 위크(Compliance Week) 지에 게재된 내용.

8) PWC를 위해 수행한 META 그룹의 리서치.

9) 홀란드 & 나이트(Holland & Knight), 2006년.

10) Ethics Resource Center, 윤리 및 컴플라이언스 책임자 협회, 그리고 기업 컴플라이언스 및 윤리 협회가 발간한 최근의 보고서는 법무부에 제재 조치에서 컴플라이언스 프로그램을 어느 정도, 그리고 어떤 방식으로 고려하는지에 대한 정보를 제공하도록 요청한다. 요청하는 정보에는 윤리 및 컴플라이언스 프로그램이 제재를 경감시킨 특정 사례(회사 이름은 삭제한 정보), 제재에 관한 의사 결정에 영향을 준 윤리 및 컴플

라이언스 프로그램의 특정 요소, 그리고 회사의 윤리 및 컴플라이언스 프로그램이 어떻게 기소나 특정 제재를 피하게 할 수 있는지에 관한 정보가 포함되어 있다. 최근의 몇 가지 부적절한 지급 사례들(노블 코프(Noble Corp), 유니버설 브라질(Universal Brazil), 그리고 글로벌 인더스트리즈(Global Industries)) 등)은, 이 회사들의 컴플라이언스 프로그램들이 법무부의 제재를 완화하였음을 강력히 시사한다. 법률 전문가들은 이러한 조치들을 칭찬하면서도, 파악된 컴플라이언스 프로그램 요소들이 제재 사례에서 어느 정도의 혜택을 제공해 주는지 보다 구체적으로 알고 싶어 한다.

11) 컴플라이언스 위크 지(紙) 보도 자료. OCEG와 SCCE 연구들은 모두 2009년 12월에 발표되었다.

12) 완전한 공개를 위해 밝혀 두자면, 내가 이 회사들에 대해 일반적으로 부정적 의견을 표명하기는 하지만, 나는 이 책에 언급된 몇몇 회사들에 대해 간접적인 재무적 이해관계를 가지고 있다.

13) 금융 시스템이 붕괴될 뻔했던 사례에 대해 더 자세히 알고 싶을 경우, 조사에 관한 상원 상설 하부위원회가 발행한 650쪽 분량의 보고서 "월가와 금융 위기: 금융 붕괴에 대한 해부"를 읽어 보기 바란다. 이 보고서는 이 위기에 역할을 담당한 당사자들에 대한 세부 사항들로 가득 차 있다. 이 보고서의 발행과 함께, 공동 의장 칼 레빈(Carl Levin)은 "많은 주요 금융기관들 측의 형편없고, 위험하며, 기만적인 관행들"을 지적하며, 다음과 같이 언급한다. "이 금융기관들이 그들의 고객과 일반 대중을 속였으며, 서로 다른 규제기관들과 이해가 상충되는 신용 평가 기관들에 의해 도움과 선동을 받았다."

14) COSO는 트레드웨이 위원회의 후원 조직 위원회이다. 완전한 공개를 위해 밝히자면, 나는 이 프레임워크를 개발했던 PWC 팀을 이끌었다. 이 ERM 프레임워크는 내부통제-통합 프레임워크(Internal Control-Integrated Framework)에 기초하여 개발되었는데, 이 내부통제 프레임워크는 SOX 404 하의 보고와 관련하여 사용된다. 이 프레임워크에 대해서는 8장에서 논의한다. 유용하다는 평가를 받는 리스크 관리에 관한 다른 보고서로는 국제 표준 기구(ISO)에 의해 제정된 ISO 31000과, 호주 표준 기구와 뉴질랜드 표준 기구에 의해 설립된 공동 위원회에 의해 제정된 AS/NZS 4360이 있다.

15) 릭 막홀드(Rick Machold), Invesco, Ltd의 전사 리스크 부문장.

16) COSO ERM 보고서에 근거함.

17) CBS News.com, 2010년 6월 22일.

18) 2010년 5월 24일자 MSNBC 보도 내용. 그러나 업계의 어느 임원은 동시에 구원 유정을 파도록 요구되지는 않지만, 시추자들은 구원 유정이 필요할 경우 입증된 다른 시추 단위에 접근할 수 있어야 한다고 말했다.

19) Corporate Board Member, 2011년 1분기.

20) 뉴욕 타임즈, 2010년 10월 13일.

21) 뉴욕 타임즈, 2011년 3월 6일.

22) 이 책은 PWC나 내부 감사인 협회(Institute of Auditors) 리서치 재단에서 구할 수 있다. 이사회의 책임에 대한 추가적인 논의는 비즈니스 라운드테이블, 전국 기업 이사 협회(National Association of Corporate Directors; NACD), 그리고 뉴욕 증권거래소와 이 거래소의 기업 거버넌스 위원회(Commission on Corporate Governance)에서도 구할 수 있다.

23) 이 책은 PWC나 내부 감사인 협회(Institute of Auditors) 리서치 재단에서 구할 수 있다.

24) 물론, 회사의 리스크 관리 프로세스를 어느 정도까지 깊이 조사할지에 대해서는 이사회의 재량사항이다. 일부 이사회들은 다음과 같은 사항들에 초점을 맞출 정도로 깊이 파고든다. 조직이 리스크 관리에 대한 공유된 견해 및 공통의 언어를 어느 정도까지 가지고 있는가, 리스크 관리 프로세스는 관련된 기회도 활용하는가, 전략, 프로세스, 사람 및 테크놀로지를 정렬시키는 잘 훈련된 접근법이 있는가, 경영진에게 리스크를 파악 및 관리하기 위해 필요한 정보가 있는가, 리스크들이 체계적으로 파악 및 관리되는가, 리스크가 공개적으로 인정되고 토의되며, 리스크 관리에 대한 책임이 명확히 정해져 있는가, 리스크에 관한 정보가 적시에 조직의 상하 좌우로 소통되는가, 리스크들이 개별적으로 뿐만 아니라 전체적으로도 관리되는가, 궁극

적으로 리스크 관리 프로세스가 자본 할당에 있어서 하나의 요소인가.

25) "더 나은 ERM을 통해 당신의 회사를 어떻게 다시 만들 수 있는가(How to Reinvent Your Company Through Better Enterprise Risk Management)," Directors & Boards' Boardroom Briefing, 2009년.

26) 컴플라이언스 위크(Compliance Week), 2011년 2월 보도 내용. 이 합의에서 규제 컴플라이언스 위원회가 보수 관행이 회사의 컴플라이언스 인센티브를 지원하는지 여부를 파악하기 위하여 이사회 내 보상위원회와 협력하고, 회사가 직원들의 우려 사항을 다루기 위한 독립적인 옴부즈맨을 임명하도록 요구한 것도 주목할 가치가 있다. 또한, 이 위원회가 전통적으로는 회사가 지급불능이 되었을 때 이사들에게 적용되었던 임원배상 책임 보험 Side A 커버리지로부터 나오는 독립적인 자금을 지닐 것도 요구되었다.

27) 카렌 W. 아렌손(Karen W. Arenson), 뉴욕 타임즈, 2006년 8월 22일.

28) 리스크 관리에 대한 이사회의 역할에 대해 추가적인 지침을 원할 경우, 전국 기업 이사 협회(National Association of Corporate Directors)의 2009년 보고서 "리스크 거버넌스에 관한 블루리본 위원회"와 법무 법인 와흐텔 립톤(Wachtel Lipton)의 2010년 12월 3일자 메모 "리스크 관리와 이사회"를 보면 유익할 것이다.

29) 앞에서 언급한 바와 같이, PWC가 2002년에 발간한 기업 거버넌스와 이사회 – 무엇이 가장 효과적인가(Corporate Governance and Board – What Works Best)와 전국 기업 이사 협회(National Association of Corporate Directors; NACD)가 2010년에 발간한 성과 측정 기준, 이사회의 역할 이해하기는 성과 기준에 대한 깊이 있는 통찰력과 지침을 제공해 준다.

30) 하이드릭(Heidrick) & 스트러글스(Struggles)와 스탠포드 대학교의 기업 거버넌스 락 센터(Rock Center for Corporate Governance).

31) 2010년에 CFO.com에 게재된 라이스(Rice) 대학교 경영학 부교수 안시아 장(Anthea Zhang)과 남 캘리포니아 대학교 마샬(Marshall) 경영 대학원 경영학 교수 난디니 라자고팔란(Nandini Rajagopalan)의 연구.

32) 매니지먼트 이슈스(Management Issues, LTD)에 게재된 인디아나 대학교 켈리(Kelley) 경영 대학원과 A. T. 커니(A. T .Kearney)의 연구.

33) 성과 지표들 및 지표들의 전략과의 연계, 그리고 동기부여 및 보상에 대해 더 깊이 알고 싶다면, PWC의 "기업 거버넌스와 이사회 – 무엇이 가장 효과적인가(Corporate Governance and Board – What Works Best)"와 NACD의 "성과 측정 기준, 이사회의 역할 이해하기"와 같은 몇 가지 자료를 살펴볼 가치가 있다.

34) 다니엘 그로스(Daniel Groos), "회사를 죽이는 자들", 뉴스위크, 2010년 2월 3일.

35) 스펜서 스튜어트 보드 인덱스(Spencer Stuart Board Index), 2010년.

36) 스펜서 스튜어트 보드 인덱스(Spencer Stuart Board Index), 2010년.

37) 스펜서 스튜어트는 S&P 500 기업의 이사회에 대한 평가의 26%만이 이사들 개인 차원에 대한 평가를 포함하고 있다고 언급한다.

38) 필립 로흐너 주니어(Philp Lochner Jr.), "경영진이 당신에게 말해 주지 않는 것을 알아내는 방법(How to Find Out What Management Isn' t Telling You)", Corporate Board Member(2009년 3분기).

39) 아이라 밀스타인(Ira Milstein), 홀리 그레고리(Holy Gregory) 외, "2008년의 이사회와 주주의 교전을 다시 생각함", 와일, 가셜 앤 맹그스 LLP 메모, 2008년 1월.

40) 콘/페리(Korn/Ferry) 시가 상위 100, 2010년 11월 1일 및 2010년 스펜서 스튜어트(Spencer Stuart) 보드 인덱스.

41) 이 위원회 위원은 다음과 같은 초호화 군단이었다. 블랙스톤 그룹 의장이자 전직 상무부장관 그리고 뉴욕 연방 준비은행 의장 피터 G. 피터슨(Peter G. Peterson); CSX 코퍼레이션 의장 겸 CEO이자 전직 비즈니스 라운드테이블 의장 존. W. 스노우(John W. Snow); TIAA–CREF의 전직 의장, 사장 겸 CEO 존 H.

빅스(John H. Biggs); 뱅가드 그룹의 창시자 겸 전직 의장 존 C. 보글(John C. Bogle); 전직 감사원장 찰스 바우셔(Charles Bowsher); 펜실베이니아 주 주 공무원 퇴직 시스템 최고 투자 책임자 피터 M. 길버트(Peter M. Gilbert); 인텔 이사회 의장 앤드류 S. 그로브(Andrew S. Grove); 전 존슨 앤 존슨 의장 겸 CEO 이자 비즈니스 카운슬 의장이었던 랄프 S. 라슨(Ralph S. Larsen); 전직 SEC 의장이자 전 아메리칸 비즈니스 컨퍼런스 의장 레빗 주니어(Levitt Jr.); 하버드 경영대학원의 린 샤프 페인(Lynn Sharp Paine) 교수와 존 G. 맥린(John G. McLean) 경영학과 교수; 폴, 와이스, 리프킨드, 와톤 앤 개리슨(Paul, Weiss, Rifkind, Wharton & Garrison)의 전 상원 의원 워런 B. 러드만(Warren B. Rudman); 전 연방 준비 시스템 위원회 의장 폴 A. 볼커(Paul A. Volker).

42) 이사회의 틈새 메우기, 또 다른 초호화 군단에 의해 수행된 2011년 기업 이사회에 대한 스터디그룹 보고서. 델라웨어 대학교 존 L. 와인버그(John L. Weinberg) 기업 거버넌스 센터 의장 겸 이사 찰스 M. 엘슨(Charles M. Elson)과 에드가 S. 울라드 주니어(Edgar S. Woolard, Jr.); 콜롬비아 경영대학원 학장 글렌 허바드(Glenn Hubbard)와 러셀 L. 카슨(Russel L. Carson) 금융 및 경제학 교수; 헬만 앤 프리드만(Hellmam and Friedman)의 수석 고문 프랭크 자브(Frank Zarb); 뉴욕 대학교 법률 및 비즈니스 센터 이사 윌리암 T. 알렌(William T. Allen); 심슨, 대처 앤 바트렛 LLP(simpson, Thacher and Bartlett LLP) 의장 리차드 베아티(Richard Beattie); 기업 비서 및 거버넌스 전문가 협회 사장 겸 CEO 케네스 A. 버트슈(Kenneth A. Bertsch); 전국 기업 이사 협회 사장 겸 CEO 케네스 댈리(Kenneth Daly); 브로드리지 파이낸셜 솔루션(Broadridge Financial Solution Inc.) CEO 겸 이사 리처드 댈리(Richard Daly); 햄프셔 리얼 에스테이트 컴퍼니스(Hampshire Real Estate Companies) 의장 겸 설립자 존 F. 한슨(John F. Hanson); 미국 공인 회계사 협회 전 의장 올리비아 F. 커틀리(Olivia F. Kirtley); 프랭클린 뮤추얼 어드바이저스(Franklin Mutual Advisers) 사장 겸 CEO 피터 랑거만(Peter Langerman), 칼라일 그룹의 수석 고문이자 전 증권거래위원회와 아메리칸 주식거래소 의장 아서 레빗(Arthur Levitt); 프로몬토리 파이낸셜 그룹(Promontory Financial Group) 대표 유진 A. 루드비히(Eugene A. Ludwig); 블랙스톤의 특별 고문이자 전 재무부 장관 폴 오닐(Paul O' Neill); 콜게이트-팔모리브(Colgate-Palmolive) 전 의장 루벤 마크(Reuben Mark); AFL-CIO의 정책 이사 겸 특별 상담역 데이먼 실버스(Damon Silvers); 델라웨어 대법원 (은퇴한) 대법관 노만 비지(Norman Veasey); 기업 비서 및 거버넌스 전문가 협회 이사회 의장 폴 F. 워싱턴(Paul F. Washington); 릴레이셔널 인베스터스(Relational Investors LLC) 설립자, 대표자, 그리고 투자 위원회 위원인 랄프 V. 위트워스(Ralph V. Whitworth); 카버 뱅코프(Carver Bancorp Inc)와 카버 연방 저축 은행 CEO 드보라 C. 라이트(Deborah C. Wright); 그리고 증권거래위원회 (당연직) 전 최고 법무 책임자 데이빗 M. 베커(David M. Becker).

43) 윌리엄 라이드스도프, "이사들은 어떻게 생각하는가: 당신은 보수를 충분히 받고 있는가?", 코퍼레이트 보드 멤버 (2010년 4분기).

44) 델라웨어 형평법 법원(Chancery Court) 대법관(Chancellor) 직위는 델라웨어 형평법 법원의 최고위직 판사에게 적용된다. 이 법원의 다른 4명의 판사들은 Vice Chancellor 직위를 보유한다.

45) 와치텔(Wachtell), 립톤(Lipton) 2010년 12월 3일 메모, 리스크 관리와 이사회.

46) Directorship, 2010년 12월-2011년 1월.

47) Directorship, 2010년 12월-2011년 1월.

48) 저명한 화이트칼라 범죄 피고측 변호사인 토마스 그린(Thomas Green)은 다음과 같은 입장을 취한다. "제 경험에 의하면 조사에 대한 저항은 거의 언제나 처음에 굴복한 회사보다 더 나은 결과에 이르게 합니다." 보다 자세한 내용은 Directors & Boards, 2010년 4분기를 보라. 또한 이 책의 3장에 나오는 논의를 보라.